庆祝上海市纺织科学研究院建院50周年大会

上海纺织集团公司领导来院指导工作

上海纺织集团公司党委书记童继生来院指导工作

建设上海市纺织科学研究院的足迹

科研综合大楼建设

2008年5月30日，科研综合大楼奠基典礼，上海纺织集团公司董事长席时平致辞

时任上海市政协副主席朱晓明作重要讲话

2009年6月18日，科研综合大楼结构封顶仪式

2010年，科研综合大楼正式启用

建设上海市纺织科学研究院的足迹

科技创新

2012年9月19日，上海纺织科技创新大会在我院召开

我院解德诚、张庆、吴英、林银芳等科技带头人受到表彰

上海市印染技术研究所

新材料研究中心

上海市色织科学技术研究所

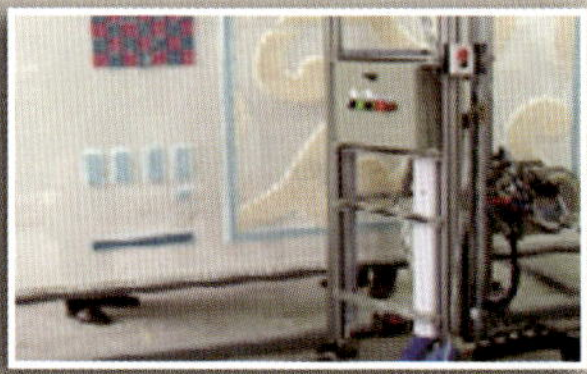

全自动簇绒地毯织机

研发平台

朱勇总裁陪同上海市政府委办领导参观科研生产线

复合无纺布中试基地完成鉴定

上海市毛麻纺织科学技术研究所

上海市纺织工业技术监督所

上海市服装研究所

纺织化学工程中心

建设上海市纺织科学研究院的足迹

检测平台

2011年3月21日，进出口商品检验鉴定机构授牌仪式

上海出入境检验检疫局党组书记、局长徐金记向毛麻所授牌

信息平台

2012年8月7日，《上海纺织产业发展报告（2011-2012）》发布会

2010年6月28日，《上海纺织（白皮书）》首发式

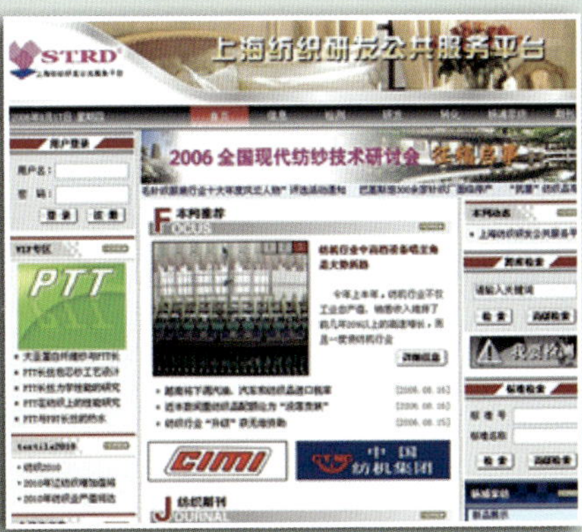

上海纺织研发公共服务平台

纺织科学研究院五本公开出版发行的期刊

纺织科技数字图书馆

产学研

纺织科学研究院与上海工程技术大学共建研究生联合培养基地签约仪式

时任上海工程技术大学校长汪泓、滕建勇书记与席时平董事长、朱勇总裁在纺织科学研究院亲切交谈

丁晓东校长看望在纺织科学研究院工作的毕业生

纺织科学研究院与上海工程技术大学服装学院合作签约

纺织科学研究院与上海工程技术大学领导为论文获奖学生颁奖

培训基地

东华大学副校长俞建勇院士在我院作学术报告

孙晋良院士等为高级研修班学员讲课

2012年9月3日，我院举办全国纤维新材料研发与产业化高级研修班

对外交流

集团公司副总裁封亚培携德国客人来院技术交流

纺织科学研究院领导为非洲发展中国家“科技园区及孵化器规划、建设与管理国际培训班”学员介绍上海纺织发展概况

企业民主管理

2010年5月10日，党代会

职代会

团代会

2012年7月3日，纪念老院长陈受之诞辰100周年座谈会

企业文化

2010年7月1日，纪念建党89周年座谈会

2009年9月25日，我院举行“上海纺织企业文化核心理念知识竞赛”

2012年，老领导、老干部春节团拜会

建设上海市纺织科学研究院的足迹

（2005～2014年）

胡申伟　杜卫平　主编

中国纺织出版社

内 容 提 要

《建设上海市纺织科学研究院的足迹(2005~2014年)》一书记录了上海市纺织科学研究院从事业单位改制为企业的转型经历(2005~2014年),在上海纺织(集团)有限公司“科技与时尚”战略的指导下,实行科研企业的三个转型,即从事业单位到企业的转变、从企业单位到科技企业的转变、从研究成果鉴定到企业产业化成果转变。围绕贯彻公司战略规划,成为科技纺织的先导,时尚纺织的支撑,逐步建设成为集团公司的中央研究院的足迹。

图书在版编目(CIP)数据

建设上海市纺织科学研究院的足迹:2005~2014年/胡申伟,杜卫平主编. —北京:中国纺织出版社,2015.11

ISBN 978-7-5180-2020-1

Ⅰ.①建… Ⅱ.①胡… ②杜… Ⅲ.①纺织—研究院—概况—上海市—2005~2014 Ⅳ.①TS1-242.51

中国版本图书馆CIP数据核字(2015)第229984号

策划编辑:孔会云　　责任编辑:朱利锋　　责任校对:王花妮
责任设计:何　建　　责任印制:何　建

中国纺织出版社出版发行
地址:北京市朝阳区百子湾东里A407号楼　邮政编码:100124
销售电话:010—67004422　传真:010—87155801
http://www.c-textilep.com
E-mail:faxing@c-textilep.com
中国纺织出版社天猫旗舰店
官方微博 http://weibo.com/2119887771
北京通天印刷有限责任公司印刷　各地新华书店经销
2015年11月第1版第1次印刷
开本:787×1092　1/16　印张:22.75　插页:6
字数:481千字　定价:128.00元

凡购本书,如有缺页、倒页、脱页,由本社图书营销中心调换

编辑委员会

序

上海纺织控股（集团）公司的技术创新工作，主要是在市委、市政府领导下，在市国资委的指导下，贯彻全国科学技术大会的精神，坚持走中国特色自主创新道路。

上海纺织控股（集团）公司在 2004 年 7 月制订了《“调整、改革、发展”总体方案》，明确提出“顺应大势、以退为进；深化改革、创新管理；保留精华、集中做优”的 24 字方针。

提出了“科技与时尚”的发展战略，走高端纺织之路，发展科技纺织、绿色纺织、品牌纺织、时尚纺织，实现由传统制造业向制造业前后续服务价值链的延伸，努力打造与上海国际大都市相匹配的现代都市纺织业。

长期目标：将公司打造成以高端纺织为核心业务，能够引领国际纺织潮流，对中国纺织产业发展具有影响力的国际化创新型公司。

以三大制造业为基础，走科技纺织之路。

首先，做优以高科技、差别化、环保型为特征的“新型化纤及材料”，重点在于突显科技性，以高新技术引领板块的发展。

其次，做强以车用纺织品为主体的“产业用纺织品”。产业用纺织品产业板块将进行资源集聚，整合归并，逐步形成以汽车用内饰纺织品为核心的产业群体，核心保留并着力做强以汽车用纺织品为主体的产业用特种纺织品。

最后，做大以面料研发、设计为基础的“品牌服装及装饰纺织品”，利用时尚产业所搭建的平台，扩大以龙头股份公司为主体的“三枪”针织服装和“海螺”衬衫西服等国内驰名的民族品牌影响力和销售额。

本书记录了上海纺织转型发展过程中的一个侧面，即建设公司中央研究院（上海市纺织科学研究院，简称纺研院）2005～2013 年的足迹。

足迹反映了各级领导对纺研院建设的关心和支持。

公司领导重视科技创新和中央研究院的建设，成立了技术创新领导小组，席时平董事长担任组长第一责任人，开展技术创新体系建设，并在公司各类会议上加强指导：

席时平董事长到上海市纺织科学研究院调查研究时听取纺研院党政班子工作汇报并作了重要讲话。他讲道：科技创新我在多次会议上都讲过了，它是传统纺织的唯一出路，也是我们控股公司存在的价值所在，我们提出“科技与时尚”的发展理念和走高端纺织之路是要“真”做的。在这个背景下，纺研院的地位很重要，你们肩上的责任很大，我们对你们的要求很高，这在考虑公司整体方案时就已经提出怎样来做好这些……

在布置2007年纺织控股（集团）公司的五个方面主要工作时，席董事长指出，以实现产业化和形成产业链为重点，推进科研创新工作。科技创新是传统纺织的唯一出路，也是纺织控股公司存在的价值所在。在这个背景下，我们要加快把纺研院建设成为公司的“中央研究院”。它的主要任务就是要对纺织的核心主业的发展起支撑和提升作用，对核心竞争力的提高起技术支撑作用。通过科技含量的进入，促进上海纺织产品升级换代，能使企业产品市场占有率上升、赢利水平提高。即使现在没有的产业，可以通过科研成果产业化，形成一个新的产业，如新型的化纤和材料等（很重要的一点是搞好能够提升中国纺织的能级、打破发达国家垄断的纺织高新技术）。

公司领导的重视为纺研院的建设奠定了坚实的基础。

2001年起，上海市纺织科学研究院在时任院长、现任上海纺织控股（集团）公司总裁朱勇的带领下，加大科技创新的力度，构建公司创新体系，着手进行新一轮的建设和发展。

近年来，上海纺研院在各级领导的关心下，践行上海纺织“十一五”规划，实施“十二五”规划，努力建设公司的中央研究院，围绕贯彻公司战略规划，成为科技纺织的先导，时尚纺织的支撑。实行科研企业的三个转型，即从事业单位到科研企业单位的转变、从企业单位到科技企业的转变、从研究成果鉴定到企业产业化成果的转变。解决科研与生产实际的“两张皮”现象，使科研与核心业务的发展结合起来。

整合公司的有关研究所资源，构建技术创新运作体系。以纺研院研发基地为载体，公司先后将六家研究院所（合纤、服研、毛研、印研、色研、技监所）和六个中心（产品、环保、节能、质保、科发、制版）进行了全面整合，形成信息情报、标准检测、研发项目、成果转化四个平台和四家国家级检测机构。

建立科学的技术开发、交流、服务流程。使分散独立的研究设备整合成开放的、公共的、具有规模的科学研究平台。充分发挥科研人员和设备的作用。

有效运行公司技术中心和技术创新体系，公司与高校、国外研发机构联手，建立人才资源、科研项目开放、动态的培育和交流机制。与东华大学、上海财经大学建立了“上海市研究生联合培养基地”。加强对纺织前沿技术项目的搜索、孵化和研发。

科研工作文章好做，成果难出，成果产业化不易，投入产出周期更长，要防止虚假和浮躁，要尊重科学和实践，更要看到研究院建设还存在的差距。

目前，我们又处在新的发展阶段和起点，要看到科技板块资源整合已见成效，建设“一流”中央研究院的目标明确，但对主业发展支撑力不强。集团在调整中将科研院所整合起来，搭建中央研究院的框架，通过以中央研究院为核心，加强市级技术中心建设和管理，初步形成集团的科技创新体系。

但是，硬技术转化为软技术、成为技术产品还不够；纺研院作为集团“中央研究院”的功能尚未有效发挥；对制造业的升级尚未提供有效支撑；技术成果商品化的机制尚未形成；科技创新体系与时尚产业发展的联动作用尚未发挥。

要在加强科技支撑上提出更高的目标。

“科技与时尚”是上海纺织的两只翅膀，科技不强，上海纺织飞不远；时尚不强，上海纺织飞不高。加强科技支撑重点是加强中央研究院和企业科技创新的联动，加强高新技术的研究和投入。

加强科研院所与企业的结合。中央研究院要加强对企业技术中心的指导，共同研究，攻关创新，建立合作机制，形成系统化科研能力。

扩大研究视野。要站在国际纺织技术的前沿，加强科技信息的收集、研究和传播。要研究最新技术和产品，重点研究应用技术和产品，研究科技储备，研究纺织科技发展趋势。同时，探索、发掘和培育一个纺织经济研究所，提供行业权威信息。

加快应用技术的产业化、商业化。应用技术的研究重点要放在新纤维、助剂、复合材料上，把技术当成产品来开发与管理，把技术转化为商业经济，对研究成果要商业化运作，提高检测业务的盈利能力。

重视利用科技创新的社会资源。要善于将社会资源为我所用，要继续加强产学研合作。要想办法争取在集团内设立硕士、博士教学点，增强科研实力，提升中央研究院的知名度，培育纺织科技人才。

我们面临的任务是非常繁重而急迫的，要在体制上匹配、机制上适应、内容上融合、形式上创新，要紧贴“科技与时尚”的理念，实践公司的“科技与时尚”战略。不断迈出建设公司创新体系的新步伐。

目录

1 “科技与时尚”战略的决策

1.1 坚持科技创新，提升纺织产业能级

——席时平于2006年10月28日在上海市纺织科学研究院建院50周年庆典活动上的讲话

尊敬的胡市长、许会长、各位领导、各位来宾：

大家下午好！

今天我们相聚在这里，共同庆祝上海市纺织科学研究院建院50周年。首先请允许我代表上海纺织控股（集团）公司向上海市纺织科学研究院表示热烈的祝贺！并对在百忙之中抽空前来参加庆典活动的各位领导、各位来宾表示热烈的欢迎和衷心的感谢！

作为上海纺织科技创新的一支重要力量，上海市纺织科学研究院历经50年的风雨兼程，50年的峥嵘岁月，写就了纺织科研事业的灿烂篇章。50年来获得科研成果千余项，无数次获得国家、部、市、局科技成果奖。如今，上海市纺织科学研究院已成为国内外颇具影响的、全国最大的综合性纺织科研院所之一。

近年来，上海市纺织科学研究院结合国家和上海市中长期科技发展规划所确定的重点领域，紧紧围绕上海纺织“科技与时尚”的发展理念，坚持走高端纺织之路的战略，充分发挥科技创新，对上海纺织的核心产业起到积极的支撑和提升作用，为上海纺织提前实现公司调整、改革、发展总体方案第一阶段的目标起到了重要的作用。

在此期间，我们以上海市纺织科学研究院为载体，对业内科研资源、人才资源和社会科技资源进行了整合，先后将六家研究院所（合纤所、服装研究所、毛麻研究所、印染研究所、色织研究所、技术监督所）和六个中心（产品、环保、节能、质保、科发、制版）进行了全面集聚和整合，搭建了信息、研发、检测、转化四个科技平台，形成了从信息采集到成果转化的完整系统和四家国家级检测机构。公司还设立了1000万元的科技专项基金。

与此同时，我们以上海市纺织科学研究院为龙头、以公司的技术中心为依托，积极构建了三个层面的创新体系：一是以企业为主体、市场为导向的技术创新体系，使企业真正成为科研开发投入的主体、技术创新活动的主体和创新成果应用的主体，全面提升企业的自主创新能力，我们先后在新型汽车地毯和内饰件、新型土工布复合材料和骨架材料、新型膜结构材料、高速造纸毛毯、新型纺纱技术、功能性整理技术的研制开发等方面取得了一定成效。二是依托纺研院及其他科研院所和科技人才，努力建设产学研有机结合的知识

创新体系，以自主创新为主，重点开发具有国际先进水平的尖端创新项目，包括Lyocell、芳砜纶、双组分复合无纺布、超临界CO_2流体染色技术、航空航天军工及其配套项目等。三是由公司技术中心牵头，强化了公司内部产业链一条龙的新技术配套开发，推进从纤维至成品、上下道企业、工业与贸易等各个环节的联动创新，如葆莱绒纤维与各类产品的开发、木棉纤维、芳砜纶纺制及后道产品开发、耐高温过滤材料与纺织、印染、后道加工产品的系统开发等。其中，葆莱绒纤维与三枪内衣、民光床上用品和海螺衬衫等产品的对接已获得了良好的市场认可。

事实证明，科技创新为上海纺织带来了蓬勃的活力和良好的经济、社会效益。如，前身为上海第二十八棉纺织厂的上海申安纺织公司，摒弃了已生产数十年的常规低附加值的产品，以科技为支撑，走出了一条高端产品路线，形成了小批量、多品种、快交货的特色，赢得了客户的信赖，获得了较高的赢利；家喻户晓的三枪，以科技打造时尚，为民族品牌注入新元素，成为莱卡的全球战略合作伙伴，还成功取得迪士尼少儿内衣在中国大陆地区的独家生产、销售代理权，并与法国鳄鱼、美国英威达、奥地利兰精、日本旭化成、意大利圣东尼等国际知名品牌展开了密切的合作；在我国神舟五号及神舟六号飞船的航天工程中，我们的航天产品生产企业所生产的返回舱引导伞面料、返回舱主降落伞面料、飞船用点火绳（无污染导火索）等高科技产品获得了国家嘉奖；地毯总厂以无形资产出资、以技术入股的方式，与一汽大众的地毯配套企业——长春旭阳毯业有限公司合作组建了合资公司，迅速进入中国汽车配套的北方市场，从而使上海纺织的汽车地毯业务全面渗透到中国最主要的三大整车集团；宽幅膜结构材料企业——申达科宝公司抓住产品创新和市场拓展的关键环节，经过努力扭亏为盈，并通过了多项专利申请、高新技术成果转化和新产品技术认证，产品进入美国市场。

长期以来，我们一直高度重视以科技保障公司的可持续发展和循环经济的建设，致力于开发绿色环保纤维，其中，填补国内空白的年产1000吨Lyocell纤维的产业化项目被列为上海市首批29个科教兴市重大项目之一，自2006年2月成功纺出第一束纤维以来，不断攻克难题，积累了各种工艺参数，实现了连续化生产，目前正在进行万吨级项目的论证。此外，我们还着力于高性能纺织品和新兴产业用纤维原料的研究开发，如，新型耐高温纤维芳砜纶，可广泛应用于宇航服、飞行通风服、特种军服、消防服、化学防护服、高温过滤材料等领域，我们新组建了“特安纶纤维有限公司”，将建成年产1000吨芳砜纶产业化项目。

上海专家人才多，专业配套强，学科体系全，为我们借助社会科研力量，建设产学研相结合的知识创新体系提供了很好的条件。如，我们和东华大学、上海财经大学建立了战略伙伴关系，联手建立了“上海市研究生联合培养基地”。东华大学是国内最大的纺织专业高校，在世界和全国纺织界有很高的知名度，上海财经大学拥有很强的管理、经济科学优势，与这些高校的合作，为我们打开了高端纺织的发展空间。同时上海纺织作为国内最大的纺织工业与品牌贸易平台，通过与高校的强强联手，将更好地推动上海纺织的产业能级有一个较大的提升。

为了更好地发挥广大科技人员的内在潜力和调动积极性，我们正在积极推进以生产要素参与分配的实践，出台了科技行业带头人制度，对具有突出贡献的科研人员予以重奖，包括股权激励。前不久，我们对芳砜纶项目组主要技术骨干给予了300万元股权的激励。

此外，我们还高度重视推进自主知识产权和核心技术的研发。近年来共向国家申请专利达1747件，其中发明专利达114件；共有29项科技成果获得上海市高新科技成果转化认定。

众所周知，中国是一个纺织大国，但不是一个纺织强国。中国纺织品在世界贸易中占有很大的市场，但大多是中低档市场，赚的都是血汗钱。纺织的高新技术被发达国家所垄断，高端市场被发达国家的品牌所占领，这是一个不争的事实。因此，作为国内最大的纺织企业集团，上海纺织理应在我国从纺织大国走向纺织强国的进程中，发挥作用，作出贡献。在这一点上，上海市纺织科学研究院将承担起更重要的责任。

我们一直强调：科技创新是纺织的唯一出路，科技创新是企业核心竞争力支撑和提升的重要手段。当前我们科技创新工作很重要的一点就是如何以科技创新提升中国纺织的能级、打破发达国家在纺织高新技术领域的垄断。在这个背景下，上海纺织正在加快把纺织科学研究院建设成为上海纺织的“中央研究院”的步伐。作为中央研究院，它的主要任务就是要对上海纺织的核心主业的发展起到支撑和提升作用，进一步提高上海纺织的核心竞争力。我们希望通过科技含量的进入，促进上海纺织产品升级换代，使我们的产品市场占有率上升、盈利水平提高。即使是现在没有的产业，也可以通过科研成果的积累和产业化，形成一个新的产业，如新型的化纤和材料等。我们的目标是将上海市纺织科学研究院打造成为中国一流乃至在世界都具有广泛影响的纺织研究机构，为中国从纺织大国走向纺织强国之路注入新的活力。

我们希望上海市纺织科学研究院下一步能加快进行“三个转型”，即从事业单位到科研企业单位的转型、从企业单位到科技企业的转型、从研究成果鉴定到企业产业化成果的转型，积极把握世界纺织前沿技术的发展趋势，围绕公司调整、改革、发展总体方案第二阶段的目标，进一步发挥好众多科研院所及科技研发人才的优势，强化和提升信息、检测、研发、转化四个科技平台的功能，在重点科研项目的研发和攻关、重点产品的条龙开发、加强产学研合作、深化知识产权管理等工作上取得新的突破，为上海纺织核心业务发展和提升作出更多的贡献，真正做到“科技是第一生产力”，成为科技纺织的先导，时尚纺织的支撑。

最后，对各位领导和来宾对上海纺织的一贯支持和帮助表示最衷心的感谢！

1.2 上海纺织（集团）有限公司技术创新体系构建方案

——朱勇总裁的报告

上海纺织已进入新一轮发展期，公司核心业务板块为新型化纤及材料、产业用纺织品、品牌服装及装饰纺织品，技术创新工作是其中的一个重要方面。作为产业性集团的上海纺织（集团）有限公司，技术创新工作的当务之急是树立科学的发展观，围绕公司核心业务板块，以“科技与时尚”为发展理念，以人才战略为发展之本，集聚现有科技资源，重构技术创新体系，营造新的运行机制，切实做到组织保证、项目保证、资金保证、人才保证，为公司的新一轮发展作贡献。

1.2.1 技术创新组织保证——整合资源、集聚优势、构筑体系

（1）公司的技术创新组织体系是在总裁的领导下，由公司技术中心、公司专家组、上海市纺织科学研究院、各专业研究所及重点企业技术研发机构组成。公司技术创新体系组织框架见图 1－2－1。

（2）技术中心是公司的职能部门之一，技术中心主任由分管总裁兼任，并设专、兼职副主任，技术中心专职人员由 6～8 人组成，办公及业务经费纳入公司预算。技术中心负责编制公司中长期技术创新发展规划、年度技术创新计划；负责国家级、市级、公司级技术创新项目的组织、申报、管理；提出科研方向选题的决策选择意见；负责知识产权的有关工作；负责与国内外高等院校、研发机构合作的“产学研”相关工作；负责公司日常技术创新工作的组织、管理、指导、检查、考核及与政府相关部门的联系协调。

（3）公司定期召开由分管总裁、投资规划部经理、计划财务部经理及技术中心主任参加的办公会议，负责审定公司中长期技术创新发展规划和年度技术创新计划及科技投资的预决算。

由行业内外资深专家组成的专家组是公司的高级智囊团，承担行业技术创新规划和重大项目的技术审定评估等工作。下设若干专业组开展活动。

（4）上海市纺织科学研究院（以下简称“纺研院”）是公司的核心研发基地。在公司的领导下，会同技术中心协调各有关研究所、研发机构，承担国家、市科技项目和公司重大技术创新项目的选题、论证、研发与推动产业化；从事纺织应用高端技术的研究、关键性技术的攻关和前沿技术的探索；定期为公司高层战略决策提供重大科技资讯；每年为公司提供一定数量的研发项目（具有技术成熟度、市场前景好、具备产业化条件），由公司选择列为重大投资项目；为全系统企业提供技术创新的综合服务，包括信息、研发、检测、转化等；作为公司“产学研”合作的常设机构，同国内外高等院校、研发机构建立不同层次的战略联盟，合作研发。

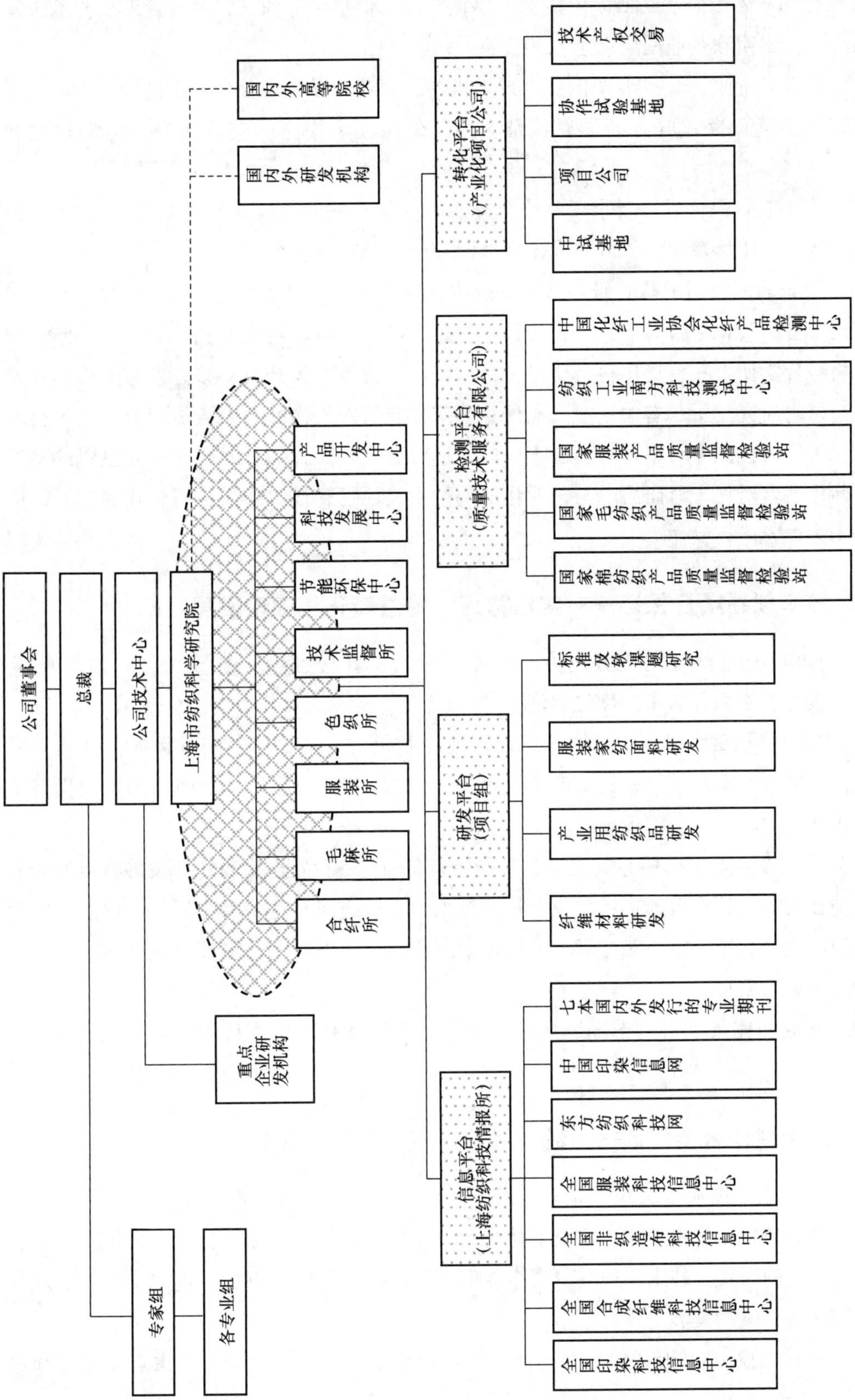

图1-2-1　上海纺织（集团）有限公司技术创新体系组织框架图

（5）公司技术中心和纺研院两机构主要领导人员可重合兼职，将科技管理和技术研发紧密结合，在集团和企业两层面上同步推进。

（6）各重点企业需建立专门的技术研发机构，企业领导专人分管，在机构设置、人员与设备配备、资金投入等方面加以保证，并受公司技术中心的技术协调、组织管理和考核。

（7）根据公司总体发展要求，参照合纤所和六中心的归并模式，将毛麻所、服装所、技术监督所、色织所隶属纺研院。其余专业研究所隶属关系不变。

（8）整合后的公司的核心研发基地——纺研院形成四大科技平台：信息平台、研发平台、检测平台、转化平台。信息平台集技术信息、科技文献、纺织专利等资源于一体，同时经分析综合为研发平台提出科技研发项目。研发平台为立体开放、多方参与工作的开发体，由公司内研究院所、有关企业和业外高等院校与研发机构的研发人员组成，以项目组形式开展工作。检测平台集现有资源于一体，形成更大优势，并适时建立多元投资的检测公司。转化平台对处于科研后端与产业化前端的重大项目和技术产权进行转化和交易，以项目公司为单元进行操作。

1.2.2　技术创新项目保证——突出重点、促进转化、滚动发展

（1）围绕公司三大核心业务板块，在制订年度规划时，落实公司重大技术创新项目，在资金、人力、物力方面予以优先保证。

（2）加快公司重大科研项目的成果转化和产业化。纺研院提供的重大项目（具有一定技术成熟度、市场前景好、具备产业化条件），报技术创新委员会，明确为重大投资项目的，由技术中心进行跟踪管理。

（3）由重点企业根据核心板块产业发展导向，确立一批符合自身行业发展特点的研发项目，项目的运行管理由各重点企业承担。技术中心可会同纺研院参与项目的研发，发挥协同作战的优势。技术中心对能形成原创技术、有自主知识产权、科技含量高的项目，可推荐为公司重点项目。

（4）建立和完善项目的选题、规划、评价、考核体系。见项目实施流程图（图1－2－2）。

1.2.3　技术创新资金保证——统一筹措、定向支持、注重实效

（1）公司建立技术开发专项资金（以下简称“资金”），支持公司及重点企业的技术创新体系建设和技术进步工作，重点支持公司三大核心业务板块和拥有自主知识产权并有较高市场效益的项目、技术与产品。资金使用额度按需分类申请审批。定向支持、专款专用、注重实效、滚动发展。

（2）公司划拨1000万元作为首期技术开发资金，专列账户使用。各重点企业必须每年提取不低于销售额2%～2.5%的技术开发费，用于企业列入公司计划的重点项目的研发

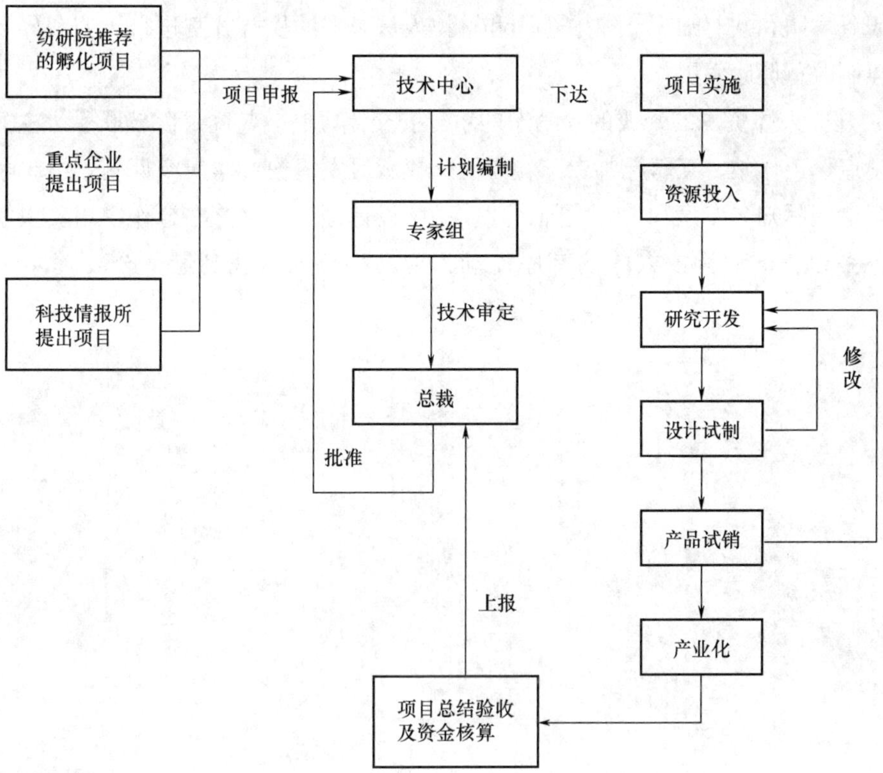

图 1－2－2　项目实施流程图

以及企业自行研发的项目。技术开发费纳入企业经营者的年度考核内容，每年年初由各重点企业上报预算，每年年底由技术中心对各重点企业技术开发费的实际使用情况进行核定。提足但未能用完的部分可由技术中心统一调度，用于公司其他重点项目的研发；尚有缺口的项目，可由企业申请资金资助；未能提足的企业应于下一年度补足。

（3）技术中心负责资金使用情况的核查和项目跟踪管理验收，并报公司审定。技术中心于每年 1 月编制完成当年技术创新计划项目。

1.2.4　技术创新人才保证——广纳人才、科学评价、完善机制

（1）科技兴纺，人才为本。重视人才结构的更新，营造良好的竞争环境，造就一流的纺织科技队伍。鼓励探索，支持创新，宽容失败。建立和完善人才的评价、选拔和考评体系，最大限度地发掘和保护创新人才。

（2）建立和健全科技人才激励保障体制。实行学科带头人和项目负责人年薪制；资助有影响的科技专家和学科带头人建立个人实验室和工作室；对有突出贡献的科技骨干给予晋升工资和职称、享受特殊津贴、承诺延迟退休和授予荣誉称号等奖励。探索智力要素参与分配和知识产权转化股权的科研体制改革，使科技骨干在高新技术项目和科技企业中拥有长期利益。以重大项目为平台，组建独立的研发团队，孵化高新技术企业，实行全新的

运行机制和考核机制，探索科技人员要素参与分配的模式，作为全公司科研体制的示范平台。对职务发明和共有知识产权中企业和科技人员个人的权益分割进行研究和界定，以推动科研体制改革健康发展。

（3）建立人才资源的开放的、动态的培养和交流机制。与高等院校联手设立博士、硕士的教学点、工作站，互聘导师专家；与国外权威研发机构合作研究课题，组织学者互访交流；聘请国际知名专家和设计大师，建立品牌设计师工作室，在合作中培养人才。借助公共服务平台，推动科技人才的有序流动，帮助科技人员找到最适合发挥才华的事业舞台。

2　2005～2007年度任期

2.1　关于重组科技资源，对有关科研院所进行整合方案的报告

根据公司的战略规划，建立技术创新体系的方案。现在提出关于重组公司科技资源，对有关科研院所进行整合方案的报告。

2.1.1　整合的指导思想

整合科技力量，就是要使集团内部分散的科研力量形成一个“科研系统”。要把科技信息、科技情报、纺织研究、纺织设计、中试实验工厂、企业产业化生产形成一个系统的、网络的、目标统一、信息共享、前道为后道服务、要分要合的科技系统。改变原来相互独立、分散、缺乏协作的局面。

2.1.2　整合五个研究所，充实研究队伍

构建技术创新运作体系。以纺研院研发基地为载体，参照纺研院对合纤所和六个中心的集中归并模式，对有关的服装所、毛麻所、色织所、印染科研所、技术监督所进行整合，规划搭建信息、研发、检测、转化四大科技平台，重构技术创新体系，建立科学的技术开发、交流、服务流程。

使分散独立的研究设备整合成开放的、公共的、具有规模的科学研究平台。充分发挥科研人员和设备的作用。

2.1.3　分离整合检测机构，组建质量检测有限公司

行业的技术质量检测机构的整合。根据国家技术监督局的要求，自2005年起，对于向全社会服务的质量监督检验机构，为保证其开展业务的公正性、公平性，必须从企业中分离开来，注册独立法人。因此对研究所内的检测机构需要进行分离，将国家毛纺织产品质量监督检验站、国家服装产品质量检验站、国家棉纺织产品质量监督检验站进行整合，组建质量检测有限公司。

检测中心的整合主要是各检测单位资产连接，独立核算，利润分成，集中在纺织研究院挂牌，原地址分别营业，统一人财物权。

五个研究所分离检测机构后要作好以下工作：

行业研究院所研究课题和人员的整合；精简行政管理，充实科研队伍；科研情报的整合。总之研究规模要大，核算单位要小，制度体制要活。

研究院所的整合要搭建信息、研发、检测、转化四个科技平台。

（1）信息平台主要集中技术信息、科技文献、纺织专利等资源。经分析综合为研发服务；

（2）研发平台则为立体开放、多方参与的开发体，由研发人员组成的项目组形式开展工作；

（3）检测平台在集约资源优势的基础上，适时形成多元投资的检测机构；

（4）转化平台对处于科研后端与产业化前端的重大项目和技术产权进行交易、转化，以项目公司为主进行操作。

四个平台相互依存、互为作用，形成一个从信息采集到成果转化的完整系统，有利于纺织高端及前沿技术的把握和开发。改变原来相互独立、分散、缺乏协作的局面。

项目运行：经过讨论决定的项目建立项目公司，明确法人和项目经理及技术负责人，进行企业化运行。

2.1.4 有关的服装所、毛麻所、色织所、印染科研所、技术监督所的基本情况

为了整合现有科研资产资源，进行优化配置，以实现核心业务的集中，现将毛麻所、服装所、色织所、印染所、技监所五个单位调查情况汇报如下（数据截至2004年11月）。

（1）企业性质。五个单位除技监所为事业单位性质外，其余皆转制为企业性质（财务报表全为企业格式）。

（2）职工状况。五个单位中现共有员工248名。其中在岗204名，离岗44名（占21.5%）。

在岗人员中以岗位分：管理52名（占34.2%），技术152名（占65.8%）；以职称分：高级29名（占14.2%），中级54名（占26.5%），无职称121名（占59.3%）；以学历分：硕士2名（占1%），大专以上87名（占42.6%），中专（含高中）52名（占25.5%），中专以下63名（占30.9%）。

（3）资产与负债情况。

①资产总计60461511.07元。

②流动资产合计：21607528.42元。

③固定资产合计：18732245.26元。

④流动负债合计：9494945.15元。

⑤负债合计：4040092.07元。

⑥所有者权益合计：22556415.88元。

（4）经营情况（2004 年 11 月止）。

①产品销售收入：17192168. 80 元。

②产品销售利润：1177239. 66 元。

③利润总额：－502884. 81 元。

（5）检测机构情况。毛麻所、服装所、技监所三个单位内另有历史存在的检测机构，它们是：国家毛纺织产品质量监督检验站、国家服装产品质量检验站、国家棉纺织产品质量监督检验站。

2. 1. 5　几点分析

（1）从员工状况来看，目前 248 名员工中，离岗 44 名，尚可承受。在分离掉毛麻所、服装所、技监所三个国家级质量监督检测机构的在岗人员后，总人数还要减少。如果再经整合，则管理人员的比例一定可以降低。

（2）从五个单位目前的资产情况来看，所有者权益合计：22556415. 88 元，尚有整合资产的条件，但还有负债情况，应收账款有 121. 6 万元，其他应收账款有 1329. 9 万元，各项计提尚不明确，尚不清楚有多少坏账。

（3）五个研究所的资产原是事业单位资产，其中四个单位 2001 年从事业单位转变为企业单位后均未出资进入纺织集团资产的构成。具体划管手续请控股公司财务部、资产经营部指导。

（4）国家毛纺织产品质量监督检验站、国家服装产品质量检验站、国家棉纺织产品质量监督检验站本身也需要进行整合，必须从企业中分离开来，注册独立法人。

（5）有关数据人员分析见附件一，资产负债情况汇总见附件二。

特此报告，请批示。

上海纺织（集团）有限公司技术中心

上海市纺织科学研究院

2005 年 1 月 17 日

附件一： 2004年11月员工队伍基本情况统计

表2－1－1 员工队伍基本概况表

（2004年11月统计数据） 单位：人

分类 \ 单位		毛麻所		色织所		服装所		印染所		技监所		合计
		在岗	离岗	在岗	离岗	在岗	离岗	在岗	离岗	在岗	离岗	
岗位	管理服务	11	0	19	0	12	0	7	3	3	0	
	技术业务	30	0	20	0	35	0	21	8			
学历	博士											
	硕士					1	0			1	0	
	大专及以上	24	0	12	1	14	1	12	3	25	2	
	中专	4	0	2	0	7	0	2	2	9	0	
	高中	3	0	6	16	8	1	4	3	7	0	
	初中	10	0	19	0	17	11	10	3	7	1	在岗204，离岗44
年龄	35岁以下	2	0			8	0			7	0	
	36～45岁	17	0	14	13	16	3	19	9	15	0	
	46～55岁	18	0	23	3	18	0	5	2	20	3	
	56岁以上	4	0	2	1	5	0	4	0	7	0	
技术职称	教授级					1	0					
	高级	12	0	1	0	2	0	4	0	9	0	
	中级	12	0	13	1	10	0	10	2	9	1	
	初级	10	0	8	0	13	0	5	2	12	1	
单位人数		41		56		60		39		52		248

附件二：　2004 年 11 月纺织科学研究院资产负债表

表 2 – 1 – 2　资产负债表

（2004 年 11 月期末数）　　单位：元

行次	科目	毛麻所	色织所	服装所	印染所	技监所	合计
1	货币资金	4784348. 33	571940. 52	7321400. 24	130043. 50	480544. 74	13288277. 33
2	短期投资	31665. 06					31665. 06
3	应收票据						0
4	应收账款	122531. 56	617251. 50	230603. 00	245850. 00		1216236. 06
5	减：坏账准备						0
6	应收账款净额		617251. 50				617251. 50
7	预付账款		2103800. 54	70000. 00		8000. 00	2181800. 54
8	应收补贴款	2299472. 44					2299472. 44
11	其他应收款	271812. 69	630959. 42	870750. 51	810100. 00	10715645. 26	13299267. 88
12	存货	11815. 00	55000. 00	250882. 05			317697. 05
13	待摊费用		101299. 96	76000. 00			177299. 96
14	待处理流动资产净损失						0
15	一年内到期的长期债券投资						0
16	其他流动资产						0
20	流动资产合计	7521645. 08	4080251. 94	8819635. 90	1185993. 50		21607526. 42
21	长期投资			211400. 00			211400. 00
22	固定资产原价	4050394. 29	2866274. 73	3250735. 47	2197165. 89		12364570. 38
23	减：累计折旧	671019. 63	389199. 55	949234. 77	458608. 00		2468061. 95
24	固定资产净值	3379374. 66	2477075. 18	2301499. 70	1738557. 89		9896507. 43
25	固定资产清理		63343. 65	17278. 93			80622. 58
26	在建工程						0
27	待处理固定资产净损失						0
28	固定资产合计	3379374. 66	2540418. 83	2318778. 63	1738557. 89	8755115. 25	18732245. 26
29	无形资产						0
30	递延资产			255304. 60			255304. 60
31	无形资产及递延资产合计						0
32	资产总计	10901019. 74	6620670. 77	11605119. 13	2924551. 39	28410150. 04	60461511. 07

续表

行次	科目	毛麻所	色织所	服装所	印染所	技监所	合计
	流动负债：						
33	短期借款						0
34	应付票据						0
35	应付账款	20400. 00	151886. 09	757187. 87			929473. 96
36	预收账款		1686252. 69	100374. 00		34776. 21	1821402. 90
37	其他应付款	290139. 96	1325278. 50	2446418. 86	691115. 16	1379370. 11	6132322. 59
38	应付工资	1456659. 03					1456659. 03
39	应付福利费	375512. 33	－489681. 44	324287. 30	4740. 34		214858. 53
40	未交税金	33650. 59	－101741. 27	22149. 63	6456. 71		－39484. 34
41	未付利润			186051. 46			186051. 46
42	其他未交款	1720. 68	64. 44		241. 37		2026. 49
43	预提费用		209100. 00				209100. 00
44	一年内到期的长期负债						0
45	其他流动负债						0
46	其中：预计负债						0
47	流动负债合计	2173081. 99	2781559. 01	3837750. 57	702553. 58		9494945. 15
	长期负债：						
48	长期借款						0
49	其他长期负债						0
50	其中：专项拨款						0
51	长期负债合计						0
	递延税项：						
52	递延税款贷项						0
53	负债合计		2781559. 01			1258533. 06	4040092. 07
	所有者权益：						
54	实收资本	3614304. 17	3500000. 00	3000000. 00	300000. 00		10414304. 17
55	资本公积		696323. 51	767488. 78	2846717. 06		4310529. 35
56	其中：补充流动资本						0
57	盈余公积		6571. 57	473097. 43			479669
58	其中：公益金						0
59	未分配利润	5113633. 58	－363783. 32	3526782. 34	－924719. 25		7351913. 35
60	所有者权益合计	8727937. 75	3839111. 76	7767368. 56	2221997. 81		22556415. 88
61	负债及所有者权益总计	10901019. 74	6620670. 77	11605119. 13	2924551. 39	28410150. 04	60461511. 07

2.2　2005 年

2.2.1　2005 年 6 月

（1）确定了科研方向和科研项目计划（芳砜纶、芳砜纶染色、复合无纺布、海岛纤维、数码印花、服装、膜结构、环保、无水印染、军工项目等），根据项目排出研究院项目、有限公司项目、企业项目等。

（2）四个平台细化方案落实。

信息平台作了方案细化，形成信息科研网络，建立了比较完善的经济运行和考核机制。

研发平台具备了一批科研课题，制订了科研计划任务书。

检测平台制订了棉印染、毛麻、服装三个国家级检测站组建检测有限公司的方案。

产业化平台。芳砜纶项目在完成鉴定任务的基础上进行“改性芳砜纶和间位芳纶”的试验，复合无纺布进行了多因素累计 53 次的试验，海岛纤维、预氧化纤维项目正常进行。

（3）提出了科研发展规划。

（4）进行研究所整合（服装所、毛麻所、色织所、技术监督所），人力资源整合目标（人员分析、下岗人员费用分析、发文件划归研究院、院所领导会议、月度财务报表、年度工作目标）。

（5）科研经费预算、筛选项目、项目经费（工资、办公费、原材料加工试验费）。

（6）制订分析经营预算、减少亏损目标、各个核算单体 2005 年的经营预算、按批准的预算支付使用资金卡、年度财务报表、管理费用控制标准。

（7）财务担保登记、资金运用管理（2005 年财税属地管理 6∶4，4∶6 ）。

归还职工集资款 240 万元，合纤所欠海泉饭店 440 万元作股权，归还工程款 560 万元。

解决修订有关劳动工资的实施细则，公积金扣 14% 调整 7%，明确加班工资管理和计算，部分人员工资应扣所得税调整等，明确离岗待退人员 247 人的管理要求。

（8）人力资源建设。引进 18 名青年人才正在面试落实。同时要求学科项目带头人向项目经理转化，进行技术经济结合，以研究成果等要素和项目利润参与分配。

（9）产学研结合（东华大学、工程技术大学、同济大学、交通大学）。

TITK 合作研究：1 月 18 日挂牌、合作研究项目、经费。

大师设计室：陈凯、凌雅丽大师设计室正式运行。

（10）工作日程安排、制度修订汇编、会议记录。

（11）工程项目计划：变压器工程已经落实，转角装修 3500 平方米缺少资金。

（12）合作探索：东华产学研项目，TITK合作研究项目，太平洋机电合作，消防研究所，与杨浦区、义乌市纺织企业的科技对接活动，与杜邦英威特、美国棉花公司等的长期合作需要深入。

（13）效果。

①研究项目正常开展。

②部分研究项目鉴定成果：50吨芳砜纶生产线鉴定通过，等离子项目通过纺织总会组织的鉴定。

③制订了院所的科研和经济责任书的目标，签订并明确了工作目标。

④经济核算方面：制订院所公车改革方案，一般不再配车而采取车贴方式，节约开支；鼓励科研经营核算利润分成，提高了核算部门的积极性，减少了全年预算的缺口。

技术中心的工作

2005年技术中心工作围绕科技与时尚的战略，在方案定稿、管理体系、考核办法、项目保证、科技规划、科技政策汇编、科技通讯录等方面做了下列工作。

（1）建章立制：制订了《技术开发费管理办法》《技术创新项目管理办法》《知识产权管理办法》。明确职能，创新流程。

（2）项目支撑：制订了《2005年技术创新计划》，其中当年应完成项目42项；研究院所项目21项，产学研合作项目11项，重点企业项目14项，其他企业项目12项。

同时，申报《上海市引进技术的消化吸收与创新项目计划》17项，其中有东华大学参与的项目9项，研究院所项目8项。

（3）制订了《“十一五”技术创新规划》（初稿）。并组织了东华大学和纺织工程学会等认证。

（4）进行行业技术创新现状调研。化纤、华申、申达、针织新联纺、汉森、三枪、服装、科研院所等59家单位上交了调研表。行业现状：2004年技术开发费14148万元，占1.14%；专利633件（其中发明51件）、版权9件；获奖（上海市科技进步奖二等奖2项、三等奖3项，中国纺织工业协会科技进步奖二等奖1项、三等奖1项、四等奖4项）；高新成果转化项目14项；人员；一条龙开发（玻璃纤维）；技术中心（6家）；质量认证。

（5）产学研工作。东华大学聘任肖贵玉、张庆担任国家染整工程技术研究中心领导；聘任公司9名技术专家任东华大学硕士生导师；举行项目对接会。

（6）专利工作推进：召开重点企业工作会议，牵涉60%～70%申请量。

（7）搞好服装文化节参展工作：产品评比，新形象、新产品展示，参与“八有”调研。

（8）几点思考。

①保证投入。技术开发费1.5%用于重点项目的攻关和研发，形成长效机制。

②坚持产学研模式，优势互补。资源合理利用及整合。

（9）安全生产：对厂长、经理进行了培训，保持了稳定。

2.2.2　2005 年 7 月

（1）产业化平台，芳砜纶项目在完成鉴定任务的基础上进行“改性芳砜纶和间位芳纶”的试验。复合无纺布进行了多因素累计 54 次的试验，已经取得突破性进展。

（2）把控股领导的要求传递到院所（服装、毛麻所、色织所、技术监督所）。

（3）科研经费预算、筛选项目、项目经费（工资、办公费、原材料加工试验费）。

（4）制订分析经营预算、减少亏损目标、各个核算单体 2005 年的经营预算、按批准的预算支付使用资金卡、年度财务报表、管理费用控制标准。

（5）人力资源建设：引进 18 名青年人才正在面试落实。

（6）工程项目计划：变压器工程已经落实，转角装修 3500 平方米缺少资金。

（7）合作探索：东华产学研项目，太平洋机电合作，与杨浦区、义乌市纺织企业的科技对接活动。

技术中心的工作

2005 年技术中心工作围绕科技与时尚的战略，在方案定稿、管理体系、考核办法、项目保证、科技规划、科技政策汇编、科技通讯录等方面做了下列工作。

（1）建章立制：制订了《技术开发费管理办法》《技术创新项目管理办法》《知识产权管理办法》。明确职能，创新流程。

（2）制订了《“十一五”技术创新规划》（初稿）。并组织了东华大学和纺织工程学会等认证。

（3）产学研工作。东华大学聘任肖贵玉、张庆担任国家染整工程技术研究中心领导；聘任公司九名技术专家任东华大学硕士生导师；举行项目对接会。

（4）安全生产工作。对厂长经理进行了培训，保持了稳定。

2.2.3　2005 年 8 月

（1）组织编写研究院“十一五”科技进步发展纲要。

（2）产业化平台进展，芳砜纶项目 50 吨生产线在完成鉴定任务的基础上进行“改性芳砜纶和间位芳纶”的试验，每月消耗 20 万元。复合无纺布进行了多因素累计 56 次的试验，新的喷丝板已经取得突破性进展。

（3）召开院所领导会议，把控股领导的要求传递到院所（服装所、毛麻所、色织所、技术监督所）。

（4）分析上半年年底经营预算、减少亏损目标、各个核算单体 2005 年的经营预算，基本完成半年度财务目标和管理费用控制标准。

因去年向银行借款 1150 万元于 9 月到期，需先还款解除担保后再继借。

（5）人力资源建设：引进 16 名青年人才已经落实。

（6）化纤五厂10吨锅炉报废影响化纤试验工场，帮助联系市技监部门进行工程立项，采用4吨锅炉，计划资金38万元。

（7）保持党员先进性教育方面，与卢院长分别组织上党课，组织党员捐款帮困。

技术中心的工作

主要是围绕公司科技大会与总裁办、人事部等进行合作，拟写大会报告，编制上海纺织"十一五"科技进步发展纲要、科技带头人制度实施办法，组织交流发言，制订表彰及奖励方案，编写科研项目介绍的版面40块，会议组织，材料编写和准备。会议资料集包括：

（1）《上海纺织"十一五"科技进步发展纲要（简版）》。

（2）《上海纺织控股（集团）公司关于实行行业（项目）科技带头人制度的实施办法（试行）》。

（3）《技术创新项目管理办法》。

（4）《技术开发费管理办法》。

（5）《知识产权管理办法》。

（6）《上海市促进高新技术成果转化的若干规定》（新18条）。

（7）获2004年度国家科技进步奖二等奖的项目、2004年度中国纺织工业协会科技进步奖名单、2004年度上海市科技进步奖名单。

（8）东华大学聘任公司九名专家担任硕士生导师的文件。

（9）《2005年上海纺织控股（集团）公司技术创新计划》。

（10）发言稿：合纤所（芳砜纶）、里奥公司、日舒。编写的媒体新闻稿已经发挥作用，被数家报社采用。

2.2.4　2005年9月

（1）产业化平台进展，芳砜纶项目50吨生产线承接了一个集装箱5吨的生产任务，需要在9~10月连续生产，占用资金100多万元。

（2）复合无纺布进行了第57次的试验，2米幅宽的复合无纺布已经能够连续生产，布边质量取得改进。

（3）召开9月院所领导会议，交流工作，把控股领导的要求（工作务虚会准备、关心新进大学生等）传递到院所。

服装研究所反映，由于服装公司的放小，现服装研究所所在的1600平方米办公房是1991年以前迁入的（同时服装研究所有5处房屋被公司收去），产证是服装公司的，将来会增加经营成本。

（4）去年向银行借款1150万元于9月5日到期后已经先还款解除担保，现正在办理再继借手续。

（5）与化纤公司化纤五厂商量建立“化纤新材料中间试验基地”的方案，目前化纤五厂报废 10 吨锅炉，纺研院帮助进行工程立项，采用 4 吨快装锅炉，计划资金 38 万元，化纤五厂要求纺研院承担。

（6）经上报控股公司同意，与加拿大纺织及土工材料技术研究中心签订合作协议。

（7）保持党员先进性教育方面，已经完成党性分析、班子民主生活会。

技术中心的工作

（1）承办全国棉纺织色纺印染产品年会，已于 9 月 13～16 日在宁波举行，交流了各地产品开发经验，进行了优秀产品评比。组织编写了会议资料集。

（2）开展了质量月现场经验交流会议，在松江地毯厂李尔汽车地毯声学元件有限公司召开观摩会，学习“5S/6S”现场管理，精益生产管理，提高企业管理水平。

（3）会同市知识产权局举办“企业知识产权管理实务操作培训”，讲解上海市专利费资助办法、知识产权管理办法、上海市促进高新技术成果转化的若干规定等。

（4）落实“上海时装周”博览会筹备工作，与时尚事业部联合召开了动员会，布置博览会有关工作。

（5）与东华大学草拟技术合作方案。

2.2.5　2005 年 10 月

（1）开展分管专题的讨论。

（2）芳砜纶项目生产线本月出口了一个集装箱 5 吨的产品，为将来的产品市场伸了一只脚，本月耗用资金 20 多万元。

准备“千吨级芳砜纶产业化关键技术研究”的验收准备工作，请了 4 位院士，并向市科委作了汇报，希望把芳砜纶项目列进市第二批科教兴市项目。

复合无纺布进行了第 58 次的试验，2 米幅宽的复合无纺布已经能够连续生产，暴露了零部件磨损的情况。10 月 11 日邀请了申达股份的领导到现场观看复合无纺布的试验生产情况。

（3）召开 10 月院所领导会议，把控股领导明年工作准备的要求传递到院所。

服装研究所反映所在的 1600 平方米办公房问题作了协调。

（4）去年向银行借款还款再继借手续正在办理。

（5）建立“化纤新材料中间试验基地”的方案正在开展，由纺研院承担资金的锅炉改造项目开工，纺研院帮助进行工程立项。

（6）保持党员先进性教育方面，提出整改阶段的目标措施，增强科技支撑能力，加强党组织建设，推进院所改革发展，关心职工群众切身利益，解决实际困难。

技术中心的工作

（1）组织开展分管专题的讨论。

（2）落实“上海时装周”博览会布展工作，与时尚事业部合作完成了布置博览会有关工作。

（3）组织筹备明年技术创新科研项目的选题。

（4）市科委科教兴市领导小组协调办公室召开产学研调查座谈会，我们把控股公司有关产学研的工作作了汇报。

（5）修改讨论了东华大学提出的“探索产学研联盟机制，构筑国家纺织产业技术创新体系”合作方案。对其提出的“将公司每年1.5%的技术开发费用进入学校财务，在战略平台上运作”，修改为“将公司每年度技术开发费1000万元的部分资金用于战略平台的部分经费”。

2.2.6　2005年11月

（1）举行“葆莱绒”产品检验机构揭牌签约活动。

（2）接待监事会领导俞主席到研究院调研。

（3）开展分管专题的讨论。

（4）“千吨级芳砜纶产业化关键技术研究”的验收准备工作：与院士的联系、资料准备、对照合同核对技术数据、生产线的现场调查、会务安排、住宿、交通、科委联系。

（5）召开11月院所领导会议，把公司领导明年工作准备的要求传递到院所。

肖玉贵批示：

技术中心、纺研院的工作开始向实迈进，是好的开端。关键是要锲而不舍，克服困难，调动和利用好已有资源，解放思想，开阔思路，取得更好的效果；要加大力量，确保成功，必要的话，可以向余国生主任汇报一次；要做好产业化的衔接工作；研究院的内部资源整合及改革要引起重视，并摆上议事日程；公司投入的钞票所形成的资产应为公司所有。

（6）复合无纺布进行了第61次的试验，试验生产了农用复合无纺布，已经能够连续生产。

（7）建立“化纤新材料中间试验基地”的方案正在实施，由纺研院承担资金的锅炉改造项目开工，采用4吨快装锅炉，预计在12月下旬完成。

（8）保持党员先进性教育方面，召开总结验收会议，进行了满意度的测评。

技术中心的工作

（1）组织开展分管专题的讨论。

（2）11月8日与天祥检验集团在研究院举办GB 18401—2003《国家纺织产品基本安全技术规范》技术讲座，组织了企业的技术质量人员参加了讲座。

（3）编制明年技术创新计划，组织了东华大学材料学院、纺织学院、化纤事业部、投资部专家进行评审会，对明年技术创新科研项目的选题进行评估。

（4）组织举行“葆莱绒”产品检验机构揭牌签约活动，邀请新闻媒体采访报道，《解放日报》《新民晚报》发表了两篇有分量的文章。

2.2.7 2005 年 12 月

（1）12 月 8 日通过了“千吨级芳砜纶产业化关键技术研究”的验收。4 位院士参加了验收，对照合同核对技术数据，生产线的现场调查，作出鉴定结论。科委副主任等参加了验收，表示支持这个项目。

（2）复合无纺布进行了市场开发的准备，包括样本、价格设计、商标设计等。

（3）“化纤新材料中间试验基地”的方案正在实施，由纺研院承担资金的锅炉改造项目竣工，采用 4 吨快装锅炉，在 12 月下旬正式使用。目前正在做生产车间屋顶的检修。

（4）12 月 31 日召开了研究院职工代表会议，院长汇报了今年所作的工作，传达了公司年度工作会议的精神和对研究院的工作要求。

（5）召开 12 月院所领导会议，把控股领导明年工作准备的要求传递到院所。

（6）根据民政局的要求，配合综合管理部组织民光幸福厂紧急生产了 3400 箱 17000 条被褥，按时发运灾区。

技术中心的工作

（1）2005 年重点项目完成情况检查、重点项目鉴定及验收。参加“芳砜纶纤维千吨级关键技术的研究”验收等。对重点企业 2005 年技术开发费的使用、提取情况进行了调查。

（2）公司 2006 年技术创新计划编制并组织专家论证。在各集团和企业申报的基础上，根据公司发展的总体目标，筛选汇总了初步的计划，并组织学校教授和有关专家进行论证。

（3）2006 年重点项目技术开发专项资金。根据专家论证的意见，在技术创新计划中筛选了 25 项作为 2006 年重点项目，报公司总裁办公会议讨论。

（4）“葆莱绒”产品品牌策划和市场推广。已多次参与上海龙头股份有限公司就“葆莱绒”品牌策划及识别规划的项目的沟通，1 月 6 日将举行项目启动的新闻发布会。

（5）木棉产品条龙开发。与上海日舒棉纺织厂就“木棉纤维的应用和产品开发”组织有关方面进行论证。邀请了东华大学、上海工程技术大学、上海纺研院等专家就技术层面进行讨论；邀请三枪等后道企业就市场情况进行论证咨询。

（6）产学研工作。与东华大学、上海工程技术大学研讨双方在项目研发、品牌策划等方面的合作意向。

（7）2006 年度全国军工科研产品订货会。组织有关企业参加在南昌举行的 2006 年度全国军工科研产品订货会。

2.3 2006年

2.3.1 2006年1月

（1）贯彻1月12日上午集团肖董召集纺研院党政中心组人员研究工作所提出的要求，讨论消化并制订相关措施。

①在已经设立院资产管理委员会、薪酬考核委员会、安全生产委员会和学术委员会的基础上，再设立企业管理委员会，并由殷庆永牵头组建委员会并报院部。各委员会应牵头拟订相应议事规则（范善群、韩建平、秦源兴、沈安京、殷庆永）。

②加强制度管理，参照有限公司的新定制度，由行政人事部、财务审计部、科研管理部按专业分类分别制订院相关制度（韩建平、范善群、朱逸生）。

③薪酬委员会讨论做好年度考核和奖励工作（胡申伟）。

④化纤中试基地按计划节点做好场地整修工作（陈发明、倪福夏）。

⑤修改院科技“十一五”规划，并与资源配置规划相结合（沈安京、范善群、朱逸生）。

⑥根据检测平台的定位，做好检测板块运作实施计划（苏异钢）。

⑦尽快拟订院所提取6%科技开发费管理办法（朱逸生）。

（2）召开1月院所领导会议，传达了公司签约会议的精神和对研究院的工作要求。把控股领导签约会议工作要求传递到院所。

（3）进行了2006年干部工作的聘任。因为上一任的聘任期已经于2005年12月到期，提拔了几位年轻同志担任副所长和助理等。

技术中心的工作

（1）进行年度工作总结。

（2）正式确定2006年技术创新计划，组织专家进行评审，对明年技术创新科研项目的选题进行评估。

（3）组织举行“葆莱绒”产品推介活动，邀请新闻媒体采访报道。

（4）与东华大学科研处讨论了有关的产学研项目。

2.3.2 2006年3月

（1）研究院领导班子根据封亚培副总裁的要求，对芳砜纶项目的专利转让进行了讨论，同意将芳砜纶技术专利无偿转让给控股公司，由项目组办理专利转移手续。落实芳砜纶项目本月资金26万元。

接待国资委的领导视察芳砜纶中试线，并向国资委的领导汇报芳砜纶项目的开发情况和规划。

（2）中试基地建设方面：

①借调来计量泵 8 只。正在着手解决蒸汽跑冒滴漏的原因。

②螺杆空压机运转费用成本高，已确定与现有装置联通，下月着手安装解决。

③纺丝侧吹风用日本进口过滤芯无货，已办理进口手续，预计下月底可到。

④第二次聚乳酸试验人员工艺准备就位，计划纺丝、牵伸工艺联动攻关，主要攻克上海芳可馨化纤有限公司设备拉伸倍数高的技术难关。

（3）走访杰事杰公司，了解耐高温尼龙工程塑料等在纺织纤维上的应用，与该公司杨桂生董事长等进行了座谈，主要针对该公司开发的耐高温 HPN 和高韧性尼龙两种新材料在纤维领域的应用研究作技术探讨。

（4）走访上海大盛公司“相变材料项目”情况汇报。

（5）纺研院广义“5S”实施方案根据控股公司要求，由中试基地和检测平台分管责任人对主要内容进行调整、充实，已上报控股公司。

（6）加强研究院通信网络容量建设，与中国电信和铁通公司进行了业务方案的讨论，将做进一步认证后形成具体意见实施。

（7）根据控股公司的意见，与新纺织置业公司置换建国西路毛麻检测站房产的工作进行相关协议的准备，由公司资产部定稿后实施。

技术中心的工作

（1）召开科技人员的会议，组织学习上海市科技大会的精神。

（2）组织技术创新项目的年度科技进步奖申报和纺织总会科技项目奖的申报工作。

（3）完成向市国资委提交的技术创新项目的汇报材料工作。

（4）年度专利申请数分解落实。

（5）葆莱绒产品开发及市场推广活动。

（6）完成“国际服装文化节”博览会参展工作（包括产品评比、参展工作）。

（7）根据公司领导的指示，做好卢可盛同志住医院治疗期间的关心工作。

2.3.3　2006 年 4 月

（1）党建工作方面，对纺织科学研究院党组织进行梳理，进行党支部选举，4 月 21 日对党支部建设签订责任书。要求认真贯彻集团肖董、席总对我院工作的各项要求。通过加强党建工作，对我院科研工作起到了推动和促进作用。切实落实好今年控股公司与我院所签订的党建工作责任书的内容。要加强领导班子建设和党的基层组织建设，要通过各支部的共同努力来做好这方面的工作，充分体现党组织的战斗堡垒和组织保障作用；要加强人才队伍建设，做好青年干部的培养工作，形成人才梯队。和院党委一起同心协力，共同担起这份义务和责任，把各项工作做得更好。

（2）接待国资委规划发展处领导，就技术创新举行座谈讨论，汇报了国资委考核的重点项目的开发情况和规划。第二天陪同国资委规划发展处的领导视察复合无纺布中试线基地建设。

（3）与太平洋纺机集团成套设备公司进行合作制造技术座谈。

（4）与上海科技网签订协议，配置10兆16个IP地址容量的协议。

（5）与中国电信和铁通公司进行了业务方案的讨论，就加强研究院通信网络容量建设签订协议，由铁通公司承担设备交换机费用，在研究院建设基站。

（6）对于与新纺织置业公司置换建国西路毛麻检测站房产的工作，进行了关于转让建国西路296号房地产协议签约仪式。由公司资产部见证实施。置换价格2200万元，扣除借债务740万元，实际资金1460万元。同时用于需要购买1000平方米试验场地的几百万元费用、试验室装修费用、添置仪器费用、搬迁费用等。

（7）筹建上海纺织标准化质量信息中心，整合现有院所的3个全国纺织专业标准化技术委员会（TC 209全国纺织品标准化技术委员会、TC 215全国纺织机械与配件标准化技术委员会、TC 219全国服装标准化技术委员会），充分发挥标准化工作在产业化过程中的作用，并在研究院3号楼新装修二楼落址（3号楼3000平方米装修已经支付290万元，大大改善了街区环境和院的形象）。

（8）组织项目申报，将芳砜纶、复合无纺布、等离子羊毛改性设备、玉米纤维、无水印染、“清棉师”和环保科普读物分别申报市科技进步奖、发明奖及行业科技进步奖。由朱逸生与五所协调项目申报。

科研管理部要作好部分科研项目的自我鉴定及验收；同时建立科研项目准备金，用于对部分培育项目的经费支持（不包括人员工资部分）。另外，做好“五一”期间的安全保卫工作。

技术中心的工作

（1）根据监事会俞主席的要求，召开科技人员的会议，就技术创新举行讨论，汇报技术创新工作的情况。

（2）组织技术创新项目的年度科技进步奖申报和纺织总会科技项目奖的申报工作。

（3）完成向市国资委技术创新项目的汇报材料工作。

（4）组织完成“国际服装文化节”在松江泰晤士小镇的展览布置工作。

2.3.4 2006年5月

（1）召开院所工作会议，及时传达了控股公司“五·七”干部会议内容和领导讲话精神。席董讲话要求：起点不同、任务不同、角色不同、压力更重、责任更大，要尽责尽力做好工作；通报了4月纺研院主要工作的开展情况；控股公司总裁办公会议工作要求等。朱逸生总监报告了我院申报科技奖项情况。范善群总监介绍、分析了 4 月全院财务经济状况。谭豪清副书记传达了控股公司安全工作会议精神。随后，各所、中心负责人分别汇报了自己单位 4 月工作情况。

（2）与封亚培一起接待了季国标院士带队、周宏主任为组长的 2006 年中国工程院重大咨询项目——高性能纤维及其制品国家发展战略与策略研究专家小组。

考察组成员（19 人）：

中国工程院：季国标（院士）、郁铭芳（院士）。

中国人民解放军海军后勤装备研究所：陈同柱（研究员）。

中国社会科学研究院工业经济研究所：李晓华（博士）、王钦（博士）。

中国科学院科技政策与管理科学研究所：赵兰香（研究员）。

中蓝晨光化工研究院：王凤德（副总、高工）。

北京大学：范星河（教授）。

四川大学高分子所：叶光斗（所长、教授）。

国防科技大学 CFC 国家重点实验室：宋永才（教授）。

北京航空材料研究院：陈大明（教授）、梁子青（高工）。

中国工程院学部工作局：高中琪（副局长）。

中国工程院农业、轻纺与环境工程学部办：梁晓捷（主任）。

中国人民解放军总后勤部军需装备研究所士兵中心：周宏（主任、高工）、黄献聪（工程师）、陈强（高工）、康俊（博士）、杨学成（博士）。

胡申伟院长介绍了上海纺织控股（集团）公司技术创新、项目研究、科研产业化情况。

上海市合成纤维研究所所长、特安纶公司总经理汪晓峰作了介绍。随后考察组一行前往奉贤芳砜纶基地作了现场考察。

（3）配合特安纶公司的成立，做好芳砜纶项目组成员的思想工作，当特安纶公司任务完成以后仍旧可以回到研究院。同时做好 17 名同志的关系转接。申请了两项专利并注册了“特安纶”商标也转到特安纶公司。

（4）党建工作方面，组织毛麻研究所、技监所进行党支部选举。

（5）接待交大企业文化建设小组，并与研究院所进行座谈，就企业文化、价值观念、经营理念、团队意识、协同文化、素养文化、研究院历史、科研体系等进行了交流。

（6）召开东纺科技公司经营情况分析会议，明确由殷庆永同志为总经理，提高经营效率。

（7）筹备 2006 年全国新型棉纺设备应用技术交流会。

技术中心的工作

（1）参与联吉合纤公司科技工作会议，交流葆莱绒开发、全消光产品开发、聚酯添加工艺流程创新等。

（2）参与接待了季国标院士带队、周宏主任为组长的2006年中国工程院重大咨询项目——高性能纤维及其制品国家发展战略与策略研究专家小组。

（3）召开技术创新项目认证会，就产学研项目等技术创新经费计划进行讨论，提出了计划。

（4）组织技术创新项目的年度科技进步奖申报和纺织总会科技项目奖的申报工作。

2.3.5 2006年6月

（1）组织召开纺织科学研究院纪念“七一”座谈会，组织评选先进党组织、先进党员。拟写会议讲话；认真贯彻集团席董对我们的要求，提高“科技与时尚”、走高端的纺织发展主战略的认识。对研究院所肩负的责任要有更清醒的认识。加强班子建设，打造合格团队，加强领导班子建设，强化责任，提升能力。重点解决思想认识和观念上的两个不足。加快院所科技资源的整合与联动，加大重大科技项目的研发实施，组织难点攻关，进一步推动平台建设的速度。在人才开发和培养上要加大力度，真正承担起集团战略中大科技支撑作用。

到6月底，已经完成基层党组织设置的调整和各研究所及院本部党支部改选工作。合纤所改为总支，服装、毛麻、印染3家研究所由党总支改制为党支部。服装等5家研究所党组织及院本部7家党支部的改选工作按照目标要求已全部完成。共归并设立16个支部，党员人数296名（其中在岗193名，离岗40名，离退休50名，出国保留13名）。调整充实了8名中青年干部进入各党支部班子。

（2）参加国资委、市科委技术创新高级研修班5天学习，听取国资党委马新生副书记动员报告，市科委秘书长关于市中长期科技发展规划，国资委王晓元副主任科技创新和国资改革的报告，浙江大学陈劲教授关于流程再造与管理创新的报告，交通大学孟宪忠教授报告，飞利浦技术总监的介绍，3M公司的介绍，等等。

（3）做好六国峰会期间的安全工作，保卫和值班工作。并且利用5天时间对食堂进行了整修，拆除洗碗水斗，房顶铸铲涂层，改善食堂环境。

（4）对各所上报的14个拟开题科研项目，由院部组织审定并参照集团技术中心有关要求完成各项书面材料，然后予以立项和进行拨款。复合无纺布和信息服务平台项目组按照集团技术中心有关要求完成可行性报告、任务书和文本合同等规定材料，交科研管理部审核并上报。科研管理部要做好部分科研项目的自我鉴定及验收；同时建立科研项目准备金，用于对部分培育项目的经费支持（不包括人员工资部分）。

（5）院长参加“市科技进步奖”审定工作，院内有关人员按要求做好网上评审工作。

（6）开展我院广义“5S”活动中期检查工作，按要求做好中试基地和检测平台接受集团检查的各项准备。

（7）关于服装所南京西路房屋处置情况报告，由资产管理部交办公室行文后，上报集团相关部门审核。

（8）确定 1 号楼以检测和纺化科研用途为主，将原五楼印染中心搬迁至 2 号楼或 3 号楼；将原三楼无纺室搬迁至 2 号楼图书馆底楼。

（9）做好我院承担研究生联合培养基地的各项准备工作，拟定宿舍改建方案和预算；由人力资源部、办公室负责做好研究生的接待和生活安排，并按有关合同的规定履行我院的义务。

（10）完成与申达公司的合同签约，租借五楼每年 25 万元租费，开始五楼的装修工作。

（11）调整充实东纺公司领导人员，明确由殷庆永任东纺公司总经理，谭豪清、倪福夏、陈鸿喜分别任副总经理，陈发明任监事，范善群任财务总监；牵头召开克劳娜诗股东会议，商讨有关事宜。

技术中心的工作

（1）编写上海国资年鉴的企业科技创新部分。公司三年来的科技创新工作指导思想：贯彻实施市委、市政府科教兴市主战略，“以科技为先导”“走高端纺织之路”，大力发展科技纺织、绿色纺织、品牌纺织和时尚纺织。推动企业技术创新，坚持以企业为主体，市场为导向，效益为中心，开发市场适销产品与前沿技术储备相结合，具有自主知识产权和良好市场竞争力的技术和产品，推动产业升级，走科技兴纺之路。

（2）参加“市科技进步奖”按要求做好网上评审工作。

（3）组织开展军工三级保密资格认证（9 家单位）。

（4）筹备全国棉纺织印染产品年会（7 月召开）。

（5）组织专利应诉，拟写“竹纤维”专利应诉材料，将于 7 月上旬到北京应诉。

2.3.6　2006 年 7 月

（1）召开纺织科学研究院上半年度工作交流会议。院分管领导沈安京、张庆、倪福夏、朱逸生、范善群、韩建平、陈发明和各部门负责人虞澄达、金立国、李健、宋允、向阳、薛敏敏、毛永、李慧霞、肖伟、辛宇超、嵇建明、方申申等围绕上半年度科研与经营管理目标责任书的内容按广义“5S”措施要求进行了自查，并汇报了各自工作情况和碰到的问题，提出了下半年工作设想。最后，院长对上半年全院工作进行了总结，围绕市国资委、控股公司领导对我院的工作要求和目标责任进行了阐述，并对全体干部提出了要求。

（2）召开院所上半年度工作交流会议。会上，院长首先通报了上半年我院工作开展情况；科研项目申报事项和有关要求；上半年度全院财务状况分析。随后，服装所、毛麻所、印染所、色织所、技术监督所 5 家研究所围绕上半年度科研与经营管理目标和党建工作目标分别汇报了各自工作开展情况，提出了下半年工作计划。

今年上半年经过全院上下共同努力，基本按期完成了各项工作要求和任务目标。下半年应继续努力，紧紧围绕科技主业，力争更好地完成全年任务目标。

统一财务核算口径，对6%科技计提按规定提取和列支；同时院部将合理考核相关经济指标。各单位要加强对财务风险的防范意识，不得为其他单位进行财务担保。

（3）召开党委会，明确了5个研究所的党支部书记人选。本着精简高效的原则，各支部委员从5～7人一律缩为3人，支部书记从2～3人缩为1人。毛麻所和印染所所长兼书记。

（4）接待杨浦区马杰富副区长到纺织研究院调查研究。

（5）接待首批东华研究生来研究院联合培养基地实习，做好研究生的接待和生活安排，并按有关合同的规定履行我院的义务。

（6）陪同席董接待人大法工委调研控股集团科技成果转化工作。7月12日下午，由市人大法工委主任沈国明率调研团队14人，到公司对科技成果转化工作进行调研，并就《上海市促进科技成果转化条例》听取意见。公司党委书记、董事长、总裁席时平介绍了纺织控股（集团）公司调整、改革、发展的总体概况，目前的经营结构，纺织新一轮调整改革发展措施和科技创新的战略定位；就上海纺织产业在世界的竞争地位和顺应上海城市功能发展定位，以及纺织控股对国家应有的贡献等方面作出了“科技与时尚”战略的选择。

会上，院长就公司技术创新工作、产学研合作工作、知识产权工作和科技成果转化工作以及对促进科技成果转化的条例立法建议等作了汇报。并在技术开发费提取、R&D投入的财务科目界定、企业自主产业化工程投入的政策支持、产学研项目合作做法以及科技人才竞争等方面与调研组作了交流。

（7）与新静安房地产开发有限公司关于服装所南京西路使用权房屋动迁情况作了进一步的会谈，并向刘总作了汇报。报集团相关部门审核。

（8）根据劳动保障条例，从7月24～30日工人实行集中休假，科研人员根据工作轮流调休。院领导集中学习研究工作。

技术中心的工作

（1）与中国棉纺、印染协会举办“全国棉纺织、色织、印染产品开发年会”。

（2）组织有关企业申报《上海市重点新产品计划项目》。

（3）申报Lyocell发明及实用新型专利、竹纤维浆粕生产工艺发明专利到北京参加应诉。

（4）与东华大学科研处商定产学研合作开发项目。

（5）与工程技术大学进行葆莱绒创意设计。

（6）参加市人大法制工作委员会科技成果转化调研。

2.3.7　2006年8月

（1）召开院所工作会议。院长首先通报了集团领导刘平、王国铭来院检查工作情况；范善群总监通报了全院财务状况；朱逸生总监通报了科研项目申报情况并提出申报要求。随后，各所负责人汇报了本单位7月科研经营和党建工作情况。

（2）召开一院六所申报的年度科研项目评审，首先由科研总监通报了一院六所年初申报的21个科研项目，经初审平衡，会议确定了一院六所15项内容，同时提出各所相关项目要进一步落实内容，量化结果，明确应用合作单位，并与集团业内科研一条龙开发、与我院平台建设相联结。要求科研管理部与各所联系细化上述要求。

（3）院党委会审议通过各所支部改选结果。于24日专门召集各所支部书记和支委开会，落实年初制订的党建责任书，传达吴建平书记的讲话精神和“四好”班子建设要求。31日召开院党委会议，传达席书记的讲话精神和“四好”班子建设要求。

（4）召开青年科技人员会议。院长首先向到会青年科技人员介绍了上海纺织技术创新体系、我院重点科研项目开发情况和纺织研发公共服务平台的建设情况，勉励广大青年要爱岗敬业，在自己的岗位上多作贡献，为我院所担负的对行业的技术支撑作用发挥自己的聪明才智；并表示院部将在教育、培训等方面继续为广大青年队伍提供支持与帮助，创造良好的工作和学习环境，实现共同的美好愿望。

接着，沈安京副院长作了讲话。他从如何培养青年科技人才，围绕队伍建设等问题发表了自己的看法，他强调：“育项目先要育人，出项目更要出人才。”希望广大青年科技人员要正确对待和处理好工作生活中面临的各种问题与困惑，理清思路，树立正确的人生观、价值观，比智商更要比情商；要抓紧学习，扩大知识面，把自己培养成对纺研院有用的人。

随后，党委副书记谭豪清发表了讲话，提出了希望和要求。

（5）向国资委党委检查指导组汇报“四好”班子建设情况。

院党委汇报了我院“四好”班子建设情况。汇报了三个内容：“四好”领导班子建设情况；科教兴市工作推进情况；存在问题和下一步工作打算。

国资委党委检查指导组陈忠德作了发言。他认为纺研院的汇报很全面，很实事求是，从中看出纺研院在建设“四好”班子方面做了很多工作，有许多这方面很好的做法，相当的实在。如在围绕公司战略转型，提高班子素质、能力方面，提出了自己的要求和标准，很完整，也很好记忆。他指出：此次公司战略转型是重大突破，得到广泛的认可。在这当中，纺研院的任务首当其冲、任重而道远，希望纺研院要切实贯彻“科技与时尚”发展理念，坚持把它做下去，做出成效；要对自身重新定位，“科教兴市”“科技兴纺”要做好需要考虑很多问题，应该从长计议，不急功近利；要从定位、政策、人才和机制四个方面进行考虑；要“激活”科研人员，不能小打小闹，人才招聘和机制上要有突破，这是作为建设“四好”班子很重要的问题。“四好”班子要抓住重点，抓住瓶颈，解决实际问题，纺研院要多做策划、设计和呼吁的事情，用你们的行动去支撑“科技与时尚”的发展理念，否则它是空的，你们的地位也会下降。检查组预祝上海纺织战略调整能在四五年内基本实现。

（6）控股公司刘平总监来院调研土地房屋三年规划。

会上，院长首先向刘平总监汇报了我院科研项目实施情况、资产经营情况和土地房屋的三年规划及设想，并提出相关考虑因素；刘平总监对我院科研、资产经营情况和集约管理工作提出了意见；对我院及各所存量地块和房屋使用情况逐一进行了深入细致的讨论和研究，并对这些房屋的功能定位提出了意见。

刘平总监要求：纺研院要理顺各类资产和资源，加强管理、集约管理；下属单位房屋租赁收入要全部集中上缴至院部，实行收支两条线；纺研院要认真对有关单位的人员费用开支等进行核定，按计划使用，防止非正常开支；同时，应把各所的科研资源集约到院里来，各所应尽可能集中到平凉路办公；集团统一处置的资产将会用于科研再投入和解决历史负担。纺研院东纺贸易各部须加强风险控制。

（7）公司计划财务部总经理王国铭来院调研。院汇报了科研项目实施情况、资产经营及财务状况。王国铭在听取汇报后就院、所资产管理，服装所南京西路动迁，芳砜纶项目费用处理，院所科研工作等进行了研讨，提出了意见：

纺研院作为集团中央研究院，近几年已将六个中心和五个科研所在行政管理上划归纺研院，接下来就要考虑如何进行资产管理，在资产关系上进行有效整合，形成一个大的科研院所。

（8）经过艰苦谈判，8月16日由研究院服装研究所与静安区上海安兴动拆迁有限公司签约，刘平总监出席签约仪式。

双方认定南京西路1527～1537号系承租的使用权公房，建筑面积共825.02平方米。双方确认，甲方给付乙方的补偿款合计为5288万元（其中：动迁房屋补偿款4750万元、停业补偿费250万元、设备迁移和搬厂费50万元、速迁奖励费238万元）。补偿款中的529万元作为结构调整金已与16日当天介入上海纺织控股（集团）公司账户。应付营业税220万元已缴税务局。

技术中心的工作

（1）军工配套科研生产单位生产许可证申请认定的前期工作、安全培训、政策讲解。

（2）今年技术开发专项资金分解到重点项目。

（3）木棉（赛帛尔）产品新闻发布会。

（4）财企〔2006〕227号文科技创新项目申报。

（5）参加芳砜纶后评估。

2.3.8　2006年9月

（1）9月7日接待市经委杲云副主任来纺织研究院调查视察，院长首先介绍了上海纺织技术创新体系建设以及我院科研工作开展情况，围绕重点技术项目和产业化进展、园区建设，集聚业内科研力量，贯彻集团“科技与时尚”、走高端纺织的发展之路，为上海纺织提供技术支撑所做的努力。

杲云在讲话中指出：一直对如何振兴纺织产业，使之做大做强有着相当的紧迫感。上海在向国际化大都市迈进的过程中，时装、服装加工是一个相当大的产业，否则作为国际时尚之都就会很逊色。因此，要把纺织产业提升到一个高的位置上来重新思考，加快发展，把设计融入进来，使之成为一种创意产业，体现时尚和文化。而且繁荣商业也需要服装这个载体，并以此推动制造、营销、品牌的联动发展，展示城市形象，提高城市产业能级。

杲云指出：第一，纺研院要和纺织产业相结合；第二，纺研院的硬件（仪器设备）和软件（人才）要充分发挥作用；第三，纺研院要不断做好园区建设。目前园区建设开发已进入第二次转型——即围绕园区自身特点、特色进行发展，讲究内容和内涵；第四，纺研院要吸引更多的相关企业和更具知名度的科技企业进来，使之成为真正的科技园区，对上海纺织的发展起到支撑作用。市、区两级经委将一起聚焦，给予关注与支持。

杲云还表示：市经委将根据国家发改委有关要求和精神，做好对科研工作的扶持。对好的技术、好的公共科技平台、好的营销和品牌建设给予重点扶持，以进一步加快研发速度、产业化速度和走向市场的速度。希望纺研院做好这方面必要的准备工作，以争取到国家发改委的专项支持。

（2）我院与埃及纺织工业技术中心签署技术合作备忘录。埃及贸易与工业部负责人、第一秘书次长 Hany Barakat 先生作了发言，表示希望通过此次技术合作备忘录的签署，密切 TITC 与 STRI 之间的技术交流与合作关系，为提高两国纺织工业水平共同作出努力。

随后，院长与 Hany 先生分别代表本方在有关技术合作备忘录上签了字。

签约仪式前，埃及贸易与工业部部长 Rachid Mohamed Rachid 等埃及客人参观了我院设计、情报、检测等部门。

（3）接待加拿大国家工业部纺织服装分部主任丹妮丝·格莱蒙女士和维尔女士、加拿大纺织集团副总裁里查·科梅先生、蒙特利尔时装技术产业中心总经理吉恩·佛兰索·高西尔先生、加拿大国家贸易专员克里丝汀·周女士到纺织研究院交流。

（4）由纺织研究院和服装研究所与静安区上海安兴动拆迁有限公司签约履行情况。

（5）对服装所关于南京西路房屋动迁补偿收入的处置意见，拨款 600 万元给服装研究所；对服装所关于使用动迁款购买商铺和办公用房的申请，根据院办公会议书面表决的结果（全体否决）回复服装所。

（6）在近期对员工工资进行分析的基础上，综合考虑企业经济状况和本市职工最低工资标准等因素，经院部研究决定，对 87 名部分低收入员工工资作适当调整。

调整范围是在册在岗工龄满10年以上，在现有应发数的基础上进行适当调整。

调整时间：从2006年9月1日起实行。

（7）召开院所安全工作会议，结合日前五化纤发生的工程队翻修屋顶工伤事故，要求继续做好对各类工程和人员使用合同的认定和审查，提高防范意识。（该事故的责任认定为施工人员酒后操作，责任在于维修公司，五化纤和合纤所没有责任，指标落在区里。）

（8）召开院所工作会议，各分管院所领导做好明年工作的计划。

技术中心的工作

（1）开始进行编制企业集团技术创新战略规划，根据国资委要求，10月底前编制完成《企业集团技术创新战略规划（2006～2010年）》。

（2）进行军工配套科研生产单位生产许可证认定工作。

（3）抓好重点条龙产品的开发项目；葆莱绒产品继续做好市场推广和产品深度开发。木棉（赛帛尔）产品在公司产业链中开发系列产品。

（4）抓好重点项目的跟踪和结题，今年技术开发专项资金分解到重点项目。

（5）检查全年专利申请数完成进度，确保全年完成专利300项以上。

（6）召开质量月现场交流会议，抓好发展时期的质量工作。

2.3.9　2006年10月

（1）于10月28日举办了上海市纺织科学研究院建院50周年庆典活动。上海市副市长胡延照、市国资委、市经委、市科委、杨浦区政府陈安杰、宗明、马杰富、东华大学徐校长、工程技术大学汪校长等和控股公司的领导出席了会议。会上宣读科研奖励制度、奖励决定和表彰名单等。

上海纺织控股（集团）公司党委书记、董事长、总裁席时平讲话。纺研院院长作了发言，东华大学徐明稚校长、上海工程技术大学汪泓校长、中国纺织科学研究院赵强院长、杨浦区马杰富副区长、上海市经委傅新华副主任、中国纺织工业协会许坤元副会长先后作了讲话。会后，来宾参观了科技成果展示、等离子体研发中心、情报信息中心、设计中心、检测中心、纺化中心等。

《解放日报》《新民晚报》《文汇报》等新闻媒体作了报道。

（2）参加纺织工业协会举办的北京纺织高新展览会工作及展品展示；纺织工业协会会长杜钰洲、副会长许坤元、科技发展部李金宝主任于10月18日视察我院展台。展示了上海纺织“科技与时尚”的风貌。

（3）召开院所工作会议，各分管院所领导做好明年工作的计划。开始ISO9001认证。明确各部门正、副职负责人为本部门ISO9001贯标责任人，按要求完成院贯标小组布置的各项任务；院贯标推进小组设202室为专职办公地点，每周一下午为贯标例会时间，由张庆副院长牵头负责贯标工作并给予充分的考核奖励权力。科研管理部按软课题对贯标工作予以立项。全院贯标工作要在明年6月30日前全部完成。

（4）10月25日向席董作公司技术创新工作汇报。

公司技术创新工作的要求，围绕科技与时尚的战略，为实施总体方案第二阶段规划开展工作。研究院工作目标：建设成为公司的中央研究院，围绕公司战略规划，成为科技纺织的先导，时尚纺织的支撑。实行科研企业的三个转型，即从事业单位到科研企业单位的转变、从企业单位到科技企业的转变、从研究成果鉴定到企业产业化成果转变。解决科研与生产实际的“两张皮”现象。使科研与核心业务的发展结合起来，为实现公司的战略规划作贡献。

（5）向公司党委调研组汇报上海市纺织科学研究院明年党建工作。

关于明年领导班子建设目标。执行公司战略转型，提高班子科学决策和实施能力。增强政治责任、社会责任和经济责任作为政治思想建设的重点，加强领导班子建设，强化责任，提升能力。围绕科技和经济为中心，加强院所两级领导班子思想建设和能力建设。

发挥党政班子的核心作用，与公司战略转型保持高度一致。

党委书记、董事长、总裁席时平来到上海市纺织科学研究院，听取纺研院党政班子工作汇报时，做了重要讲话：“科技创新我在多次会议上都讲过了，它是传统纺织的唯一出路，也是我们控股公司存在的价值所在，我们提出‘科技与时尚’的发展理念和走高端纺织之路是要‘真’做的。在这个背景下，纺研院的地位很重要，你们肩上的责任很大，我们对你们的要求很高，这在考虑公司整体方案时就已经提出怎样来做好这些。从控股公司角度提要求，纺研院是理应发挥重要的作用。”

2006年9月8日，吴建平副书记来我院调研党建工作和“四好”班子建设情况；督导组对我院贯彻党建工作围绕科研、经济工作以及班子建设作了指导，吴建平副书记作了指导发言：党建工作首先要处理好基础工作和重点工作的关系，形成重点带基础，基础促重点的工作格局，围绕科技研发，把行政工作的难点作为党建工作的重点，创新工作的热点，推进科技创新工作。

根据领导的要求，我们研究院要充分发挥党政班子的核心作用，保证党建和科研经济工作目标的全面落实。

在公司的分类管理指导中定好位，做到位。提高中层干部的管理水平和能级。

关于加强人才队伍建设。对确定的青年后备干部，要落实好培养措施。培养科技创新的领军人物和学科带头人。

关于建设和谐纺织，关心职工群众，解决实际问题方面。落实责任，维护稳定和员工利益。关心职工群众，解决实际问题。

关于廉政建设方面。加强基础管理，建立健全工作制度；“三重一大”制度建设；思想教育；重点项目督查制度。

关于企业文化建设。在企业文化建设方面主要是贯彻公司企业文化建设纲要。落实组织机构和领导责任，成立工作小组，从组织体制上保证企业文化建设的有效推进。

存在问题：科技创新人才队伍还比较薄弱，结构不合理；缺乏科技创新的领军人物和学科带头人；科技创新的推进还不够平衡；企业转型后经济工作的实力还很薄弱。

技术中心的工作

（1）向席董作公司技术创新工作汇报。

①公司技术创新工作的要求：围绕科技与时尚的战略，为实施总体方案第二阶段规划开展工作。

②公司技术创新工作的目标：建设以企业为主体、市场为导向、产学研相结合的技术创新体系，使企业真正成为研究开发投入的主体、技术创新活动的主体和创新成果应用的主体，全面提升企业的自主创新能力。技术创新成为工业发展的支撑。使公司规划战略落到实处。

③落实检查国资委考核的三大类指标的完成（R&D占销售收入的比重、发明专利、重大项目）。提出2007年国资委考核的三大类指标计划。

④组织完成市科教兴市项目Lyocell的鉴定。

⑤与东华大学合作完成纺织面料服务平台验收。

⑥做好明年技术创新工作计划。

⑦编制《企业集团技术创新战略规划（2006~2010）》。

⑧落实科研项目计划、排出有限公司项目、研究院项目、重点企业项目等。

重点科研项目：

a. 1000吨级芳砜纶产业化项目开始启动（上海市科教兴市项目）；

b. 3000吨双组分复合无纺布产业化项目生产线（上海市科研项目）；

c. 万吨级Lyocell纤维预备项目；

d. 燃料电池项目（与东华大学合作）；

e. 超临界CO_2流体染色技术研究和样机研制（上海市科研项目）；

f. 聚乳酸纺丝（与同济大学合作）；

g. 耐高温绝缘纸项目；

h. 数码印花产业化项目。

上述重点项目均以企业为主体，产学研合作，行业内联合互动，进行科技攻关。

（2）参加纺织工业协会举办的科技奖励大会，今年我集团共获得纺织工业协会技术进步奖7项，其中二等奖5项，三等奖1项，优秀奖1项。

（3）参加纺织工业协会在北京举办的新产品展览会。

（4）组织企业申报上海市引进技术的吸收与创新计划（新能源与新材料专题），已有纺织研究院、德福伦、申达科宝等企业共申报7项。

（5）组织军工生产企业保密认证和培训，参加全国军工科研和产品开发研讨会。

（6）组织三枪、海螺、飞马、日舒等企业参加上海时装周博览会。

2.3.10　2006 年 11 月

（1）编制研究院 2006 年度工作总结和 2007 年度的工作计划。已经上报公司。

（2）由纺织研究院和服装研究所与静安区上海安兴动拆迁有限公司签约履行和上交已经完成。第三笔上交款中的 1000 万元已于 11 月 17 日介入上海纺织控股（集团）公司账户。至此，共上交 2529 万元（首笔 10% 调节金 529 万元，第二笔的 1000 万元已于 10 月介入公司账户）。另外，纺研院上交杨浦税务 245 万元，拨款 600 万元给服装研究所用于搬迁。

（3）11 月 10 日由上海纺织控股（集团）公司技术中心组织召开了“纺粘法 PE/PP 双组分非织造布的完善与提高”项目验收会，与会专家听取了项目介绍、审阅了相关资料，经讨论评议，验收意见如下：

①项目承担方提供的验收资料齐全，符合验收要求。

②该项目通过对组件、喷管、摆丝器等关键设备的完善，提高了生产线运行的可靠性，并对纺丝、气流拉伸、成网、热轧等工艺进行了优化研究，达到了 2 米宽门幅双排工业化连续运转的水平。

③该项目研制的多种规格的纺粘法 PE/PP 双组分非织造布产品，经多家单位用于膜复合、农用浮面覆盖材料等领域，取得了满意的效果，市场前景良好。

④自主开发的双组分复合纺粘法非织造布工艺和设备，经中国科学院上海文献情报中心科技查新，填补了国内空白，项目总体上达到了国际先进水平。项目的有关创新技术已申请了发明专利（申请号 2003101094169）。

验收委员会全体成员经认真讨论，一致同意通过验收。该项目的验收也同时完成了国资委考核的一项重点科研项目。

（4）召开院所工作会议，向院领导班子传达了集团 2007 年工作务虚会议的精神，学习领会席时平董事长关于 2007 年纺织控股公司五方面主要工作的讲话内容和精神，要求班子成员要切实根据明年集团工作重点，明确我院使命和职责，做好明年工作计划的安排。作为集团中央研究院，应该走在最前面，体现科技引领、体现走高端，为集团出形象、出成果。为此要求我们提前谋划明年工作。

同时明确 2007 年起各所资产注入纺研院直接管理，内部考核按纺研院现行办法执行。并要求如下：

①做好书面工作设想和年度目标报院办公室整理。

②做好 2007 年度院重大科研项目及其项目指南。

③做好院所 2007 年财务预算申报和考核指标的测算工作。

（5）经院长办公会议讨论决定，有八大项目（包括基建性投资项目、技改性投资项目和重大科研项目）作为新开投资项目申报，具体情况见表 2－3－1。

表 2－3－1　作为新开投资项目投资的八大项目具体情况

序号	项目名称	总投资（万元）	自筹资金（万元）	分管负责人
①	院科研大楼（20000 平方米）	4000	2000	嵇建明
②	3000 吨双组分复合纺粘法非织造布工艺和设备研制开发	1000	500	倪福夏
③	上海纺织研发公共服务平台（二期）工程	100	100	沈安京
④	生物可降解聚乳酸纤维的制备技术及产业化	270	81	倪福夏
⑤	数码印花产业化建设（一期）	500	500	李健
⑥	年产 1000 平方米燃料电池用碳布连续生产关键技术与装备	150	50	倪福夏
⑦	毛麻检测站搬迁装修项目	200	200	张德良
⑧	国家毛纺织产品质量搬迁工程检测仪器更新	850	850	张德良
总计		7070	4271（其中科研 1231）	

会议要求：各项目分管负责人在申报投资计划和预算的同时，做好新开投资项目的可行性研究报告，报科研管理部审定后上报集团投资规划部。并做好 2007 年重点项目的实施筹备。

（6）召开老干部、老同志的纺研院建院 50 周年庆典活动。会上汇报了研究院的科研项目情况等。会后，来宾参观科技成果展示、等离子体研发中心、情报信息中心、设计中心、检测中心、纺化中心等。

（7）参加澳大利亚中国纺织服装展（21～30 日）。

（8）根据俞主席要求写一份“上海纺织控股（集团）公司的技术创新情况的调查报告”。

技术中心的工作

技术创新工作围绕全公司工作指导思想，加强对 2006 年技术创新各项工作的检查，做好重点项目的跟踪，抓好 2007 年的技术创新项目选题等工作。

（1）2007 年技术创新计划申报准备、技术开发费预算。

根据公司有关管理办法，针对投资企业和研究院所申报的明年公司技术创新项目，与东华大学、上海工程技术大学进行了沟通交流，并组织有关专家对汇总的计划进行了评审，将于 12 月编制完成 2007 年技术创新计划和技术开发费预算。

（2）组织与东华大学科研合作，技术中心与纺织研究院到东华大学进行交流，寻找合作项目。

（3）做好国资委对公司产权代表科技创新指标考核的资料准备。

（4）有关制度的修改完善，根据公司总体工作的安排，对《技术开发费管理办法》《技术创新项目管理办法》《知识产权管理办法》进行了修改完善。

（5）重点项目的跟踪检查。

对列入今年公司技术创新的项目，特别是技术开发专项资助项目，做好项目的跟踪、协调、管理工作。为了解和掌握项目进展情况，包括项目节点、攻关内容、市场开拓、资金使用、存在问题等，于 11 月下旬安排了两天工作日，请项目承担单位作了汇报。有关产学研项目的进展情况，我们拟于 12 月上旬专题组织有关单位进行沟通。

（6）国资委企业集团技术创新战略规划。

根据国资委要求，目前正在编制《企业集团技术创新战略规划（2006 ~ 2010 年）》，于 12 月底前完成讨论稿。

（7）其他工作。

①组织高新技术成果转化项目的认定。

②与加拿大纺织（上海）商务中心的交流合作洽谈。

③上海理普环保科技公司与纺织研究院就 SiO_2 在空气净化等吸附材料的研究、开发、合作等进行了洽谈。

2.3.11　2006 年 12 月

（1）召开院所党组织书记工作会议，向支部书记传达了公司 2007 年党委工作的要求，学习领会席时平党委书记关于 2007 年纺织控股公司“五个一”主要工作的讲话内容和精神。

要求院所党组织根据明年公司党委工作重点，明确我院使命和职责，建设公司中央研究院。作为公司中央研究院，应该走在最前面，体现科技引领、体现走高端，为集团出形象、出成果。为此要求我们提前谋划明年工作。特别在科技人才队伍建设上要培养领军人才和青年团队。开展相应工作。

（2）召开研究院 2006 年度工作总结交流会议。通过此次中层干部汇报述职，相互交流、相互学习，共同促进全院管理水平的提高；要保证完成好 2006 年全院各项任务目标，制订部署 2007 年度目标计划并着手落实。

（3）召开院所工作会议，传达了公司工作会议精神，对当前工作作了布置：

办公室和财务部做好全院年度科研、经营情况分析。人力资源部年底前完成聘任干部考评和续聘工作，有关主管竞聘工作一并进行。

对埃通公司目前情况进行了解和分析，已经形成书面意见上报控股公司。

（4）召开专题会议，研究分析 2007 年度院所科研经济工作考核目标。在各所自行上报交流的基础上，由院所专题会议研究讨论拟定。

人力资源部做好院、所工资总额的结算；同时按规定做好有关人员个人所得税和协保人员（包括退休人员）回用手续。

对各所自报科研项目经院部组织评审讨论。

（5）接受控股公司进行“5S”检查，我院汇报了《广义“5S”管理活动实施方案》自查评价。与此同时，作为集团重点项目——复合无纺布产业化，到目前为止今年共试车12次，先后进行了国产原料调试工艺试验、有色复合无纺布试制、亲水型复合无纺布试验和乙纶/涤纶复合无纺布试制。其中乙纶/涤纶皮芯复合无纺布样布经日本大金（DAIKIN）公司物理性能指标测试和电镜图片分析，达到其公司的要求。另外检测平台工作也已实施了检查评价，各级措施和节点处于受控之中。

（6）市科委项目“纺织面料公共服务平台开发与应用”12月22日通过鉴定，该项目由东华大学和上海市纺织科学研究院东纺公司承担。本项目的总体目标为建立纺织面料公共服务平台，以网络与实体相结合的方式，以产品研发服务、检测和质量认证服务、信息服务为特点，通过国际水准的检测试验室加强纺织产品开发的质量管理，提升产品的技术含量和附加值。

（7）抓紧毛麻搬迁的装修工程，1号楼的3楼、5楼和地下室全面开展施工。

（8）参加杨浦区人大代表079选区选民见面和选举。

（9）技术中心组织进行2007年科研项目及技术开发费专项资助预算的专题评审会议。

（10）12月31日，市人事局召开会议，将在我院挂牌“上海纺织工程师研修基地”。

技术中心的工作

（1）编制完成《2007年上海纺织控股（集团）公司技术创新计划》，已发文（沪纺织技〔2006〕504号）。2007年技术创新计划项目总数为64项（2006年接转项目17项，2007年新增项目47项）。

（2）召开了2007年上海纺织控股（集团）公司技术创新计划及技术开发费专项资助预算的专题评审讨论会，朱总、封总、有关事业部的总经理和有关专家参加了此次会议。审核的原则是：能否聚焦公司核心业务发展需要（如芳砜纶绝缘纸浆粕、低原纤化Lyocell纤维开发等）；能否带动公司产业链上下游联动发展；是否为符合发展趋势的前沿技术储备项目；是否为面向产业化的科研院所及产学研项目。根据上述评审原则，经反复讨论，筛选了公司2007年技术开发费专项资助项目共24项，技术开发专项经费预算1000万元，将上报公司总裁办公会议审定。

（3）召开大中型企业科技年报会议，布置工作要求，明确数据分类。主要针对技术开发费进一步明晰了统计分类。

（4）组织“功能纤维素纤维应用开发”一条龙项目会议。东华大学程隆棣教授、余燕平教授、龙头公司、三枪、民光、海螺、申安、十七棉等单位有关负责人参加。会议对这一2006～2007年度技术创新计划产学研重点项目进行分项确定并对接，预计能按时完成。

（5）组织上海理普环保用品有限公司与纺研院技术开发中心、纺织节能环保中心进行车用过滤产品的开发。

（6）参加纺研院“上海纺织公共服务平台”验收。技术中心作为项目人员参与了该项目的开发，现已顺利结题，通过了市科委的验收。

（7）参加公司对各投资企业重点工作的确定，主要涉及技术创新方面指标的确定。

（8）参与“5S”工作年终检查，配合计划财务部到九家企业进行检查，提出了技术条线的工作要求。配合纺织工会召开“上海纺织职工技术创新成果交流会”。

2.4 2007 年

2.4.1 2007 年 1 月

（1）在 2007 年 1 月 19 日下午召开了上海市纺织科学研究院的六届二次职工代表大会，院长作行政工作报告，院工会作了《工会工作报告》《工会经费审查报告》《院帮困基金会经费使用报告》，职工代表进行了审议。院行政拨款 10 万元给工会用于帮困基金会经费。

院与工会代表签署了研究院的第一份集体合同《上海市纺织科学研究院 2007 年集体合同》。前期用一周时间听取职工意见，有关集体合同内容由院领导与职工代表开展对话。

大会表决通过决议，号召全体员工围绕贯彻纺织控股（集团）公司党委书记、董事长、总裁席时平同志在 2007 年年度工作报告中提出的要求，“以打造一流纺织科研机构为目标，加快把纺研院建设成为公司的中央研究院”的定位和总体要求，坚持“科技与时尚”的发展战略，贯彻院“科技纺织的先导，时尚纺织的支撑”的追求，充分发挥科技研发对纺织控股（集团）公司核心产业的支撑和提升作用，团结一致，为完成纺织控股（集团）公司赋予我们的责任和院 2007 年的工作目标而努力奋斗。

（2）召开纺研院年度经济目标完成分析会，根据各部门 2006 年度科研与经营管理目标任务书的内容和要求，对各部门全年经济目标完成情况进行了考核和确认。

（3）讨论确定我院 2007 年党建工作项目内容，待上报公司确认后做好相关具体内容的补充细化和措施的落实分解。

（4）组织中心组学习，深入学习领会席时平董事长的年度工作报告，明确我院的使命和要求；落实贯彻公司提出的“10 项工作”和“3 个五”的有关内容和精神；打造负责的领导团队；为成为一流的科研机构和公司中央研究院而努力。

（5）接待市经委产业投资处侯金花副处长，杨浦区经委徐俊庆副主任。

为新建科研大楼，我院特邀上海市经委、区经委有关领导到院现场指导工作。1 月 8 日下午市经委产业投资处侯金花副处长、区经委徐俊庆副主任等到院现场听取汇报，我们汇报了院简况和发展规划，以及新建上海市纺织科学研究院科研大楼的规划和设想。同时为落实杨浦区地域发展规划、形成产业科技联动效应，我院规划并经纺织控股（集团）公司同意将拆除院内原旧建筑物5000多平方米，并在此基础上建造20000平方米的科研大楼，将上海的纺织科研院所集聚起来，促进上海纺织科技发展。侯金花副处长听取汇报以后提出了几点意见。第一，纺研院改造规划很好，符合上海“两个优先”发展思路，同时也是上海纺织转型发展，走高端的产业发展，加大自主创新、自主研发的有效步骤。拆除旧建筑，重新进行规划，有利于整体形象和科研工作的发展。但是规划上要从全院整体考虑，最好有短期和长期改造的规划。第二，拆除7号楼建20000平方米其场地是否不足，建议可以考虑9号楼一并拆除，整体形象就好。第三，纺研院的规划必须是科研大楼、土地性质不可变，必须将设备添置情况和科研装备一并规划进来，作为技改项目上报上来，我们可以审批。第四，新建科研大楼规划要按程序向纺织控股（集团）公司申报，交经委审批。

（6）1月23日与太平洋集团和其所属的成套设备公司签订设备制造协议，同时研究院拨付首期200万元用于共同制造。

（7）1月15日由控股公司刘平副总裁、吴光玉副总裁、王国铭和纺研院与服装集团协商了服装研究所使用2000平方米场地的纠纷，我们提出；纠纷性质不是无偿占有，而是放小遗留的历史问题。各方同意协商有偿使用的过渡办法。

（8）毛麻所搬迁的装修正在抓进度，在春节前完成3楼和5楼的装修。

（9）落实做好节前老干部慰问、召开离休干部会议汇报工作。对51名困难职工进行帮困送温暖工作。

技术中心的工作

（1）与东华大学、上海工程技术大学共同落实2007年产学研合作项目开发。

（2）筛选了公司2007年技术开发费专项资助项目共24项，技术开发专项经费预算1000万元，提交总裁办公会议审定。

（3）筹备“上海国际服装文化节”博览会上海纺织参展工作，已发文并与工业商务展览公司、纺织展览公司接头。

（4）与美国壳牌公司洽谈PTT产品开发事宜，六家相关企业参加。

（5）筹备2006年度上海市名牌评比。

（6）参与确定2006年、2007年各投资企业重点工作讨论。

（7）参与2006年“八有”工作评定。

（8）“紧密纺纱”“功能纤维素纤维产品开发”重点推进。

2.4.2 2007年2月

（1）召开青年工作座谈会，院长作了《打造青年科技团队、落实培养措施途径》专题讲话，对我院近年来在围绕人才队伍建设、落实人才培养措施等方面所做的一些探索和尝试作了回顾与总结，并通报了2006年全院工作情况。

（2）参加区人代会（2月5～10日）听取区政府工作报告、法院报告、检察院报告。

参加区人大常委主任、区长、法院院长、检察院检察长的选举。会议结束后及时向选区选民作了汇报传达。

（3）走访上海宇航特种化学纤维厂，探讨复合无纺布生产设备的厂房空地情况。

（4）节前再次与太平洋纺机公司进行复合无纺布项目的分工协调。

（5）召开院所工作会议暨 2007 年度院所目标责任书、党建责任书、安全责任书签约。院长分别同院所主要负责人签署了《2007 年科研经营目标责任书》《党建责任书》和《安全责任书》，院长指出："通过今天三项责任书的签约，院所每位领导要承担起自己的责任，根据各自分管的内容认真加以履行。承担起自己的工作和应尽的领导责任，希望大家要按责任书的要求把工作做好，共同完成全院科研经营、党建和安全工作目标。"

（6）讨论制订有关科研费用的使用方法；院科研项目立项后，要根据项目进度安排经费使用。

（7）全院进行 ISO 认证工作的内审。

（8）做好节日安全、值班、保卫、帮困、走访老干部等工作。

（9）编写"上海市纺织科学研究院科研大楼建设项目可行性报告"。

技术中心的工作

（1）筹备公司科技顾问座谈会。在纺研院举行公司科技顾问恳谈会，席董、朱总邀请孙晋良院士、郁铭芳院士、东华大学朱美芳副校长进行座谈。

（2）参加席董、朱总与上海工程技术大学汪泓校长及孙培雷、程维明副校长的座谈会。

（3）为海螺公司、汽车地毯总厂申报上海市级企业技术中心作准备，正在作资料撰写等基础工作。为申安公司两个上海市高新技术转化项目进一步享受政策召开协调会。协助投资规划部做好大丰基地针织厂规划评审工作。

（4）召开 2007 年上海市服装文化节公司参展企业会议。

（5）参加上海市经委、上海市国防工办召开的"2007 年上海市国防科技工业会议"。

（6）参加公司部门交流，取长补短。

附：　上海市纺织科学研究院科研大楼建设项目可行性报告

上海市纺织科学研究院科研大楼
建设项目可行性报告

一、承担单位：上海市纺织科学研究院

二、项目负责：胡申伟院长

三、企业主管部门：上海纺织（集团）有限公司

四、项目概况

随着上海纺织的发展，根据纺织控股（集团）公司发展"科技与时尚"的要求以及

加强建设公司中央研究院的目标，上海市纺织科学研究院现有的科研办公条件已不能满足科研发展的需求，同时为了更好地发展上海纺织科技工业园和“东纺谷”创意园，也要求我们改建扩展现有的科研工作场所。为此，我们对院现有的位置和周边环境进行了仔细分析和研究后，结合原有的建筑分布，对其规划。

上海市纺织科学研究院新建科研大楼处在平凉路与齐齐哈尔路的范围之中、上海市纺织科学研究院大院内。地理位置十分优越，交通便利，这次技改项目，充分保留原有的建筑分布。拆除部分零星的建筑物，建筑 20000 平方米的科研大楼，新增科研大楼以科研工作场所为主，具有超前的建筑意识，立意新颖，突出现代节奏的时代步伐。建筑形式力求现代、典雅、色调明快。此区域的地域特征明显，建筑风貌独特，高层科研大楼的设计已完成。结合楼前景观广场，将成为该区域标志性景观建筑。

五、建筑设计依据

1. 地形图

2. 民用建筑设计规范（JGJ 37—87）

3. 办公建筑设计规范（JGJ 67—89）

4. 《高层民用建筑设计防火规范》（GB 580045—95）

5. 《建筑设计防火规范》（GBJ 16—87）

6. 汽车库设计防火规范（GBJ 67—84）

7. 相关的国家规范和行业标准

六、建筑设计的形体与空间的组织

本设计中，出于对办公大楼建筑性质的特殊性及对大众心理诉求的考虑，建筑既有强大的中心感存在，同时又有多中心的空间环境的参与，并对单一中心进行消解，对称中的不对称，镜像与背反，使庄严中流露出趣味性。

1. 总体形态构成

两个设计方案都力求营造建筑空间与城市空间的融合渗透，入口大厅成为贯通建筑内部上下及建筑与室外空间的场所，把人们的视线引向外部，使城市空间在建筑中得到延伸，成为建筑空间的组成部分。这种空间的渗透与交融，构成了建筑与城市相互兼容、相互协调的密切关系。

办公大楼作为整个环境中的标志性建筑矗立在最主要的位置。可以俯瞰整个院内的多层次的丰富景象。充分利用已有的绿地广场，和院内环道相联结，以展现办公大楼的恢宏气势，同时又体现办公大楼和绿地广场的不可分割性。

通过多中心多视角的构成方式打破既有的模式（单一中心），避免建筑空间过于单调、封闭，并考虑人行与车行状态不同的情况，使整体空间及建筑形象更加丰满。

2. 总体空间构成

在不影响整体格局的恢弘气势的前提下，强调空间尺度近化人和空间在整体中的定位，创造出有不同场所氛围的空间样式。细化的定位可以让人产生归属感。

在总体布局上，本方案扩大了入口广场，以便于人流的集散，同时由于入口广场空间的缩放，建筑体型的变化，丰富了空间感，创造了近人的尺度。

3. 总体功能分区及交通组织

便捷实用的交通组织是现代主义建筑的一个重要内涵，日常的物流、人流及紧急时的疏散、救援都需要便捷的交通。方案充分考虑车行与人行，引入“立体交通”的设计概念。方案将车流与人流分层处理，适度分离，避免内外流线的混杂，便于使用与管理。基地内车流主要通过入口广场以及内部环形车道解决，地下车库出入口设在入口广场靠近建筑一侧。

依据功能上的需要，办公大楼主入口设于北侧，各局部建筑周边均以硬地道路相环通，以利救援。各局部也个别设置次入口，方便日常使用与紧急疏散。

在各入口的具体功能安排上也各有侧重。主入口主要供办公人员及其他工作人员日常进出，在这里，通过一个比较大的门厅作为建筑各组成部分之间相互联系的交通枢纽。其余各次入口均为交通疏散所需。

在本设计中将对外功能性强的空间（会议厅、多功能厅及接待厅）设于主楼下层及群房内，可以由入口门口进入，也可对公共广场开放，有效解决大量人流疏散的问题，同时也增强了其对外联系的功能。

七、绿化布局

整个基地的绿化呈三种形态：集中开放性的绿地广场、沿路线型绿化带、建筑周边景观绿化。在大楼北侧布置集中绿地，形成大片绿地景观；在沿路布置线型绿化带，建筑周边设景观绿化，形成多样的绿化层次，丰富了建筑的外部空间。

开放性的绿地广场解决了以下问题：

（1）体现科研大楼窗口的功能特征，具有和整个院内环境的亲和力。

（2）已有保留建筑在本方案中成为对历史的回忆，将它凝结在钢和玻璃之中，并在广场环境中成为对景，对已有建筑的保留和尊重也起到了极好的效果。

八、建筑形象设计

1. 明确合理的功能分区

在两个方案设计中，都分主楼和裙房两部分。方案一，主楼 20 层，裙房 4 层；方案二，主楼 17 层，裙房 3 层。

功能布局以垂直分布分区，一层为入口大厅，一层局部及以上各层为办公空间，地下一层主要为地下车库、设备用房及人防设计。

2. 高效节能的创造性设计

节能与生态建筑的考虑也是方案设计的重点，首先是节能体型的考虑。这就要求要尽量减少建筑不必要的凹凸变化，以减少建筑的体型系数。其次是建筑方位的考虑，主要的建筑皆沿南北向布置，不仅达到节能的目的，同时为主要的办公区域提供了灵活的大空间办公环境，增强了使用上的适应性。建筑标准层由两台高速电梯、一台消防电梯、两部防烟楼梯、科研实验空间以及设备用房、卫生间组成，层高四米，电梯厅、消防楼梯、卫生间设计在主楼北侧，实验空间南北向布置，南侧为大空间实验室，不但取得了良好的景观朝向和日照朝向，还有利于建筑节能。

节能总是和生态技术结合在一起，设计中考虑将绿化庭院引进高层办公，为工作场所提供了富含氧的空间环境，真正做到以人为本。

3. 立面设计

在两个方案设计中，力求创造简洁现代又具有内涵的新型科研大楼形象。建筑单体主要以均衡与变化两种手法来进行立面设计，以最基本的几何形式表达建筑所应具有的简约性形态特征，力求以简单流畅的形态表现当代建筑，通过局部的变化与周围体块虚实关系的对比，配以向上收分的立面造型以及大量活动空间的匀质设计与大面积实墙上的不规则开窗所带来的强烈对比，充分体现建筑自身的使用功能，同时使建筑各组成部分之间的关系更为清晰，给人以轻盈、新颖的感觉，并给人以时代气息。

在以纵向线条为主的主体建筑中附以裙房，两者在形体上是完整的，在功能上是相辅相成的，打破了单一纵向线条可能带来的单调感。

九、经济技术指标（表2-4-1、表2-4-2）

表2-4-1　方案一　大楼主要参数

序号	项目	单位	数值	备注
1	总建筑面积	平方米	20000	
	其中：1层建筑面积	平方米	1000	
	2、3层建筑面积	平方米	3000	
	4层建筑面积	平方米	1000	
	5～8层建筑面积	平方米	3700	
	9～14层建筑面积	平方米	5200	
	15～20层建筑面积	平方米	5100	
2	建筑占地面积	平方米	1364	
3	地下车库建筑面积	平方米	2680	未计入建筑总面积
4	地下车位	辆	53	

表2-4-2　方案二　大楼主要参数

序号	项目	单位	数值	备注
1	总建筑面积	平方米	20000	
	其中：1层建筑面积	平方米	1500	
	2层建筑面积	平方米	1500	
	3层建筑面积	平方米	1500	
	4～17层建筑面积	平方米	15500	

续表

序号	项目	单位	数值	备注
2	建筑占地面积	平方米	1652	
3	地下车库建筑面积	平方米	2672	未计入建筑总面积
4	地下车位	辆	56	

十、科研大楼20000平方米主要用途和分布

1层：会务中心

2层：服务中心

3、4层：纺织科研公共服务平台

5层：暂未定

6层：服装检测中心

7层：纺织技术监督检测中心

8层：南方纺织检测中心

9层：科技情报中心

10层：数码纺织设计技术中心

11层：暂未定

12层：暂未定

13层：暂未定

14、15层：上海市印染技术研究所

16层：上海市毛麻技术研究所

17层：上海纺织化学技术中心

18层：暂未定

19层：上海纺织环境保护中心

20层：新产品陈列展示中心

十一、投资结算与资金筹措

本项目估计总投资为4500万元，自筹资金2000万元，其他资金2500万元。

十二、项目进度初步安排

2007年1～3月，项目论证、申报、审批工作；

2007年4～6月，工程招标，准备阶段；

2007年7月～2008年6月，工程施工、竣工、招商。

十三、经济效益和社会效益

该项目总投入4500万元，科研实验大楼建成后，促进科研检测平台的大力开展，将创造出更好的经济效益。科研大楼的建成，有利于院所合一工作，加快科研“四个平台”

的建设工作，增强科研工作的效率，促进科研工作发展，同时使上海纺织科技工业园更具有规模，更好地服务于社会，因此具有较好的经济效益和社会效益。

十四、可行性研究结论

综上所述，该科研大楼的建造具有一定基础条件，承担单位具有较好的组织和经济能力，拆除一部分破旧的建筑物，建造一幢崭新的科研实验大楼，既改善了科研工作条件，又能创造较好的经济效益和社会效益，因此该项目具有较强的可行性。

上海市纺织科学研究院

2007年2月27日

2.4.3 2007年3月

（1）为贯彻公司2007年工作要求，加强企业、外贸公司和科研机构的沟通与产业链的联动，公司技术中心、外贸事业部、综合纺织事业部、化纤事业部、纺织科学研究院于3月8日举行科研、外贸、企业产业链联动信息交流会，为外贸公司和外贸销售人员提供新产品目录（品名、规格、价格、可供量、交期）、生产企业、研究院所产品开发设计人员通讯录、新型化纤应用、面料发展趋势、检测服务指南、专利咨询服务、新产品开发设计咨询等信息，交流葆莱绒、木棉、印染面料等新产品开发，第二天进行了参观。

（2）公司封总带投资部到纺研院现场听取汇报，院长汇报了院简况和发展规划，以及新建上海市纺织科学研究院科研大楼的规划和设想。封总和投资部领导提出了有关建议和要求。准备在修改后提交总裁办公会议审议。

（3）3月15日全院再次进行ISO认证工作的内审。用管理评审提高干部管理水平，以ISO认证工作改进我们的工作；用ISO认证工作的原则指导工作（目标管理、岗位描述、数据说话、PDCA循环、5W1H工作方法）；加强内审队伍培训；管理评审要结合日常管理工作。

（4）向公司纪委巡检调研组汇报工作，将纺研院的贯彻落实工作向公司领导作汇报。把纺研院建设成公司的中央研究院的工作要求，完成全年的资产经营责任目标和党建工作责任目标作了汇报。

（5）3月2日参加人事局工程师研修基地会议。

（6）院长同院长办公会成员就2007年院科研项目实施计划等作了研究讨论，会议讨论通过院《关于技术开发费使用和实行科研项目技术津贴的管理办法》。

审核在研项目，对“双组分复合纺粘法非织造布工艺与设备研制”和“上海纺织研发公共服务平台”等16项科研项目作了计划安排和经费安排并落实实施；同时要求确保“双组分复合纺粘法非织造布工艺与设备研制”和“上海纺织研发公共服务平台”两项重点项目按时完成。

（7）院长传达了公司席时平董事长近期对发展工作、调整工作和管理工作等方面的指示及要求，围绕公司对产业链整合和提升的意见精神，要求全院积极行动，明确责任和义务做好相关工作；同时，结合此次上海国际服装纺织品贸易博览会新产品评比活动，做好相关工作。

（8）举行国家毛纺织产品质量监督检验中心（上海）全体职工会议，欢迎各位迁来上海市纺织科学研究院工作，感谢各位同志克服各种困难于 3 月 18 日顺利完成搬迁工作。

技术中心的工作

（1）3 月 8～9 日举行科研、外贸、企业产业链联动信息交流会。

（2）召开行业科技创新工作会议，重点布置国资委“关于开展科技创新情况调查的通知”以及分解 2007 年专利指标。

（3）3 月 15～17 日，组织业内企业参加 2007 年上海国际服装文化节上海国际纺织品服装贸易博览会，会前进行产品评比。

（4）2007 年 3 月 16 日，上海纺织控股（集团）公司和上海工程技术大学举行“纺织服装人才培养资助项目签约暨产学研合作项目签约仪式”。

（5）协助人力资源部做好 2007 年度项目科技带头人评选工作。

（6）协助计划财务部做好 2006 年度“八有”企业评比。

（7）3 月 14 日，组织有关企业与美国壳牌公司进行 PTT 项目技术交流。

（8）3 月 28 日，与上海工程技术大学科研处进行 2007 年度项目对接。

2.4.4　2007 年 4 月

（1）召开双组分复合无纺布项目协调会议，由公司技术中心会同资产经营部、投资规划部、化纤事业部和纺研院有关人员共同讨论研究双组分复合无纺布项目实施过程中的具体事宜。院长介绍了该项目的进展情况；与会人员分别围绕项目规划、选址、资金来源、项目性质、资产关系、租赁合同、技术经济指标和实施进度作了详细讨论。会议对上述事项作了明确，达成以下共识：

同意新建 2000 吨复合无纺布生产线落址宇航厂，租赁其仓库并翻新 600 平方米车间用房。将该项目视作科研项目进行立项和建设。该项目的承担单位为上海市纺织科学研究院和上海市合成纤维研究所。该项目资金除国家发改委拨款外，其余自筹解决（太平洋机电公司共同参与）。有关在宇航厂建造钢结构厂房的报批手续要尽量按规定去做（至少取得有关部门的默认）。按要求对该项目的技术经济指标进行补充和完善。

（2）与上海纺织置业有限公司举行毛纺织产品质量监督检验中心交接手续，并基本做到了安全平稳搬迁，可喜的是，职工思想稳定，从市西到市东来工作，不配班车，并且保持了原来的业务联系，不仅没有下降而且有增长。

（3）召开 4 月院所工作会议，院长首先传达了席时平董事长对二季度工作所做的各项指示和对产业链整合和提升的要求精神，要求全院积极行动，明确责任和义务，做好相关工作；要根据公司二季度工作要点，结合本单位工作任务切实加以贯彻；对总裁办公会议同意我院建设科研大楼的情况进行了通报；对近期院所各项主要工作做了部署和要求；对全院经济运行情况做了详细分析。

（4）上海质量体系审核中心于4月23～24日对纺织科学研究院进行了ISO 9001质量管理体系认证审核会议。检查最高管理者和管理者代表以及业务部门。

各位专家提出了许多科学的、中肯的、实事求是的意见。

纺研院领导和管理者代表要实施以下方面的分析和改进：

证实产品的符合性；确保质量管理体系的符合性；持续改进质量管理体系的有效性。这应包括对统计技术在内的适用方法及其应用程度的确定。

本次审核共检查了6个职能部门和4个业务部门，共发现8项不符合项，其中8项为一般不符合项，严重不合格项为0 。估计节后将整改情况上报审核中心后可以发证。

（5）接待区人大代表到纺研院调查科技园区发展情况。

（6）4月27日邀请上海市公安局交警总队领导来院对所有驾驶员（包括领导驾车）进行道路交通安全知识培训。

（7）院办公会议讨论通过《关于解决上海市服装研究所应付房租事项的备忘录》的有关内容。还需要对服装所班子做好思想工作。

根据公司有关意见，在资产经营部指导下，正在对印染所西康路房屋进行评估。并联系几家拍卖行作准备。

（8）院领导对上海市印染技术研究所部分职工信访问题，认真作了调查并座谈处理。

（9）召开院中心组学习，学习了席书记所作的公司企业文化宣贯报告，传达了集团公司董事会关于技术创新工作的评价和要求；传达了市委组织部《2007年干部监督工作要点》精神；范善群总监传达了公司《关于刘寅峰同志擅自对外担保500万元问题通报》和《关于授权土地房屋出租审批权限的通知》两个文件精神。随后，与会人员进行了认真学习与讨论。

要求班子成员认真学习领会上述文件的精神，加强思考与沟通，在加快建设中央研究院的过程中，不断加强领导班子思想政治建设，严格执行各项工作纪律，求真务实，遵纪守法，发挥班子整体合力，全面促进我院内质外形建设和持续健康发展。

技术中心的工作

（1）技术中心和计划财务部共同召开行业科技创新统计专题会议，对国资年报中科技开发费与R&D指标进行专门布置和统计。对漏报少报的单位提出纠正，使科技统计年报和国资年报中科技开发费与R&D指标数据保持了一致，解决了国资委考核产权代表的R&D占销售收入的0.5%的要求。初步数据是2006年纺织技术开发费18474.6万元，占销售收入2270761万元的0.81%；R&D为11652万元，占销售收入的0.513%。（详见附表）

（2）与市经委和知识产权局举行“十七棉知识产权示范企业授牌”会议，争取了第一年的30万元的资助。

（3）与云南开远县农贸公司进行“开远”木棉技术交流。

（4）组织有关企业申报上海市和纺织工业协会科技进步奖，并进行申报培训，对部分项目进行重点帮助。

（5）参加上海市科技奖励大会，并在科技人员会上传达大会精神。

（6）为七棉协联、火炬、五洲等企业申报上海市高新技术成果转化项目作准备。

（7）召开会议，讨论2007年技术开发专项资金分解落实，并参与重点条龙对接。

附： 市国资委出资监管单位科技创新情况调查表（表2-4-3）

表2-4-3 市国资委出资监管单位科技创新情况调查表

填表单位：上海纺织控股（集团）公司　　填表日期：2007.4

项目	2004年	2005年	2006年	2007年预测
企业技术中心（个）	6	6	6	6
其中：国家级（个）	—	—	—	—
市级（个）	6	6	6	6
从事科技活动人员数（人）	1198	848	1236	1300
其中：科学家工程师人数（人）	440	472	545	650
专利申请数（件）	633	507	417	300
其中：发明专利申请数（件）	51	23	13	10
实用新型申请数（件）	20	8	9	10
外观设计申请数（件）	562	476	395	280
专利授权数（件）	582	105	297	200
其中：发明专利授权数（件）	0	1	5	10
实用新型授权数（件）	20	4	9	10
外观设计授权数（件）	562	100	283	180
著名商标数（个）	6	7	7	7
其中：中国驰名商标	2	2	2	2
上海市著名商标	4	5	5	5
高新企业数（个）	3	3	3	4
销售收入（或营业收入）（万元）	2169500	2248647	2270761	2300000
科研开发经费支出（万元）	13895	11896	18474.6	17000

续表

项目	2004年	2005年	2006年	2007年预测
科研开发经费支出占销售收入比重	0.64%	0.53%	0.81%	0.74%
其中：R&D经费支出（万元）	5654	7799.6	11652	12500
获得市级、省部级以上奖励的科技项目（个）	13	3	9	—
2006年度开始实施产业化的科技项目（个）	—	—	12	10
其中：实现的产业化销售收入（万元）	—	—	15000	14000

填表说明：

1. 从事科技活动人员是指直接从事科技活动以及专门从事科技活动管理和为科技活动提供直接服务的人员。

2. 科学家工程师指科技活动人员中具有高、中级技术职称和不具有高、中级技术职称的大学本科及以上学历人员。

3. 科研开发经费支出是指当年实际支出的全部科技活动经费，包括来自科研渠道的经费、教育事业费、基本建设投资、技术改造投资等实际用于科技活动支出的费用。

4. R&D经费支出是指用于R&D活动的全部实际支出，包括用于R&D的直接支出和间接支出（该数据口径为企业财务决算口径）。

填表部门：技术中心　联系电话：61313876　联系人：李勇

2.4.5　2007年5月

（1）经过十个月的努力，上海质量体系审核中心于5月18日对纺织科学研究院进行了ISO 9001质量管理体系认证发证。

之前，纺研院对各位审核专家提出的许多科学的、实事求是的意见进行整改。审核检查了六个职能部门和四个业务部门，整改了八项不符合项，将整改情况上报审核中心后通过了发证要求。

（2）再次与杨浦区城市规划管理局对我院建设科研大楼的情况进行协调。于5月24日召开杨浦区城市规划管理局、区经委、区发改委、区建委、区房地局、区环保局、区绿化、平凉街道等各方领导参加的项目协调会议，听取各位对纺研院的工作指导。争取规划的书面意见。

（3）召开5月院所工作会议，院长首先传达了席时平董事长对上半年工作要求双过半的指示，要求全院结合工作实际作好相关工作。对近期院所各项主要工作作了部署和要求；对全院经济运行情况作了详细分析。

（4）在资产经营部指导下，正在对印染所西康路房屋进行评估。并联系几家拍卖行后，共同选择“上海拍卖行”作资料准备，之后将做两周的宣传，通知有意向的单位自愿参加。

（5）组织申报2007年中国纺织工业协会奖。

（6）向公司党建巡视组汇报上海市纺织科学研究院2007年上半年党建工作。根据公司党建巡视组的汇报要求，对我院一二季度的党建工作、关于党建责任书的落实情况、完善院纪检监察组织体系建设、党建特色工作汇报、加强企业党的组织建设、企业民主管理工作和埃通企业稳定工作等作了汇报。

（7）关于企业文化建设。在企业文化建设方面主要是贯彻公司企业文化建设纲要，同时结合纺研院实际，通过建立、实施、保持 ISO 9001：2000 质量管理体系，提出“科技纺织的先导，时尚纺织的支撑。”

“科技纺织的先导”体现了创新是根，人才是本；科技是动力，产业是依托；

“时尚纺织的支撑”体现了随时把握市场脉搏，以市场为导向，以增强顾客满意为目的。

（8）计量标准研究所在 5 月 28～30 日召开国家标准审稿工作会议。分别对《GB/T 398—1993 棉本色纱》《GB/T 406—1993 棉本色布》《GB/T 411—1993 棉印染布》三项国标进行审稿。

（9）5 月 31 日在纺研院召开国家纺织计量工作研讨会议。这是首次与中国纺织机械器材工业协会联合举办的行业会议，通过会议扩大计量标准研究所计量站在全国的影响力。

技术中心的工作

（1）申报上海市科技进步奖 14 项，申报中国纺织工业协会科技进步奖 10 项，协助做好相关鉴定、水平查新、技术标准、专利申请等工作。

（2）在行政例会上对技术中心近期工作进行汇报。

（3）对“培育、整合、提升产业链”提出工作计划，技术中心主要负责产品开发一条龙和科工贸协作方面的工作。

（4）与纺织工程学会科普部共同组织“科普知识竞赛”和进行科普作品评比。

（5）组织教育基地单位与上海工程技术大学学生双向见面会，纺研院、三枪等九家教育基地单位均派分管领导或人事主管参加。

（6）为汽车地毯厂、特安纶公司申报上海市高新技术成果转化项目召开协调会。

（7）与上海棉纺织行业协会一起为开远木棉出具技术分析报告。

（8）协调中国棉纺织行业协会与上海纺织质量技术监督所共同制订“本色棉纱、本色棉布”标准事宜。

2.4.6 2007 年 6 月

（1）召开贯彻公司企业文化导入动员会，落实席时平党委书记解读上海纺织企业文化核心理念的工作，铭记理念、落实行动、推进战略，建设好公司的中央研究院。

会议要求贯彻公司企业文化，落实席书记提出的“五化”和“七个要求”。

我们要从五个方面把企业文化核心理念化到自己的行为中：一是上化于领导，二是内化于信念，三是固化于制度，四是实化于行动，五是外化于形象。

席书记在报告中提出了七个方面的具体要求：全面建立健全企业文化工作机制，全面展开企业文化宣贯工程，扎实开展企业文化培训工作，整合企业文化理念，启动制度完善工程，推进控股公司形象规范工程，建立企业文化保障体系。

（2）召开纺织科学研究院党课，党课主题是贯彻“科技与时尚”主战略，建设公司中央研究院。要求学习市第九次党代会精神，结合学习席时平党委书记的党课报告，要求我们认同融入实践公司主战略。院长就贯彻“科技与时尚”主战略，加快建设公司中央研究院的主题作学习发言。

（3）启动军工生产许可证的认证工作。开始编写军工生产的质量手册。这项工作是今后争取军工科研项目的必需条件之一。

（4）与杨浦区环保局征询科研大楼书面批复。

（5）与杨浦区规划局征询科研大楼批复。

（6）请市经委产业投资处张伟敏处长和区经委协调科研大楼项目。

（7）根据公司吴建平书记和朱勇总裁要求，要纺研院负责埃通的稳定工作。我们在上海电气集团公司和上海纺织控股（集团）公司联合工作组领导下，成立以纺研院和公司党、政、工主要负责人组成的员工分流安置联合领导小组和工作小组。

（8）参加朱总、沈总访谈。访谈内容有整合和提升公司产业链的思考，以及纺织科学研究院在打造公司中央研究院过程中存在的瓶颈，认同“融入实践公司主战略，建设公司中央研究院”的一些想法。

（9）6月21~23日到北京参加“国家科学技术进步奖励办公室”纺织评委工作。

技术中心的工作

（1）与上海工程技术大学的产学合作教育，安排了70人进行为期六周的暑期实习。

（2）为企业做好技术创新方面优惠政策的指导服务工作。组织学习《实施（上海中长期科学和技术发展规划纲要）（2006~2020年）的若干配套政策》，邀请市科委有关领导宣讲。

（3）一季度，2007年度技术开发专项资金预算提交总裁办公会议审定并获通过。二季度，我们重点做好项目的分解以及一条龙、产学研项目的对接，并对项目的可行性研究报告、项目任务书、项目合同进行了审核，6月底已完成。

（4）培养整合提升产业链工作。技术中心主要承担了以下几项工作：产品的一条龙开发（技术中心牵头），科工贸的沟通和互动（技术中心、外贸、化纤、综合纺织等部门联动），科研开发、检测机构、信息、公共服务平台、大师工作室等在推动上海纺织整合、为企业服务方面发挥积极作用的调研（技术中心、纺织研究院）。积极参与重点企业、科工贸的座谈会；走访重点企业，如特安纶公司等，对品牌企业、研究院所进行了书面调研。

（5）截至6 月底，完成专利申请29 件，其中发明专利9 件（包括国外专利3 件）。由于企业关停并转、市资助政策的变化等因素使专利申请数比去年同期下降。以往规律是下半年的专利申请数比上半年会有较大增长。与市知识产权的领导接洽、协调专利申请的资助事宜。

（6）名牌与商标工作。进行2006 年度上海市名牌“纺织服装类”产品评比；组织飞马、三枪、海螺等企业申报中国名牌产品；组织三枪、飞马申报中国免检产品申报；组织飞马、海螺、三枪、民光、凤凰毛毯申报“老字号”商标申报。

（7）为德福伦、申安等企业申报高新技术企业做好服务协调工作。组织了汽车地毯、特安纶、德福伦等企业申报2007 年上海市引进技术的吸收与创新计划。

（8）完成国家统计局2007 年全国工业企业创新调查，共34 家企业上报。

（9）会同中国棉纺织行业协会，协调“本色棉纱”“本色棉布”国家标准修订事宜。

（10）与纺织工程学会、市节能协会共同举办节能环保知识竞赛。

（11）为《中国国防科技工业年鉴》撰写了专稿，包括了1998～2006 年的上海纺织在军工科研生产配套工作和国防科技创新等方面的内容。

2.4.7　2007 年7 月

（1）召开纺研院“七一”党员座谈会暨公司文明单位表彰会议，由情报所交流“青年团队培养”、色织所交流“党员教育管理工作”、服装所交流“文明创建促进经济发展”、毛麻所交流“提升服务品牌”、技监所交流“发挥基层党员模范带头作用”等。

（2）召开军工生产许可证的认证培训工作。请张老师讲解军工生产许可证的要求。

（3）召开院办公会议，讨论落实席董批示，按培育、整合和提升产业链及打造中央研究院的要求，抓紧完成可行性报告，交办公会讨论。

对市经委沪经投〔2007〕263 文“关于同意上海市纺织科学研究院‘科研综合楼项目’可行性报告的批复”做前期搬迁准备工作。

7 月12 日召开纺研院“科研综合楼项目认证会议”。封总、投资部、资产部、技术中心等参加了认证。

（4）7 月6 日约上海大学周哲玮常务副校长、孙晋良院士等领导来纺研院进行工作指导，讨论纺研院建造“科研综合楼项目”需要搬迁701 厂房的事项。

（5）根据控股公司对西康路266 号房产处置工作的要求，在资产部的指导下，房产处置的前期准备工作已全部就绪，拍卖公司拍卖资料中的主要文件“房地产委托拍卖合同”和“特别告知”已经拟定，并通知有意向的各个方面了解情况，参与拍卖。7 月25 日共有五家单位参加了拍卖，最后以4050 万元拍卖成交，但是最终还要看能否履约。

（6）7 月10 日上午接待杨浦区区委书记陈安杰、副区长唐海东等人来我院进行调研。

杨浦区委办沈黄富（发改委主任）、王继英（建交委主任）、熊孝刚（规划局局长）、岑福康（房地局局长）、石光华（经委主任）及平凉街道领导等共同参加了对纺研院、创意园建设过程的调研。

（7）召开半年度工作会议，传达席时平董事长有关三季度工作的指示精神，在培育和提升产业链、建立健全法人治理结构及规章制度、深入推进党委重点工作和企业文化等方面作出更大的努力，确保完成全年各项任务目标。

院长对全院上半年度科研、经营工作和党建工作进行了总结；对三季度工作作了部署。

会议还通报了控股公司“关于我院与各科研所资产关系与管理关系相对应”的议案，要求我院各业务部门以“公司级”的企业管理模式，进一步提高管理能级和管理水平，加强协调，规范操作；传达了控股关于规范职工收入与分配制度的会议精神和我院对开展此项工作的具体要求，要求各所近期制订有关实施方案并上报院部审批；各所、中心对本单位上半年科研经营及党建工作情况作了汇报交流。

（8）申报上海市纺织专业数字信息服务平台可行性方案。

（9）29～20日参加公司2007年上半年度工作会议。

（10）准备向市经委傅新华副主任汇报公司技术创新工作的材料。

技术中心的工作

（1）召开上海市发明创造专利奖、上海市优秀发明选拔赛申报会议。共有三枪的“一种发热保暖织物”等七个项目申报上海市发明创造专利奖。

（2）参加里奥Lyocell项目验收会。

（3）参加纺研院科研大楼项目讨论会。

（4）7月15日，参加由东华大学等单位承担的中国纺织工业协会科技指导性计划项目“珍珠纤维”鉴定会，我公司申安、新型纺纱中心参与该项目开发。

（5）7月16日，经市国资委审定，向上海市知识产权局上报有关专利专项资助企业名单（30家）。

（6）7月17日，由技术中心、外贸事业部、时尚事业部和党干校联合主办的“色彩流行趋势与纺织品设计”讲座，听者逾百人。

（7）7月19日，“2006年度武器装备科研生产许可颁证大会”在市政府举行，全市22家相关单位获证，上海纺织口有五家获得由国防科工委颁发的“武器装备科研生产许可证”。

（8）准备向市经委傅新华副主任来公司调研技术创新工作的汇报材料。

2.4.8　2007年8月

（1）召开院办公会议，院长传达了公司上半年度工作会议精神，强调要围绕公司要求做好下半年我院各项重点工作。由办公室按条线对我院下半年各主要工作制订具体实施分配表，明确节点、责任到人。各分管领导要高度重视对新科研项目的申报工作；对产业链的深化工作要做进一步的思考；对明年我院科研项目要做好预谋。

（2）召开院所工作会议，院长传达了公司上半年度工作会议精神，要求院所结合工作实际，认真贯彻落实，增强对席时平董事长提出的“三个意识”——忧患意识、创新意识和大局意识的认识；扎实推进“培育、整合、提升产业链”的有关工作。

对院所职工收入调整方案等工作作了要求；对全院 1 ~ 7 月经济运行情况作了分析，并通报了 2006 年度公司内部审计的整改要求以及关于事业单位资产清查结果审计的情况和 2006 年度科技专项资金的审计情况；要求院所抓紧完成今年预定的各项科研项目和专利申报数。

各所、中心对本单位 7 月党建工作情况作了交流汇报。将拟定我院《员工行为准则》。

（3）每周进行军工生产许可证的内审工作。

（4）进行 2007 年员工工资调整，为不断完善企业员工收入与效益挂钩的增长机制，在近期对员工收入情况分析的基础上，根据上海纺织控股（集团）公司关于 2007 年职工收入分配工作的意见和本市企业工资增长指导线的精神，特制订 2007 年调整员工收入办法。

有效益的单位（部门）员工收入增长 8%，微利、亏损的增长 3%；按照定岗定薪的原则调整；一般员工月薪在现有应发数的基础上进行适当调整，原则上人均增资 100 元左右。

实行科研经营考核的部门，继续按人均 6 万元考核指标超额分成；检测平台根据万元测试收入及利润情况核定工资额度，继续鼓励做大做强；经批准实行年薪制的干部，根据干部绩效考核办法核定月薪；劳动合同有明确规定的，按劳动合同执行。

（5）印染所西康路 266 号房产处置工作，后期工作已全部就绪，拍卖公司拍卖资料中的主要文件“房地产委托拍卖合同”和“特别告知”已经拟定，拍卖成交正在履约。

在买受人资金到位的情况下，8 月 21 日，三方在上海拍卖行有限公司与买受人举行资料证件交接仪式。刘平总监到场讲话，同时上缴“空转”资本金 97.6 万元（1000 元/平方米 ×976 平方米）和 10% 调节金 405 万元。

另外有两个月的时间办理产权过户，还要协助做好办证工作。

（6）做好科研综合大楼项目的调研工作。

（7）召开纺织研究院职工代表大会，院长就贯彻“科技与时尚”总战略，加快建设中央研究院做工作汇报；汇报 2007 年上半年度工作：

第一，技术创新工作。科研项目实施情况。推荐评审上海市和纺织总会的科技进步奖六项。

第二，经济运行情况。2007 年上半年度较好地完成了考核项目的各项经济指标，达到了时间过半，任务过半的双过半目标。

第三，基础管理工作。通过 ISO 9001 质量管理体系认证，开展院军工科研生产许可证申请的各项工作等。

第四，实行了 2007 年员工工资的调整，建立和谐稳定的企业环境，加强民主管理，做好企业稳定工作，检查了第一份集体合同的执行情况。

第五，党建工作。完善院纪检监察组织体系建设。

第六，我们在上海电气集团公司和上海纺织控股（集团）公司联合工作组的领导下，配合做好埃通公司稳定分流工作。

第七，下半年工作重点布置。

技术中心的工作

（1）在已经公布的 2007 年度中国纺织工业协会科学技术奖推荐授奖项目中，我公司获得 15 项。(见附件)

（2）举办“2007 年全国棉纺织、色织、印染产品开发年会”，有专家报告、论文交流、产品观摩和评比、参观杭州数码印花厂等活动，全国 190 名代表参加，反映良好。

（3）布置申报科技部和上海市科委“重点新产品计划”工作。组织有关企业申报“上海市国有企业科技创新奖”。

（4）根据上海市高新技术成果转化服务中心要求，启用“上海市科技成果转化动态跟踪系统”。自 2007 年下半年起，对 2003 年至 2007 年 5 月经认定的项目进行网上填报。8 月 1 日，召开会议布置网上跟踪管理工作，共牵涉到 12 家单位 30 个项目。

（5）与公司产学研合作大学做好学生实习培训，上海工程技术大学汪泓校长、孙培雷副校长到纺研院看望在纺研院实习的学生和上海工程技术大学的毕业生。技术中心及纺研院热情接待并陪同。

（6）参加《汽车用纺织品》一书的筹备小组会议。

（7）在纺研院接待无锡一棉李总，洽谈合作事宜，技术中心参加。

附：　2007 年度中国纺织工业协会科学技术奖推荐授奖项目
（表 2－4－4～表 2－4－7）

表 2－4－4　2007 年度中国纺织工业协会科学技术奖一等奖（1 项）

序号	项目名称	主要完成单位	主要完成人
1	芳砜纶产业化关键技术研究	上海市合成纤维研究所	汪晓峰、汪海峰、刘兆峰、沙玉明、陆顺兴、陈蕾、冯文斌、钱明娟、李军、张玉华、刘岳新、任加荣、王秀峰

表 2-4-5　2007 年度中国纺织工业协会科学技术奖二等奖（5 项）

序号	项目名称	主要完成单位	主要完成人
2	GWZ140 遮障面成网	上海五洲服装厂	张昕、李柏民、王云福、吕立高、秦海、倪磊、黄培新、孙金玉、李萍、李桂生
3	全消光聚酯切片	上海联吉合纤有限公司	何正锋、蔡智斌、李勇、方强、陈利兴、徐冬、秦佑富、张新财、刘林枫、卓中杰
4	聚乳酸纺丝及其产业化开发	东华大学、上海市合成纤维研究所	胡学超、邹荣华、邵惠丽、杨革生、张慧慧、薛敏敏、倪福夏、王向冰、张耀鹏
5	纺织品安全健康性标准的研究	中国纺织科学研究院、上海纺织科学研究院、中国疾病预防控制中心	方锡江、王宝军、郑宇英、徐路、李志恩、陈芸、张宏伟、朱缨、斯颖
6	羽绒服装出口技术指南	中国服装协会、上海市服装研究所	张广闽、胡丽玲、许鉴、冯宪、王蔚青、陈璐、张慧琴、高德康、王自修、郑金扬

表 2-4-6　2007 年度中国纺织工业协会科学技术奖三等奖（7 项）

序号	项目名称	主要完成单位	主要完成人
1	高中空聚酯保暖纤维制品	上海民光被单厂	翁和生、佴智渊、陈正义、栾忠明、许和娣
2	涤纶包芯高强缝纫线	上海七棉协联纱线有限公司、上海纺织（集团）有限公司技术中心	黄建强、聂跃新、杜惠明、是梅珍、陈邦伟、汪珠俐、郝延
3	木棉混纺纱线工艺研究与开发应用	上海日舒科技纺织有限公司	李恩生、夏龙全、陈邦伟、姚迪铭、周耀忠、金辉英、蔡兴华
4	葆莱绒（聚酯细旦高中空纤维）	上海联吉合纤有限公司	朱毅、邓朱海、陈邦伟、谢宇江、李东华、王建伟、管伟顺
5	PB-绒面印花纤维织物及其制备	上海凤凰毯业有限公司	陈建国、江华、陈帮伟、葛文卿、翟志伟
6	针织织物前处理清洁连续生产助剂及工艺的研制与开发	上海市纺织科学研究院	张庆、杨志云、李慧霞、李颖君、王蓉
7	FZ/T 81008—2004 夹克衫	深圳市计量质量检测研究院、上海市服装研究所、国家服装质量监督检验中心（上海）、福建七匹狼实业股份有限公司	杨志敏、许鉴、骆红、毛金华、滕万红、秦威、钱晓艳

表 2-4-7　2007 年度中国纺织工业协会科学技术奖优秀奖（2 项）

序号	项目名称	主要完成单位	主要完成人
1	提高缝迹平整性的工艺研究	上海海螺服饰有限公司	徐定玉、戴自毅、须峰、王建华、汪奕滢
2	蓄热保温纬编织物	上海针织九厂	曹春祥、卜启牙、陈刚、赵士龙

2.4.9　2007 年 9 月

（1）进行军工生产许可证内审会议。进行质量管理体系有效性评价。

①院质量管理体系过程得到初步确定和展开。

②所需文件已基本建立并实施，质量记录已初步建立，但标准所要求的记录有待补充完善。

③院组织内职责权限已基本明确。

④所需准则和方法已基本确定，但质量手册、程序文件尚有待进一步改进和完善。

⑤满足顾客要求所需资源基本完整。

⑥建立并实施了质量方针、质量目标，但在体系文件的全员教育培训、预防措施等活动方面需进一步改进。

综上所述，我院质量管理体系运行总体上基本符合审核准则要求。

（2）9 月 5 日起进行装备科研生产许可证的评审，院长汇报了纺织研究院贯彻 ISO 9001—2000 和 GB/T 19001—2000《质量管理体系　要求》开展装备科研生产许可的准备工作。科研项目完成率 95%，产品质量合格率 98%，服务顾客满意率 92%，质量措施贯彻率 96%。经过各位专家的认证审核，验收评分 90 分，顺利通过评审。

（3）进行科研综合大楼的项目调研工作。对复旦科技园区大楼、同济大楼调查研究。9 月 22 日起拆除金工车间厂房。

（4）参观 ITMA 2007 国际纺织机械展。9 月 13~20 日在德国新慕尼黑展览中心举行，共有 17 个展馆，展出国际纺织机械行业的最新产品。

ITMA 被称为"国际纺机奥林匹克盛会"的欧洲国际纺织机械展。截至 7 月，共有来自 38 个国家和地区的超过 1450 家企业登记参展。

本届展会由欧洲纺织机械制造商联合会（CEMATEX）旗下成员——德国机械制造商联合会（VDMA）纺织机械分会，委托慕尼黑国际博览会公司（MesseMünchen）承办。

ITMA 每四年举办一届，而 ITMA Asia 作为其补充，每两年举办一届，下届亚洲展将于明年举办，下届欧洲展则于 2011 年举办。

科技是工业发展的动力，ITMA 2007 期望聚集纺机业发展的动力，成为全球纺机工业最新科技成果展示平台。

（5）在纺研院进行全体工程技术人员的知识产权培训，请上海大学老师到纺研院讲课。

（6）市科委项目上海纺织公共服务平台通过了验收。

（7）召开会议讨论院科研综合大楼设计要求。通报了有关专家对各竞标方案的具体意见和建议；对本次竞标结果——中国纺织设计研究院方案作了详细讨论。

根据有关专家的意见，会议建议对设计方案作以下修改：

①层高：以 3.6 米为宜（带中央空调为 3.8 米）。

②地下车库：以建造一层为宜，其高度可放两层的机械式停车库，面积扩大至整个草坪，并设置两个进出口。

③中央空调：设计配备 12 层，其余采用分体空调。

④裙房：拟在大楼东南部设置裙房，高度 <30%（建筑总高度）；面积 <20%（建筑总面积）。

以上修改意见将尽快反馈给设计单位，争取将修改完成的方案提交我院再做讨论。

（8）西康路 266 号房产拍卖成交正在履约。但是静安区政府表示要转给他们，买方老板已经同意转让，目前纺研院正在配合做有关手续。

（9）我们在电气集团公司和纺织控股（集团）公司联合工作组的领导下，配合做好埃通公司稳定分流工作。

技术中心的工作

（1）举办科工贸产业链联动产品展示会。将公司新产品和 2007 年全国棉纺织、色织、印染产品开发年会的新产品进行展示。本次产品展示会小结附后。

（2）主办民光赛尔芙 Clear 抗菌新品推介发布会。

（3）参加纺研院主办的“恒久电器 2007 年新品应用交流会”。

（4）与人力资源部共同组织知识产权公需科目培训。

（5）协助投资部到中国针织行业协会组织编写大丰针织项目建议书。

（6）向上海市高新技术成果转化中心陆澄镳主任汇报公司技术创新工作。

（7）参加纺研院军工科研生产许可审定；“上海纺织公共服务平台”验收；公司导师带教东华大学研究生座谈会；参加郁铭芳院士工作成就座谈会。

附：举办科工贸产业链联动产品展示会小结

举办科工贸产业链联动产品展示会。公司新产品和 2007 年全国棉纺织、色织、印染产品开发年会的新产品，9 月 25 ~26 日，由公司技术中心会同外贸、综合纺织、化纤事业部在公司本部大会场进行展示。此次活动也得到了沪邦、申安、特安纶、联吉、十七棉、三枪、海螺、民光、申达股份、甲乙常熟以及纺织科学研究院等投资企业和科研院所的积极响应，展示了近两年开发的新产品和市场热销产品，包括新纤维应用、新的色织面料、针织面料、防护产品、衬衫服装、家纺产品等共 300 多件产品；另外还有全国各地的棉纺纱线、坯布、色织和印染面料 580 多件产品。公司领导也非常重视此次活动，席时平董事长、朱勇副总裁等仔细观看了产品，并询问了产品开发和市场销售情况，对科工贸的联动也提出了非常好的建议，有助于我们今后更好地组织此类活动。

公司下属的外贸公司，如新联纺、飞马、装饰等公司组织了很多外销员前来观看，一些业务员反映此次展示活动太好了，他们很少有机会看到这么多、这么新的产品，而且有产品目录、联系方式等，信息量很大。有些业务员花了半天的时间认真仔细地观摩产品，记录相关的信息，并与生产企业的工程技术人员进行交流。有的外销员是直奔主题，如新联纺公司的一名外销员接到了吸湿排汗面料的单子，但不知道哪里生产，我们告诉他生产纱线和面料的厂家和联系电话后，他很高兴，马上就回公司落实单子去了；又如飞马公司在寻找准备出口欧洲的阻燃产品和含金属丝防辐射的产品，也在此次展示中找到了，并与特安纶和沪邦公司进行了接洽，准备在秋季广交会上出样。也有企业的市场销售人员通过此次活动结识了外贸新朋友，表示第二天就去外贸公司拜访。许多外贸公司的老总和业务员认为，此次产品展示为外贸销售人员搭建了良好的信息和服务平台，希望今后能定期组织这样的活动，包括产品的联合开发等，同时建议公司有产品陈列室能长期展示。

另外，此次展示也让生产企业了解了上下游企业的科研、产品开发和生产情况，推动了业内生产企业和科研院所的联动。如民光家纺公司和纺织科学研究院洽谈“羽绒丝”产品的中试和产业化等。

2.4.10　2007年10月

（1）调研制订科研综合楼项目初步规划的情况报告。

为了贯彻集团公司加快“中央研究院”建设、集聚提升核心竞争力的目标，我院对建造科研综合楼项目，多次进行了认真的市场调查和评审工作。其后，委托上海杨浦建设工程监理咨询有限责任公司负责该项目招投标代理工作，由上海市建设工程招标投标管理办公室进行网上招投标告示，并由其组织专家进行招投标评审工作。

设计由中国纺织工业设计院中标，勘察设计由上海岩土工程勘察设计研究院有限公司中标。经对中国纺织工业设计院投标的方案进行评审，根据专家意见进行了修改，目前已定初步设计方案，并征得区规划局同意，同时对工程造价进行了初步估算。

综合楼项目工程，总建筑面积26900平方米，其中地上面积22700平方米，地下面积4200平方米；建筑总层数地下1层、地上20层，本工程初步预算8586.54万元。已将初步设计方案与工程造价初步估算上报公司审核。

（2）召开院2008年各类预算编制工作会议。要求全院各独立核算单位严格按照公司有关预算编制的“五大原则”作好本单位2008年各类预算的编制工作，作好科研项目预算计划、建设项目的预报。有关净资产收益率的指标，贯彻公司预算编制“不调整原则”的规定，切实夯实预算计划。

（3）召开院办公会议，总结了三季度全院工作的开展情况，研究了四季度及近期的主要工作。

同意将科研综合大楼、双组分复合无纺布工艺和设备研制开发、毛麻所搬迁及检测仪器添置四项内容作为我院 2008 年投资项目上报公司。

同意将毛麻所在第一毛条厂的羊毛拉伸设备在评估价的基础上，经多方询价后以 20 万元进行处置。

通报公司上半年度对我院审计的情况及意见要求。

（4）召开科研项目讨论会。院长同与会人员就今年完成及验收项目情况、2008 年结转及新开项目情况等做了讨论研究，要求全院以建设中央研究院、为上海纺织提供支撑为目标，认真做好预定科研项目的结题及验收。做好 2008 年各结转和新开项目的费用预算计划。

将航空用关键轴衬、数码印花产业化、数码服装快速定制系统、数字图书馆等作为 2008 年新开项目进行立项。

（5）讨论对我院整体发展规划进行重新修订。院长同与会人员对编制修订我院发展规划进行了讨论和研究，要求在原规划的基础上，围绕公司对我院的职能定位——中央研究院和水平定位——一流研究院，认真做好我院发展规划的制订和完善工作。

要求：按环境分析、战略定位、发展目标、研究方向等九大部分（目录）对原规划进行补充和完善。要根据公司发展战略和对我院要求制订相应规划内容；就院史发展沿革、科研项目指南及重点实施项目、四大平台介绍、科研综合大楼建设、资产情况和人力资源规划等内容进行补充和完善。

（6）召开里奥公司千吨 Lyocell 纤维项目技术论证会。技术中心会同投资规划部于 2007 年 10 月 11 日邀请有关专家对此进行技术论证。

会议首先由化纤事业部杨晓星介绍了里奥公司自 2005 年 12 月以来通过 8 次开车累计 248 天的运行，打通了年产 1000 吨 Lyocell 纤维生产线，短期内已能比较稳定地生产出用于纺织的 Lyocell 纤维。但在实际运行中暴露出很多设计规划时没有想到的一些工程化问题，如浆粕粉碎均匀性、活化槽搅拌器、压榨机、喷丝板、蒸发、瑞士引进设备的负荷、烘干、试验手段较差、冷冻高温时冷冻量不够、高压管道等。这些问题的存在使生产线无法做到长期稳定及满负荷地运行，影响到工艺参数的条件试验和调整工作的进行，工艺参数无法优化。因此必须对部分国产设备进行必要的技术改造，提出了包括稳定生产所需的设备改造 8 项、为提高产能和产品升级所需的设备改造 6 项，共 14 项解决方案及设备改造和生产运行的资金缺口，尚需 1116 万元来维持今年的运行和设备改造。综合专家意见：

①项目方向是正确的，有战略意义。用溶剂法纺丝的工艺基本成熟，但存在一些工程化问题。有风险，还可能会有新的瓶颈出现，还有很长的路要走，要有思想准备，但从公司走高端的角度讲，应该坚持完善。

②项目已投入 1.3 多亿元资金，计划有缺口，再投入 1000 多万元（如采用国产设备约为 639 万元），有助于解决目前存在的工程技术问题，再拖下去，不利于问题的解决。项目资金建议一次审批，分期使用，同时应加上人员及运行费用。

③千吨规模的 Lyocell 纤维项目是中试项目，不是经济规模，不能用常规的考核模式去考核里奥公司。

（7）我们在公司联合工作组的领导下，配合做好埃通公司稳定分流有关工作。

（8）召开院中心组会议，学习党的十七大报告。

技术中心的工作

（1）申报中国纺织工业协会 2007 年十大创新人物。

（2）召开行业技术创新工作会议，传达公司领导关于技术创新的指示精神，布置 2007 年工作总结，2008 年技术创新项目申报等工作。

（3）根据封总意见，组织业内专家对 Lyocell 项目进行技术分析。

（4）参加朱总、沈总召开的产业链工作座谈会，汇报前期工作和下一步工作打算。

（5）参加由刘总、胡总召开的“科技开发资金下拨使用情况小结会”。

（6）与总裁办共同组织召开郁铭芳院士 80 华诞庆祝会。公司领导席时平董事长、朱勇副总裁等主要领导出席了会议。

（7）到联吉、日舒、新纺织产业、七棉协联、金熊、德福伦等单位调研技术创新工作。

（8）召开行业军工工作会议，传达国防科工委、国防工办有关文件精神，布置对已取得武器装备生产企业生产许可证的企业的抽查工作，部署参加全国纺织军工产品订货会事项，并组织业内十家相关企业参加。

（9）参加投资部召开的 2008 年度投资项目和甲乙常熟项目论证会。

2.4.11　2007 年 11 月

（1）参加由中国印染行业协会、中国就业培训技术指导中心、纺织行业职业技能鉴定指导中心共同主办的“2007 年全国印染行业染化料配制工职业技能大赛”。比赛在东华大学举办。中国棉花协会林乃基副会长、中国纺织工业协会杨纪朝秘书长、中国印染行业协会李金宝理事长、东华大学宋立群副校长等出席了会议。

院长代表上海纺织集团有限公司向技能大赛的举行表示祝贺，预祝比赛圆满举办，预祝各位选手取得好成绩，为纺织行业作出新的贡献。

（2）参加 2007 年度中国纺织工业协会科学技术奖授奖会议，大会于 11 月 12 日在北京举行，纺织总会决定对上海市合成纤维研究所“芳砜纶产业化关键技术研究”一等奖项目进行表彰。我公司获得 15 项奖励，其中纺研院获奖 6 项。

为公司的科技时尚战略增添了有力的一笔。

（3）召开院所会议，传达席董在公司务虚会议上提出的三项工作要求。

①认真学习，联系实际，把党的十七大精神落到实处。

党委提出五个下工夫。转变发展方式；自主创新；深化改革；建和谐纺织；党建。

②明确目标，细化措施，加快公司战略转型第二阶段任务落实。

③奋力拼搏，抓好冲刺，全力抓好年内关好门，开好局。

（4）与杨浦区经委、区规划局、市科协、东华大学服装学院领导召开研讨会议，就建设平凉路现代纺织一条街的规划进行探讨。

（5）召开院所工作会议，会上，院长向与会人员传达了公司四季度工作要求和公司党委书记席时平在我院领导班子民主生活会上的讲话精神，要求院所领导领会讲话精神并做好工作，加快推进“中央研究院”和“一流研究院”的建设步伐，落实完成四季度各项工作要求。

（6）公司资产经营部来院调研制订科研综合楼项目初步规划情况报告，在科研大楼项目讨论会上，院长对院科研综合大楼项目概况作了介绍；对项目设计方案、整体布局、资金预算及目前工作进展情况作了汇报；郑峰详细了解了该项目的用途、工作进度、时间节点、资金筹备、招标及工程管理等方面的情况，并同与会人员就上述问题进行了讨论。

郑峰：公司已明确该项目由资产经营部负责管理；目前项目对外立项报批工作已经完成，现在要从对内可行性研究方面作阶段性报告给我部，我部会尽快拟定相关议案提交公司总裁办公会议；同时希望注意做好该项目的工程管理工作，可运用新的管理模式，聘请专业的单位（或人员）对项目进行动态施工管理，以便控制好建设周期和预算资金；要做好大楼停车位的规划和建设，注意在全院范围内的平衡安排；对《房屋三年规划》每年都要做滚动规划，纺研院要对新大楼建成以后置换出来的出租面积做好统计和规划，继续盘活用好这些资源。

（7）民主测评情况通报。党委通报了 2007 年院干部职工对建设“四好”班子民主测评表和听取部分干部职工意见的汇总情况。从测评表和意见征询的情况来看，所属各科研院所以及本院干部职工对现任领导班子的满意度还是比较高的，同时也对我院当前现状和发展前景提出了一些改善意见供院领导参考。

听完情况通报后，大家一致认为广大干部职工对纺研院的发展还是很有信心的，但打造中央研究院不仅仅依靠经济指标的考核、完成，更要有一大批德才兼备的优秀人才和行业内有一定影响力的项目带头人，只有综合能力的不断提升才能对纺研院的可持续发展起到支撑作用。作为领导班子成员更要按照控股公司战略发展的要求，统一认识，共同出谋划策，对加快中央研究院的建设起到推动作用。

（8）召开院中心组会议，学习党的十七大报告。

（9）召开纺研院党员学习党的十七大文件辅导报告会，请纺织党校何佑任教授做辅导报告。

技术中心的工作

（1）贯彻公司务虚会精神和参加有关科技工作的研究讨论。参加席董召开的调研会，提出科工贸联动推动科技发展和科技网点建设的建议，并将会上重点企业意见作内部传达讨论；参加产业链政策讨论和核心板块建设调研会，探讨上市公司产业用纺织板块与纺研院及有关企业项目结合的前景和有关技术问题。

（2）制订当年科技创新项目管理计划和2008年技术创新项目计划。公司2008年科技创新项目的征集预报基本就绪，已收到预报项目40项，拟在近日评审列出初步计划。为规范下拨项目资金管理和更好地利用政策，已完成技术开发费管理补充细则的拟定并已发文至企业。

（3）继续跟踪重点项目和现场调研。与两个重点投资项目千吨芳砜纶和千吨莱赛尔项目密切联系。芳砜纶贯通试车，正重新安装中试项目用过的回收装置；莱赛尔经技术讨论会审定落实拨款，启动试车；与德福伦探讨明年重点项目，包括竹碳纤维的延伸、椰碳纤维的产业化研究，以及德福伦和金熊产业链合作的新项目调研。

（4）探索引进新技术，开发新产品。接待Douglas公司代表，探讨热敏技术开发面料新品，探索与业内品牌企业合作。

2.4.12　2007年12月

（1）召开院办公会议，院长传达了公司2008年工作会议精神。根据席时平董事长工作报告的要求，要求全院认真学习和贯彻落实党的十七大文件精神，围绕上海纺织调整、改革、发展总体方案第二阶段的目标和任务以及当前培育、整合、提升产业链的中心工作，明确目标，细化措施，全面完成年初制订的各项目标和重点工作，并制订好明年各项目标和重点工作内容，确保有序推进。

会议还通过以下事宜：决定对纺科百货综合经营部、天意自动化研究所、毕加诺技术服务站和方圆科技公司进行清理，并尽快办妥有关销户及社保变更手续。

讨论通过修改完善后的《科研综合大楼可行性报告》，并决定即日起每周五召开科研综合大楼项目例会。

（2）科研综合大楼项目例会。会上，院长同与会人员对目前科研综合大楼项目实施进展情况作了分析讨论，对有关《项目实施计划》作了审议，对近期项目各主要工作节点作了安排和部署；范善群对印染所西康路266号地块后续处置情况作了汇报。

同时要求：每周按时召开项目例会，通报工程进展情况，商讨相关重大事宜；组织成立项目领导小组和工作小组，加强对项目的指挥领导；对《科研综合大楼项目实施计划暨进度表》进行修订，要求进一步细化和完善；建立健全有关项目内部工作制度，保证项目规范、有序实施。

同意对印染所西康路266号地块的后续处置办法：在保持原拍卖价格的基础上，受让人改为静安区中心医院［已经纺织控股（集团）公司同意］，同时与有关单位共同解决清租事宜，并协助做好过户手续。保住了拍卖成果。

（3）院党委会上，讨论对印染所、服装所、技监所、色织所四家单位党政领导进行2007年度工作述职考评，探讨各单位对2008年度科研开发、经济工作方面提出的思路。

会上传达了公司稳定工作会议精神，对凡涉及纺研院的不稳定情况一定要做好事前调研摸底工作，并要保持与公司的信息畅通。并通报了埃通公司的处置情况。

（4）召开纺研院中层干部述职报告会，进行工作交流和院主要管理人员述职考评。院长作了总结，指出：2007 年在全院干部职工的努力下，我院很好地完成了公司下达的各项目标任务。今天的述职报告会通过相互交流可以提高工作水平。并提出了进一步的要求：

要明确目标。明年公司对我院的目标定位更高，因此工作要求也更高了，建设一流的中央研究院需要一流的干部和一流的工作水平，我们必须以此要求来进行管理，使全院各项工作完成得更为出色。

要加强科技支撑。要考虑今后几年用哪些项目来为行业提供科技支撑。要不断培养干部队伍。要采取引进和自身培养相结合的方法，老同志要带教好年轻同志，加快人才培养的过程。使明年各项工作更上一层楼。

（5）协助市科委召开科技期刊编辑会议。

（6）参加杨浦区第十四届人民代表大会二次会议，选举市人民代表大会代表。

（7）参加区高校研究所的产学研合作促进会。

（8）召开院办公会议，研究讨论《2008 年院所财务预算》，对院 OA 管理系统建设工作提出要求和建议。

（9）拟写《上海市纺织科学研究院发展规划》纲要，修改上海市纺织科学研究院科研综合楼项目可行性研究报告。并在公司专题会议上向席董、封总等公司领导作汇报。

技术中心的工作

（1）国资委考核公司科技创新的年度指标进入最终全面落实阶段。

发明专利申请数已完成 20 项（考核指标 10 项），专利申请总数达到了 229 项。两个重点项目：纺织公共服务平台在通过验收后进入实施准备阶段；千吨级芳砜纶产业化已在贯通调试之中。公司全年 R&D 投入 1. 1 亿元的目标有待统计。

（2）落实科技创新的市级计划项目，12 月获资助 255 万元。

预报五项市重点新产品计划项目，其中汽车地毯总厂《再生纤维毡及再生树脂涂层复合成型地毯》项目获市科委拨款资助 30 万元。

组织七家企业申报《2007 年上海市引进技术的吸收与创新计划项目》，申达股份《航空、汽车、轨道交通内饰纺织品功能性共性技术研究及其产品开发》等六项被批准列入产业技术创新专项计划，共获资助 255 万元。

（3）贯彻公司务虚会和年度工作会议精神，明确科技工作的重点。

（4）准备 2008 年科技创新项目计划。征集预报并初审企业技术创新计划项目 41 项。经专家评审，并听取有关事业部意见，对项目创新性和可产业化程度综合评价排序，确定 39 项列为公司年度项目计划，已拟文发相关企业。正征求意见，拟筛选 10 余项列为公司资助项目。

（5）落实下拨 2007 年科技创新项目资助资金，按政策规范管理。

本部门上月已完成对 2007 年科技创新资助项目的节点审查，但有些应结题的项目因资金未下达而不能终结。本月中旬计划财务部通知可下拨 2007 年的项目资助资金。为了在仅有的几天内把下达资金工作做好，我部随即与计划财务部商议有关细节问题。并立即联合召开相关企业科技与财务负责人会议，重申技术开发费管理补充细则，要求规范管理和用好政策。940 万元资助资金已分别对口落实。

（6）筹划明年高新技术成果转化工作。会同市高新技术成果转化服务中心的专家，去三枪、针织九厂、十七棉大丰基地等重点企业研讨明年的高新技术成果转化工作。

（7）其他工作。

①测算和初拟明年公司技术开发费预算。

②参加公司中央研究院规划和科研综合大楼方案讨论。

③传达布置大型科学仪器设施信息报送工作。

④芳砜纶浆粕项目验收。

⑤参加纺织博物馆理事扩大会讨论筹备配合工作。

⑥与纺织展览公司和市工业展览公司沟通明年展会意向。

3 2008~2010年度任期

3.1 2008年

3.1.1 2008年1月

（1）召开纺研院第六届四次职工代表大会，院长作“贯彻‘科技与时尚’总战略，加快建设一流研究院”工作报告，向职工代表汇报2007年度工作，与工会代表签订2008年集体合同。

会议前，于1月11日院部与工会代表协商2008年集体合同。

（2）举办由市建委委托区建委召开的“科研综合大楼项目初步设计评审会”。

会上，院长汇报了目前科研综合大楼项目实施的必要性，是建设一流研究院的需要，市建委、市经委、杨浦区区建委、区经委、区发改委、区房地局、环保局、区绿化、平凉街道等领导出席会议，并表示对此项目的支持，也提出了一些要求，要求增加人防工程建设等。因为会引起设计修改和增加建设费用等问题，目前正在协商。

（3）召开研究院老干部团拜会议，汇报研究院工作，听取意见。

（4）由国防科工委召开军工项目验收会。四个项目通过验收。

（5）参加公司投资单位党建工作交流会。

（6）召开院规划编撰工作会议。

（7）召开“超临界流体染色样机鉴定会议”。

出席会议的有：市环境保护局徐商田副处长，市经委赵龙妹，东华大学的杨建平、戴清清、孙家匡、沈永超、王刚博士、范龙、李金龙技师，上海工程技术大学的沈勇，控股公司的纺研院、武详珊、陈良田。纺织总会李金宝司长等领导出席会议。

项目承担单位致欢迎词，超临界CO_2流体染色样机列为市经委纺织总会项目。染色釜30L，最大工作压力30MPa，最高强度150℃，循环，有CO_2回收，设备放在制造厂，部分阀件向美国Park公司订购。

解决八个关键：

①染料熔结，改进染色。

②卷装染品的匀染（防止压角、染液短路）。

③要具有流体密度。

④高压。

⑤特殊设计的循环泵，无油润滑、不能有间隙。

⑥染色釜盖可自动启闭锁紧。

⑦有在线添加装置，高压注入。

⑧计算机控制。

需进一步解决的技术问题和局限：拼色染色工艺探索，部件设计改进；对色或颜色的调整；扩大生产能力的途径，串联还是扩大容积；其他如活性染料和涂料应用的局限；能耗大。

会议通过了验收意见、鉴定意见。

（8）上海市科学技术奖励大会于2007年1月18日隆重召开，上海纺织系统获三个半奖项。

上海合成纤维研究所《双组分海岛复合短纤维开发》《PE/PP双组分复合纺粘法非织造布技术》分别获上海市技术发明二等奖、三等奖，上海联吉合纤有限公司的《高附加值差异化新品（全消光聚酯切片）的生产工艺及推广应用》获上海市科技进步三等奖，上海合成纤维研究所与东华大学开发的“聚乳酸可纺性和工业化纺丝技术”获上海市科技进步三等奖。这些项目体现了上海纺织技术创新能级，推动了纺织科技进步。

技术中心的工作

（1）1月22日，技术中心与东华大学科研处、纺织学院、化工学院、服装学院等各院院长和国家重点实验室专家教授举行2008年产学研合作方向及重点项目研讨会。会上，我们介绍了上海纺织以“科技与时尚”为发展理念，希望在1000吨Lyocell生产线溶剂回收工艺等方面的技术攻关和万吨级前景调研、数码印花产业化、双组分纺粘法非织造布工艺和设备研制开发、新型轿车内饰复合材料研究、聚乳酸纺粘法非织造布工艺技术、服装设计快速反应系统、碳纤维开发研究以及面料信息库研发平台建设方面与东华大学合作。东华大学与会领导和专家充分认同上海纺织的科技战略，认为上海纺织的项目计划符合国家纺织发展的趋势和市场的需求，且具有一定前瞻性，对膜结构产品扩大功能领域、开发生物医用纺织品等方面提出了积极的建议。经过热烈讨论，双方就项目合作取得共识，技术中心与东华大学科研处将组织、协调项目对接，分专题逐步深入下去。

（2）举办上海纺织系统企业如何申报和享受市政府各项科技政策的座谈会。

为各投资企业、研究院所讲解：贯彻执行上海市人民政府关于实施《上海中长期科学和技术发展规划纲要（2006～2020年）》若干配套政策；企业自主创新的研发费用课题编制，经费组成，数字统计事宜；企业可申报的科技项目的立项种类（包括：高企认定、高转化认定、重点新产品、小巨人、成果转化再创新、引进消化吸收再创新、振兴东北、西部开发基金、创新基金等）。

（3）主持“无水染整”项目鉴定会。

（4）技术创新项目的计划任务书填报、合同签订。2008年度技术开发专项资金预算初选项目 17 项。

（5）召开大中型企业、科研院所 2007 年科技年报布置工作会议。

（6）参加上海市高新技术成果转化中心年度工作会议。

（7）参与投资企业重点工作讨论。

3.1.2　2008 年 2 月

（1）召开纺研院 2008 年度党建、资产经营责任书签约会议。传达席董讲话要求：

①科学指标，刚性责任。留下承诺，带走责任。讲实话、做实事、求实效。

②新的任期、新的面貌，加快磨合，迅速到位，抓紧指标分解，抓紧抓实，看到严峻形势，扣紧银根，最低工资标准将提升为 940～950 元，原来是 840 元。

③坚持创新，加快转型。目前企业完成指标冰火两重天，与企业运行态势和发展方式有关，指标要作为最低指标，不能在红海中挤，要与蓝海比。

与其用传统方法做创新，不如用创新办法做创新产业，外贸现在不转型将有好多困难，要考虑取消配额和汇率变化，要有研发机构，学习香港汇丰行升级主业，成为国际贸易龙头。学习可口可乐、LV 的持续经营理念，强调合理结构，加强学习。

（2）与市建委召开“科研综合大楼抗震设计评审会”；与杨浦区区建委、经委、人防办等领导就要求增加人防工程建设等问题进行协商。

（3）“溅射镀膜复合技术制备高效能电磁波屏蔽织物”项目进行了验收鉴定。本项目由研究院与同济大学合作承担，采用多层磁控溅射镀膜复合技术与等离子体辅助淀积薄膜技术制备高效能电磁波屏蔽织物。能在 1G～18GHZ 范围内具有≥90dB 的电磁屏蔽高效能，防止电磁辐射对人的伤害。会议通过了验收意见、鉴定意见。

（4）召开“数字化服装设计生产快速反应系统”项目讨论会。

会议对项目可行性、目标任务、人员配备、资金安排等多方面进行了仔细分析和讨论，从不同角度对项目的实施提出了设想和建议。

在对项目可行性等作了充分论证后指出：

同意“数字化服装设计生产快速反应系统”项目作为产学研项目尽快进行正式申报；按有关项目可行性报告要求，确定项目总体目标和分阶段目标等内容；决定由李健、陈朴、赵玉峰以及服装所、上海工程技术大学、技术中心等单位相关人员组成该项目研发团队；确定项目第一期资金预算为 400 万元；同时要求对项目根据各组成模块分解成若干子项目单独进行命题和立项。

（5）召开研究院 OA 系统实施认证会议。在研究院需求的基础上已经设计完成，并开始培训测试。

（6）参加公司到工程技术大学的参观学习拜会。

（7）召开纺研院规划编撰工作会议。

（8）参加杨浦区第十四届人大第三次会议，听取区政府工作报告、法院和检察院报告。

（9）接待艾宝俊副市长、肖副秘书长、王坚主任、杨国雄主任等市政府和市委办领导来纺研院指导工作。参观了纺织公共服务平台、纺织科技杂志、大师设计室、预氧化车间、检测实验室、陈列室。

技术中心的工作

（1）修订“2008~2010科技纺织规划”。制订工作计划，用四个半天召开产业用纺织、印染、新材料和品牌服装四个板块座谈会。

（2）召开上海国际服装纺织品博览会参展动员会。预计服装馆展位54个，面料馆展位24个，共78个展位涉及参展企业16家。

（3）参与“数字化服装生产快速反应系统项目”项目的讨论。同上海工程技术大学服装学院等进行了产学研合作项目研讨。

（4）主持召开上海市经委项目“溅射镀膜复合技术制备高效能电磁波屏蔽织物”验收鉴定会。

3.1.3　2008年3月

（1）2008年3月2日，中国产业用纺织品行业协会组织有关专家对纺织工业南方科技测试中心组建“中国产业用纺织品和非织造布行业测试中心”的申请进行审查。与会专家听取了工作汇报，审阅了申请资料并详细查看了现场的各类仪器设备，进行质询及答辩，形成以下审核意见：

①纺织工业南方科技测试中心拥有国家、行业以及众多跨国集团认可的测试和认证资质，有一支业务经验丰富的研发检测队伍，具有良好的质量运行体系。

②测试中心拥有先进的检测设备和仪器，并承担制订了多项检测方法的国家、行业标准。

③与会专家一致认为纺织工业南方科技测试中心具备了组建“中国产业用纺织品和非织造布行业测试中心”的条件，建议中国产业用纺织品行业协会批准该中心的申请。

（2）开始实施研究院OA办公系统。在研究院管理人员中进行试运行。

（3）毛麻研究所已经于3月5日将斜土路791号A楼工场292平方米和B楼办公室88平方米，共计380平方米移交给三毛集团公司。并且办理了移交手续。

（4）与陶氏化学亚太地区对外技术发展总监段刚博士商谈合作。

纺研院表示：我们用在纺织行业的丰富的技术经验及市场上的战略眼光，与贵公司合作开发新产品。讨论双方合作的方式、范围，互惠互利；签订保密协议，对双方的合作保密。

（5）数字化服装生产快速反应系统。解决系统接口问题及扩容性问题。服装适体参数的智能推理系统研究。服装设计数据转换三维展示系统研究。三维动态试衣系统的研究。

系统营运模式的研究及目标的考量。

（6）接待江苏悦达纺织集团有限公司来访座谈。

（7）召开院所办公会议，通报了艾宝俊副市长调研纺织情况，要求大家不断为上海纺织科技水平的提高多做贡献；要求各分管领导在工作中做到“明确分工讲协作、目标清晰讲全局、自我加压创一流”，认真贯彻好公司发展战略，以作为求地位，圆满完成2008 年全院各项任务目标。

会议还讨论了近期主要工作：建议对原 701 车间剩余专用设备进行评估后公开拍卖（会后成书面表决议案）；关于科研综合大楼地下二层停车库方案，由中纺院设计完成后，进行综合评估并最终形成我院建设意见。

（8）与公司资产经营部讨论 2008～2011 年房产规划。根据公司总体战略规划制订好我院的房产规划，院房产规划的指导思想：

①房产规划与科研相结合、系统整合，有利于核心主业的发展。

②提高房产的集成、集聚和功能优化。

③既要提高租赁效益，更要注重考虑整体资产的增值。

④根据公司制订房产三年规划的要求，上海市纺织科学研究院对原有部分资产进一步调整，充分利用现有资源，合理布局。着重做好房产分类管理和进行差异化操作。

⑤重点做好院科研综合大楼项目建设、项目预算控制、建设质量和安全的控制等工作。

（9）邀请国家知识产权审查部刘少建、朱明慧、李霞来我公司参观双组分复合无纺布生产线、芳砜纶生产线、Lyocell 生产线的专利申请。

（10）2008 年 3 月 26 日，参加中国纺织工业协会召开的“全国纺织行业科技工作大会”。

（11）3 月 27 日，参加中国纺织工业协会召开的“全国纺织科技成果展览会”。

（12）3 月 28 日，参加上海市政府发展研究中心讨论有关技术创新的瓶颈和措施的研讨会。

技术中心的工作

（1）落实服装文化节，组织服装纺织品博览会的整体布展。共 16 家企业 100 个展位，修改设计方案并现场协调，突出展示 Shangtex 形象。组织专家评选，在 126 个样品中遴选二等奖 16 项，三等奖 27 项。

（2）推荐公司技术开发资助项目，请投资部、财务部和有关事业部参加初审，在年度科技创新计划中筛选 12 项重点项目。

（3）邀请国家知识产权局有关领导来上海纺织视察和沟通。一季度完成专利申请 78 项，其中发明专利 6 项。

（4）会同人力资源部评选新一届科技带头人，评出汪晓峰等 3 名行业科技带头人和曹春祥等 12 名项目带头人。

（5）完成填报国资委科技创新调查表的内容。

（6）继续做公司科技发展专项规划的调研和提纲准备。去三枪、海螺、新纺联和川岛等企业现场调研，并邀请相关上市公司技术负责人参加。听取意见和探讨。

（7）参加全国纺织科技大会和纺织新技术展。落实修订公司制度会议的精神，部门讨论修订；纺织工程学会工作会议，沟通今年创新计划，讨论科技奖励办法。

3.1.4 2008年4月

（1）启动ISO 14001/环境和OHSAS 18001/职业健康安全管理体系认证工作。

院长作了动员。认证工作是落实席董关于建设中央研究院、一流研究院的指示的需要；也是加强研究院企业管理，提高科学管理水平的需要。作为集团的中央研究院，提高全院的现代化管理水平是顺利开展各项工作的基础。

（2）在公司席董的指导下，接待了俞书记到纺研院的调研。

在纺研院的干部会议上，传达了席董对纺研院工作的总结；

纺研院实行公司战略转型，贯彻“科技与时尚”的战略，在国资委统计的上海100个制造企业中居第15位，保留了产业，如生产口罩，在民营企业不愿意做的情况下发挥作用，人均销售100万元；净资产100亿元，国资委50亿元，其他股东50亿元；三个核心业务，新型化纤、品牌纺织、搞时尚产业和科技研发。

俞书记对纺织集团工作的肯定：各位和你们的前任付出很多，方向也对，搞高新、差别化、纺织前沿、时尚服务业，是上海方向。突出企业主业走向全国。基本上有了新的增长点。谢谢你们，我也放心了。要求大家不断为上海纺织科技水平的提高多做贡献。

（3）召开“多纤维标准贴衬织物”项目鉴定会议，该项目通过了由姚穆院士为组长，纺织工业标准化研究所郑宇英研究员为副组长的专家评审组评审，评审结果：“多纤维标准贴衬织物”达到国际先进水平。

（4）科研综合大楼方案在与消防沟通后，取得了市建设和交通委的批准文件。

拍卖拆除701车间的报废设备，进行电、水、煤气改道。尚需与人防办协商建造人防设施的工作。

（5）4月16日，由上海市纺织科学研究院与格柏科技国际有限公司、上海工程技术大学进行战略合作签约，进行产学研合作开发。

基于智能数字技术的服装设计和制造集成快速反应系统（IRADMI）。

IRADMI研究项目是建设具有国际先进水平的服装制造装备，以信息化技术建立一个快速反应的集设计、研发、生产、制造于一身的绿色纺织服装设计技术系统，并开发具有自主知识产权的研发项目。主要有：

①服装适体参数的智能推理系统研究。

②服装三维试衣系统研究。

③异构软硬件无缝联接研究。解决系统接口问题及扩容性问题。

（6）召开院党委工作会议，传达公司党组织书记例会工作会议精神。

党委副书记吴建平所作的一季度工作小结和二季度工作布置；推进党建基础工作；人才资源开发；推进公司文化转型；推进和谐建设等工作要求。

传达了党委书记席时平的要求：

今年是转型关键年，压力大，要党政努力，一季度生产形势严峻，出口严峻，劳动力成本增加，制造业压力大。经营环境严峻，从长远看对企业有利，以控制经营风险为重点。2 月 9 日至 4 月 9 日两位副市长和市委书记来调研，对纺织是激励，是领导对纺织工作的充分肯定。要落实好各项工作，把握方向。

（7）组织科技规划的讨论修订。4 月 24 日公司朱勇、封亚培副总专题听取科技规划的汇报。

（8）4 月 25 日和 29 日公司本部来研究院参观，院长作“贯彻公司‘科技和时尚’总战略，加快建设一流研究院”的汇报。

（9）参加公司董事会议。

（10）家纺协会、民光公司等领导来研究院商谈产业链品牌合作。配合家纺协会在研究院召开会议，介绍研究院可以提供的服务。

（11）与纺织工程学会一起于 4 月 17 日召开老科技工作者突出贡献表彰会议。

技术中心的工作

（1）讨论编写“2008～2010 年公司科技发展规划”，向公司领导和有关职能部门汇报。

（2）陪同中国纺织工业协会科技发展部有关领导考察里奥、特安纶公司。

（3）上海第七棉纺厂参观并协调政策落实，与上海第二印染厂探讨产业链协作事宜。

（4）参加东华大学研究生院、纺织学院“公司领导研究生带教会议”。

（5）与纺织学会科普部共同商讨“服研杯”绿色纺织和节能环保知识竞赛事项。

（6）完成上海市科技进步奖申报，共申报 9 项。申报 2008 年度上海市科学技术进步奖项目单位如下。

①上海市纺织科学研究院：上海纺织研发公共服务平台。

②上海汽车地毯总厂：复合再生纤维基材的轿车成型地毯。

③上海针织九厂：SQ 强捻纱仿麻纬编织物。

④上海市服装研究所：APEC 唐装设计制作技术及产品开发。

⑤上海市服装研究所等：FZ/T 81003—2003《儿童服装、学生服》。

⑥上海嘉麟杰纺织品有限公司：薄型保暖弹性针织内衣面料的技术开发。

⑦上海嘉麟杰纺织品有限公司：高弹纤维形成高密挡风层服装面料的技术突破。

⑧上海海欣立肯诺纺织科技发展有限公司：珍珠共混再生纤维素纤维的研究与制造。

⑨上海市纺织工程学会等：《生态纺织的构建与评价》。

3.1.5 2008年5月

（1）接待市国资委机关党委“讲党性、重品行、作表率”主题实践活动小组来研究院调查研究。席董作了专题报告，随后进行了参观。

（2）科研综合大楼前期工作。

①开始拆除701工厂厂房。搬迁草地绿化树木。开始拆除老工厂厂房地基。

②与区人防办商讨建设人防设施的方案。

③召开科研综合大楼项目会议，根据设计单位相关意见结合我院实际情况，地下车库只能采用地下一层的设计方案。

④听取上海祥浦建设工程监理咨询有限公司对《项目招标书》内容介绍，会议对有关条款内容做了明确指示。与公司资产经营部商谈科研综合大楼的有关方案。由公司资产经营部和我院参加项目评标工作。最后申创公司中标。

（3）拟关于2008年公司技术开发专项资金预算的议案，报总裁办公会议讨论通过。之后召开项目承担单位会议，组织深入编写项目可行性报告，明确目标任务。

（4）召开纺织科学研究院党课。书记作了“贯彻‘科技与时尚’主战略，建设一流中央研究院”的学习发言。

（5）召开青年职工座谈会。围绕“精彩人生我做主，我与企业共发展”主题进行座谈，公司团委张世军出席并提出了要求。

（6）与公司综合办公室落实抗灾被褥的任务。

（7）召开院所会议，贯彻公司廉政建设会议精神，传达席时平党委书记的报告、建平书记的工作报告和俞主席的讲话精神。

（8）进行中心组学习，传达公司2008年度党风廉政建设大会精神，要求院所各级领导认真学习贯彻席董讲话精神，根据中央和市委有关党风廉政建设工作要求，围绕今年党风廉政建设大会的背景和主题，切实增强责任意识、自律意识和源头意识，把握机遇，争取更大发展。

（9）召开“院发展规划”讨论会议。讨论《园区信息化及新大楼智能化建设总体规划方案》；关于斜土路土地房屋处置给三毛股份公司情况的汇报；《国家纺织质量督促检验中心与烟台KATRI服装技术服务有限公司合作协议》以及纺织工业南方科技测试中心有关仪器购买的申请说明。

（10）5月30日举办科研综合楼奠基仪式。在这之前，贯彻席董要求，与总裁办王主任落实工作计划等。落实会议议程、出席人员邀请、有关媒体新闻稿、会场及主席台搭建、环境布置、会标制作等。同时注意低调，减少乐队、横幅、鲜花、气球、鞭炮数量，礼仪小姐人数等。自己搭建主席台。最终，比较顺利地完成了奠基仪式。

技术中心的工作

（1）讨论编写“2008～2010年公司科技发展规划”，向公司领导和有关职能部门汇报。

（2）2008 年公司技术开发专项资金预算议案报总裁办公会议讨论通过后，召开专题会议布置工作。要求每个项目做好《计划任务书》《可行性研究报告》等文本，按合同管理。项目的资金使用和财务管理规范，符合财务审计要求和后评估要求。对相关的产业链项目做好协调工作。

（3）参加由朱勇副总裁主持召开的芳砜纶产业链推进会议。参加由沈耀庆副总裁和技术总监召开的公司产业链工作讨论会，纺织制造与贸易事业部和技术中心围绕产业链和产学研、科工贸结合、重大项目的产业化、推动企业技术创新体系建设等话题进行讨论，建立一个互动长效机制，定期活动。

（4）组织有关企业、研究院所申报上海市科技进步奖和中国纺织工业协会科技进步奖。

（5）走访申达、二印等企业，为企业做好科技政策工作服务。

（6）协助纺织研究院做好科研综合大楼开工奠基活动。

（7）筹备 2008 年全国棉纺织、色织、印染产品开发年会。

3.1.6　2008 年 6 月

（1）召开科研发展规划讨论会议。传达席董关于科技发展规划的要求，要求进一步把规划做实做细做深入。

（2）召开院所会议，贯彻公司“做好奥运安全工作”会议精神，传达席董的讲话、建平书记的工作布置。

（3）纺研院交纳特殊党费。纺研院广大党员在参加募捐后，又以自愿交纳“特殊党费”的形式表达心愿。院所共有 218 位党员交纳了“特殊党费”，合计人民币 85268 元，人均 391 元。其中有 41 位党员交纳“特殊党费”1000 元以上。在岗党员交纳率 99%，12 个党支部中有 10 个党支部的党员交纳“特殊党费”达 100%。部分离退休党员也来院交纳了“特殊党费”。

根据院党委、行政部门和工会为四川地震募捐赈灾的提议，院长办公会议就上述事项进行了审议，一致同意为四川地震受灾地区募捐现金人民币 5 万元整，捐赠手续按有关规定办理。

（4）从 6 月 12～22 日参加上海国防科工委协会组织的“欧洲陆、空、警务武器展”考察。

（5）参加市决策咨询委员会关于开展生产性服务业发展情况调研会议，把公司技术创新和纺织研究院的情况作了汇报。并提出如下建议：

①把享受税收优惠、贷款贴息等政策落到实处，如国家的 60 条、上海市的 36 条等。特别是技术开发费可以抵扣 150% 所得税。

②对事业单位转制为企业的科研院所理应按高新企业的 15% 所得税执行。

③对事业单位转制为企业的科研院所房屋出租收入既要收5.5%的营业税，又要收12%的房产税，同时又不减少管理成本计税，显得不合理。

④科研产业化的项目是技术创新的最大瓶颈，希望有经费的支持。进一步加强产学研结合的技术创新。

⑤关于转制前退休职工去世后抚恤金等问题的情况反映。影响稳定。

2006年市民政局等4家单位联合发文，调整了本市机关工作人员死亡后一次性抚恤金标准，由本人工资10个月的标准调整为20个月，事业单位参照执行。由此，转制企业矛盾加剧，引发了部分退休死亡人员家属不满，要求去世后一次性抚恤金标准按20个月发放。造成多种矛盾，特别是转制单位部分转制前、后退休人员之间的矛盾，已有不安定现象。望市有关部门在制订有关政策时，能明确周密，而不要采用“参照执行”模糊字眼。

凡是参加社保的企事业单位，事业单位转制为企业的科研院所退休职工的退休工资应该由社保支付。

（6）召开科研综合大楼项目会议，科研综合大楼开始全面清理基础设施，开始拆除原来绿地下的游泳池和厂房。完成了建设人防设施的方案。形象进度简述：

①科研大楼基坑围护设计方案完成，送建科委评审。基坑围护设计方案合同签订（同济大学建筑设计院）。

②项目跟踪审价单位落实。签订建设工程造价咨询合同（上海海龙工程技术发展有限公司）。

③签订民防设计咨询合同，完成民防设计施工图。民防施工图送上海市民防办审核。

④绿化局绿化审批手续完成。

⑤地下防空洞（“文革”期间造）桩基清除工作完成（上海乐安拆房工程有限公司）。

⑥建立工程例会制度。每周一次，已召开四次。

（7）6月30日召开纺织科学研究院纪念建党87周年大会暨歌咏大会。表彰了院的优秀共产党员和先进基层党支部（技监所、检测支部），提出了“发挥党建引领作用，建设一流中央研究院”的要求。

（8）6月初参加北京国家科学技术奖推荐项目评审会。“芳砜纶纤维”评审打分为第三名，由于今年纺织国家科学技术发明奖只取两名，未入选。

（9）复合无纺布生产线调试工作。与太平洋机电共同对现有设备的问题进行分析，制订了整改计划，进行了摆丝机修整，喷管电磁阀改装，纺丝部分已经进行单机调试，预计7月初可进行联动调试。

技术中心的工作

（1）修订公司2008～2010年科技发展规划。根据席董在审议会上的指示和封总关于整体产业规划的定位，结合核心产业板块规划的讨论，重新修改公司科技发展规划。

（2）配合做好国资委考核公司的年度科技创新指标完成情况统计。

（3）组织申报技术进步奖项目。组织《上海纺织研发公共服务平台》等 6 个项目申报上海市科技进步奖；组织《APEC 唐装设计制作技术及产品开发》等 6 个项目申报中国纺织工业协会技术进步奖，组织申报技术进步奖项和重点新产品计划。

（4）知识产权工作。2008 年专利计划分解指标后，继续重点跟踪，落实措施。上半年累计申请专利 171 项，其中发明专利 9 项，外观设计 153 项。上半年完成数超过去年同期。

（5）落实 2008 年技术创新专项资助重点项目和 2007 年科技创新项目验收。落实《关于 2008 年公司技术开发专项资金预算的议案》，正逐一落实项目计划任务书、可行性报告和合同书，与纺织制造和贸易事业部共同部署相关产业链项目的推进工作。

（6）加强芳砜纶产业化项目协作，进行卷曲工艺试验。组织推动产业链工作。

3.1.7　2008 年 7 月

（1）召开院办公会议，落实各项防暑降温工作；结合市停电安排 7 月 28 日至 8 月 10 日全院集体公休；做好夏令防暑用品和特殊岗位高温津贴的计发；安排好相关值班工作。人力资源部根据今年工资增长指导线，做好调整方案；加强对各类非在岗人员的梳理。做好科研综合楼建设费用的核定（根据设计、监理、审价和施工四方的报价进行优化）。按规定做好有关科技进步奖的获奖奖励工作。

（2）召开院保密工作会议，学习了市保密委〔2008〕2 号文《关于进一步加强北京奥运期间我市保密工作的通知》。

院长要求全院上下要高度认识保密工作的重要性；进一步加强教育和培训，提高涉密人员的保密意识；同时加强对涉密信息及涉密载体的管理，采取各项技防措施，切实做好保密工作。结合今年军工许可复查，对我院保密工作做好自查工作。做好涉密项目、产品、资料的整理和保管；做好涉密计算机和移动储存设备的管理。

（3）与申创公司协调科研综合大楼项目，拨付 500 万元工程款。科研综合大楼开始基坑围护工程。7 月 30 日开始钻孔灌桩。建立每周一次的工程例会制度，强调保证基础钻孔灌桩质量。

（4）参加上海科学技术奖推荐项目评审会。

（5）国家发改委“双组分复合纺粘法非织造布工艺和设备研制开发”完成项目鉴定。

与上海太平洋纺织机械成套设备有限公司（太平洋机电）共同对现有设备的问题进行分析，制订了整改计划，进行了摆丝机修整，喷管电磁阀改装，纺丝部分已经进行单机调试，并进行联动调试。

在 7 月 25 日由市经委组织“双组分复合纺粘法非织造布工艺和设备研制开发”验收会。进行了项目鉴定。郁铭芳院士主持了鉴定会，电气集团、上海太平洋机电集团、纺机协会的专家们参观了设备生产线现场，提出了鉴定意见。通过了验收。

（6）围绕德福伦卷曲试验情况进行交流，第三次组织相关专家进行卷曲技术交流。特安纶公司就芳砜纶纤维在德福伦公司进行的卷曲试验情况进行汇报；初步拟定下一步卷曲试验的方向。

（7）做好重信重访工作，按有关政策、规定妥善处理各类矛盾。

（8）参加公司半年度工作会议两天。参加区人代会议一天。

技术中心的工作

（1）修订公司2008~2010年科技发展规划。根据席董在审议会上的指示和封总关于整体产业规划的定位，结合核心产业板块规划的讨论，重新修改公司科技发展规划，并参加公司规划讨论会。

（2）加强芳砜纶产业化项目协作，在德福伦工厂进行芳砜纶卷曲工艺攻关会议并现场试验，分析卷曲工艺。组织推动产业链工作。

（3）重点项目“葆莱绒”通过市经委和国家发改委的验收。“双组分复合纺粘法非织造布工艺和设备研制开发”项目通过国家发改委的验收。验收组意见附后。

（4）根据沪国防办〔2008〕27号文精神，布置有关企业进行军工安全保密检查自查工作。布置企业申报“上海市引进技术的吸收与创新计划”。

（5）协助民光国际公司办好品牌家纺新品发布会；筹备2008年全国棉纺织、色织、印染产品开发年会（8月举办）；做好里奥2008年技术开发费预算，上报国资委；召开专题会议，研讨上海工程技术大学产学研项目实施工作。

附：“双组分复合纺粘法非织造布工艺和设备研制开发”验收意见

2008年7月25日受国家发改委委托，上海市经委组织召开了由上海市纺织科学研究院、上海太平洋纺织机械成套设备有限公司承担的国家发改委纺织行业加快结构调整、转变增长方式专项资金项目“双组分复合纺粘法非织造布工艺和设备研制开发”验收会。

与会专家参观了现场设备运转状况，听取了项目介绍，审阅了相关资料。经讨论，形成验收意见如下：

1. 验收资料齐全，符合验收要求。

2. 项目通过优化相关纺丝工艺，设计和制造了包括复合箱体、复合组件、拉伸设备、摆丝装置、成网、热轧及卷绕等关键设备，开发了FCS自动控制系统，建成了国内第一条年产量3000吨、门幅3.2米的生产线，填补了国内双组分复合纺粘法非织造布技术的空白。

3. 项目研制的多种规格的纺粘法PE/PP等双组分非织造布产品，经多家单位使用，取得了满意的效果，市场前景良好。

4. 项目成果“一种双组分纺粘法非织造布的制造方法”获得了国家发明专利授权，

具有完全自主知识产权。经中国科学院上海文献情报中心科技查新，该项目填补了国内空白，总体上达到了国际先进水平。

5. 项目专项资金使用合理，符合专项资金使用的有关规定。

验收组经认真讨论，一致同意通过验收。

建议充分利用已取得的项目成果，积极开拓该产品和设备的应用市场，提高经济和社会效益。

验收组组长签名：（盖章）郁铭芳

2008 年 7 月 25 日

3.1.8　2008 年 8 月

（1）参加公司召开的上海联吉合纤有限公司现状专题分析研讨会议，就经营模式、产品开发、项目建设等提出了建议。

（2）召开院部会议，传达公司 2008 年半年度工作会议上席董讲话的八个思考和六项要求。

八个思考：

一是挑战和机遇、压力与动力的思考；二是宏观经济形势的分析；三是公司经济活动的基本判断；四是后三年公司战略发展的重点，即坚持科技与时尚走高端，提高整个产业的科技贡献度和品牌贡献度；五是国资国企改革发展的新要求；六是园区建设与纺织产业链对接、发展生产性服务业的问题；七是关于整体上市和混合所有制的问题；八是关于常态管理下的调整工作。

六点要求：

一扎实工作，确保完成全年各项指标和主要工作；二积极应对，保证下半年度经济运行平稳有序；三抓紧完善，扎实运行三年规划并加紧实施，把培育提升产业链、增强核心竞争力等工作做好；四明确责任，切实落实奥运安保维稳的各项措施；五狠抓落实，抓好当前季节性工作；六抓好党建，为全面完成各项任务提供强大的政治动力。

监事会主席俞浩全提出三点要求：一是要倍加珍惜已取得的成果；二是要充分认识将面临的挑战，控股公司面临的挑战不仅来自市场或竞争对手，更重要的是来自自我的挑战；三是要认真规划好公司的未来。

要求认真思考席董的讲话精神，结合各自企业的实际情况，认真贯彻。

（3）在特安纶公司第 4 次组织相关专家进行卷曲技术研讨。就芳砜纶纤维在德福伦公司进行的卷曲试验情况进行讨论，了解特安纶公司的改进情况，拟定下一步卷曲试验的方向；需解决丝束中心位置漂移的问题，固定丝束中心线；在卷曲工序增加握持点；卷曲机和张力机的控制方式不合适。目前芳砜纶卷曲后无定形，需考虑卷曲后的定形问题；需通过试验确定卷曲丝束总旦数所对应的合适卷曲轮宽等。

（4）研究院于 8 月 11 ~ 12 日接受上海市质量审核中心每年一次的质量管理体系监督

审核，同时进行了环境/职业健康安全体系第一阶段审核。

（5）科研综合大楼加强基坑围护工程的质量，强调保证基础钻孔灌桩钢筋混凝土的质量。保证36米深钢筋笼的焊接质量和混凝土的浇注质量。

召开科研楼管线单位监测现场会议，保证信息管线、电缆管线、燃气管线、上水管线等不受到影响。

（6）召开上海市标准化协会第七届纺织专业委员会会议。要认识到标准工作是国家的一个战略，标准战略关系到提高企业的生存能力和竞争能力，做好纺织安全强制性标准工作。

（7）接待公司党建工作中途巡检自查，并作了工作汇报。

（8）由于服装所愚园路48弄43号土地房屋被列入了市重大工程——静安区交通枢纽中心项目的动迁范围，在公司的指导下，经过多次谈判，2008年8月1日，纺研院、服装所与上海静安市政建设动拆迁有限公司（以下简称静安动迁公司）就补偿方案达成了初步意向。

拟处置房地产位于静安区愚园路48弄43号，产证权利人为服装所，土地性质为国有划拨，土地用途为工业，土地面积668平方米，建筑面积1382平方米。处置情况：

①拟处置房地产已由上海房地产估价师事务所有限公司进行评估，评估总价为人民币2487.6万元，评估单价为18000元/平方米。

②动迁补偿总费用为3233.88万元，按土地面积折算为3227万元/亩，按房屋面积折算为23400元/平方米。

③静安动迁公司另需负责承担现有承租户的全部动迁补偿费用。

④服装所已向职工通报了房地产处置情况，该房屋内的生产、实验设备和职工将搬迁至服装所茅台路所址内。

⑤处置收入在扣除10%结构调整基金和相关成本后，剩余资金约2510万元，将用作纺研院科研大楼专项建设资金。

经公司总裁办公会议同意，公司律师审核，于8月21日正式签订补偿总费用增加为3300万元的协议，刘平副总参加了签约会议。一期资金330万元缴纺织控股、250万元付服装所。

（9）根据公司要求，落实知识产权局董建平的顾问工作，办公桌暂时设在院技术中心内；落实杨海桥印染所所长工作，做好相关人员的思想工作。

技术中心的工作

（1）由技术中心主办的“全国棉纺织、色织、印染产品开发年会”在福建晋江顺利召开。

（2）与纺研院一起参加科技部、财政部在浙江临安召开的长三角地区纺织产业创新支撑平台建设工作研讨会。为上海纺织公共服务平台建设进一步发展和得到政策支持努力。

（3）参加公司信息化会议，与纺研院一起为公司网站改版“科技研发”部分提供新内容。参加公司规章制度修改会议。

（4）与研究院共同在特安纶公司组织相关专家进行卷曲技术研讨。参加上海联吉合纤有限公司专题研讨会。

（5）为新纺织产业公司高新技术企业复审事宜召开协调会。

3.1.9 2008 年 9 月

（1）纺研院于 9 月 1 日接受上海市体系审核中心对环境/职业健康安全体系第二阶段审核。有 7 项不合格，无严重不合格。争取年内整改后取得证书。

（2）接待市科委调研组关于科技创新的调研。9 月 25 日参加市科委寿子琪主任召开的科研院所座谈会议，汇报院的工作。争取到市科委 20 万元对芳砜纶 PSA 耐高温纤维项目的支持。

（3）召开院所办公会议，传达公司财务会议上席董讲话要求；市科委调研组关于科技创新工作的要求；特安纶纤维有限公司的芳砜纶卷曲攻关；数字化服装设计生产快速反应系统项目；科研大楼工程进展；科研项目结题。

（4）召开纺研院六届五次职工代表大会，代表院部作工作汇报，汇报上半年工作总结和下半年工作要求，为贯彻公司“科技与时尚”的战略，建设一流中央研究院而努力工作。

（5）9 月 19 日在德福伦公司第 4 次进行芳砜纶卷曲试验；组织相关专家进行卷曲技术工艺研讨。根据试验数据，基本完成两个阶段的卷曲攻关目标，即：

第一阶段目标：

①在保证纤维相对强度的情况下，将纤维平均卷曲度提升到 8% 以上。

②将未卷曲丝控制在 1% 以内。

③消灭束倍长纤维。

第二阶段目标：

④在保证纤维相对强度的情况下，将纤维平均卷曲度提升到 10% 以上。

⑤消灭未卷曲丝。

下一步工作是拟定下一步卷曲生产的安排，基本考虑在德福伦公司进行芳砜纶纤维卷曲生产，根据测算芳砜纶一周的产量，德福伦公司挤出一天就能够完成卷曲加工生产（付加工费用，因为在特安纶改造卷曲生产线既要花 600 万元，又“吃不饱”，不经济，待以后产量达到数千吨后再建设卷曲生产线，杨厂长也积极支持）。并且拟定试验后的纺纱试验方案和面料开发方案。

（6）科研综合大楼桩基工程完成。之后将进行地下开挖。完成工程桩 375 根、围护桩 364 根、抗拔桩 81 根；完成暗土墩 2/3 的工作量；加强施工现场的质量和安全监督工作。目前要进行桩基试验工程。

另外根据目前宝钢降价的行情，与供应商谈判，以每吨4900元（优质品，原5700元）集中购买钢筋1300吨，一次性付款630万元。节约材料费100多万元。

添置一台气相色谱质谱仪。本次购买的气相色谱质谱仪型号为7890/5975，将用于纺织品禁用偶氮染料检测项目，资金65万元左右。

（7）根据上海纺织控股（集团）公司关于2008年职工收入分配工作的意见和本市企业工资增长指导线的精神，结合各企业的经济状况及员工收入水平，制订2008年调整员工收入办法。

调整办法及原则：

①2008年员工收入增长原则为：工资增长与企业经济效益增长挂钩，有效益的单位（部门）收入增长11%（包括各类奖金、津贴），微利、亏损的单位（部门）收入增长5%。

②按照定岗定薪的原则，核定岗位月薪标准。

③实行科研经营考核的部门，除继续按人均6万元考核指标外，根据其近年的经济效益情况，适当增加员工的月薪标准，增量部分作为考核预发数。

④院所检测平台根据万元测试收入及利润情况核定工资额度，继续鼓励做大做强，上不封顶。

⑤一般员工月薪在现有应发数的基础上进行适当调整，原则上人均增资100元左右。对工龄较长，工资偏低的可适当增加。

⑥经批准实行年薪制的干部，根据干部绩效考核办法核定月薪。

⑦劳动合同（劳务协议）有明确规定的，按劳动合同（劳务协议）执行。

⑧各类劳务人员，实行聘用劳务费。

⑨原待岗员工的工资参照相关标准增加100元。对待岗员工根据岗位需要，尽量安排上岗，逐步消除待岗现象，对长病假的按病假工资发放。

本次调整自2008年7月起实行。

（8）作好节前安全工作布置。

技术中心的工作

（1）举办第三届公司科工贸产品展示活动。9月22~24日在公司大会场举办，主要提供全国棉纺织、色织、印染产品年会参展样品。共有76家企业送样，送样数540件。代表了当前国内棉纺织、色织、印染的较高水平。现场提供展示样品目录和年会会刊。有申达进出口、飞马、荷叶纺织、申孚纺织等单位的50余人到现场观摩。

（2）参加芳砜纶卷曲技术攻关，与研究院共同在特安纶公司组织相关专家进行卷曲技术研讨。

（3）举办公司质量月工作会议。申安公司交流了“质量工作是企业永恒的主题”，上海三枪集团交流了“践行全面质量管理，打造先进制造业”，汽车地毯总厂交流了“在绩效管理模式下质量管理的改进”。我们要求：一要学习三个单位的经验；二要吸取他人教训；三要积极整顿改进技监所在公司内部免费抽查暴露的质量问题；四要认识到质量是企业的生命，企业领导负有质量责任。企业要加强出厂产品全数检查，质检部门要进行批量抽查，公司要加强质量管理和抽查，共同把好质量关。

（4）组织有关企业参加市经委项目申报答辩。与大丰纺织讨论技术中心建设、知识产权示范企业等事项。参与纺研院申报科技部平台建设项目材料准备工作。

（5）与申达科宝、东华大学、麦建柏先生一起探讨高性能膜结构材料开发事宜。

3.1.10　2008 年 10 月

（1）召开院所办公会议，传达公司席董讲话要求；市委举行“深入学习实践科学发展观”活动动员大会，布置明年工作计划要求。市科委调研组关于科技创新工作的要求；特安纶纤维有限公司的芳砜纶卷曲攻关；数字化服装设计生产快速反应系统项目；科研大楼工程进展；科研项目结题。

（2）10 月 10 日在德福伦公司第 4 次进行芳砜纶纤维卷曲试验；组织相关专家进行卷曲技术工艺研讨。根据试验数据，基本完成两个阶段的卷曲攻关目标。

本月 25 日在德福伦公司进行 2D 芳砜纶卷曲试验。从试验情况分析，2D 和 3D 的卷曲工艺有比较大的区别；从数据看，速度在 75 米/分，车面的主要问题是抽丝速度较快，丝束容易乱，造成毛丝和钩丝。需要在落丝工序改进设备，增加往复落丝设备。卷曲成品丝的强度普遍较高，上油丝强度在 3.5～3.8cN/dtex，而卷曲丝的强度在 3.2～3.6cN/dtex，这说明卷曲工艺对纤维损伤较少。卷曲度基本在 8% 左右。上油率太低需要完善，纤维白度较好，也比较均匀，有利于防护面料的生产。

召开了芳砜纶产业链推进攻关小组会议。工作小组提出了要求：

①芳砜纶是上海纺织“科技与时尚”战略的重要组成部分，PSA 纤维不仅是具有自主知识产权的创新型产品，也符合市场的需要。

②所有参与工作的人员要发挥主观能动性，特安纶公司内部员工要积极主动工作。

③科研工作不可能一蹴而就，工作小组要协调作战，持续攻关。目前，1000 吨生产线已经能出产品了，最困难的阶段已经过去，大家要有信心。

④相关负责人要制订工作计划，确定下一步的工作目标。

（3）传达公司投资企业党组织例会上党委席书记的要求：

①抓年内工作。务虚会，年底工作会，全年工作按党建任务办。

认真学习实践科学发展观，统一思想，充分认识学习科学发展观的紧迫性；精心组织，确保学习实效；加强记录，落实责任。

②继续按进度做好工作，公司可完成年度目标。

③学习贯彻国资改革，进一步推进公司改革，编制三年规划，上海纺织控股（集团）公司发展方向，自身方向要明确，艾市长要听方案。

④两大核心业务“科技与时尚”要做好，向生产服务业转型。

⑤争取整体上市、核心业务上市。混合所有制要求投资回报率高，才有投资者进来。要消化壳体板块，完善股权结构。

（4）建立院领导信访接待日制度，贯彻信访条例，改进领导方式和工作方法。参照国务院信访工作条例、劳动合同法实施条例。

（5）10月20日接待天津纺织集团（控股）有限公司领导刘增光总经理来上海市纺织科学研究院指导工作。接待公司青年干部来研究院学习参观交流。

（6）组织申报科技部项目“长三角纺织创新支撑平台”方案，及上海方面平台方案起草。经费分配协调、提供上海方面各类资料、经费预算及调整、设备清单统计、正式材料递交盖章等。

（7）科研综合大楼的进度，围护结构灌注工程完成。从10月23日起进行地下土方开挖。

目前进行桩基试验工程，检测结果承载力400吨，下降仅1厘米（通常控制≤10厘米）。

在桩基施工过程中，对47根工程桩进行了孔径测试，测试结果各项指标均符合设计和施工验收要求，周边环境共测8次，处于正常受控状态。8号楼一侧因与地下车库很近，沉降1厘米，地面有开裂，但是仍处于正常受控状态。

（8）获得市质量审核中心颁发的环境和职业健康安全体系认证证书。即ISO 14001—2004环境管理体系认证证书和GB/T 28001—2001职业健康安全管理体系认证证书。

至此研究院已经获得了五项认证证书，其他三项是：质量体系认证、军工科研和生产认证、国家实验室认证。

尽管获得了五项认证证书，管理还是很薄弱。经过一年多的努力，10月经过职代会第二次表决，33票中24票同意，9票反对，通过了“指纹考勤”管理办法。

10月“东纺谷”也获得市“2008年度优秀创意产业集聚区奖”表彰。

（9）10月底参加纺织总会在西安召开的科研院所座谈会。

技术中心的工作

（1）召开公司技术创新工作会议，发布了2009年技术创新开发项目指南，布置申报2009年技术创新项目和R&D预算，发布了近期质量抽查情况，并布置了下一阶段工作。

（2）10月21日，中国纺织工业协会王天凯副会长和中国产业用纺织品行业协会朱民儒理事长来公司召开座谈会，调研产业用纺织品生产现状。朱勇副总裁出席，组织申达股份、申达科宝、汽车地毯、新纺织产业、特安纶、金熊网毯、新纺联、纺研院等单位参加。

（3）10月26日公司与上海工程技术大学签订产学研合作协议，席时平董事长与汪泓校长签约。

（4）10 月第二次参加芳砜纶卷曲技术攻关，与研究院共同在德福伦公司进行卷曲试验。

（5）召开军工工作会议，布置军民结合发展现状调研工作和 2009 年度纺织军工配套衔接交流会事宜，并重点就军工保密资格复审工作进行了通气和强调。

（6）10 月 18 日，上海凌雅丽原创设计大师工作室、上海凌雅丽服装设计有限公司召开记者招待会，发布关于设计师韩某严重剽窃凌雅丽作品，侵犯我公司著作权、专利权事宜。技术中心派员参加，在会上发言并回答了记者的提问，表达了公司的立场，取得了良好的效果。

（7）接待天津纺织集团（控股）有限公司刘增光总经理率天津纺织工程研究院的领导到纺研院调研交流。

（8）受党委工作部委托，为纺织博物馆收集业内新产品样品。

（9）制订了 2009 年部门预算。

3.1.11　2008 年 11 月

（1）参加公司 2009 年工作务虚会议，在院办公会议上传达席董讲话要求。要完成今年的经济工作目标，关好门、开好局，做好四方面工作：

①继续坚持“现金为王”，捂紧“钱袋”，投资项目慎重为主。

②继续发挥集团整体优势，把产业链打造好，实现重要的科研项目产业化。

③向政策要现金。

④寻求好的设备、项目，抓住当前“低成本扩张”的良好契机。

（2）召开了国家发改委芳砜纶产业化项目，通过验收。

芳砜纶项目进行了 4 项重要工作。

①特安纶、纺研院及德福伦于 11 月 4 日召开三方技术交流会议。总结 10 月 24 日芳砜纶纤维在德福伦公司卷曲的情况，对测试数据进行分析以及对下一步的工作计划进行交流。对纺丝工段的铺丝机（丝束集束存在问题，芳砜纶纤维在从盛丝桶中拉起时存在吊丝、乱丝频繁的现象）、目前影响芳砜纶纤维连续化规模化生产的因素、目前特安纶公司的卷曲生产线及其工艺改进进行交流探讨。

要看到卷曲攻关到现在所获得的成绩，从 6 月 17 日至今，芳砜纶纤维的卷曲性能已经得到了很大的改善，而且在攻关过程中已经获得了一定的结论。

将所列因素分类，建议分成以下三类：影响连续生产的因素；影响生产稳定性以及产品质量的因素；关于环保节能等各种其他的因素。

②11 月 13 日在德福伦对 2.22dtex×51mm 芳砜纶进行了试验。卷曲度比较稳定。卷曲数集中在 10～13 个/25mm，卷曲度集中在 9%～11%，在改变卷曲轮宽和铺丝均匀性后，卷曲效果明显均匀。强度损伤较小，卷曲后强度基本在3.2～3.3cN/dtex。上油率均匀性有改善，本次卷曲的上油率基本控制在 0.5%～0.7%，比电阻在 10^7，上油率和抗静电性能均比较稳定，比上次实验有很大的改善。断裂伸长有所提高，经卷曲后断裂伸长基本保持

在21%左右，比以往要提高2%。

超倍长问题仍存在。因为210万旦的总旦数远远超过切断机的设计能力，是设备问题；头道牵伸机的变频器承受的最大电流为48安培，在集束旦数210万旦时运转电流为45安培，变频器长时间运转容易出现故障甚至烧坏。

③11月17日召开了芳砜纶产业链推进攻关小组会议，确定下一步的试验工作目标。

④11月26日在德福伦进行的卷曲试验，达到质量要求。

基于130毫米卷曲轮试验，试验由特安纶公司配备相关原丝：

7束（每束30万旦，总旦数210万旦），观察试验的重演性；

5束（每束45万旦，总旦数225万旦）；

2束（每束108万旦，总旦数216万旦）。

卷曲试验报告数据表明，达到了质量要求。下一步主要是铺丝机、卷曲机等的设备改造。

（3）科研综合大楼的进度，主楼基础底板连续两天浇筑，工程27日完工。确保了安全。

基坑挖土工程全部完成；民防车库底板钢筋工程完成；市民防、气象部门防雷检验通过；主楼底板钢筋工程完工；支撑爆破专家论证和施工协调会。周边环境共测8次，8号楼一侧因与地下车库很近沉降4厘米，但是仍处于受控状态。

电梯井尺寸按电梯供应厂家图纸进行了修订，并与设计总承包商沟通完成。

施工总预算进行修订，上报有限公司。

在钢筋价格下降的情况下，经谈判，按3810元/吨，购入1600吨。

（4）落实市对事业单位早退休高级知识分子（70岁及以上）发放特殊补贴的工作。

研究院转制与现事业单位的70岁以上高级知识分子、专家共计219人。

转制单位70岁及以上人员191人（纺研院本部117人；合纤所32人；色织所9人；毛麻所15人；服装所3人；印染所21人；织布所4人），事业单位70岁及以上人员28人（其中科发中心4人；节能环保中心1人；技监所12人；新产品11人）。

（5）举行院领导班子专题民主生活会。

院中心组举行了两次专题学习，广泛听取意见；召开了院中层干部、职工代表和青年科技人员座谈会，征求到各类意见12条；同时组织了对我院创建“四好”领导班子的民主测评，共发放并收到34份测评表，经统计对照“四好”标准总体评价“好”占56.1%，“较好”占32%，“一般”占11.4%，“较差”占0.5%。

会议围绕“学习和实践科学发展观，全面完成两个责任书目标”的主题展开了批评与自我批评，实事求是地进行了回顾与总结，提出了一些意见和整改措施。

（6）为配合公司与重庆国资委合作项目，根据公司相关要求处置毛麻所斜土路781~783号（1066平方米，每平方米10015元）房地产给三毛股份的方案，签订了由上海纺织控股（集团）公司、上海市纺织科学研究院、上海市毛麻纺织科学技术研究所及上海三毛企业（集团）股份有限公司共同拟定的《房地产转让协议书》。

（7）召开设备协会纺织工作委员会换届会议，总结这一届的工作，同时经过选举，由封总担任新一届的主任。

（8）参加杨浦区经委“现代纺织产业规划”讨论会。举行了凌雅丽原创设计大师工作室展示中心揭幕仪式。

技术中心的工作

（1）制订完成“2009 年上海纺织控股（集团）公司技术创新项目计划”草案，共 91 项。下一步将进行评审筛选。

（2）完成国家发改委项目“年产 1000 吨芳砜纶耐高温纤维产业化”项目验收。

（3）参加本月芳砜纶技术攻关活动，就芳砜纶纤维卷曲技术攻关，邀请投资规划部、计划财务部领导讨论，确定方案。

（4）参加 2009 年度纺织军工配套衔接交流会，就宇航停产作了协调沟通。陪同上海市国防科工办的领导到宇航调研军工产品停产事宜。

（5）受上海市名牌评比委员会委托，进行纺织品、服装类名牌评比，共 19 个品牌参加。

（6）到日舒科纺等单位就明年技术开发事宜进行探讨。到里奥公司调研。参加上海凌雅丽原创设计大师工作室展示中心揭幕仪式。为纺织博物馆收集业内新产品样品，共提供 86 件新产品。

附：纺研院 2008 年工作总结及 2009 年工作设想

贯彻“科技与时尚”主战略，加快建设一流研究院

2008 年，我院在上海纺织控股（集团）公司的领导下，认真贯彻“科技与时尚”发展战略，本着抓紧、务实、求深、重效的精神，围绕公司调整、改革、发展总体方案第二阶段的目标和任务，围绕建设一流中央研究院的总体目标，以“科技纺织的先导，时尚纺织的支撑”为目标，落实重点项目的建设和实施，进一步推进院所整合，加快建设公司中央研究院。同时，落实资产经营责任，不断提高工作水平和实效，全面实现资产经营责任书的任务和要求。

一、围绕公司“科技与时尚”战略，大力开展技术创新

今年，我院根据公司有关技术创新的工作思路，积极开展技术创新工作，围绕重点项目、围绕企业需求、围绕市场要求，大力研发具有自主知识产权的产品和技术，进行产业化攻关，取得了一些成果。

（一）制订和完善《上海市纺织科学研究院发展规划》

我院围绕国家和上海市中长期科技发展规划所确定的重点领域和优先主题、重大专项和前沿技术、应用方向和战略产品，充分发挥科技创新对核心产业的支撑和提升作用。围

绕公司“十一五”期间的定位即以科技为先导、走高端纺织之路，其立足点是技术进步、技术领先、技术创新。重点在新材料研发、特种纺织品应用研究、节能环保型纺织技术等领域取得新突破；在整合社会科技资源，建设纺织科技公共服务平台方面取得新进展。在此基础上，经过院领导和有关人员反复讨论谋划，制订和完善《上海市纺织科学研究院发展规划》，为我院今后几年的发展指明方向。

（二）落实推进科研项目实施

根据2008年度科研工作计划，我院今年执行国家和市级及公司科研项目12项，计划完成科研项5项，现已通过验收项目2项。

其中：上海市经委2项目已完成全部研究内容，近期完成验收资料上报，根据市经委计划将于今年12月进行验收；军工配套项目1项，验收资料已上报国防科工委，待审批后择期验收。各项目具体情况见表3－1－1。

表3－1－1　2008年度上海市纺织科学研究院科研工作计划项目

序号	项目名称	性质	项目来源	完成情况
1	《运用生物酶的针织物连续前处理助剂与工艺的研制与开发》	民用项目	市经委	年内完成
2	《双组分复合纺粘法非织造布工艺与设备研制》	民用项目	国家发改委	已鉴定、验收
3	《聚乳酸纤维工业化生产技术研究及产品应用开发》	民用项目	市科委	实施中
4	《年产10000平方米燃料电池用碳布连续生产关键技术与装备》	民用项目	市科委	实施中
5	《活性染料低盐染色工艺和助剂的研究与应用》	民用项目	市经委	年内完成
6	《聚乳酸纤维工业化生产技术研究及产品应用开发》	民用项目	控股公司	实施中
7	《双组分复合纺粘法非织造布工艺与设备研制》	民用项目	控股公司	已鉴定、验收
8	《年产10000平方米燃料电池用碳布连续生产关键技术与装备》	民用项目	控股公司	实施中
9	《汽车电机用防水透气织物研制》	民用项目	控股公司	实施中
10	《新型印染整理的助剂研制和应用研究》	民用项目	控股公司	实施中
11	《木棉类织物的检测方法标准及染色性能与工艺研究及产品开发》	民用项目	控股公司	实施中
12	新型纤维的纺纱加工方法与后道产品开发	民用项目	控股公司	实施中
13～15	军工项目3项	军工配套	国防科工委等	年内完成1项

（三）有效推进重点科研项目攻关

我院为加快重点科研项目的实施，采取各项有效措施，保证了有关重点项目的顺利进行。

1.“双组分复合纺粘法非织造布工艺与设备研制”项目通过鉴定

7 月 25 日，上海市经委都市产业处主持召开了该项目验收会。中国纺织机械器材工业协会、上海市财政局、上海市纺织控股（集团）公司、上海电气集团、东华大学与项目承担单位相关领导、专家和代表共 40 余人参加了会议。与会专家充分肯定了项目所取得的研发成果，认为该项目填补了国内双组分复合纺粘法非织造布技术的空白，总体达到了国际先进水平，建议尽早开拓产品和设备的应用市场，以取得明显的经济效益和社会效益。

目前，项目组正为做好产业化生产作进一步的设备完善。

2. 建立流行面料库

我院与控股公司技术中心合作进行纺织面料信息中心的建设，目前已完成面料信息吊勾样设计、付印；平台开始整理数据库结构，准备将所有面料样品扫描入库；另外，从上海及全国范围内收集的面料正在逐个登记并制作挂样和样卡。

3. 航空用尼龙隔离网项目

该项目已完成全部研制内容，并取得用户应用证明，目前正在进行项目验收的准备工作。

4. 建立数字化服装生产快速反应系统

该项目已完成可行性研究报告，并办理进口有关测试仪器设备事项，同时对安装场地展开施工，并计划今年底完成设备安装。

（四）积极开展产业链协作服务工作

1. 组织芳砜纶卷曲质量达标攻关

我院会同特安纶、德福伦公司等有关工程技术人员对芳砜纶进行以提高和稳定纤维卷曲质量为主要内容的协作试验，经过两个月对卷曲技术生产工艺进行多次试验后，初步解决了芳砜纶卷曲关键技术工艺，产品可纺性经用户试纺确认已符合纺纱要求。

2. 完成军工及航天配套产品生产

我院坚持国家利益第一，努力为国防建设作贡献。今年随着国防建设的需求增加，我院已多批次提供各类特种织物和纤维，取得了较为显著的经济效益和社会效益。

同时，我院研制的特种纺织品成功运用于“神七”飞船并受到表彰。

3. 积极参加上海国际服装文化节等展示活动

配合时尚产业链的建设，为时尚与创意、时尚与服务、时尚与市场紧密联动，我院积极参加上海国际服装文化节等博览会和时装秀活动。凌雅丽、赵玉峰等设计大师推出精心制作的服装服饰，为上海国际服装文化节等活动增光添色，也为大力扶植原创品牌、促进上海时尚产业的繁荣发展贡献一份力量。

（五）获中国纺织工业协会科技奖 4 项，申报发明专利 2 项

今年，我院获中国纺织工业协会科技奖 4 项，其中二等奖 2 项：服装所等共同完成的“APEC 唐装设计制作技术及产品开发”、技监所“多纤维标准贴衬织物”。三等奖 2 项：毛麻所 FZ/T 24002—2006《精梳毛织品》、服装所 FZ/T 81003—2003《儿童服装、学生服》。

申请发明专利 2 项：

（1）《高效能电磁波屏蔽织物的制造方法》。

（2）《活性染料处理助剂及其制备方法和染色处理方法》。

二、科研综合楼项目按节点顺利推进

5 月 30 日，上海纺织控股（集团）公司主持举行上海市纺织科学研究院科研综合楼奠基仪式。出席奠基仪式的有市、区、大学的领导和嘉宾有：市政协副主席朱晓明以及市发改委、市科委、市国防科技工业办公室、市建委、市建交委、市抗震办、市消防局、杨浦区区经委、区发改委、区规划局等相关领导。

科研综合楼的建设将更有力地推进我院“项目研发、成果转化、标准检测、情报信息”四大平台为核心的科研服务体系建设，真正成为各类新兴纺织科学技术的“孵化器”、各种高新成果的产业化转化基地，为上海纺织提升产业能级和为杨浦区区域经济发展作出更多贡献。

目前已完成的重大节点：施工设计和消防、抗震设计方案评审；施工监理审价的竞标评标；取得规划许可证和施工许可证；进行了基坑围护设计方案评审，完成了基坑围护的开挖工程；我们认真做到重大事项由院办公会议集体讨论确定，每周一次工程例会；每月向集团公司汇报工程情况，同时向区经委等有关部门报告。

整个项目正按计划进行建设，预计年底完成全部地下工程（出零线）。

三、强化基础管理工作，提升全院管理水平

今年，研究院开展了 ISO 14001、GB/T 28001 环境职业健康安全管理体系贯标认证，大力促进各项管理工作，进一步提高我院科研生产管理水平。

（一）取得 ISO 14001、GB/T 28001 环境职业健康安全管理体系证书

今年，我院大力推进 ISO 14001、GB/T 28001 环境职业健康安全管理体系的贯标工作，9 月顺利通过由上海质量体系审核中心（SAC）对我院 ISO 14001、GB/T 28001 环境职业健康安全体系建立和运行情况进行的认证审核并获得通过。该证的取得进一步强化了我院以环境职业健康安全为关注焦点以及满足法律法规要求重要性的认识，使全院职工积极参与环境职业健康安全管理，认真贯彻院环境职业健康安全体系文件及质量方针，确保体系的实施贯彻。

至此我院已成功获得质量、环境、安全、军工、国家实验室 5 大认证证书。

（二）完成院 OA 办公系统建设，提高管理效率

根据控股公司关于扩大办公管理系统应用范围的要求，我院已完成建设院 OA 办公系统（一期）并投入使用，促进了我院实现管理创新，提高工作效率，降低办公成本。同时，为建立我院情报信息平台向公司实时提供国内外纺织科研发展的前沿信息系统和决策支持系统奠定了基础。

（三）加强安全保密工作，科研安全生产工作平稳

我院按照保密法律法规要求，认真贯彻落实各项保密工作，同时结合保密资格复审，进一步完善各项制度和措施，认真贯彻“保安全，促发展”的宗旨，做到领导重视、机构健全、职责分明、措施得力，全年未发生泄、漏密事件，保密工作扎实有效，并通过国家二级保密资格的复审。

此外，全院科研安全生产工作处于平稳状态。

（四）加强“东纺谷”园区建设，提高园区软硬件水平

今年我们在不断提高园区软硬件水平的同时，成立了园区联合党组织，加强园区建设，争创和谐园区，提高服务质量，规范创意园各项管理制度。园区成立了联合工会，负责园区入驻企业统计，开展文化娱乐等活动。

今年园区入驻企业年销售额达18亿元，地方税收近500万元，为此园区今年先后获得杨浦区“和谐企业，满意工会”称号。同时，日前“东纺谷”被评为2008年上海市十佳创意园区，进一步提升了园区的知名度和影响力。

四、加强科研生产和经营，全面完成年度经济目标

根据控股公司《资产经营责任书》与院《2008年度科研与经营管理目标任务责任书》的目标和要求，2008年我们加强科研生产和经营，加大科技投入和营销，同时积极应对世界经济波动造成的影响，全面完成年度经济目标。

（一）主要经济指标完成情况（表3－1－2）

表3－1－2 2008年上海市纺织科学研究院主要经济指标完成情况统计表

单位：万元

考核项目	指标	1～10月实际	完成进度	备注
利润总额	150	368	245.3%	
科研投入	500	872	174.5%	
应收账款	600	497	82.8%	全部院所
存货	600	179	29.9%	全部院所

（二）主要经济指标完成情况的说明

1～10月全面地完成了公司下达的各项考核指标。利润总额与科研投入均超额完成了按日历进度统计的考核目标，应收账款与存货的期末余额均控制在考核指标范围内。

（1）主营业务收入完成11400万元。主营业务收入总体上有所增加，其中：情报信息收入874万元，比上年同期（867万元）增加7万元，同比增加0.7%；检测收入3325万元，比上年同期（2893万元）增加432万元，同比增加14.9%；内外贸收入3958万元，受人民币汇率及出口退税税率影响，比上年同期（6988万元）减少3031万元，同比减少43.4%。

租赁收入739万元，在可供出租面积减少的情况下，通过提高出租率与租赁单价，比上年同期（664万元）增加75万元，同比增加10.1%。

（2）利润总额368万元，完成日历进度的245.3%。主营业务利润总体上有所增加，其中：情报信息356万元，比上年同期（348万元）增加8万元，涨幅2.4%；检测测试1445万元，受上年年终奖影响，比上年同期（1475万元）减少30万元，减幅2.0%。

（3）科技投入872万元，完成日历进度的174.5%。

（4）应收账款及存货处于受控状态。期末的存货余额179万元，为考核指标的29.9%；期末应收账款的余额497万元，为考核指标的82.8%。

五、切实推进党建各项工作，创建和谐发展环境

今年，我院围绕落实党建责任书的有关内容，在完善纪检监察组织体系建设、党建特色工作、党的组织建设、企业文化建设、民主管理工作及稳定工作方面开展了一系列工作，并获得由中国纺织工业协会颁发的“2008全国纺织和谐企业建设先进单位”光荣称号。

（一）加强思想建设和组织建设，建立党建责任考核制度

1. 认真组织中心组学习，打造“四好”领导班子

深入学习领会席时平董事长的年度工作报告，明确我院的使命和要求；落实贯彻公司提出的“10项工作”和“3个五”的有关内容和精神；打造负责的领导团队；11月，根据公司党委要求进行了院党政班子成员的民主生活会，在学习和听取意见的基础上，顺利完成民主生活会的主题工作。

2. 加强企业党组织建设，完善党建工作制度

院党委重点抓好各研究所及院本部党支部调整完善后的工作开展；制订完善党建工作制度及党委工作制度，建立长效机制；建立党组织书记工作例会制度和党组织书记列席行政有关会议的制度，重点研究和交流党建工作。同时，落实控股公司“万名书记进党校”培训的要求，参加人数100%。院所各级党组织结合各自特点，贯彻落实“三会一课”、党内主题教育活动、“双结对”等制度，开展了行之有效的活动。通过活动，增强党员在党内活动及企业主体工作中的主动性、参与性、创造性及各项工作的互动性。

3. 建立年度党建目标责任考核制，实行重大项目问责制

院党委对各研究所党组织第一责任人、本部党支部书记和党务部门负责人实行党建责任考核，分别与五家研究所党组织、院本部七家党支部签订了年度党建工作责任书。同时，加强党组织书记培训，注重在重大项目、关键岗位、关键人才中培养入党积极分子，推进人力资源开发，增强人才队伍创造力。

同时，切实落实有关规定和要求，对“科研综合楼”项目和“上海纺织研发公共服务平台”项目实行重大项目问责制；对涉及院所资产处置等“三重一大”决策事项实行签字制度。

4. 认真完成纺控党委布置的各项任务，为研究院所发展献计献策

今年，我院各级党组织和全体党员结合开展“了解纺织、明确使命、推进发展”党内主题教育活动，在抗击风雪灾害、支援四川汶川地震灾区等重大考验面前，在开展“我为研究院所发展献计献策”合理化建议活动中，较好地发挥了基层党组织的政治核心作用和战斗堡垒作用，发挥了共产党员的先锋模范作用。

为了帮助四川人民战胜地震灾害、重建家园，院所广大党员踊跃参加，在前期参加募捐后，又以自愿交纳“特殊党费”的形式深切表达了支援灾区人民共渡难关的心愿，发扬了“一方有难，八方支援”的爱心精神。据统计，院所共有 218 位党员交纳了“特殊党费”，合计人民币 85268 元，人均 391 元。其中有 41 位党员交纳“特殊党费”1000 元以上。在岗党员交纳率 99 %，12 个党支部中有 10 个党支部的党员交纳“特殊党费”达 100%。部分离退休党员也来院交纳了“特殊党费”。

我院还积极落实上海市“送温暖、献爱心”社会捐赠活动动员工作会议精神和控股公司要求，开展集中捐助活动，援助四川对口地区和帮助受灾困难群体安全过冬，做到组织落实、责任到位。广大职工积极参与到此次捐赠活动中，各级分管领导也亲自参与组织工作，并按时间节点和要求，圆满完成任务。

院所各党支部组织党员还开展了“我为研究院所发展献计献策”合理化建议活动，广大党员积极参与。共有 143 名党员提出了合理化建议，占应参加党员数的 72.2%。其中：毛麻研究所党支部、服装研究所党支部、色织研究所党支部认真组织，党员参与率超过 90%。广大党员从进一步整合院所科技资源、加强平台建设、人才队伍建设等方面提出了不少好的建议。院党政领导班子将结合院科技发展规划，对大家提出的好的建议，采取一定的措施予以加强和落实。

我院还结合组织生活，开展相关科技讲座，并成功举行庆祝建党 87 周年暨“七一”歌咏大会，进一步增强了党员的庄严感、自豪感以及爱党爱国之情。

（二）加强人才队伍建设，增强企业发展后劲

我院以优化科技人才结构、提升创新能级、凝聚发展后劲为目标，整合好院所科技力量，发挥现有科技人才，特别是中高级科技骨干的作用；同时，加大人才引进和培养力度，对确定的青年后备干部，落实好培养措施，提供施展才能的舞台，并结合课题和任务进行锻炼，强调学习要“学以致用”。

我们大力培养科技创新的领军人物和学科带头人。今年有 7 名科技人员列为公司学科带头人和项目带头人。同时注意调动各级科技人员的积极性。

我们制订紧贴本单位发展的人力资源三年规划，对 3 年以上工龄、大专学历以上“60 后、70 后”中青年对象做到有调研、有分析、有定位，并指导团组织开展青年职业生涯导航工作。

院部还提拔青年干部进入党委班子，并将通过公开竞聘方式聘任青年干部担任部门负责人。

（三）开展企业文化导入，将公司理念融入工作

今年我院认真宣传贯彻上海纺织企业文化及核心理念，进一步开展各项企业文化建设导入工作，把核心理念融入工作实际，渗透各项工作，并结合企业实际形成个性特色。

我们要求各级领导班子要成为公司企业文化的忠实执行者，要铭记理念、落实行动，推动集团总战略，把学习和公司的发展规划结合起来，与加快建设公司中央研究院的实际结合起来，提高自己贯彻公司“科技与时尚”战略规划的自觉性，努力建设公司中央研究院。

（四）加强企业民主管理工作，创造稳定和谐发展环境

下半年我院召开了上海市纺织科学研究院的六届五次职工代表大会，院长向与会代表作了题为“建设一流中央研究院”的纺研院上半年度工作报告；谭豪清主席代表院工会向全体代表作了上半年度工作报告；由纺研院本部、合纤所和东纺公司职工代表对10月起实施的院“考勤制度”等三项制度进行无记名投票并表决通过。

同时为加大信访处理力度，密切干群关系，我院重新制订了院领导信访接待制度，积极疏导、化解各类矛盾。

2008年我院按新劳动法规实行职工集中休假；对全院在岗职工进行身体健康检查，切实关心员工身体健康；落实行政帮困基金10万元，用以构建有效覆盖的帮困体系；对一些特种工种和岗位，严格按照有关规定发放高温补贴。

为不断完善企业员工收入与效益挂钩的增长机制，2008年在对员工收入情况分析的基础上，根据上海纺织控股（集团）公司“关于2008年职工收入分配工作的意见”和本市企业工资增长指导线的精神，结合各企业的经济状况及员工收入水平进行了2008年员工收入调整。

此外，我们切实落实保障离休干部待遇各项费用，28位离休干部全年各种费用和今年新增加的补贴全部发放到位。

（五）完成公司交付任务，做好埃通公司稳定工作

我们在上海电气集团公司和上海纺织控股（集团）公司联合工作组的领导下，成立了以我院和公司党、政、工主要负责人组成的埃通公司员工分流安置联合领导小组开展工作，继去年完成大部分人员分流安置工作后，今年继续做好有关后续稳定工作。

通过全院干部、职工的共同努力，我们在2008年取得了一定的成绩，在公司席时平董事长陪同上海市委书记俞正声、副市长艾宝俊来我院调研时得到了肯定。同时，我院集聚科研资源、整合科研力量，科研和经济工作相互促进的做法也得到了市委调研组及市科委的好评。

但和公司对我们的期望和要求还有不少差距与不足，主要表现在：

与一流中央研究院的水平功能定位还有相当距离；一些职工的市场意识淡薄，对收入分配增长的愿望与企业盈利能力还不匹配；受事业单位转制及历史遗留问题等影响，今年处理信访近10件，牵扯了一定精力；受国际金融风暴的影响，我们收缩了部分外贸业务，

外贸盈利能力减弱。

六、2009年工作设想

2009年，我们要认真学习贯彻党的“十七”大精神，深入学习实践科学发展观，围绕贯彻公司“科技与时尚”战略和培育、完善产业链的方针，结合纺研院实际，进一步增强创新意识、改革意识、责任意识，努力建设打造公司“中央研究院”和“一流研究院”，推进各项工作不断向前。

（一）围绕公司战略加强班子建设，增强工作执行力

2009年继续围绕“加快把纺研院建设成一流纺织科研机构，成为公司中央研究院”的目标和院2009年工作目标任务，按照控股公司对我院的期望和要求，努力打造一支“知责、尽责、能负责”的“四好”领导班子，带领全院职工履行好我们的职责，全面完成各项任务。

（二）围绕产业链技术攻关，发挥中央研究院作用

2009年围绕产业链，要以技术服务为基础，科研项目为抓手，进一步加强院所整合联动，充分运用现有的科技资源，积极争取各类科研项目，认真组织落实项目申报和项目攻关；要确保各重点项目的正常实施，努力按计划完成全年科研项目的鉴定验收和专利申请目标。

（1）重点实施并完成《智能数字技术的服装设计制版快速反应技术服务平台》项目。

（2）实施上海市科委、市发改委、市信息委下达的《上海市纺织专业数字信息服务平台》《标准与检测服务中心》等平台建设项目。

（3）组织芳砜纶纤维各项应用开发及“一条龙”研发工作。

（4）在完成《双组分复合纺粘法非织造布工艺与设备研制》项目鉴定的基础上，对设备进行完善以达到连续生产各种规格产品的要求。

（5）落实完成《数码地毯梭织机研制开发》项目。

（6）组织实施由国家科委、市科委和控股公司下达的科研项目5项。

（7）根据国防科工局、上海市科委、控股公司近期对我院上报科研项目的批复组织立题，实施相关科研项目。

（三）抓好科研综合楼项目重大节点建设，确保年底基本建成

确保各施工按计划进度展开，从技术和建设的角度加强监督管理，做好预算控制和施工安全、消防检查。同时，抓好协调、衔接工作，加强各承建单位之间的沟通协调，发挥监理方应有作用，处理好相互之间的关系，确保建设工作顺利推进。

要进一步做好科研大楼布局方案，合理安排使用科研大楼办公场所，并着手开展招商引进工作。

（四）加强青年科技队伍建设，促进人才培养

继续抓好三支队伍（科技、中层、青年）和后备力量，加快集聚一批中高级人才和优秀青年人才，优化队伍结构，提高队伍整体素质。同时，进一步探索和完善三大机制：考

核机制、分配机制、激励机制，进一步增强凝聚力，营造吸引人才、留住人才的工作环境，为纺研院的建设发展打好人才基础。

（五）完善认证体系建设，提升中央研究院管理水平

在完成5项认证的基础上，进一步完善认证体系建设，严格执行院各项科研管理制度，包括院ISO文件、军工配套科研制度、军工配套生产制度、院（二级）保密制度。深化体系贯标教育培训，严格贯彻体系要求。同时进一步抓好院、所各条线业务工作，充分发挥院OA办公管理系统的作用，不断提高全院整体管理水平。

我们还将不断完善职代会工作制度，贯彻好集体协商、集体合同；进一步加强安全工作制度落实和检查，保证院化学危险品管理安全有效，确保一方平安，为全院发展提供良好环境。

总之，我们面临的任务是非常繁重而紧迫的。我们要以建设一流研究院的要求做好工作，紧紧抓住战略机遇，贯彻“科技与时尚”的发展战略，积极应对经济危机的挑战，不断克服自主创新的难度和风险，为实现公司愿景，建设好中央研究院，实现“科技纺织的先导，时尚纺织的支撑”而努力工作。

上海市纺织科学研究院

2008年11月12日

3.1.12 2008年12月

（1）召开芳砜纶项目攻关会议，特安纶、纺研院及德福伦于12月12日召开三方技术交流会议。总结11月26日芳砜纶在德福伦公司卷曲的情况、对测试数据进行分析以及对下一步的工作计划进行交流。对目前特安纶公司的卷曲生产工艺可以基本确定。

下一步主要是落实铺丝机改造、80毫米和100毫米规格的卷曲机的设备改造。机械工厂要两个月的时间，但是目前可以在现有设备上试生产。

召开芳砜纶项目产业链会议，研究院、印染所、色织所等参加了工作讨论。

在德福伦公司进行了同济聚乳酸切片的试纺，组织了准备验收材料。

（2）召开院所领导专项述职。分别进行了2008年工作情况及2009年工作打算专项述职。今年述职总体质量比去年有所提高，为大家提供了一个相互交流学习的机会。结合实际抓创新，成效比较显著，表现在：围绕公司战略、构筑技术创新体系有好做法；构筑现代生产服务业有好举措；重点项目工程化、产业化有好行动；产业链技术支撑工作有进展；党建工作、人力资源建设有好成果。

通过总结今年、规划明年，全院上下要继续努力，抓好科研项目和重点工程进展；抓好科研投入与产出；优化科研生产、经营模式；加强园区建设；搞好分配责任制。各级领导要从全局高度认清形势，增强做好建设一流中央研究院的自觉性和责任感，在今年的基础上把各项工作做得更好。

（3）召开院中层干部述职交流会。

（4）召开院领导中心组学习，学习领会席董在年度工作会议上的报告，特别是关于中央研究院建设的指示。推动做好 2009 年和三年规划的工作。

大家一致认为席董三个半小时四个内容的报告很精彩，讲目标科学清晰、谈规划任务明确，既科学辩证，又操作性强，很受启发。特别是他在报告中多次讲到要进一步建设公司科技创新体系、打造一流中央研究院、建设科研综合楼和信息及检测服务平台等都与我院密切相关，这既是我们的工作方向，也是我们的责任。我们一定要根据席书记的要求做好 2009 年和三年规划的工作。

（5）我们组织四家单位编制科研大楼总预算，由上海申创建筑工程有限公司、上海纺织建筑设计研究院、中国纺织工业设计院、上海海龙工程技术发展有限公司进行总预算的编制工作。现确定将审价公司上海市海龙工程技术发展有限公司编制的总预算作为本工程总预算，预算额为 9785 万元。该预算额与原上报的设计院概算 8586 万元相比存在较大差异，主要是由于设计变更、施工图纸不全等原因所致。其中围护工程和桩基变动增加 600 余万元；装饰工程增加 200 余万元；民防工程和爆破工程增加近 80 万元；强弱电未计部分 200 余万元以及不可估算费等。

工程桩基动、静载测试值满足设计要求。委托上海岩土工程勘察设计研究院有限公司进行单桩静载荷试验、低应变动测，其中 4 组为单桩竖向抗压静载荷试验，测试结果均不小于 4100kN（设计要求为 2400kN），3 组为单桩竖向抗拔静载荷试验，测试结果均不小于 1600kN（设计要求为 900kN），低应变动测设计要求检测 50%，共检测 229 根，动测结果全部合格。

支撑爆破工程安全完成。周边环境建筑沉降 7cm，仍处于受控状态。

12 月 26～27 日完成了底楼的浇注，主楼完成出零线。

（6）参加全国家用纺织品标准化技术委员会线带分技术委员会（SAC/TC302/SC2）成立大会，纺织总会窦茹真处长、中国家用纺织品行业协会孙筱萍主任、上海市质量技术监督局沈伟民副局长及江苏省、浙江省、四川省、青岛市等各省市纺织界的领导出席了会议。

（7）参加了纺织协会成立大会、大丰二期的开工典礼等。

技术中心的工作

（1）制订完成“2009 年上海纺织控股（集团）公司技术创新项目计划”，经专家评审，对申报 2009 年技术创新项目共 90 项进行遴选，最终确定 58 个项目列入《2009 年上海纺织控股（集团）公司技术创新计划》，已发沪纺织技〔2008〕335 号文至有关单位。资助项目另外审定。

（2）召开质量工作会议，贯彻市质量技术监督局要求，布置 2009 年质量统计季报工作。

（3）参加芳砜纶项目攻关。为争取政策支持，与特安纶公司汪晓峰一起到市经委汇报“年产1000吨芳砜纶耐高温纤维研发与产业化专项”事宜。特安纶公司“年产1000吨芳砜纶耐高温纤维产业化项目”被列入《上海市引进技术的吸收与创新计划》，获资助150万元。

（4）针对今年质量月强制性国家标准抽查发现的个别企业存在的产品质量问题，于11月再次组织上海市棉印染产品质量监督检验站对巾被产品、针织产品、印染产品、西服等八项产品进行免费抽检，以保证产品质量符合国家强制性标准（GB 18401—2003标准）的要求，确保消费者的安全。我们在原检测pH和甲醛含量的基础上，又增加了耐汗渍色牢度、耐水色牢度项目。本次抽查八项产品全部合格。检测情况见表3－1－3。

表3－1－3　抽查的八项产品检测情况

考核项目	GB 18401—2003规定	实测数据	判定结果
耐水色牢度（≥）	3级	2项3－4级， 6项4级及以上	合格
耐汗渍色牢度（≥）	3级	8项4级及以上	合格
pH	4.0~7.5	8项5.0~6.55	合格
甲醛含量（≤）	75	7项≤20， 1项为20.8	合格

通过这次内部监督抽查，已经引起各级领导对产品质量的关注，有针对性地采取了积极的措施，收到了良好的效果。质量是企业的生命，质量将直接影响到企业生存。希望各级领导继续重视产品质量，大力推行质量管理体系的认证，利用质量管理体系认证这一手段，持续改进，不断提出新的目标，把产品质量推向更高的水平。

（5）组织专家对申达科宝、装饰所、新型纺纱中心列入2007年公司重点项目的项目进行验收。

（6）参加上海工程技术大学产学研合作教育年度总结大会。上海纺织控股（集团）公司获产学合作教育突出贡献奖，杜卫平、陈邦伟获2008年产学合作教育突出贡献奖。

（7）与美国Plextronics公司进行技术交流，组织东华大学、申达科宝有关人员参加。

（8）为十七棉（裕丰纺织）上海市知识产权示范企业复审事宜进行讨论并作相应准备工作。

（9）参加公司2009年投资企业、直属单位重点工作讨论，调整技术创新内容并列入生产型企业考核指标。

3.2 2009 年

3.2.1 2009 年 1 月

（1）接待中国纺织工业协会杜钰洲会长视察上海市纺织科学研究院。2009 年 1 月 7 日下午，中国纺织工业协会杜钰洲会长一行 3 人，在席董、副总裁朱勇的陪同下，来到上海市纺织科学研究院进行视察。杜会长参观了数字化服装设计制作平台、检测平台、信息平台、大师工作室、科技陈列室和面料展示厅等，并与有关人员进行了座谈。

杜会长表示，通过参观看到了上海纺织控股（集团）公司的转型，即不光有物质创造力，还有科技和文化创造力；有很好的方向和目标；有“科技与时尚”的发展战略（意味着自然科学与人文科学的结合）；研究院以及其他创意园不仅为自身（集团公司）服务，而且为整个产业提供现代化服务，产业链纽带作用和窗口作用明显，知识含量高，有利于产业进步和贸易含金量的提高。

（2）召开院所签约工作会议（1 月 22 日），传达了席董在公司签约会议上的讲话要求。要求根据我院实际情况，制订有关指标考核的落实措施和考核办法。同时要求院所各级党组织认真对照院党建工作责任书目标和任务，在支部选举、青年干部培养、职代会民主管理、稳定工作、引进科技团队和领导干部任职资格等重点与难点工作上下工夫，群策群力，为全面完成院党建工作责任书目标共同努力。

会上，陈发明传达了中共上海市第九届纪律检查委员会全体会议精神和市委书记俞正声的重要讲话。要求院所领导进一步认真学习领会十七届中央纪委第三次全会精神和市委决策部署，贯彻落实党风廉政建设责任制，加强领导干部党性修养，树立干部优良作风，扎实推进党风廉政建设和反腐败斗争。把今年各项工作任务落到实处，为促进全院科研、经济发展提供保证。

（3）召开芳砜纶项目工作会议，由特安纶、纺研院及德福伦讨论近期工作。

①因为受压容器不合格，石墨换热器事件导致的停产情况。对该供应商提起法律诉讼；立即另购相关设备；新采购的设备进程，完成招投标流程后，节前完成采购合同，预计 3 月 10 日交付，3 月 25 日完成安装和调试，4 月 1 日恢复生产。

②卷曲攻关的设备改造进展情况。德福伦汇报卷曲机的进度，80 毫米轮宽的设备在 2 月底到货，安装调试后，大约在 3 月中旬可以开车，如果开车成功，可以解决在德福伦的连续化生产和超倍长问题。烘箱的改造和喷油均匀性、热处理温度稳定性控制改造已完成，可以解决含湿量均匀性、上油均匀性的问题。

③可纺性情况。德福伦总结了几点意见：一般情况下，影响纤维可纺性的主要问题有三个：卷曲不好；油剂配方或含油率；超倍长。本次提供的纤维只解决了卷曲问题，后两

个问题均没有解决，所以客户反映存在可纺性难是有可能的。通过2月底的卷曲机改造，可以解决超倍长问题，但第二个问题，即油剂问题仍是一个不确定因素。希望攻关组尽早做试验确认，如果要更换油剂也要抓紧做前期的试验工作。

④重视关于影响连续生产的重大因素。

会议提出，针对目前出现的一系列问题，结合全集团合力攻关的机会，最好形成一套纺纱、染色、织造的工艺，为将来的市场客户服务。

（4）召开青年干部工作交流汇报会（1月19日）。由情报所党支部书记《印染》杂志常务副主编何叶丽、情报所平台组组长程静、纺织化学中心主任助理李慧霞先后作了汇报交流发言，对上岗以来的工作体会进行交流，畅谈工作感受，共话发展思路。院各位领导提出希望要求和思考问题，三位青年干部分别作了回答。与会的职工代表和青年代表一同对三位青年干部的汇报述职从业务水平、组织能力和现场发挥能力等十个方面进行了评分。

院领导希望青年干部要在相互学习中得到提高，在岗位上创造成就、赢得发展；发扬自己的长处；同时要锻炼自己的思维方式和管理才干，力争取得更大的成绩。

（5）参加吴书记召开的稳定工作讨论会议，会议反映了关于事业单位和事业单位转制为企业的退休职工待遇产生的矛盾和所做的工作。

（6）召开院六届六次职代会。会前进行了协商，职工方代表代表院工会对《2008年集体合同》的履行情况做了汇总评价，认为总体执行情况良好，职工普遍表示满意。同时，部分职工也反映了个别岗位劳保用品发放、职工疗休养执行当中存在的相关问题，希望加以完善和改进。

随后，协商双方代表本着相互尊重、平等协商、开诚布公、协商一致的原则，对我院《2009年集体合同》和新增加的《2009年工资专项集体合同》《2009年女职工权益保护专项集体合同》进行了认真严肃的讨论和协商。这三项合同以相关法律、法规以及控股公司关于集体合同方面的规定和要求为准则，在广泛征集业务部门和职工意见与建议的基础上，经过充分讨论修订而成。

三项合同在1月22日召开的院六届六次职代会上经全体与会代表审议并报送有关劳动保障行政部门通过后生效。

院部表示：职代会与院行政是相互依存的关系，对2008年合同执行存在的问题和不足将积极加以整改；对即将签署的《2009年集体合同》等3项合同将认真加以落实。因为它体现了企业和职工为履行集体合同所承担的责任和义务。我们要齐心协力、共同努力，为我院的改革、建设和发展多作贡献。

（7）科研大楼完成地下一层和地下车库坡道、墙、梁、顶板浇筑。并在节前完成地上一层浇筑。进入养护期。

（8）参加杨浦区第十四届四次人代会议和讨论。

（9）春节前召开了院老干部团拜会。

技术中心的工作

（1）参与公司投资企业、直属单位重点工作考核讨论。

（2）分别召开会议，布置2008 年度大中型企业科技年报、科研院所科技年报填报工作；2009 年度技术创新项目的计划任务书填报、合同签订工作启动。

（3）参与部门交流会，汇报技术中心2008 年度工作和2009 年工作打算。

（4）参加芳砜纶项目工作会议，讨论下一步工作。

（5）筹备“国际服装文化节”博览会参展工作（包括产品评比、参展准备）。

（6）与工程技术大学讨论“大学生科研训练计划”实施方案。

（7）落实市质量技术监督局要求，进行2009 年质量统计季报工作。

3.2.2 2009 年2 月

（1）2 月6 日召开芳砜纶项目现场工作会议，由特安纶、纺研院、环保中心、压力容器检验站讨论近期工作。

①因为受压容器不合格，石墨换热器事件导致的停产情况。预计3 月10 日交付，3 月25 日完成安装和调试，4 月1 日恢复生产。

②卷曲攻关的设备改造进展情况。德福伦汇报卷曲机的进度，80 毫米轮宽的设备大约在3 月中旬可以开车，可以解决在德福伦的连续化生产和超倍长问题。

③重视环保，合格排放。特安纶汇报认为最大隐患在环保，目前没有经历过连续生产和连续污水处理的考验，但要控制生产线的排污情况和保证污水处理设备的运行。

（2）科研大楼完成地下一层的防水保护处理和地下围护深坑的回填土工作。

对弱电方案进行分析讨论，制订基本要求。

与设计院讨论科研大楼装饰设计布局要求，制订科研大楼主要用途和分布。将目前在外办公的服研所、色织所、毛研所、印染所等迁入院内，有利于院所合一办公，还可以节省管理费用。

（3）召开院所会议，传达公司稳定工作会议精神，对2009 年信访稳定工作提出了四点要求：

①统一思想，充分认识稳定形势的严峻性。

②立足发展，正确把握改革发展与稳定的关系。加快发展必须稳定；加快发展促进稳定；保障民生确保稳定。

③改革创新，不断健全、完善维稳工作机制。

④加强安全生产工作。安全和稳定紧密相关，都不能出事。企业法人必须明确自己安全第一责任人的主体责任，有关单位必须按新建、改建、扩建建设项目“三同时”要求严格把关，确保从源头加强安全管理。

（4）2 月24 日参加市国资委科技创新工作座谈会，汇报了纺织控股（集团）公司技术创新工作和建议。2 月 25 日接待市国资委科技创新工作调研组来纺研院工作指导，汇报如下：

①贯彻公司“科技与时尚”战略，建设公司中央研究院。

②重组院所科技资源，重构技术创新体系。

③制订研究院发展规划，优化科研选题和方向。

④加强研究院企业管理，提高科学管理水平。

⑤建立技术开发专项资金，推进自主知识产权。

⑥建设和谐纺织，调动科技人员积极性。

⑦提高企业科研经营管理水平，提高企业资产质量。

⑧持续进行改建工程，做好研究院实事工程。

⑨加强人才队伍建设，打造青年科技团队。

⑩实施研究院近期发展计划。

（5）收到上海市科教兴市领导小组推进办公室〔2009〕001 号文件，关于上海里奥纤维企业发展有限公司“生物可降解材料（Lyocell 纤维）产业化开发”科教兴市重大产业科技攻关项目后评估的批复，同意通过后评估，补贴专项资金 693 万元，已请技术中心、投资部阅办，协助里奥公司做好后续资金补贴和科技成果申报事宜。

（6）参加席董主持的科技顾问工程院士迎新会。

（7）布置 2009 年上海国际服装纺织品贸易博览会。

（8）2 月 26 日接待区经委、区科委来访。

（9）2 月 28 日接待安徽省经委张德山副主任、芜湖永年针织集团前来纺织研究院进行技术合作。

技术中心的工作

（1）召开“2009 年技术开发专项经费重点项目”评审会。封总、公司计划财务部、投资规划部、纺织制造与贸易事业部、申达股份、龙头股份、纺研院等有关负责人参加了评审会。25 个申报项目的负责人在会上介绍了项目的基本情况、创新点、投资额、项目进度和预期效果，其中有产学研合作项目、产业链一条龙项目、重点企业项目和研究院所项目等。东华大学周翔院士、于伟东教授、蔡再生教授、张佩华教授、上海工程技术大学沈勇教授等知名学者作为申报项目的负责人参加了会议并介绍项目情况。在认真听取了项目介绍并询问了相关问题后，与会领导、专家对 25 个申报项目进行了评议和投票，技术中心将会议内容汇总整理后提交总裁办公会议审议。

（2）会同上海工程技术大学科研处共同召开产学研工作会议；会同上海工程技术大学合作教育培训中心共同召开“大学生科研训练计划”实施项目会议。

（3）与特安纶公司汪晓峰一起，到市经委汇报上海市高技术产业化（新材料领域）项目——年产 1000 吨芳砜纶生产线建设项目情况；与东华大学顾利霞教授一起，到联吉就合作开发“超柔软易染聚酯纤维的研制”事宜进行讨论，2 月 25 日双方已签订合作协议。

（4）布置参加第十五届上海国际服装纺织品贸易博览会事宜，胡总作动员讲话。

（5）召开军工配套工作会议，布置 2008 年度表填报工作。

（6）参加新纺织产业公司上海市专利示范培育企业验收会，市知产局、静安区科委领导到会；接待上海市研发公共服务平台管理中心来公司调研。

（7）参加席董召开的新春院士恳谈会，孙晋良、郁铭芳、周翔三位院士参加。

（8）参加席时平董事长到恒源祥与刘瑞旗董事长等探讨品牌合作事宜。

3.2.3 2009 年 3 月

（1）3 月 5 日召开院党委扩大会议，传达公司党委关于学习实践活动的要求。

传达席书记要求：结合三年规划、结合党建，抓三环节：学习调研；找问题；整改。问题找准，规划要做实。

向席董传达国资委干部会议上杨国熊讲话：

2008 年特点：确保经济稳定增长；研究制订国资国企改革意见；改革发展，稳步发展，整合改组；企业管理抗风险能力加强；完善法人治理；履行社会责任、奥运、抗震救灾；党风廉政建设。

2009 年设想保增长；调结构；强基础；促和谐；抓党建。

艾市长：当前把握四个问题：调整结构，推动核心竞争力；充分利用证券市场，上市证券化；董事会建设；加快解决历史遗留问题。要求以学习实践科学发展观作动力，贴近市场提高核心竞争力，形成国资改革合力。

作好学习实践科学发展观活动的 10 项准备工作：确定参加范围；组织领导小组和领导小组办公室；明确办公室职责；建四个指导检查组；明确群众代表；明确联系单位；瓶颈问题梳理；班子调研科课；实践载体；结合学习实践科学发展观开展党建，结合渗透中心组学习。

（2）3 月 13 日接待市质量技术监督局季晓烨副局长、市质量监督检验技术研究院谢晓群副院长等来研究院调查研究。季副局长表示希望：要加强市技术基础能力建设；要加强检测和标准的国资系统内的整合等。

我们表示应共同合作，加强市技术基础能力建设，接受技监局的业务指导，但纺研院纳入了纺织控股（集团）公司的三年发展规划，是规划的一个组成部分，不可分割。可以找另外的合作方式。同时向公司领导汇报技监局的意见。

（3）对院开展学习实践科学发展观活动各项准备工作进行了研究部署和动员。

①此次学习实践科学发展观活动主题：坚持科学发展观，推进三年规划，建设一流研究院。

②初步确定调研课题，分别为：“贯彻公司三年发展规划，加快实现一流研究院的目

标”“进一步整合院所科研体系，加强院所联动，提升研究院核心竞争力”“加强科技人才建设、促进可持续发展”。

③各所可结合自身情况，围绕上述内容设立调研课题。

④3 月 20 日全院开展深入学习实践科学发展观活动专题党课，对全院领导班子和党员干部开展学习实践活动进行部署。会前开展院所支部书记专门培训。

（4）抓好科研大楼项目进度各专业的分包招标。完成 4～7 层主楼水泥浇筑工作；签订消防分包合同；签订幕墙分包合同；对弱电工程中标内容进一步洽谈；强电工程项目合同洽谈；内装饰方案调研。

会同区经委研讨纺织一条街的设计方案。

（5）接待公司刘平副总前来研究院现场办公，汇报了科研大楼的建设进度、财务状况，查看了地下车库等建设工地。

（6）3 月 10 日布展服装博览会纺织研究院展区和设计师展区。

（7）召开芳砜纶专题工作会议，由特安纶、纺研院、环保中心、压力容器检验站讨论整改进度，石墨换热器、卷曲攻关的设备、环保合格排放等改造进度。

（8）3 月 4 日进行 2009 年度公司项目科技带头人专家评审会。

（9）东华大学徐明稚校长一行前来纺织控股（集团）公司调研，汇报了公司技术创新工作和产学研项目的情况。

技术中心的工作

（1）组织第十五届上海市国际服装纺织品贸易博览会参展布展工作（3 月 10～12 日），技术中心组织相关企业参展，共计 70 个展位。

（2）在纺织制造与贸易事业部牵头的“部门联动”会议作“科技政策”宣传，商讨如何进一步为企业服务事宜；卢可盛主任在经济活动分析会上作“科技政策”报告。

（3）与凤凰毛毯商讨产品研发事宜；组织专家对装饰所重点产品“竹浆纤维混纺装饰织物关键技术研究及产品开发”进行鉴定。

（4）召开专题会议，布置申报上海市和中国纺织工业协会科技进步奖事宜。

（5）参加“科技带头人”组织与评比工作。

（6）参加东华大学与公司“科技合作与学生就业”座谈会。

（7）对公司颁发的“关于落实支持企业生产经营若干意见的通知”有关部分进行修改。

（8）陪同封总到北京拜访中国产业用纺织品行业协会、中国棉纺织行业协会、中国针织工业协会，就大丰项目进行调研。

（9）参加中国产业用纺织品行业协会第二届四次理事长工作会议，商讨由上海纺织牵头成立特种（军用）纺织品分会事宜。

3.2.4 2009 年 4 月

（1）4 月 10 日根据市台办要求，接待台湾纺织产业综合研究所汪雅康董事长带领的台湾纺织产业综合研究所同行来上海市纺织科学研究院参观访问。参访团成员有：

叶义雄 台湾纺织产业综合研究所副董事长，纺拓会副董事长；

戴荣吉 亚洲非织造布协会荣誉会长，台湾产业用纺织品协会理事长，康那香企业董事长；

鲍泰钧 台湾区人造纤维制造工业同业公会理事长，中兴纺织厂股份有限公司董事长；

姚兴川 台北科技大学分子科学与工程系教授，纺织产业综合研究所董事；

叶正涛 台湾科技大学高分子工程系暨研究所教授，纤维及高分子领域召集人。

（2）4 月 8 日陪同中国纺织总会科技发展部李金宝司长到里奥、特安纶考察。

（3）召开研究院办公会议。会议内容主要有以下几点：

①纺织工业调整和振兴规划。

②关于振兴上海纺织三年科技行动计划的建议，市科委关于支持国家级科研设施和基地建设的办法。

③财务技术开发费抵扣 150% 企业所得税的申报工作。

④科研成果申报工作。

⑤公司领导支持科研大楼项目建设。

⑥推进特安纶关键技术攻关，促进技术创新成果产业化。

⑦一季度经济完成情况分析。

（4）4 月 13 日参加市科委会议，要求提供“关于振兴上海纺织三年科技行动计划的建议”。

（5）4 月 14 日参加市科委转制科研院所会议，推进转制科研院所改革和发展。

（6）召开特安纶现场调研会（4 月 2 日）和芳砜纶产业链工作会议（4 月 21 日）。芳砜纶生产全线打通，产品质量达到预定目标。

（7）抓好科研大楼项目进度和各专业的分包招标。确保科研大楼项目按节点顺利进行。

完成主楼 8~12 层水泥浇筑工程；完成地下车库照明装置安装及分隔墙体砖工程；准备地下车库人防工程质量评估报告；签订弱点系统工程承包合同（江苏东大金智建筑智能化系统有限公司上海分公司）。

（8）9 日召开党委会，通报了公司党委根据市国资委党委《关于印发〈市国资委系统“坚持科学发展，推进‘四个确保’，争创党建标杆”主题实践活动方案〉的通知》（沪国资党委〔2009〕40 号）文件精神，要求我院结合此次深入学习实践科学发展观活动，在全院范围内开展“坚持科学发展，推进‘四个确保’，争创党建标杆”主题实践活动的工作部署。

（9）4月23日接待华夏企业文化的各位领导来纺织科学研究院交流指导工作。

技术中心的工作

（1）4月20召开公司技术创新工作会议。

①市科委关于支持国家级科研设施和基地建设的办法。

②贯彻纺织工业调整和振兴规划。

③关于振兴上海纺织三年科技行动计划的建议。

④财务技术开发费抵扣150%企业所得税的申报工作。

⑤科研成果申报工作。

⑥推进特安纶关键技术攻关，促进技术创新成果产业化。

⑦落实2009年公司技术创新计划，做好项目审计。

⑧组织《市高新技术产业化重点项目计划》和《市火炬计划》项目申报。

⑨6个项目申报上海市科学技术进步奖。

⑩为2009年公司项目科技带头人颁证。

（2）组织特安纶公司“芳砜纶耐高温纤维新材料产业化工程和产业链攻关”申报《2009年度上海市高新技术产业化重点项目计划》。

（3）组织有关专家对纺研院承担的2006～2007年度《上海市引进技术的消化和吸收计划》两个项目进行验收和鉴定（“运用生物酶的棉及其混纺织物连续前处理助剂及工艺的研制与开发”“活性染料低盐染色工艺和助剂的研究与应用”）。

（4）参加上海工程技术大学与公司产学研合作会议。与上海工程技术大学研究产学研合作事宜，朱勇副总裁、孙培雷副校长出席。

（5）与联吉相关人员、东华大学顾利霞教授共同研讨“超柔软易染聚酯纤维的研制”项目事宜，该项目已申报国家科技支撑计划，有望批准。

（6）上报“市国资委出资监管单位科技创新情况调查表”。

3.2.5 2009年5月

（1）5月8日召开研究院解放思想讨论暨学习调研成果交流会议，院长作“贯彻公司三年发展规划，加快建设一流纺织科学研究院”讲话，形成推进我院科学发展的5个共识，分析纺研院目前存在的问题及突出矛盾。布置下阶段工作要求。

（2）5月6日接待市经济信息委产业投资处侯金花副处长来研究院的指导，汇报了科研大楼的建设情况，预备上报“上海纺织研发基地及纺织服装技术公共服务平台项目”投资12837万元，听取了修改意见，已经网上申报。以争取政策支持。

（3）5月7日接待区商务委吴伟国主任来院指导工作。

（4）抓好科研大楼项目进度，本月已经浇筑第16层混凝土；通过人防验收；幕墙图纸、幕墙小样测试检验进度正在抓紧。

对科研大楼的装饰方案进行讨论，对大厅、会场、电梯厅、卫生间、办公楼等的装饰进行方案评审；进行空调工程招投标；落实强电工程方案；完成公司 ShangTex 方案的设计。

关于院科研综合大楼建设资金的申请得到了公司领导的大力支持，1800 万元 19 日已经到研究院账户。同时又支付了 600 万元工程款。

根据申创公司建议，公司领导同意，将在 6 月 18 日举行简单的结顶仪式。

（5）5 月 14 日参加工业和信息化部召开的质量工作电视电话会议。

5 月 15 日参加市质量技术监督局和市国资委有关质量工作的一天培训，听取黄小如局长和刘燮副主任的报告，朗志正教授对推行《卓越绩效评价准则》的讲课。

于 5 月 21 日参加全国科技院所大会，科技部政策法规司翟立新副司长作报告。

（6）接待中国产业用纺织品行业协会朱民儒理事长、欧洲非织造布协会的 Pierre Wiertz 总经理来院座谈，商量合作。

（7）5 月 18 日与公司资产管理部讨论“研究院有效资产进入有限公司”情况。

（8）召开芳砜纶产业链工作会议（5 月 25 日）。第二阶段的工作重点为：研究确定芳砜纶正常生产工艺，将前阶段的稳定生产工艺形成工艺软件包；减少德福伦卷曲过程中的强力损失；根据成品测试数据，筛选稳定加工过程中的油剂工艺；抓紧做好特安纶的环保验收工作，污水处理要增加泥水分离装置；进一步进行纺纱技术及面料开发的相关工作。对于是否上第二条生产线的技术方案、连续聚合、过滤技术等需进行考虑。同时尽量争取政府支持，获取相关资源，包括资金支持、政策支持等。

（9）5 月 25 日召开研究院班子成员专题民主生活会，进行书面发言。徐耀中同志参加了会议，对院专题民主生活会开展情况给予了充分肯定，指出我院党政领导在学习实践科学发展观活动中体现了求真务实的精神，肯定了民主生活会“准备工作认真、充分，个人发言标准高、要求严”。

5 月 27 日召开会议，对提出改进措施基础上形成的《分析检查报告》初稿进行了充分讨论，提出详细修改及补充意见，汇总整理后将形成《分析检查报告》征求意见稿。

（10）压缩了在五化纤的试验场地。目前在五化纤的短纤维后处理闲置设备，已无使用价值。进行了清理处置。

（11）争取了一项国家科研项目“纺织产业创新支撑平台”。根据国家发展改革委员会、科技部关于印发 2009 年国家重点科技项目计划的通知，该项目已经立项，由浙江省现代纺织工业研究院、东华大学、上海市纺织科学研究院、江苏省纺织机械工程技术研究中心等单位承担（后来又增加了中国纺织信息中心、中国纺织科学研究院、中国标准化研究院等 13 个单位）。

技术中心的工作

（1）召开芳砜纶产品一条龙开发会议，参加单位有新纺织产业、新联纺、毛麻所、日舒科纺、特安纶、东华大学环境学院、上海工程技术大学服装学院。拟在特种工业用耐高温材料、高温烟气过滤材料、新型纺纱、织造技术研究、防护面料等方面进行研发。

（2）到南通启东尼斯纺织有限公司考察芳砜纶牵切纺试纺生产现场。目前成条工艺已较成熟，下一步重点研究粗、细纺纱工艺，有望纺出适合作防护面料的强力较好的混纺纱。参加单位有新纺织产业、特安纶、上海工程技术大学服装学院等。

（3）到大丰纺织有限公司现场参观。重点讨论十七棉知识产权示范企业、市级技术中心转移至裕丰科贸公司事宜；与申达进出口公司商讨将其服饰研发中心升级为区级技术中心事宜；到海螺服饰研讨技术创新事宜。

（4）申报中国纺织工业协会科技进步奖工作结束。

（5）参加上海工程技术大学2009年产学合作教育工作会议，并代表合作企业发言；筹备纺织学会科普知识竞赛事宜；参加天祥生态产品认证委员会会议。

3.2.6　2009年6月

（1）6月2日传达了上海市推进高新技术产业化工作会议精神，围绕俞正声书记的重要讲话进行了认真学习，强调院所要根据市委市政府要求，共同推进上海市纺织高新技术产业化工作。

（2）参加接待国家工业和信息化部来我公司调研。

（3）在6月18日举行科研大楼项目简单的结顶仪式。(正式浇筑第20层混凝土)

席董对结构封顶表示祝贺并对研究院工作作了要求，他指出：研究院近几年的发展工作很出色，得益于上海纺织制订的“科技与时尚”、走高端纺织的正确战略；得益于研究院班子正确的领导、扎实的工作；得益于研究院下属各所、中心的共同努力。他强调，要不断提升科技研发对上海纺织核心业务的支撑和引领作用。要求研究院做好三项具体任务：

①努力打造上海纺织的中央研究院，加快“情报信息、标准检测、项目研发、成果转化”四大平台的建设和完善。在向一流硬件投入的同时，向科学运作的科研体系、高质量的人才队伍、一流水平的科研成果等目标软件上下工夫。

②为打造公司产业链提供支撑，加强技术攻关和技术创新，提升产业链的竞争优势。

③努力搭建一批公共服务平台，进一步为上海纺织和全国纺织提供服务，强调这既是对上海纺织核心业务的支撑，也是研究院自身发展的需要。

（4）召开学习实践科学发展观专题座谈会，听取对院《分析检查报告》的意见。

与会人员认真听取了分析检查报告，对报告给予了肯定，一致认为该报告是在前段时间学习调研、开展讨论、征求意见和专题民主生活会的基础上形成的，内容很全面，分析很到位，思路很清晰；同时提出了部分有益的建设性意见和建议。6月12日召开领导班子分析检查报告评议会，研究院领导班子分析检查报告评议结果通报。见附录。

（5）与海螺公司领导联系，来研究院参观合作；接待扬中市科学技术局刘局长关于碳纤维项目咨询的来访。

（6）全面启动院财务信息系统的工作。根据公司信息化领导小组要求，作为第四批上线单位，正式于本月进行了集中的培训。院部前期已做了“科目”的准备工作，所以整个财务 EAS 系统上线工作开展得较为顺利。已基本完成对系统数据的初始化工作，现正抓紧做好在新系统中的数据并进行录入工作。

（7）落实离休干部调整补贴要求，从2009年1月补起。全院27名离休干部要增加60万元，合计每年200万元。

（8）接市科委基地处的宋明毅副处长的通知，根据国家发改委和科技部的正式文件，纺织和集成电路产业支撑平台已纳入国家重点计划。

（9）接公司通知纺织科学研究院被评为“上海市文明单位（2007~2008 年度）”；色织所、服装所被评为“公司文明单位（2007~2008 年度）”；色织华印科工贸实业公司、毛麻检测中心、服装所全国服装科技信息中心、质量监督检验中心被评为“公司文明窗口（2007~2008 年度）”；服装研究所标准化室被评为“上海纺织市文明班组”；毛麻研究所检测中心设备部部长华根大被评为“上海纺织职工三学活动十佳标兵”；研究院工会被评为“上海市纺织工会教育培训工作优秀组织奖”。

（10）五化纤基地房屋租赁进行压缩，减少办公、仓库、机修、准备车间，保留主机生产场地。占地从2743平方米减到535平方米，建筑面积从3963平方米减少到1700平方米。经调整后的租赁费用为25万元/年。

清理对原上海华源科学技术有限公司投资事宜。研究院分别于1992年和1995年投资于原上海华源科学技术有限公司的60万元股权，由于被投资企业的多次变更，使投资关系发生变化。

①由于该项投资时间跨度较长，且被投资企业变更，出资性质复杂，给理顺投资与被投资、债权与债务之间的关系带来诸多障碍。

②由于原始资料缺乏，诉讼难度增加。

③由于出资额的性质变化，造成确权困难。

鉴于上述原因，现委托有类似诉讼经历的北京市隆安律师事务所上海分所的律师代理诉讼，利用其与上海仲裁委员会的关系和其他社会关系，争取全额索回出资额60万元。

（11）由吴光玉带队走访联吉合纤有限公司，了解困难企业情况，过一次特殊组织生活。

（12）6月25日召开芳砜纶产业链工作会议。为加强防护面料的开发，拟在8月下旬召开“芳砜纶耐高温纤维开发应用学术研讨会”。预先征文和发会议通知，形成一套芳砜纶耐高温纤维开发、卷曲、纺纱、混纺、色纺、染色、织造的工艺和检测数据，为将来新的市场客户服务。

技术中心的工作

（1）向朱总汇报技术中心上半年工作和下半年打算。

（2）组织专家对纺研院四个技术创新重点项目进行验收；参加纺研院军工项目“尼龙隔离网”验收及鉴定会。

（3）参加市国资委“推进本市地方国有企业技术创新机制研究”课题讨论并提供书面材料；与市经委等有关部门协调裕丰知识产权示范企业和市级技术中心转移事宜。

（4）参与筹备芳砜纶产品推介会。

（5）到三十六棉协调技术创新和知识产权工作；到纺织装饰公司商讨产业链联动和技术创新工作。

（6）以上海纺织协会知识产权专委会名义协调幸福家纺的知识产权工作；与天佑公司和节能环保中心一起探讨超临界 CO_2 进一步开发事宜；举办纺织学会科普知识竞赛。

附：领导班子分析检查报告评议结果通报

本单位学习实践科学发展观活动分析检查阶段采用召开集中评议会和书面评议方式，对领导班子分析检查报告进行了评议，在纺织控股公司指导检查组有关同志的监督下，经汇总统计，各项评议内容的评议结果为：认为对科学发展观认识“深”和“较深”的33票，占100%；认为查找问题“准”和“较准”的32票，占97%；认为原因分析“透”和“较透”的33票，占100%；认为发展思路“清楚”和“较清楚”的33票，占100%；认为改进措施“可行”和“较可行”的32票，占97%。

对分析检查报告总体评价“很好”和“较好”的33票，占100%。

会后，党委根据大家的评议意见对分析检查报告再次进行了修改，现将评议结果向党员干部进行通报。

上海市纺织科学研究党委

2009年6月15日

3.2.7 2009年7月

（1）7月1日召开研究院纪念建党88周年表彰大会暨党员座谈会。

会议对在2009年党建工作中表现突出、成绩显著的先进基层党组织（4个）、先进共产党员（14人）等进行表彰。对优秀青年科技人员（新蕾奖，9人）进行表扬。

技监所党支部书记杨钟玮、检测党支部书记李健、色织所金天痕、情报所陈建丽、毛麻所朱庆芳、服装所阿阳分别代表受到表彰的先进基层党组织和先进个人作了汇报发言。

院党委要求，当前要结合学习实践科学发展观，着重抓好以下工作：

①贯彻公司席时平董事长要求，努力建设一流中央研究院。要深刻领会和把握席董在我院科研综合楼结构封顶仪式上提出的三方面工作要求，在实际工作中认真加以贯彻。

②把发展作为第一要务，进一步抓好院所发展工作。要围绕公司三年发展规划、国家纺织中长期振兴规划和研究院发展规划，明确两个定位，建设四个平台，完善五项认证，优化经营模式和赢利模式。

③学习实践科学发展观，落实各项整改措施。

（2）7 月 14 日到特安纶召开会议讨论确定卷曲工艺路线的方案、二期的可行性方案，其中卷曲的技术路线是其中的关键之一。会上，杨厂长、解德诚等都发表了意见，强调还要加强检测，取得 1.5 旦、2 旦、2.5 旦、3 旦等不同规格纤维品种的工艺参数。

（3）7 月 14 日封总召开 Lyocell 纤维一条龙开发专题会议；到里奥讨论溶剂法竹纤维产品的开发，建议列为公司科研题目“高强溶剂法绿色竹纤维”；由技术中心帮助申请发明专利；设计纤维品牌吊牌；进行抗菌检测试验，纺织成布；进行产品策划等。

（4）规划纺研院信息化网络专线方案。结合较成功的园区和大型企业信息化管理方案，要形成一个完整快速的局域网络。

采用两根专线同时接入，考虑采取 10M + 10M 的两根专线线路，一条主要应用于机房各对外应用服务器，一条应用于内部网络使用；专线接入也需要从各楼层独立的专线网络改为新科研大楼统一的专线网络。

（5）组织海螺品牌发展咨询会，请东华大学刘晓刚、顾庆良、程隆棣、卞向阳、钱欣、袁蓉教授作品牌发展咨询。

（6）组织编写“上海纺织研发基地及纺织服装技术公共服务平台项目申请报告”。

（7）7 月 20 日组织中心组学习，学习“国有企业领导人员廉洁从业若干规定”和“中办国办印发关于实行党政领导干部问责的暂行规定”。要求干部认真学习关于党员领导干部问责制的若干要求，严格执行“三重一大”制度，按程序要求做事，执行公司纪委的相关要求，更好的促进全院科研经济的发展。

（8）召开研究院六届七次职工代表会，代表研究院行政领导向各位代表作 2009 年上半年工作汇报；同时传达公司半年度工作会议上席董、朱总、俞主席讲话的要求精神，进一步做好全年的科技经营工作。

（9）进行 2009 年度女职工专项体检，达到每年一次。根据年初与院工会订立的《2009 年度女职工权益保护专项集体合同》第一条第七项的约定，经与杨浦区妇婴保健院联系，对纺研院、合纤所、东纺公司的女职工进行专项体检，若常规检查发现疑似恶性疾病，加查“钼靶”项目。

（10）参加杨浦区人代会，听取宗明区长上半年工作回顾和下半年主要工作安排的报告。

（11）为了贯彻国家关于实行员工带薪年休假的规定，结合高温季节的情况，自 7 月

27 日星期一起，纺研院合纤所实行集体休假，此次高温季节集体放假冲抵员工带薪年休假 10 天。在集体休假期间，各部门作了安排，重要部门安排人员值班。因工作特殊不能进行集体休假的，采用轮休的方式安排员工休假。

（12）7 月 4 日参加市科协关于率先推进科技产业高端化发展的研究专家座谈会。

（13）进行“芳砜纶耐高温纤维开发应用学术研讨会”的开发论文、客户联系、会议安排等。

技术中心的工作

（1）参加上海市科技进步奖评审。

（2）组织东华大学、工程技术大学有关专家参加“海螺品牌发展研讨会”。

（3）到里奥参加封总、胡总召开的 Lyocell 竹纤维一条龙开发会议。

（4）协助民光开好年度产品订货会。

（5）与纺织设计院探讨科技政策享受事宜；到沪邦协调科技项目联合开发及政策享受事宜。

（6）到申安了解技术创新现状及协调新产品开发事宜。

（7）与正家公司探讨合作开发牛奶纤维事宜。

（8）参加上海市高新技术成果转化中心季度会议。

3.2.8　2009 年 8 月

（1）8 月 5 日参加朱总关于凌雅丽大师工作室的调研。提出了大师工作室现状分析及建议，大师工作室的定位是贯彻控股公司“科技与时尚”的发展战略，塑造设计大师加强品牌建设；在服装节平台向社会展示具有科技内涵的时尚形象；为公司外贸设计打样；实行 VIP 个性化定制等。

之后朱总又听取了赵玉峰大师工作室的情况，对发展中的一些矛盾作了协调和指导。

（2）8 月 5 日参加沈总召开的“超柔软易染聚酯纤维的研制开发应用”会议。由项目承担单位联吉公司介绍纤维一条龙开发情况，进行开发产品策划等。

（3）8 月 7 日接待科技部平台中心调研组（清华大学的李纪珍、王毅、高旭东教授）到上海调研纺织产业支撑服务平台的情况，如发展历史、组织体系、运行机制、范围、服务能力等。汇报了上海纺织研发公共服务平台建设情况，包括：

①网络工程建设。

②平台系统开发。

③平台服务推广工作。

④发展规划。

⑤重点汇报了“国家纺织产业创新支撑平台——标准与检测服务中心平台”的落实工作。

（4）8 月 13 日召开院所安全会议，贯彻公司世博会安保反恐维稳工作动员部署会议，传达党委书记、董事长席时平报告要求：提高认识；明确目标；落实责任；细化措施等。

同日召开了“深入学习实践科学发展观活动总结”会议。

在院中心组学习会上领导作报告：

①纺织产业技术的发展趋势。

②研究院科技发展规划。

③建设一流中央研究院的十个方面。

④构建上海纺织现代科技服务业：五本公开发行杂志、四个国家级检测站、四个纺织现代科技服务网站、建设三至五个设计大师工作室、建设服装设计及数码印花两个技术服务平台。

⑤建设一个科研生产基地。

（5）8 月 20 日召开“1000 吨芳砜纶设备完善技改项目”的技术论证会议

项目论证意见：本技改项目是一期 1000 吨产业化项目的完善，主要包含三方面的内容，一是一期项目建设中的不完善项目，包括已经发生的卷曲、污水处理泥水分离设备等；二是保证稳定连续生产的项目，如聚合和耐腐蚀部件的备品；三是提高质量降低生产成本的项目。同意本技改方案，希望特安纶公司按时间节点和项目的目标认真完成各项任务。

（6）8 月 24 日在沪纺大厦召开“芳砜纶耐高温纤维开发应用学术研讨会”，介绍芳砜纶纤维的性能及其应用；芳砜纶热防护制品性能与应用；芳砜纶织物在消防防护服装领域的应用探讨；芳砜纶纺纱工艺优化研究；影响芳砜纶织物撕破强力的因素分析及改进措施；芳砜纶耐高温染色纤维与芳纶 1313 原液着色纤维的性能比较等。

约 120 人出席会议，其中外地有 60 多人，主要是生产防护面料的纺织服装企业，朱总出席了研讨会。客户普遍反映良好，增加了一些新客户，初步落实了一些订单。

（7）8 月 26 日向市经济信息委汇报“上海纺织研发基地及纺织服装技术公共服务平台”项目和“皮芯复合无纺布”项目。纺织共有 8 个项目申报评审，其中纺织控股（集团）公司有 5 个项目。

（8）拟写五单位发言稿“坚持科学发展，推进科技创新，促进科技成果产业化”，报党委工作部修改。

（9）8 月 27 日参加与台湾纺织产业研究所的交流考察。

技术中心的工作

（1）参加联吉“PAST”产品产业链开发专题研讨会，为进一步发展出谋划策。

（2）参加封总主持的公司五个项目申报“上海市重点技术改造财政专项”预审会。

（3）芳砜纶项目技术攻关论证会。

（4）与芳砜纶汪总一起参加“上海市推进高新技术产业化新材料领域项目”对接会。

（5）到申安纺织探讨高新技术企业复审、明年申报市级技术中心、加计扣除等事宜；与海螺服饰讨论申报市级企业技术中心及打造产业链第二步打算。

（6）参加中国纺织工业协会科技进步奖评审。

3.2.9 2009年9月

（1）对上海质量体系审核中心年度复查的不符合项进行整改。

（2）进行公司内部产品质量抽查。组织棉纺织印染站、毛纺站和化纤分站分别对10家企业的10项产品进行定期检验和9家企业的9项最终消费品（含色布）进行抽查。

从抽查结果看，定期检验抽查的上海联吉合纤公司、上海德福伦有限公司、上海特安纶纤维有限公司、上海申安纺织有限公司、上海荷叶纺织有限公司、上海申荟纺织品有限公司、上海申孚棉纺厂、上海第三十六棉纺针织服装厂、上海七棉协联、上海三带特种工业线带有限公司10家企业的产品全部合格。最终消费品抽查的9家企业7项产品合格，合格率77.8%。这次产品抽查反映大部分企业质量意识较强，尤其是强制性国家标准所规定的技术指标，所有抽查企业全部合格。

（3）对科研大楼虽符合标准但不合理的部分召开设计变更专题会议。

①应业主要求，从防火考虑，外墙保温材料聚苯板3.5厘米改为胶粉聚苯颗粒保温浆料粉刷5.5厘米，中纺设计同意修改并出蓝图确认。

②中纺院空调设计图纸无问题，在设计的基础上可以增加部分冷量。

③幕墙圆角钢结构两根金属材料间加垫弹性材料、打防水胶、外封装饰条，确保不渗水，幕墙单位出细部图，设计认可。

④屋面雨水排水管设计原经楼内管道排水，现要求改为四个角落处向外排水，两个在中间管笼井内排水。考虑雨水流量大，管径由100毫米改为150毫米，设计认可。

（4）9月6日参加市经济信息委中小企业技术改造项目评审。目前市安排9000万元专门用于支持中小企业技术改造。

（5）召开公司技术创新工作会议，布置明年科研项目要求，落实席董对技术开发费的要求。要求围绕项目指南、核心主业、产业链攻关、产学研项目、外贸科研项目等进行。

（6）解决上海纺织新产品开发中心缺口，借款60万元。2009年在编员工9人，退休人员37人，离休人员2人。全年房租收入约为25万元，而全年支出约121万元（含退休离休人员承担费用32.4万元），收支相抵赤字约96万元。至2009年6月30日，产品中心账面货币资金约为32万元。2009年7～12月将净支出约53万元，缺口约21万元。特向院部申请借款60万元，待上海纺织新产品开发中心在资产处理中还款。

（7）9月18～19日参加市科委的科研院所研讨会议，讨论强化科研院所共性技术优势，提高公共技术服务能力，贯彻市推进转制科研院所改革和发展的指导意见。

纺研院也作了一个工作汇报：我院在市和各级领导的支持下，认真贯彻“科教兴市”发展战略，围绕“科技与时尚”的战略，重组院所科技资源，重构技术创新体系；制订研究院发展规划，优化科研选题和方向；加强研究院企业管理，提高科学管理水平；建立技术开发专项资金，推进自主知识产权；加强人才队伍建设，打造青年科技团队；实施研究院近期发展计划，构建上海纺织现代科技服务业（五本科研杂志、四个国家级检测站、四个纺织现代科技服务网站、建设三个设计大师工作室、建设两个技术服务平台即服装设计和数码印花、建设一个科研生产基地）。

（8）根据朱总的工作安排，9 月 23 日参加上海市服饰学会理事会第六届换届选举大会。东华大学副校长江建明任理事长、谭苐芸任名誉理事长、另 9 位和院长担任副会长。

（9）9 月 27 日参加市科委贯彻沪府办发〔2009〕33 号文“关于进一步加快转制科研院所改革和发展的指导意见”会议，其主要内容有：

各转制科研院所可依托已有的、具有较强公益性和战略性的共性技术研究基础，建设相关研发基地，申请筹建“上海市重点实验室”或“上海工程技术研究中心”。市科委进行考核评估，并根据评估结果给予相应的资助。

对具有突出共性技术研发能力和显著行业技术服务能力的转制科研院所，可申请开展整体改革试点，在将其研究开发及专业技术服务功能与产品生产功能进行分离后，以其研发服务功能为基础，整建制地转为“新型科研院所”。

新型科研院所以推进产业科技进步为宗旨，承担产业基础技术、共性技术和前瞻技术的研究开发及专业技术服务等公共职能及准公共职能（以下统称公共职能）。

转制科研院所原有的产品生产等其他非公共职能，可逐步从新型科研院所剥离成为独立运行的衍生企业。新型科研院所可以控股、参股等方式，设立衍生企业。

对新型科研院所在产业技术研究开发和服务中承担的公共职能，由市科委每年会同相关部门进行绩效评价，根据绩效评价的结果，通过政府购买服务的方式，对新型科研院所实际承担的公共职能给予相应的支持。

申请开发新型科研院所整体改革试点的转制科研院所，必须同时具备以下四个条件：

①仍然保留独立的法人资格。

②最近两个年度的科学研究、技术开发、技术转让、技术服务、技术咨询活动收入的总和，均超过当年总收入的 50%。

③相关专业领域的研发能力和服务能力达到国内一流水平，并在行业内具有公认的地位和影响力。

④承诺最迟在改革试点方案正式实施后的两年内，将原有的产品生产等非公共职能全部从新型科研院所剥离，并不再新增。

（10）8 月 28 日召开院办公会议，要求：做好三季度小结四季度计划；做好明年科研项目计划；落实整改方案的各条改进工作；做好科研大楼装饰计划等。并加强节日安全工作等。

技术中心的工作

（1）召开行业科技工作会议，部署制订2010年公司技术创新计划。会上对《2010年公司技术创新项目指南》作要点讲解，通报了前两年技术开发专项资金的审计情况。重点企业分管领导和技术负责人以及两高校科技处负责人参加。

（2）完成技术开发费项目的合同准备和相关配套工作。在复核项目计划任务书和准备规范合同的基础上，全面落实了企业项目资金单独财务列账的承诺书，并做好所有产业链资金分配的协调工作。完成全部财务程序。

参加2007～2008年度科技资金审计通报会，听取审计报告并汇报项目进展和资金管理情况。贯彻席董的要求，明确进一步做好资金管理的工作目标。

（3）继续加大产业化项目攻关和产业链建设。经过前一轮推动，特安纶已与东华大学和华东理工大学签订技术攻关研究的合作协议，开始围绕聚合等关键工序开展新一轮技术研究。

就新型超柔可深染聚酯纤维等产业化项目的开展与联吉公司班子研讨，包括性能改进的技术攻关、业内产业链的打造以及品牌策略等。继续组织纱线试纺和印染工艺研究。支持联吉与东华大学共同申报国家化纤产业的创新联盟。

讨论Lyocell竹纤维项目集中牵头组织技术攻关和打造品牌的方案。

（4）帮助企业做好技术创新体系的工作。深化技术创新，支撑海螺品牌建设的系列活动。并派员召集企业技术设计人员，挖掘专利课题。

推进数字化服装快速设计制作服务平台的建设，推进研究技术配置、设计制作和产业链互动机制。

与飞马研讨外贸业务中的产品创新，支持做强自营业务。

按市技监局文件精神，进行外贸技术贸易应对措施的调研。

（5）参加与经委产业投资处领导的座谈会活动；参加沪邦申益装修改造方案评审；为公司工会班组长作科技培训。

3.2.10　2009年10月

（1）10月9日召开院办公会议，讨论了第四季度和明年有关重点工作；10月12日召开院行政办公会议，对四季度重点工作和明年工作作了要求。

传达了市委、市政府及市科委等部门下发的《关于进一步加快转制科研院所改革和发展的指导意见》（市府办33号文）等文件。就转制科研院所进一步改革的对象与条件、程序与办法以及对我院今后发展的影响和意义做了阐述。并对作好本周三下午迎接市科委等部门来院视察及调研的准备工作进行了动员和部署，强调全院各级干部要高度重视，认真、细致地做好14日下午的接待准备工作。

（2）10月14日市科委来纺研院调研，参观数字服装平台、情报杂志信息平台、大师工作室、面料工作室、科技展示厅、国家毛麻检测站、南测中心环保检测等，朱勇总裁作了讲话，院领导作了汇报。科委出席领导有：

徐美华	市科委秘书长（副组长）	钱维锠	市科委副总工程师
刘俊彦	市科委体改法规处处长	胡　缨	市政府督查室
杨越峰	市科委办公室	许小锋	上海科研院所长协会秘书长

徐美华在调研后作了讲话：今天看到很多东西，多年没来，也出乎意料。纺研院的检测、情报等公共服务不但保留至今而且发展壮大很不容易，这当中科委有支持，但更多靠的是研究院的改革精神、领导班子的使命感和纺织人的韧性。尤其在几乎没有政府支持的情况下，纺研院有很多方式和手段继续为行业提供服务，承担更多的公共职能，非常值得称赞，这与院本身的改革和公司开放的姿态与心态有很大关系，她对多年来公司的正确领导表示肯定。她强调市政府近期出台的33号文，是要强化转制科研院所的公共服务功能，探索新的体制和新的机制。因为每个院所的情况不一样，所处的行业也不同，因此支持的方式也会不同。市科委正在学习发达国家和地区的成功做法，通过学习和启发，不断探索新的路子。同时建议我院可以先提出工作方案，就如何强化社会服务职能包括改革方式，进行进一步的研究和交流并逐步细化。市科委将采取“快启动、慎推动”的工作原则，贯彻落实市文件精神。

（3）10月14日封总带领投资部检查了科研大楼装修现场。

（4）10月15日召开芳砜纶产业化生产和产业链攻关会议，讨论下一步的工作目标（项目攻关改造、产学研合作攻关、市场开发情况）。喷丝板试验1.5旦纤维×38毫米，1.5旦纤维×6毫米；产能从14头增加到18头；进行消防战斗服的外层面料开发等。

（5）10月19日举办上海市科协第七届学术年会——2010′纺织服装新趋势、新材料、新技术应用报告会。本次会议由中国纺织工程学会、上海市纺织工程学会、上海市纺织科学研究、上海市服装研究所、上海市科协学术部共同举办。

（6）10月27日召开院办公会议，传达席董23日所做的对明年工作的要求。今年指标完成满意，是经受了考验，抓紧最后两个月工作，考虑明年工作要再费心。再提几点要求：

①重大项目要花精力，发展与项目有关，要考虑2011~2013年的项目。

②制造与贸易方面，要考虑外贸、优势企业，考虑龙头与申达企业发展，要赶超东方集团，联吉再增加5亿元，保持适度规模，适度投入。

③数码服装打样线，担心走样，首先为业内服务，不以赢利为主。

④时尚产业、创意园区方面，要考虑功能性，整合时尚资源，对外要符合市政府战略，与产业对接。艾市长讲，创意园区为产业服务，如东纺谷、尚街品牌街等。

⑤科技研发方面，攻关要紧紧抓住三个项目：芳砜纶、Lyocell、Parster；继续搜索对产业发展有引领作用的项目；纤维品牌运作，事先想好如何宣传，可请专家讨论，推动；抓紧考虑研究院内部资源整合、内部组织结构等。

（7）10月26日参加杨浦区第十四届人大代表履职报告会议。

（8）科研大楼每周召开工程例会，协调工程进度、质量、安全等；进行现场检查。

石块与玻璃幕墙已经完成13~20F，开始拆除上部脚手架；消防喷淋风管协调走向，提高吊顶层高；卫生间先做样板；电梯走道改进分层吊顶；改进地下车库管道走向；屋面开始清理，女儿墙上部已收工，现正抓紧安装公司司标的支架。

目前四家装饰单位已全部进场施工，强调安全工作、安全用电、装饰楼层内禁止吸烟、易燃品要保管好、进出工地要戴安全帽、加强现场管理，装修木龙骨，大板剖开后两侧防火涂料不能漏刷，要求各施工单位严格按照设计要求、按照施工规范要求施工，确保工程质量。但是整体工程进度仍很紧张。

技术中心的工作

（1）参加芳砜纶技术攻关会议。

（2）召开Lyocell竹纤维产品开发一条龙会议。

（3）组织专家对纺研院承担的公司技术创新项目“汽车电机用防水透气材料研制”验收。

（4）初步拟订2010年公司技术创新项目计划草稿。

（5）参加由刘总召开的2009年国资代表业绩考核指标准备会，并提供准备资料。

（6）与申达进出口公司商讨申报区级技术中心事宜；为毛麻所申报上海市高新技术企业作协调。

（7）技术中心派人员参加广交会产品调研工作。

3.2.11　2009年11月

（1）11月4日与商检局商谈合作事宜，检管处处长谢秋慧、检管处段冀渊博士、工原中心纺织品检测中心实验室主任陆维民、魏孟媛博士等参观了研究院并进行了讨论。

（2）11月5日召开院办公会议，讨论了研究院2009年度工作总结和2010年工作计划。

（3）11月6日接待中国纺织工业设计院叶书记等领导来院商量大楼设计衔接。

（4）11月9日联系、走访公安部消防研究所，介绍芳砜纶耐高温纤维产业化生产等情况，讨论消防服面料开发等。

（5）11月10日接待市委组织部来研究院座谈，拍摄孙晋良在纺研院工作的情况，朱勇总裁出席会议并做了介绍。孙院士现担任上海市纺织科学研究院副院长，1984年担任特种纺织品研究室主任，2000年根据市领导要求，转到上海大学任复合材料研究中心主任。在纺研院工作期间，长期从事碳/碳复合材料、特种纤维及特种纺织材料等方面的研究工作。研制成功的各类碳/碳复合材料已应用于多种固体火箭发动机喷管及防热系统。

（6）11月10日研究院党委讨论了2009年度党委工作总结。另起草了院2009年科研资产经营工作小结和2010年工作计划，及时上报给公司领导。

（7）11月17日召开公司2010年技术创新计划项目评审会。

（8）召开院办公会议，讨论处理原合纤所“协保”留用人员分流补偿费的历史遗留问题。决定就合纤所原协保人员现仍在本所工作的人员（共9人），按原分流安置时规定享有的补贴政策（有的回来工作又交回补贴的），在达到其法定退休年龄前6个月给予原来规定的分流补偿费。

（9）11月19日接待市国资委研究室甘春开副主任等领导来研究院工作指导和园区调研。

（10）11月20～21日参加公司2010年度工作务虚会议。

（11）11月26日召开2009年院中层干部述职会议。

（12）11月26日召开院办公会议，传达席董在公司年度工作会议讲话要求。

第一，应对危机，奋力拼搏，全面完成年度预算和任务。

今年1～10月完成情况：主营186.5亿元，目标220亿元，比去年同期减少9.7%；利润3亿元，目标2.2亿元；进出口19.85亿元，比去年同期减少13.3%，出口减少12.7%；应收账款13.45亿元，比去年同期增加1.89%；周转天数22天，存货18.7天。完成原因：

①前几年调整取得效果。

②外资制造业应对及时，稳住阵脚。

③得到国家政策支持，里奥和特安纶科技研发有进度，特安纶支持600万元。

要抓好规划，安排周到。明年1月签约，制订两份责任书。非主业要收缩，消壳要完成，整改项目要完成。

第二，明确目标，细化措施，确保上海纺织三年规划的实施。

要落实“十二五”规划，以后做什么，规划的前几年仔细些。

①敢于发展的魄力。

②配合大局的境界。

③扎实的措施，纺织调整文化→发展文化，没有发展魄力，没有大的项目，在比较竞争中就要输，战略要冒险，控股公司与有限公司重组，上市公司第一阶段工作年内要实施，功能板块要融入上海纺织，纺研院为发展做了工作，党干校为时尚发展做了规划，两步走的方案，要自觉融入，拿出东西给纺织控股（集团）公司，时尚产业部要组建成功，利润格局、资产、人员会有变化，要提高配合大局的境界。

④要有扎实有效的措施。

第三，认真学习，联系实际，落实党的十七大四中全会精神，加强党建。

开了研修班，提出五个加强即：学习性领导班子；长效机制；党建；干部队伍建设；和谐纺织建设。以及四个要求：

①强化党要管党的意识，解决不适应、不符合的情况，在国企是党派出的干部，要起政治核心作用，参与决策，带头执行，发挥党委作用。

②提高党要管党的能力，中心组学习 12 天，领导找班子谈心，行政与党要围绕党的工作做。

③创新党要管党的制度，执政党委要讲程序，加大公推直选力度，扩大党内民主。

④落实党要管党的责任，党风廉政建设。

会上还传达了俞主席讲话要求，今年抱团过冬，没有冬眠过冬，取得比预期更好的效益，并提出了两个建议：一是以紧迫态度办紧迫事，二是把正确的事情做正确。

（13）拟写关于“进一步加快转制科研院所改革，开展整建制改革试点”的议案。向席董和朱总报告。提交公司总裁办公会议讨论。

（14）科研大楼工程进度情况。形象进度简述：

幕墙工程基本完成；外脚手架拆除完毕；3～20 层门窗工程完成安装；外墙进行涂料工程；楼层电缆开始安装；内装饰楼层龙骨吊顶基本完成；层面混凝土浇筑工程完成；10～18 层地坪施工完成；会场和会议室的装修全面开展，要求各施工单位，严格按照设计要求和施工规范要求施工，确保工程质量。但是整体工程进度仍很紧张。

（15）收集科研成果产品“碳碳喉衬”和“飞行服”提供给纺织博物馆。

技术中心的工作

（1）到市国资委与规划发展处领导沟通研发费视作利润事宜。提供了文件和项目材料。

（2）组织行业专家和东华大学及上海工程技术大学教授，围绕公司产业链攻关和产学研项目，对公司 2010 年技术创新项目进行评审。

（3）组织联吉等有关企业领导到三枪对接 Parster 纤维合作开发事宜。

（4）组织专家对德福伦、汽车地毯承担的上海市经委信息委项目进行验收。

（5）参加 2010 年度轻工、纺织军工配套衔接交流会。

（6）与上海纺织协会讨论“产业用纺织品调研软课题”具体事宜。

（7）参加 2009 年全国色织布行业会议。

3.2.12　2009 年 12 月

（1）12 月 3 日召开院办公会议，讨论了研究院关于进一步加快转制科研院所改革，开展整建制改革试点的议案。向席董和朱总报告情况。

（2）12 月 2 日接待上海科学技术开发交流中心吴冈主任、上海总工程师协会李树钧副理事长来院商讨成立上海纺织技术交流平台事宜。

（3）12 月 4 日由市科委刘俊彦处长召开各种工作小组会议，听取纺研院关于进一步加快转制科研院所改革的情况。

（4）12 月 5 日由朱总带队会见台湾两岸投资交流考察团。考察团成员有：

经济部工业局　高惠雪副局长、洪辉嵩科长

经济部投资业务处　余吉政副处长、张宴薰科长、经济部技术处詹家玮专门委员

中华民国全国工业总会　蔡练生秘书长、黄建群专员

安侯企业管理股份有限公司　刘绪绫协理、刘心纮副理

工业技术研究院　陈中屏组长

纺织产业综合研究所　汪雅康董事长、连荣盛副所长

纺拓会　黄伟基秘书长、陈宏一专员、方元珍专案经理

（5）拟写关于落实发改委高技〔2009〕1163 号文件《2009 年国家重点科技项目计划》中 2008DKA50100 纺织产业创新支撑平台项目的工作汇报，向科技部汇报。

（6）12 月 15 日召开芳砜纶产业化生产和产业链攻关会议。就项目技术改造、纺丝生产稳定性、改进喷丝组件、开发耐更高温度的纯芳砜纶滤料、试验纱线、防护服面料的试样、高性能阻燃防护服的开发、纤维染色的研究开发等问题交流了意见，明确了下一阶段的攻关要求：

①德福伦要进一步试验 130 毫米卷曲轮，验证该工艺能否进一步提高卷曲性能和产量。

②协作开发新型油剂，首先在新型油剂的扩大化试验的基础上，论证其有效性，确定其最佳配方和工艺。

③与东华大学合作，深化喷丝板结构的实验，争取获得有效参数，进行扩大化试验。

④由特安纶牵头，印染、色织、毛麻等单位配合，对消防面料、石油工装等常规用纱进行一定比例的备货。颜色以橘红色、深藏青、荧光为主。

⑤面料的开发上主要以抢险服用橘红色面料、工装面料和荧光面料等为主开发，纺科院联合各大研究所和特安纶共同开发，并与消防所合作攻关消防面料。

（7）12 月 22 日由市科委和上海社会科学院政府绩效评估中心顾主任来院调研，听取纺研院工作情况汇报，讨论公共财政的绩效评估考核要求。据了解纳入第一批汇报和评估的有四家研究院所（化工研究院、电缆研究所、电工所、纺研院）。

（8）接待杨浦区商委、区发改委、区财政局等领导来院了解科研大楼项目的进展情况。

①投资 9785 万元建设上海市纺织科学研究院科研大楼，整合院内所有科研资源，建成综合性纺织研发基地，为生产科研服务提供必要的场地及基础设施支撑。

②建设数码服装设计快速反应系统，实现对服装企业的设计与技术支持。购置进口三维无接触式测量仪、单层裁割系统加配铺布机、电脑铺布机、电脑自动裁床、读图版、喷墨绘图机、3D 测量仪、切割绘图仪及 CAD/CAM 软件等，集成实现服装设计快速反应机制。

③建设上海市纺织专业数字信息服务平台，提供科技信息及增值服务。装备 11 台进

口主流服务器、磁盘阵列和10M独享光缆，构建高性能信息服务平台控制中心，配置国产多媒体查询机、通道机、条码扫描仪，结合图书借阅管理系统、条形码系统、操作管理终端、操作系统及数据库软件。

（9）科研大楼工程进度完成情况。幕墙和玻璃工程基本完成；塔吊拆除完毕；地下车库基本完成；基础沉降带开始混凝土浇筑；大楼电梯完成安装；内装饰楼层龙骨吊顶基本完成；会场和会议室的装修全面开展；大楼门厅开始动工；自来水公司管道施工拖了工期，整体工程进度仍很紧张。

（10）稳定工作方面，由国资委召集东方国际（责任主体）和纺研院协调某离休老干部长达五年的信访问题后，其承诺结束信访。

（11）关于处置纺研院所属常德路610号使用权房屋的请示报告如下：

纺研院所属印染技术研究所静安区常德路610号被列入市政动迁范围。自9月2日起，经院所多轮沟通、谈判，直至12月28日由控股公司时尚产业事业部领导肖卫国、院所领导以及静安区动迁办公室领导与动迁公司领导沟通、谈判，达成动迁预案，现将该处房屋的处置方案报告如下：建筑面积为318.15平方米；房屋属性为使用权生产用房；拟处置土地房屋受让方为上海市静安区土地管理中心。

拟处置收益：动迁补偿收入为1720万元，每平方米5.41万元。房产评估价为867万元，每平方米2.725万元。处置资金使用计划为上交公司结构调整金172万元，处置成本及搬迁费用460万元，房屋租赁损失补偿140万元，处置收益约为948万元，该项资金用作我院科研大楼建设的专项资金，用于弥补科技大楼项目的建设资金缺口。

12月31日公司总裁办公会议通过以后，由控股公司吴光玉副总、院所领导以及静安区动迁办公室领导与动迁公司签订动迁协议。

（12）12月30日接待市安监局马建清处长、沈耀庆副总裁和各位安全检查专家来纺研院进行安全检查和指导工作。

技术中心的工作

（1）在联吉召开Parster条龙会议，七家相关企业、研究院参加。

（2）组织联吉有关领导到嘉麟杰公司对接Parster纤维合作开发事宜，三种纤维已交付试制。

（3）上海科学技术开发交流中心有关部门领导到纺研院调研并商讨成立“上海纺织技术转移公共服务平台”事宜。

（4）与海螺服饰、申孚探讨明年技术创新有关工作。

（5）上海市名牌（纺织服装组）评审。

（6）与飞马、民光共同商讨“舒欣垫”产品发布会事宜。

（7）在上海纺织协会牵头下，到青浦区练塘镇商议服务和合作事项。

3.3　2010 年

3.3.1　2010 年 1 月

（1）1 月 4 日召开院中心组学习会议，院长首先介绍了公司 2010 年工作会议的基本情况，传达了席时平董事长题为《深入学习实践科学发展观，为推进公司三年发展规划凝心聚力》的工作报告；朱勇总裁题为《抓住机遇、努力拼搏、加快转型，为确保完成三年发展规划目标任务而奋斗》的讲话精神。

大家在讨论时一致认为席时平董事长和朱勇总裁的工作报告立意很高、务实全面，各自从不同角度对公司 2009 年的工作和 2010 年形势与任务进行总结和分析，使大家认清了形势、明确了发展任务，对公司的发展充满了信心。大家深深感到，两篇报告都突出强调“发展”二字，既令我们备受鼓舞，又深感责任重大，必须履行好为公司核心业务提供技术支撑和技术服务的职能。

院领导提出了三点要求：一是要认真贯彻公司“科技与时尚”的发展战略，发挥科技创新的引领支撑作用；二是要抓住当前有利的发展机遇，进一步加快院所发展的步伐；三是要研究制订好院所“十二五”发展规划，谋划好 2010 年的各项工作，把各项工作做得更好。将会议精神贯彻落实到 2010 年的各项工作中。

（2）1 月 4 日召开了院长办公会议，对当前院所科技创新工作等提出了工作要求。

①尽快制订院所 2010 年经济责任书和党建责任书考核指标，与各单位进行讨论，春节前完成签约。

②研究制订公司“三条龙”产业链协同攻关实施计划，其中芳砜纶项目由胡申伟、解德诚牵头负责；联吉项目由张庆牵头负责；里奥项目由公司技术中心牵头负责。

③完成 2010 年院所科研计划的制订下发。

④按公司要求，启动研究院“十二五”规划的制订工作，各单位制订好本部门规划上报院部。

⑤贯彻市政府 33 号文件精神，做好我院有关转制科研院所深化改革和发展的申报工作。

⑥抓紧推进科研综合楼项目建设；研究制订有关管理制度和办法。

⑦组织召开院六届八次职工代表大会。

⑧落实数码地毯梭织机购置和演示准备工作。

⑨完成 ISO 转版文件修改和培训工作。

⑩做好党建责任书签约准备；加强院所世博会期间各项安全保卫工作。

（3）科研大楼工程进度完成情况。本月屋面工程、地砖、内墙涂料、木门扇、铝合金窗扇、玻璃、梯间栏杆、扶手、地下室地坪、坡道防滑条基本完成；外墙保温、幕墙、雨篷、外墙涂料已全部完成；电梯已通过验收；空调风管、消防、弱电、安保配合装饰楼层已全部完成，现在正进行收尾工作。

会议室、办公室的装饰吊顶及分隔墙已开始批白、刷涂料，卫生间墙、地砖、吊顶基本完成，木地板、地格栅已在铺贴，走道地砖即将完成，部分橱柜已开始油漆，总体进度有所加快，可是外场下水道排管、砌阴井总管的工程进展缓慢。

无线覆盖方面，电信、移动、联通三个公司开始在院内租房装备设备，上海电信固话同时在院内开始项目建设。

另外，工程项目增加电增容费23.2万元；自来水增容费用62万元。自来水工程费用127万元。整个工程项目付款达到8100万元。

（4）1月8日参加公司党组织的特色工作交流，纺研院党委“以人为本、开拓务实，努力建设创新科技团队”的交流获得了三等奖。

（5）1月14日向公司检查指导组汇报“学习实践科学发展观活动整改落实情况”。

我院按照控股公司的统一部署和要求，完成了29项整改内容中2009年要完成的全部21项工作任务。同时，在取得阶段性成果之后，我院将继续把学习实践科学发展观作为一项永续工程，常抓不懈。

公司第一检查指导组在听取汇报后，徐耀中组长表示，研究院通过学习推动实践，整改项目体现得很实在；全院学习实践活动的五个环节、“条龙”推进很有效；29项整改任务既是目标也是新的起点很明确；院学习实践活动领导小组和工作小组工作很投入。希望我院继续努力，根据整改落实方案进一步采取有效措施，扎实推进后续工作。

（6）1月12日参加杨浦区检察院与重点研究院的座谈会，听取区人民检察院检察岳杨的工作报告，并且进行座谈。

（7）1月14日参加杨浦区委陈安杰书记召开的“创建国家创新型试点城区”座谈会。

（8）1月25日接待国防科工局军工质量体系GJB/Z 9001—2001调研，由童惠萱处长、熊大田、李晓沛、张锡安三位专家进行了调研。

（9）1月26日召开东华大学—上海纺织控股（集团）公司“研究生联合培养基地”工作研讨会。

封总、人力资源部、技术中心部门领导、企业导师、东华大学邱高副校长、各相关学院领导和研究生部领导出席会议。围绕“如何深化合作培养模式、如何基于‘基地’培养应用型专业学位硕士研究生、学校如何协助企业导师选择优秀学生和目前基地培养中需要解决的迫切问题”等内容进行研讨。

（10）1月27日院部与职工方代表进行《2010年集体合同》等三项集体合同协商会议。

职工方代表蔡建平代表院工会作了“关于2009年三项集体合同执行情况”的报告，对《2009年集体合同》《2009年工资专项集体合同》和《2009年女职工权益保护专项集体合同》的履行情况做了汇总评价，认为2009年在院党委的领导下，经院方和全体员工的共同努力，全面完成了2009年各项经济指标和管理目标，所签订的三项集体合同在执行过程中，双方认真、全面地履行了集体合同规定的各项条款，职工收入较2008年有新的提高，总体执行情况完好，职工普遍表示满意。

经过协商讨论，双方一致同意将2009年签订的《集体合同》《工资专项集体合同》和《女职工权益保护专项集体合同》的期限延长1年至2011年2月底。

院领导表示：集体协商是重要的企业民主制度，职代会与院行政是相互依存的。2010年院行政将对三项合同继续认真加以落实。他强调研究院的持续发展是实现广大职工权益的根本保证，院行政将努力承担自己的责任和义务，把各项工作做得更好。

（11）1月29日召开了纺织科学研究院六届八次职工代表大会，院领导向职工代表作了2009年度工作汇报。利润总额指标150万元，完成1355万元；科研投入指标500万元，完成1125万元；应收账款指标600万元，完成375万元；存货指标600万元，完成336万元。

（12）收到市委研究室编的调查研究2010年第2期，《集聚科研资源　坚持创新发展》——对上海纺织科学研究院建设成为行业中央研究院的调研。肯定了纺织控股（集团）公司的战略，文章谈到几点启示：

启示之一，上海纺织控股集团的重视与支持是科研院所转制成功与行业科研力量不散的先决条件。集团要为科研院所的转制把脉定向，结合产业发展确立战略导向，明确产业发展的方向与目标，做到科研与产业的融合；在具体实施过程中则提供必要的政策支撑与财力支持。上海纺科院在上级纺织控股集团指导和助推下，明确了战略导向与转型定位，才取得了稳定、快速的发展。

启示之二，科研院所转制成科技服务型企业必须树立市场意识和竞争观念，明确产业发展方向。

启示之三，科研院所转制要注重资源整合，充分发挥科技优势，立足科技创新，拉长产业链。

启示之四，转制科研院所发展要注重营造良好的人才环境。实现科研院所跨越式发展，根本出路在于人才。

（13）参加与东华大学产学研合作答谢暨科技顾问及工程院士迎新会。

（14）本月每周六参加同济大学“节能减排与科学发展观”的研修班学习。

技术中心的工作

（1）技术中心牵头举办“舒馨垫”新闻发布会。1月25日，纺织有限公司技术中心与上海纺织两家品牌公司——飞马进出口公司和龙头股份民光国际企业公司在纺研院会议厅召开“迎世博，科技新品‘舒馨垫’新闻发布会”。

（2）参加封总召开的科技规划讨论会及“十二五”规划座谈会。

（3）朱总协调三枪参加中国国际针织博览会事宜。

（4）协助人力资源部召开东华大学与公司“研究生联合培养基地”工作研讨会。

（5）技术中心召开技术创新例会，通报近期情况，布置相关工作。

（6）参加投资部牵头的与德国 Filateck 公司的技术洽谈。

3.3.2 2010年2月

（1）2月2日召开研究院2010年度科研与经营管理目标、党建工作、安全责任书签约会。院长传达了公司席时平董事长的工作要求，代表院党政对2009年各单位和部门所取得的成绩表示感谢，勉励大家在新的一年中认真贯彻公司各项工作要求，共同挑起建设一流中央研究院的重任，继续为全面完成公司下达的资产经营目标而努力工作。

一要以建设一流研究院的标准做好各项工作。要把全院的思想统一到建设和发展上来，把全体员工的智慧、力量凝聚到争创一流的工作中来，奋力拼搏、争创一流，不断开创我院各项工作的新局面。

二要脚踏实地完成好公司下达的各项任务指标。要全力以赴确保完成今年公司下达的各项目标任务；完成好今天签署的三个责任书内容，在2009年取得成绩的基础上，抓住机遇、迎接挑战、再接再厉，争取更大成就。

要求通过签约，留下承诺、带走责任，努力拼搏、扎实工作，不辜负全院职工的期盼，不断开创我院各项工作的新局面。

（2）2月5日参加丝绸股份公司股东会议，其主营收入27.1亿元，利润总额1.3亿元，净利润9847万元，每股分红0.6元，纺研院可以分得300万元。

（3）2月8日参加市科委召开的转制科研院所座谈会，科技部3月将在上海召开科技厅局长会议，听取上海科研院所转制的情况。

（4）2月10日接待公司梅局长、丁局长等老领导来纺研院所参观座谈。

（5）科研大楼节前工作基本完成，会议室已经试用。消防水管地下铺设完成，外墙地坪基本完成，绿化草坪已铺，大树移种完成，1～9层、19～20层装饰基本完成，6～9层防盗门套门扇包括玻璃墙节后要安排收尾，留在工地的要做好安全保卫工作和消防安全，确保春节安全。

（6）2月22日接待上海工程技术大学腾建勇党委书记、汪泓校长、孙培雷、陈力华副校长等各位领导莅临指导，参观了科研大楼的建设情况，纺织控股（集团）公司席董等各位领导参加。

（7）下达2010年研究院科研项目经费的通知。

（8）2月26日召开纺研院党员大会，汇报“发挥党建引领作用，建设一流中央研究院”的工作。

（9）春节休假期间，加强值班保卫和检查，没有发生失窃等情况，保证了安全。

技术中心的工作

（1）结合席董 1 月对海螺服饰的视察，邀请东华大学刘晓刚、程隆棣等教授为海螺服饰更上一层楼出谋划策。

（2）参加封总组织的规划讨论。

（3）参加朱总与东华大学刘兆峰教授关于高性能纤维开发的技术交流。

（4）与三十六棉、新纺织产业商讨科技创新和新产品开发事宜。

（5）拟定“十二五”科技创新规划框架。

（6）市高新技术产业化推进工作小组办公室拟在世博会期间（5 ~ 10 月）举办“上海高新技术产业化展”。根据相关要求，组织特安纶、里奥、联吉和德福伦准备参展，相关表格已上报。

3.3.3 2010 年 3 月

（1）3 月 1 日参观华东出口商品交易会。

（2）3 月 1 日下午，沈耀庆副总与纺研院共同接待商务部易小准副部长和各位领导来研究院调研，杨浦区陈安杰书记、金兴明区长、唐海东副区长等政府各委办领导陪同调研。重点是了解如何为中小企业做好设计服务。纺研院作了工作汇报，并进行了简短参观。

（3）3 月 5 日下午，席董及朱总陪同朱匡宇副主任、陆凤妹副部长、姜光裕和梅寿椿老局长等领导回“娘家”来指导工作。

（4）3 月 8 日下午市科协副主席、科研院所协会孙正心理事长来纺研院指导工作。

孙正心理事长表示，纺研院在上海纺织产业结构调整过程中，不仅自身发展迅速，而且集聚科研资源、坚持创新发展，利用原有资源运转提高经济实力以支撑科研投入，并在整合行业科研资源中发挥了引领作用，有力地促进了科研开发与科研成果产业转化，在为行业服务和社会公共性服务方面取得了可喜成就。

孙正心就纺研院在全国的地位问题、每年来自政府的科研资助情况、今后发展重点以及希望得到的帮助支持等方面做了详细调研。

（5）对特安纶公司解除劳动合同的两位员工，由纺研院给予 20 万元费用支持。

（6）3 月 2 日公司党委工作部来院指导党组织改选换届工作，并进行了讨论。根据控股公司党委部署，院党组织的改选工作是 2010 年的重点工作，拟在 4 月完成。根据我院党员分布的特点和基本情况进行了分析，对此次改选采用“党员代表比例制”。同时做好党员学习动员工作；把握换届工作基本要求和基本程序；认真总结本届党委和纪委工作（近三年），虚心听取党员及党外群众的意见和建议；同时做好思想动员，在此基础上酝酿提出候选人（二上二下）。计划 4 月 20 日完成。各党组织在改选工作中要加强监督指导。

（7）3 月 15 日召开院所办公会议，进行院所经济工作分析、工作交流、办公搬迁、“十二五”发展规划。

同日，召开院党委工作会议，布置党组织改选换届工作；并同时传达公司“迎世博安保稳定会议”席书记讲话，提出落实要求。

（8）通过我们的努力，国标委已正式下文批复，同意上海市纺织工业技术监督所陆秀琴担任 ISO/TC38/SC23/WG6 人造纤维工作组召集人。

（9）3 月 10 日组织纺研院参展第 16 届上海国际服装纺织品贸易博览会。

（10）3 月 19 日接待中纺政研会、中纺企业文化建设协会刘慧兰副会长、唐文玲副秘书长等领导来院指导工作。

接待杉达学院袁济校长、施福升副书记兼设计学院院长、程宏副院长，纺织党干校吴仁俊校长、夏金伟副校长等领导来院指导参观。

（11）科研大楼项目情况。进行整个研究院内道路改造，铺设新的雨水管道、污水管道、自来水管道、消防管道、电线电缆、弱电网线管道（原有管道有 50 多年历史，渗漏水严重），进行分段施工；开始大楼和院里的弱电网线安装；开始进行 10～18 层核心筒电梯走道厅的装修；大厅电视幕墙安装完成；1～2 层墙面石材进行整修；进行空气环境检测，防雷检测，档案归集。整改检查存在问题，隔断门要调换好，19 层渗水墙面铲除后重做，人防、消防验收前自查；落实安全生产工作，注意施工用电安全，严禁乱接乱拉，做好易燃易爆物品管理，加强监管。

技术中心的工作

（1）技术中心牵头举办服装节博览会。

（2）召开有关企业会议，布置 1000 万元科技专项资金第一批 390 万元计划获总裁办公会议批准后的相关事宜。

（3）参加朱总召开的芳砜纶工作会议。与上海工程技术大学服装学院、特安纶、新纺织产业等有关人员一起到尼斯纺织调研芳砜纶牵切纺情况。

（4）召开 Parster 条龙会议，商讨 2010 年开发工作；参加纺织制造与贸易事业部联席会议，重点商议裕丰科贸市级技术中心事宜；到三十六棉调研，协调申报高新技术成果转化项目及区级技术中心事宜。

（5）陪同上海市科技创业中心林旭伟主任等到纺研院调研，商讨成立纺织“孵化器”事宜；陪同上海技术交易所王文忠副总裁到纺研院商议成立“上海现代纺织技术转移中心”事宜。

（6）召开军工例会，布置编制“十二五”规划、生产许可证年检和年报填写事宜。

（7）继续编制“十二五”科技规划。

（8）参加上海市高新技术成果转化工作会议。

（9）参加市国资委投资规划处召开的“科技创新”座谈会，并汇报重大项目进展情况。

3.3.4　2010 年 4 月

（1）解决对原以事业单位身份退休的人员因病或非因工死亡暂垫付一次性救济费的矛盾。

根据上海市人力资源和社会保障局、上海市财政局《关于对本市企业因病或非因工死亡退休人员增发一次性救济费的通知》（沪人社福发〔2010〕2 号）规定，自 2010 年 1 月 1 日起，对本市企业因病或非因工死亡退休人员在原政策规定的丧葬抚恤待遇基础上，增发一次性救济费。因该文件未对原以事业单位身份退休的因病或非因工死亡的人员如何增发一次性救济费加以规定，造成较大矛盾，经院长办公会议讨论决定，自 2010 年 1 月 1 日起，对原以事业单位身份退休的人员因病或非因工死亡未在社保领到增发一次性救济费 6000 元的，先由本单位垫付，待后按政策确定的待遇以多退少补方式进行调整。

（2）4 月 6 日接待肖贵玉副秘书长、唐海东副区长来研究院指导工作。朱勇总裁陪同考察。院领导作工作汇报，介绍了在纺织控股公司的领导下，认真贯彻“科教兴市”发展战略，围绕“科技纺织的先导，时尚纺织的支撑”的目标，结合研究院实际，进一步推进院所整合，加快建设一流纺织研究院的情况。

（3）4 月 8 日召开院办公会议，传达公司中心组学习席时平董事长关于“十二五”规划的报告“奔向愿景——制订上海纺织‘十二五’规划指导思想与主要思路”。

要有更高目标、合理结构、发展途径、人才支撑；要有新的发展方式，又好又快，符合中国纺织业发展方向和上海定位。讲了十个方面的问题：

第一，关于战略规划与集团战略规划的问题。集团战略核心是整体优势发挥，不是单体战略规划。

第二，关于增长速度的问题。建设强大的上海纺织，较快的增长速度是保持公司地位的基本保证。

第三，关于公司发展的指导思想。按“科技与时尚”和“公司愿景”规划，选择兰海战略。

第四，关于外贸问题。转型发展是公司战略的重中之重。

第五，关于品牌发展。老品牌运作好，新品牌发展好 Prolivon，抓通路建设。

第六，制造业发展重点是：产业用纺织品，自主知识产权、产品、产业权，三条龙，与贸易、品牌联系的传统制造业。

第七，关于时尚产业的作用任务。

第八，关于科技研发。重要任务是支撑提升集团核心业务。

①重点是纺研院建设，要建成中央研究院、一流研究院。

②总部条龙开发建设，科研集团效应，构筑集团效益放大。要有重大科研成果；进行

尖端技术研究。做好条龙开发，现做得不好，不太满意。集团创新体系建设，公共服务平台建设为集团和社会服务。

第九，关于总部职能。总部职能转型，是“十二五”重点要解决的问题。

第十，关于整体上市问题。核心业务上市，整体上市，是公司后五年发展的必须目标。

（4）4 月 8 日接待中国纺织工业协会王天凯副会长、李陵申副秘书长来研究院工作视察。席董、朱总、封总作了会见，朱总介绍了研究院的发展过程，研究院向各位领导作一个工作汇报。

（5）4 月 26 日组织进行民光、新联纺重点项目纺织协会鉴定会。由上海新联纺进出口有限公司承担的“芳砜纶色织面料的关键技术与产业化研究”、上海龙头家纺有限公司承担的“纳米级银离子生态抗菌面料及其制备方法”，是中国纺织工业协会科技指导性项目，立项以来，承担单位开展了大量的研究工作，基本完成了项目任务书规定的要求，通过了鉴定。

（6）科研大楼工程进度，完成民防验收工作；完成防雷验收工作；通过区质检站初验；研究院自已使用的 11 层面的装饰工程全部完成；院主干道雨水管、污水管、电线电缆、弱电、自来水管、消防水管等全面铺设；路面翻新水泥浇筑工程全部完成。

（7）准备院党委和纪委换届选举第二阶段工作，候选人及预备人选名单已经上报公司。第二轮二委候选人及预备人选各 9 名下发各支部推选；二委工作报告已经根据各支部提出的修改意见进行了修改，再下发继续讨论；工作小组按照纺织控股（集团）公司党委工作部两次来院工作指导意见，准备相关材料。待上级党委审议通过正式候选人及预备人选后，拟在 5 月安排正式换届选举。

（8）世博会前进行安全动员，院所安全会议部署相关工作并两次现场检查安全工作。

（9）4 月 24 日参加科技部在浙江临安召开的浙江、上海、江苏的研究院所长会议。

（10）4 月 28 日组织接待公司董事会在研究院科研大楼召开。

技术中心的工作

（1）邀请中国纺织工业协会科技发展部并组织专家对上海新联纺进出口有限公司承担的“芳砜纶色织面料的关键技术与产业化研究”、上海龙头家纺有限公司承担的“纳米级银离子生态抗菌面料及其制备方法”进行鉴定。

（2）召开 Lyocell 项目一条龙会议。

（3）继续讨论撰写公司“十二五”科技规划。

（4）召开会议布置申报上海市、中国纺织工业协会科技进步奖事宜；布置“关于组织推荐 2010 年国家重大科技成果转化项目”申报事宜。

（5）邀请国家产品开发中心李斌红主任来公司商谈合作事宜，胡申伟总监出席。

（6）与浦东新区科技局上海科技企业发展服务中心于忠老师商讨为企业政策服务事宜。

（7）卢主任传达并且部门讨论席董“奔向愿景”报告。

3.3.5 2010 年 5 月

（1）5 月 6 日召开院所支部书记会议，为换届选举做准备工作。

院领导强调，此次换届选举是落实公司 2010 年党建责任书要求的具体表现；是贯彻党的十七届四中全会精神，加强党的民主建设的具体表现；是坚持和完善党的领导制度的具体表现。要严格按照规定做好各项工作，充分发扬民主，严格依法办事，做到程序一个不少，环节一个不漏，确保换届选举工作顺利完成。

（2）5 月 10 日召开中共上海市纺织科学研究院第一次党员代表大会，党委书记和纪委书记作工作报告，同时由党员代表大会选举新一届党委和纪委。

根据沪纺织党〔2010〕33 号文《关于同意中共上海市纺织科学研究院委员会召开党员代表大会的批复》精神和有关规定，院党委和纪委采取了组织推荐、党员推荐与群众推荐相结合的方法产生候选人。根据控股公司党委的批复进行了选举。

5 月 21 日接到公司批复，沪纺织党〔2010〕61 号文《关于新一届上海市纺织科学研究院委员会组成人员任职的通知》。

（3）讨论、修改、上报上海纺织控股（集团）公司“十二五”科技发展专项规划；拟写、修改、上报上海市纺织科学研究院“十二五”发展规划。

（4）分析芳砜纶近期出现卷曲的波动原因。主要是德福伦的一个班卷曲工艺没有很好地把握住。第二次卷曲，加强了技术管理后，卷曲恢复，通过分析我们认为：

①德福伦要加强芳砜纶卷曲工艺管理；

②特安纶公司要加强落丝的管理，以减少吊丝出现造成卷曲问题。

（5）5 月 17～18 日进行质量体系转版和年度评审，由上海质量体系审核中心张存美、冯伟、颜立强、施伟华等专家进行评审，检查贯彻 GB/T 19001—2000 idt ISO 9001：2000 标准；GB/T 24001—2004 idt ISO 14001：2004 标准；GB/T 28001—2001 规范三项内容进行监督审核，发现一般不符合项有两项，需改进验证。

（6）讨论研究院 8 号楼外墙整治工程，控制费用从 80 万元下降到 38 万元。

（7）5 月 21 日向朱总汇报公司“十二五”科技发展专项规划。

（8）5 月 24 日召开院办公会议，院长通报了公司“十二五”科技发展专项规划内容和我院“十二五”发展规划深化意见；对全院 1～4 月财务活动情况作了通报；决定对 8 号楼进行整修，同时做好 3 号楼整修计划；进行两年一次的职工健康体检。

（9）5 月 26 日编制技术开发费第二批专项资金预算，提交总裁办公会议通过。

公司技术开发费第二批专项资金预算主要用于 Parster 纤维、芳砜纶纤维和溶剂法竹纤维三大产业链攻关项目中有关后道开发和市场推广，专项资金预算 510 万元。已多次组织专题会议，研讨项目的发展方向和攻关目标，落实项目负责人，明确了各子项目的研发内容和考核指标。

公司技术开发费第一批专项资金预算的议案已于2010年3月17日通过公司总裁办公会议审定通过，主要用于Parster纤维和溶剂法竹纤维的产业链攻关项目，以及纺织产业创新服务平台、PVC加筋沼气农用膜的研制等项目共6项，预算技术开发费390万元。

技术开发费专项资金预留100万元，主要用于重点项目的攻关、联动开发、市场推广和特殊推动等，由技术中心提出建议，公司领导审定。

（10）5月28日服装研究所搬迁到院科研大楼，服装检测站维持在原地。原租赁房屋计划归还一个楼层给服装集团，以减少租赁费用；

（11）科研大楼项目进度情况：进行了民防初验；进行了城建档案初验；完成卫生防疫竣工验收；通过排水验收，获排水许可证；进行了白玉兰工程初验。

技术中心的工作

（1）多次讨论制订公司第二批技术开发费议案，5月26日提交总裁办公会议讨论通过。同时要进一步做好项目的落实跟踪管理。

（2）讨论制订公司“十二五”科技发展专项规划，上报公司领导，5月21日向朱总、封总汇报科技规划。

（3）组织有关企业申报中小企业科技创新基金项目。

（4）协助学会科普部准备科普知识竞赛事宜。

（5）2010年5月6日下午，由技术中心牵头，邀请中国棉纺织行业协会副会长、中国色织行业协会会长朱北娜带队的专家组一行六人，到上海裕丰科贸有限公司的生产基地“大丰棉纺有限公司”进行现场考察。林华总经理简要介绍了公司总体运作情况及色织项目的实施情况。朱会长为上海裕丰科贸有限公司和大丰棉纺有限公司的有关技术和管理人员作了题为“中国棉纺织、色织行业总体情况”的主题报告，介绍了目前我国棉纺织、色织布行业的规模与产能、企业与产品开发、市场与出口等情况，来自中国色织行业领先企业的山东鲁泰、天津田歌和江苏联发的技术专家介绍了各自企业的运行情况。

3.3.6　2010年6月

（1）6月1日召开院所中心组（扩大）专题学习，传达了5月13日纺织控股公司2010年度党风廉政建设大会精神和公司党委书记、董事长席时平所作的“深化责任文化建设，践行领导价值观，把上海纺织党风廉政建设提高到一个新的水平”的主题讲话，围绕席董提出的深化责任文化建设内容，牢固树立“四个理念”、着重提升“四个能力”、坚持和完善“五个制度”作了认真学习和领会。

随后，院领导作了“推进领导人员责任文化建设，完成研究院各项工作要求”的专题讲话，要求落实席董讲话精神，把领导人员责任文化建设作为党风廉政建设的一项重要工作，要确保完成 2010 年资产经营任务目标；要按计划做好今年各项重点科研和管理工作；要进一步研究细化我院“十二五”发展规划及实施；要建立全院中层干部月度/季度工作考核制度，提高各级干部做好工作的责任感和使命感，为实现院所更大发展而努力奋斗。

（2）研究科研大楼 20 楼功能分割和装饰方案。

（3）6 月 3 日参加市科协座谈会，讨论研究院所在“十二五”规划中如何发挥作用，以及希望争取的政策等。

（4）6 月 7 日由市经信委主持召开“智能数字技术的服装设计制版快速反应技术服务平台”项目鉴定。

（5）6 月 8 日召开院所长会议，传达了公司党委书记、董事长席时平有关“深化领导责任文化建设”的要求，对全院 1 ~ 5 月经济活动、财务情况做了对比分析，努力做到“时间过半，任务过半”。同时要求：

①进一步围绕公司“三条龙”产业链建设，做好技术支撑。

②按已下发的院年度科研项目计划，落实推进项目实施（确保完成科技部重点项目）。

③数码服装平台项目组织申报奖项，并做好为行业有关技术服务工作。

④6 月 18 日前完成科研综合楼搬迁工作。

⑤做好院“十二五”发展规划的深化和细化工作；下半年开展各支部换届改选工作。

（6）6 月 11 日召开芳砜纶产业链会议。分析讨论了需要解决的几个问题：

芳砜纶销售 6 月可达到 190 吨，好于年度计划。卷曲加工改进后质量稳定。今年生产的芳砜纶上油丝强力提高，不同于去年的产品。

①分析上油丝、高强丝和低强度丝卷曲后强度一样的原因。未见高强丝卷曲后的强力明显高于低强丝（伸长基本接近），做了一些测试，未发现速比、温度及卷曲主背压等对纤维强力有明显损伤。需要做相对分子质量分析试验。

②油剂比电阻尽管在范围内，但希望再试验改进，能做到 10 的 6 ~ 7 次方。

③加快消防抢险服等的开发进度，要争取列入消防的标准规划，争取进入消防队服装。

（7）6 月 11 日接待市审计局经贸审计处孙斌高级审计师、张明主任审计来研究院调研。出席人员有公司徐善培、何晓慧。孙斌同志作了讲话。

这次是例行 2007 ~ 2009 年的经济责任审计，主要审六个方面：

①经营发展情况，科技与时尚，科技投入、发展、转化情况。

②遵法遵规情况，税法，重大投资。

③重大经营决策、项目投资决策、局投资处的情况。

④企业内部管理，内控齐全，权限。

⑤财务收支情况、资产质量，消化不实不良资产，核销情况。

⑥资产负债情况，一院七所五中心的情况。

⑦领导干部薪酬情况。

院领导汇报了研究院贯彻公司“科技与时尚”战略的情况，陪同参观了科研大楼的毛麻所，服装所，环保中心，检测大楼的恒温恒湿地下室，3楼、5楼检测站，4楼节能环保中心，2号楼的服装设计服务平台、3号楼的大师工作室、面料设计中心等，回答了有关问题。并且提供了他们需要的财务资料和这三年获得的18项目科研奖励名单。

孙斌同志参观后指出：

原对席董审计缺少科技一块，现在听了介绍和参观后感到资产质量很好，也有许多科技成果，这次审计重点是，高新技术、节能减排、资产、效益。市委调研室报告的结论也可以用在评价上。

（8）6月18日研究院本部、合纤所、节能环保中心搬迁至科技大楼。

（9）6月22日接待上海纺织协会秘书长，落实28日纺织白皮书发布会工作筹备，6月22日参观中国纺织机械展览会。

（10）6月23日随席董接待季国标、王曾敬等纺织部老领导到上海世博会参观。

（11）6月25日接待公司朱总、刘总、封总等领导来研究院现场办公，听取了院上半年科研生产经营的汇报。

（12）6月28日协助上海纺织协会举办《上海纺织产业发展报告》（白皮书）首发式议程。上海纺织协会秘书长刘寅峰主持会议，沈安京介绍了编制情况；上海家纺行业协会秘书长吴淑仪、上海内衣行业协会秘书长陈国琪、上海服装行业协会秘书长戴自毅作交流发言；举行首发仪式。上海纺织协会会长席时平作了讲话；上海市经信委综合规划处处长史化军、上海市统计局工交统计处处长陆立萍、上海市工业经济联合会副会长叶伟成、上海市科协副主席胡家伦分别作了讲话。

（13）配合协会会议，研究设计“科研展示厅”方案。科技展示厅内容分为：

①“科技与时尚”的战略决策。

②重大科研项目研发。

③国防军工项目研发。

④四大平台。

⑤科研成果荣誉。

⑥服装快速设计平台。

⑦大师工作设计室。

⑧国际交流与合作。

⑨各研究所介绍。

⑩企业管理、企业文化。

⑪科研大楼建设回眸。

科技展示厅安排在 20 楼。同时留出小型走秀和健康活动场地。

技术中心的工作

（1）召开芳砜纶技术产业链会议。会议由技术中心及相关企业、研究院参加。对生产技术质量控制、产业链开发、项目进展等做了讨论，并明确了下一步工作要求。

（2）组织特安纶、里奥、联吉、德福伦四家企业参加“上海高新技术产业化展”第一期展示，展示时间定为 2010 年 5 月 1 日至 2010 年 12 月 31 日，地点在上海花园坊节能环保产业园，展示面积 4000 平方米。第一期展示主要围绕高新技术产业化九大重点领域，我公司参展的主要为新材料领域的成果及产品。

（3）上海纺织下属上海申安纺织有限公司“特殊再生纤维素纤维混纺纱”和上海针织九厂“舒木尔针织内衣面料”两个项目日前入选 2009 年度上海市高新技术成果转化项目百佳。这两个项目提升了纺织高新技术应用水平，为企业带来了良好的经济和社会效益。

（4）组织专家对纺研院承担的市经信委技术创新项目“智能数字技术的服装设计制版快速反应技术服务平台”进行验收。

（5）由技术中心牵头邀请 2008 纺织行业年度创新人物——溢达集团研发总监张玉高博士来讲课。为上海纺织领导人员“‘1＋1’强化培训——制造企业”专题班在党干校讲课。公司技术中心、事业部领导以及基层制造企业技术负责人 50 余人参加了培训。此次培训让与会者受益匪浅，溢达集团与市场、生产紧密结合的研发中心建设经验对上海纺织建设中央研究院和一条龙的新品开发都有很大的启发和借鉴意义。

（6）朱总召开行政例会，技术中心汇报了上半年度工作。

（7）作为协办部门，参与公司行业和项目科技带头人评选。

3.3.7　2010 年 7 月

（1）7 月 1 日召开纺研院纪念“七一”座谈会，院领导要求落实公司纪念“七一”席时平书记讲话，建设一流中央研究院。

（2）7 月 5 日讨论院物业管理方案。

（3）7 月 6 日在纺研院召开公司技术中心条龙攻关项目落实会。列入上海纺织 2010 年技术开发费专项预算项目的有关负责人参加了会议。要求明确各项目及子项目研发重点和市场目标；要求严格执行项目报告和项目经费台账管理制度，加强项目的管理和跟踪，落实项目责任，力求产业链开发项目有重大突破。

（4）7 月 7 日陪同朱总接待新闻媒体朋友来纺研院指导工作，向新华社上海分社、上海电视台、《解放日报》、《文汇报》、上海电台、《新民晚报》、《新闻晚报》、《财经日报》、第一财经电视台、《中国纺织报》记者介绍了院在市和控股公司领导的支持下，认真贯彻“科教兴市”发展战略，围绕“科技纺织的先导，时尚纺织的支撑”的目标，推进院所整合，加快建设一流纺织研究院，为上海和长三角纺织企业服务的情况。

（5）进一步研究设计“科研展示厅”方案。在科技展示厅增加“艺术长廊”的内容。增加大师工作设计作品、职工书画作品等。同时留出小型走秀和健康活动场地。

（6）7月8日召开研究院半年度工作交流，交流科研项目、科研经营、管理等方面的完成情况。院领导对大家的工作给予了肯定。同时要求面对新形势和新要求，在上半年“时间过半、任务过半”的基础上继续努力，围绕全年资产经营和党建责任书各项任务目标，强化措施、狠抓落实、全力推进，确保完成今年各项工作。并学习了《保密法》。

积极筹备“2010服装科技与世博同行学术论坛”。根据市科协开展“科技世博”重点学术交流的要求，通过纺织工程学会的指导，服装研究所积极筹办，于7月8日下午在上海科学会堂举办“2010服装科技与世博同行学术论坛”。

（7）7月9日陪同朱总接待杨浦区委陈寅书记、魏伟明副书记、马杰富副区长等领导来研究院指导工作。院领导作了汇报，感谢区委区政府长期以来对研究院的科技工作的指导和关心。感谢杨浦区经委、区科委、区城市规划管理局、区发改委、区建委、区房地局、环保局、区绿化的领导以及平凉街道领导对研究院和科研大楼建设过程中的大力支持。陈寅书记表示还要到纺织控股公司来拜访。

同日下午，接待九三学社纺织委员会领导来院开会交流。

（8）7月13日参加朱总召开的“超临界二氧化碳无水染色技术”交流，东华大学戴勤勤教授介绍了项目情况，纺研院沈安京、华纶武总、沪邦凤总、安亭染纱厂等领导参加了会议。

（9）7月12日召开院长办公会议，就部分议事作了讨论和决定：

①会议对近期将举行的集团党委半年度巡检、集团半年度工作会议、集团半年度安全会议、家纺协会会议以及大楼落成典礼等活动进行了讨论并要求作好会务准备工作。

②同意控股公司提议，由纺研院支付院士工程科技论坛会务费10万元。

③做好面料博览会参展工作，重点做好数码服装平台、芳砜纶和里奥竹浆纤维工程化等成果的展示。

④对人力资源部提交的《关于调整中夜班津贴的报告》进行了议事讨论，决定本院所自2010年7月起调整中班津贴、夜班津贴。并要求相关部门按劳动法严格控制加班加点。

⑤随着科研综合楼搬迁投入使用，要求资产管理部及时收回各部门迁出的办公场地，并对院的科研和办公场地作统一规划并提交院办公会议讨论。

（10）7月12日召开纺织科学研究院六届九次职工代表大会，院长向职工代表汇报了2010上半年度工作，提出下半年度工作要求。

（11）7月19日接待公司党建巡视组来研究院指导工作，汇报上半年党建主要工作。

①加强领导班子建设。

②研究制订好院所“十二五”发展规划。

③“回头看”重点抓项目质量和完成率，包括：加快芳砜纶纤维制品一条龙开发及商品化；完善数码服装设计服务平台，为产业链提供技术服务；完善“上海纺织研发公共服务平台”，落实国家科研项目“纺织产业创新支撑平台”建设；扩展院所 ISO 管理体系认证范围。

④今年我院两项重点问责制项目推进顺利，科研综合楼项目建设完工并投入使用；数字服装快速服务平台项目于 6 月 7 日通过专家组验收。

⑤完成院党委换届改选工作。

⑥加强干部队伍建设，加紧青年人才培养，上半年已提拔两名优秀青年充实到科技和管理岗位；组织管理岗位内训 2 人；深化青年职业生涯导航 10 人。

⑦加强和谐纺织建设，提升凝心聚力共谋发展的形象。

（12）7 月 22 日参加市科学技术奖励管理办公室举办的答辩“年产 1000 吨芳砜纶耐高温纤维关键技术及产业化项目”。说明：芳砜纶有机耐高温纤维，具有两项授权发明专利，打破了国外技术垄断；建成了全球第一条芳砜纶工程化生产线，实现了纤维的产业化生产；为治理我国水泥、钢铁行业的污染，提高防灾抢险装备水平和高档机电产品的开发奠定了材料基础。

（13）7 月 23 日公司半年度工作会议在研究院召开，认真做好大会会场和讨论会议等各项准备。

（14）7 月 29 日在纺研院召开特安纶公司“年产 1000 吨芳砜纶耐高温纤维产业化”项目验收会，孙晋良院士、郁铭芳院士、陈彦模教授、陈旭炜教授等出席会议。同时举行了三枪和申达项目验收。

（15）根据国务院《职工带薪年休假条例》规定，员工自 8 月 2 ~ 6 日安排集体休假五天。

技术中心的工作

（1）7 月 6 日上午，技术中心组织召开了加强项目管理的专题会议，列入公司 2010 年技术开发费专项预算项目及子项目的负责人参加了会议。此次会议主要强调，各企业要充分认识科技创新的重要性，公司今年的技术开发专项费用聚焦在派丝特（Parster）纤维等三大产业链后道开发和市场推广项目，各项目负责人要统筹兼顾，做好资金的预算和规范使用；项目要加强专项预算的管理和跟踪，重大产业链开发项目要明确各项目及子项目的研发内容，形成季度报告制度，加强项目经费的规范使用和台账管理。会上，各项目负责人还交流了各项目目前的进展情况和下阶段工作计划。

（2）与人力资源部共同讨论“科技带头人”管理办法修改意见。

（3）“年产 1000 吨芳砜纶耐高温纤维关键技术及产业化”项目参评上海市科技奖答辩，通过复审；对三枪、特安纶、申达股份承担的上海市经信委项目组织专家进行验收。

（4）参加纺研院、东华大学牵头的“印染‘十二五’规划”讨论；参加公司与东华大学“无水染色”技术交流会。

（5）参加 2010 年“服装科技与世博同行”学术论坛。

（6）7 月 21 日，组织海螺服饰参加上海市市级企业技术中心评审，初审已通过。

（7）到 36 棉调研企业技术创新工作。

3.3.8 2010 年 8 月

（1）8 月 3 日参加杨浦区人大代表会议，下午接待区人大代表和吴副区长、杭开才副主任等领导来研究院进行工作指导。院部感谢区委区政府各位领导长期以来对研究院的科技工作的指导和关心，之后参观了服装设计等。

（2）8 月 5 日参加区发展和改革委员会召开的研究院所座谈会，汇报各院所围绕“国家创新工程”规划的落实情况，以及为上海和长三角纺织企业服务作的工作。

（3）8 月 5 日组织技术中心和三枪进行全国针织展产品筹备和布展方案讨论，并把讨论结果向朱总汇报再做改进。要突出“里奥竹”和 Parster 纤维产品的“超越天然、低碳环保；全球首创、专有技术”，体现纺织品牌产业链的成果。

（4）8 月 9 日召开院所长办公会议，会议内容有以下几项。

①传达席董、朱总在公司半年度工作会议上的讲话。

②国家技术创新工程试点工作推进大会传达。

③进出口商会委托制订出口内衣质量安全手册。

④朱总要求制订 Lyocell 竹纤维制品、葆莱纤维品牌（Prolivon）、芳砜纶面料等一条龙开发计划，及参加中国国际针织展的工作，10 月面料展览。

⑤完善细化研究院“十二五”发展规划。

⑥易染超柔软共聚酯产品开发应用专题征稿。

⑦科研大楼审价。

⑧安全工作防暑降温。

（5）8 月 10 日接待上海丝绸集团股份有限公司徐伟民董事长一行 12 人到纺研院参观，朱总出席接待，丝绸公司董事长徐伟民，监事长向月华，总经理石伟明，副总经理叶长根、赵伟、汪东民，财务总监戎蓉，信息部技术中心主任李一东、梁纪文、王济强等出席。纺研院介绍了上海丝绸想要了解的内容。

①设计制版中心，讨论设计师及制版打样对内外贸业务的开发支持。

②检测服务平台整合后的服务与定位。

③技术情报信息服务对控股公司内部的服务与支持。

④纺织控股公司技术研发的成果。

向月华表示：看过几个研究所，这里情况比想象好，纺织比较低调，可以争取些政策。

(6) 关于审计需调账的情况汇报。根据公司关于开展对企业进行资产评估的工作要求，根据审计后的意见，就研究院须做2010年年初报表数调整的内容作汇报。

①要计提东纺公司消化以前年度合纤所投入的设备折旧费719万元。

②为原纺织部印染中心所使用设备的报废及补提折旧费3327808.3元（购置设备的款项纺织部直接拨我院），该中心已于2000年划归申达公司管理。此外，还对图书等设备补提了折旧费。

③补提土地折旧账面余额为169910.6元。经核查该余额自1971年前就已挂于该明细科目中，且几十年来一直未有过变动。由于年代久远，已无可靠的历史数据反映其来龙去脉。

综上所述，本次审计调账事项，影响净资产金额为1068.8万元。

(7) 8月17日参加“上海大虹桥服装服饰出口创新基地”授牌仪式与理事会第一次会议。

①市商务委外贸发展处处长濮韶华宣读《市商委关于成立“上海大虹桥服装服饰出口创新基地”的批复》。

②市商务委副主任王新培宣读市政府副秘书长、市商委主任沙海林的书面致词。

③市商务委副主任王新培、纺织控股集团董事长席时平、东方集团副总裁钟伟民、兰生集团副总裁戴志伟共同为“上海大虹桥服装服饰出口创新基地”揭牌。

④基地理事会理事长、上海丝绸集团股份有限公司董事长徐伟民宣读理事会章程；基地理事会副理事长、上海新联纺进出口有限公司董事长黄勤宣读第一次理事会决议。

⑤市商务委副主任王新培为基地内首批15家成员单位授牌。

王新培副主任在讲话中指出：由15家企业成立出口创新基地，符合国家的出口战略转型，即出口要从数量向质量效益型转型。两者有几个不同：出口环境不一样；目标不同，现在是市场化结合，进行创新，走质量效益型。市商务委有个批复，希望大家把基地建设好。

有关的资金安排，商务部有指导意见，要扶植设计打样、品牌、外贸公共平台建设，符合外贸规定、产业政策，要规范高效，支持综合基地、重点基地、高新产业基地的建设。有关的项目8月31日前报商务部、财政部。2011年要汇报基地服务平台的资金使用情况。

要订好“十二五”规划，席董支持出口企业做了许多工作。如纺研院可报信息平台项目，每个公司集中1 ~ 2个，不要太分散。

丝绸、装饰、新联、申达、飞马、东方创业、龙头、服装、利泰、东隆等外贸公司出席了会议，进行了座谈。

(8) 8月18日召开芳砜纶二期项目关键技术讨论会，汪晓峰、汪海峰、孙建忠、陈峰、解德诚、张德良、陆顺兴、沙玉明等参加了讨论。

(9) 8月19日组织技术中心检查三枪进行的全国针织展产品布展搭建情况，到浦星路、立跃路制作工地检查搭建质量和安全措施。

（10）8月23日参加中国工程院科技论坛“纺织产业领域新材料开发和生态制造关键科学与技术战略研究”。参会人员：孙晋良、樊代明、郝吉明、谢沐玉、陈跃华、施强华、郑慎艺、李陵申、朱美芳、邱高、朱勇、孟伟、周翔、郁铭芳、季国标、俞建勇等。

（11）8月24日参观中国纺织工业协会在上海新国际展览中心举办的家纺针织及纱线展。8月25日接待中国纺织工业协会许坤元副会长等领导来纺研院指导工作，召开纺织行业节能减排座谈会，朱总、封总到会发言，接待参观。

（12）科研大楼项目完成绿化验收工作，档案整理完成后送城建档案馆。玻璃幕墙有一块发生自爆，与施工方研究后采取“贴玻璃膜”以保证安全。

（13）8月30日接待市国资委来纺研院进行国有企业科技创新激励机制研究，市国资委企业分配处蒋卫东副处长以及公司部分干部参加了调研。纺研院汇报了科技创新激励机制的有关情况。

（14）稳定工作方面，解决非在编工作人员周某病故所发生的丧葬费和抚恤金。

技术中心的工作

（1）组织参加国际针织博览会布展和产品开发准备工作，在纺研院听取三枪公司参加国际针织博览会准备工作情况汇报，并到奉贤道具制作工厂实地审查布展情况，确保道具搭建的安全和布展参观的安全。宣传了公司品牌和产业链的成果。

（2）组织“上海市创新型企业”评选，纺研院所属上海市毛麻纺织科学技术研究所和上海市服装研究所获此称号。为加快培育一批具有较强竞争优势的创新型企业，市科委、市国资委、市总工会在创新示范企业试点工作的基础上，经过对申请企业的创新投入、创新产出、创新体系建设、创新文化建设等指标进行评价，并对企业近两年中创新绩效进行重点考量，评选出了2010年度“上海市创新型企业”共200家。

（3）参加封总召开的会议，听取特安纶工作汇报及下一步打算；到联吉公司了解Parster纤维生产现状。

（4）到里奥了解情况；到松江埃驰公司准备申报上海市高新技术成果转化项目。

3.3.9 2010年9月

（1）9月1日召开院中心组学习。传达公司党代会筹备工作培训要求和吴建平副书记讲话要求，充分认识召开公司党代会的重要意义，召开公司党代会的指导思想和主要任务；传达控股公司关于开展“小金库”专项治理工作的要求。

（2）9月2日接待控股公司团委班子双月学习会来院交流参观考察。我院介绍了科技展示中心、快速打样中心、信息平台、检测平台等上海纺织科技发展的最新成果，以及产业链三条龙的合作情况。

(3) 9 月 6 日召开了上海市服务业引导资金项目“上海市纺织专业数字信息服务平台”项目验收会，并且通过了验收。

(4) 9 月 6 日召开院所支部书记会议，传达了控股公司党委《关于深入开展创先争优活动的通知》(沪纺织党〔2010〕107 号文) 精神。组织学习了有关公司党代会筹备工作培训内容。成立上海市纺织科学研究院出席公司党代会代表选举工作领导小组、工作小组和代表资格审查小组，并宣布了各小组成员名单。会议下发《上海市纺织科学研究院出席公司党代会代表的选举工作方案》；对各项工作作了指导说明，要求做到明确意义，抓好程序；发扬民主，正确集中；充分酝酿，兼顾各方；坚持原则，履行职责。

(5) 9 月 8 日参加“全国纺织思想政治工作会议”，大会主持杨纪朝。中国纺织工业协会副会长杨东辉致词：研究思想政治、企业文化建设、提升软实力，提高科技品牌贡献率。四川省副省长李成云出席讲话。大会进行了颁奖：全国纺织十大品牌文化奖；11 位中国纺织品牌文化建设杰出人物。上海纺织控股（集团）公司党委书记、董事长席时平被评为 2010 年中国纺织十大品牌文化建设杰出人物。十大品牌是：上海纺织、九牧王 (JOEONE)、鄂尔多斯（ERDOS)、四川丝丽雅、山东南山、富安娜（FUANNA)、山东魏桥、华纺股份、安莉芳、圣迪奥（S · DEER)。

另外，还评选出全国纺织精神文明建设示范基地 11 个单位；全国纺织劳动关系和谐企业 36 个单位；全国纺织优秀思想政治工作者 46 位。

杜钰洲会长作报告：会议是物质文明和精神文明相结合的劳动，要推动和谐企业建设；思想政治建设与纺织项目建设相结合，实现纺织发展方式转变，2020 年实现纺织强国。

研究“十二五”规划：实现纺织科技强国；品牌强国；纺织可持续反应；纺织人才强国。

刘慧兰作中纺政研会理事会工作报告。

国防大学副校长许志功中将作报告：构建和谐社会是一个重大历史课题，构建和谐社会有深远思想内涵，构建和谐社会，党已有了深刻的计划。

(6) 9 月 10 日召开院办公会议，依据控股公司认真清理三级、四级子公司的精神，对上海纺科百货综合经营部进行清理。

关于上海节能环保中心计划添置的检测设备纳入本院采购、管理系统。

①由院作为申报项目的承担单位，节能环保中心作为项目合作单位，争取的项目经费划拨给节能环保中心。

②设备购置款由节能环保中心先行支付，院与节能环保中心双方以“往来”挂账，待本院收到项目款后再行冲账。

③项目实施后，节能环保中心应向院支付设备使用费（参照设备折旧费)。

(7) 9 月 13 日接待市审计局高峰处长、洪建明副调研员等领导来研究院调研。着重汇报了18项科研成果和公司三条产业链的攻关情况。高峰处长肯定了上海纺织“科技和时尚”战略取得的成果，原定三天的工作两天就结束了。

（8）9月14日参加芳砜纶市科技进步奖的答辩。

（9）9月16日上午参加国家设计和贸易促进中心（上海）揭牌仪式，朱勇总裁出席了揭牌仪式。

（10）9月16日参加区人代会小组讨论“杨浦区‘十二五’经济和社会发展规划”。

（11）9月19日召开院所办公会，会议主要通报了以下工作。

①公司治理小金库专题会议和公司稳定工作会议传达。

②全国纺织思想政治工作会议。

③接待市审计局高峰处长助理、洪建明副调研员等领导来研究院调研，着重汇报了18项科研成果和公司三条产业链的攻关情况。

④国家设计和贸易促进中心（上海）揭牌仪式。

⑤“上海大虹桥服装服饰出口创新基地”工作。

⑥公司党代会选举。

（12）9月19日下午，市商务委副主任王新培来纺研院指导工作，朱勇总裁陪同，参观了数码纺织设计等项目。

（13）9月20日参加上海市服饰学会六届三次理事会。会议在浦东新区康桥路1700号上海建桥学院举行，江建民会长向各位理事汇报了学会开展工作情况以及有关增补理事的事宜。

（14）9月25日召开了院党员代表会议，以无记名投票、差额选举方式，选举产生了院出席公司第一次党员代表大会代表。公司党委工作部贺明出席了选举会议。在7名当选代表中，有党员领导干部1名，占14.3%，生产工作一线人员6名，占85.7%；各类党内先进1名，女同志1名，占28.6%；35岁以下的青年党员1名，占14.3%。选举结果符合公司代表比例结构。当选代表名单（按姓氏笔画排列）：何叶丽（女）、张晓燕（女）、张德良、胡申伟、韩建平、解德诚、谭豪清。

（15）9月25日下午召开了院安全工作会议，传达了近期上级关于安全工作的文件和要求，布置了节日世博会期间的安全工作要求。

（16）9月26日下午参加“上海高新技术产业化展”的工作汇报。上海纺织高新材料的纤维展品位于“新材料”展区。要求介绍时间一分钟。

习近平副主席在俞书记陪同下走近我们展区时，我们（根据展品位置）介绍说：

这里展出的是上海纺织控股（集团）公司研发的三个高新材料领域的纤维，主要在高性能纤维、绿色环保纤维、功能性纤维等方面有所突破。

这是Lyocell纤维（商品名里奥竹纤维），是采用溶剂法生产的纤维素纤维。被列入上海市“科教兴市”首批启动的29个项目之一。该纤维特点：采用溶剂法进行生产，是清洁生产工艺，具有抗菌作用。

这是超柔软易染改性纤维［派丝特（Parster）］，具有超天然纤维的性能。

同时指着模特身上的服装说，这是芳砜纶耐高温纤维（简称 PSA，商品名 TANLON®），具有优异的耐高温（250℃）和热防护性能。该纤维可广泛应用于防护面料、消防服、石油工装、烟气过滤、绝缘材料等领域，已形成年产能 1000 吨短纤维的能力。荣获中国纺织工业协会科技进步一等奖。该产品拥有自主知识产权，获得两项授权专利和一项国外专利。在性能方面达到和超越了世界先进的杜邦 Nomex 纤维。该项目已被列入上海市高新技术产业化重点项目计划。

（17）国庆节前召开了院安全工作会议，进行了安全检查。

技术中心的工作

（1）协助做“上海大虹桥服装服饰出口创新基地”工作。做好 Prolivon 服装服饰品牌的 2010 秋冬产品的开发；为国家设计和贸易促进中心做好配套工作，朱勇总裁出席了揭牌仪式。

（2）参加“上海高新技术产业化展”的工作汇报。

我公司新材料高新技术产品四大系列参展市经信委举办的高新技术产业化世博常设展已达数月，派员讲解并与主办部门保持信息沟通。展出受到好评，领导视察给予肯定。

（3）召开三大产业链项目进展情况交流会。组织芳砜纶、派丝特（Parster）和里奥竹纤维三大产业链项目实施进展情况交流。通过三项目负责人和各协同单位认真研讨，共享产业链攻关的技术成果和最新市场信息。

芳砜纶产业链年内目标提前完成；与特安纶沟通芳砜纶生产技术、强化工序质量管理措施；

Parster 随着工艺技术攻关的深入，市场认知度提高，三枪秋冬款试样；

里奥竹纤维（Lyocell）后道开发推广，供应量有限成为瓶颈。

（4）参加封总召开的卷曲改造方案的讨论会，共同研究吸取德福伦进行芳砜纶中温卷曲的基本经验并在特安纶延伸部分加以完善的技术方案，如进一步解决卷曲稳定性问题等。

（5）接待上海市科技成果转化促进会（市科促会）领导，研讨产学研联盟计划项目。市科促会秘书长陈之进率专家组来考评由特安纶、新纺织产业及东华大学联合申报的联盟计划“上海市产学研合作优秀项目”。“高温烟气过滤系统用的耐高温高性能过滤材料”项目组作汇报。技术中心作产业链介绍。陈秘书长等高度评价上海纺织与东华等高校的产学研合作模式。

（6）坚持帮扶，力促达标，上海海螺服饰有限公司（海螺）获市级企业技术中心认定。

（7）组织申报上海市引进技术吸收与创新计划项目。“高技术多功能纳米复合阻燃聚酯纤维的产业化产学研合作平台”“超柔软深染聚酯纤维制备”和“SL 智能调温纱的开发与推广”等七个项目已申报2010年上海市引进技术吸收与创新项目计划。

（8）配合纺织学会举办“科普知识竞赛”。

3.3.10 2010年10月

（1）10月8日召开纺研院所中心组学习，传达9月29日公司中心组学习会议上席时平书记关于创建学习型领导班子的讲话和要求；汇总公司党代会选举征求意见；参加“上海高新技术产业化展”的工作汇报；胡锦涛就扎实做好正确处理人民内部矛盾工作提出四点要求；公司考核新要求；总结三季度工作，提出公司四季度重点工作；上海纺织60年采访拍摄来院拍摄情况；公司2011年全面预算编制提示意见；编制2011年技术创新项目。

（2）10月9日参加朱总召开的国际面辅料展会议，讨论芳砜纶、派丝特（Parster）和里奥竹纤维产业链项目的产品开发和参展准备工作。

（3）10月11日召开院新一轮的体系认证四合一整合［质量（含军标）、环境、职业健康、安全］工作会议。将迁入院内的研究所及中心纳入院管理体系，提高整体管理水平。制订了2010～2011年管理体系贯标工作的计划。会议明确：

①在院已有的管理体系运行的基础上，结合明年管理体系换证（复评）的时机，启动覆盖各所、中心的质量（含军工）、环境、职业健康、安全管理体系的构建和认证工作，建立全院“四合一”管理体系；成立院“四合一”管理体系贯标领导小组和工作小组；组织培训。

②批准执行上述《工作计划》，要求职能管理部门及全院上下共同努力，积极开展体系策划、人员培训、文件编写、体系（试）运行、内审、管理评审等各项贯标工作。

③体系文件的编写和执行要与全院日常管理工作和干部考评机制等相衔接，提高体系运行的针对性和有效性。

（4）10月14日接待上海工程技术大学孙培雷、程维明副校长等各位领导来研究院讨论与纺织控股公司建立研究生培养基地的工作，双方达成了合作协议，并报公司总裁办公会议讨论通过。

（5）10月15日组织纺研院、特安纶到德福伦生产现场进行芳砜纶卷曲现场会，沟通芳砜纶生产技术、强化工序质量管理措施、统一检测操作。在双方检测结果一致的情况下，投入芳砜纶卷曲生产，除4月生产的旧丝外，共生产了六批15吨丝，强度在3.1～3.3cN/dtex，卷曲度在8%～10%，符合质量要求。

（6）10月15日下午，研究院召开敬老节会议，院和合纤所的130位退休职工参加了活动。

（7）10月19日陪同朱总参观中国国际纺织面料及辅料博览会。我公司参展的摊位有：

①葆莱绒Prolivon——高端纤维品牌和里奥竹纤维产业链项目的展台。

②芳砜纶展台。

③纺研院技术创新的展台。

④申达科宝的展台。

⑤申安三十六棉裕丰的展台。

纺织总会的杜部长等领导参观了我们公司的展台。获得好评。

(8) 10 月 19 日接待浦东新区市人大代表前来研究院进行工作指导。汇报了我院认真贯彻控股公司“科技和时尚”的战略，建设一流纺织研究院的工作。代表进行了参观。

(9) 10 月 21 日举行上海工程技术大学与上海纺织控股（集团）公司共建研究生联合培养基地签约仪式。汪泓校长与朱勇总裁共同为研究生联合培养基地揭牌。上海工程技术大学服装学院聘请上海纺织控股（集团）公司部分教授级高工担任服装学院硕士生导师。

(10) 10 月 24 日陪同席董、吴总参观中国国际纺织面料及辅料博览会。走访我公司参展的展位。

(11) 根据市商检局的要求和朱总安排，以上海纺织学者身份参加“中美欧消费品安全三方峰会”，并作“加强质量管理基准，保证产品质量安全”的发言，共同围绕消费品安全——共同的目标，以人为本进行系统思考，讨论保障消费品安全的重大发展和措施。

25 日下午，第二届中美欧消费品安全三方峰会在上海召开。峰会由中国国家质量监督检验检疫总局、美国消费品安全委员会、欧洲消费品安全委员会、欧洲健康与消费者保护总司共同主办。

中国国家质检总局上海局局长徐金记在发言时表示，中美欧三方在消费品安全方面有着良好的合作基础。多年来，三方建立了政府间沟通、协调和有效解决机制。三方在消费品安全方面的合作将促进国际消费品贸易顺利开展。他表示，只有三方携起手来、共同行动才能应对当今变化众多的全球消费品安全问题。

美国消费品安全委员会辨别和减少消费品危害办公室助理、执行总监迪维恩·瑞先生表示，美国消费品安全委员会充分意识到将消费品安全放在重要突出的位置。他表示要在整个制造过程中强调安全，并强调要加强培训；要采取多方面的措施，包括建立一些监管的安全准则和要求。

欧方政府官员代表、欧洲委员会消费者事务司司长傑奎琳·米诺尔女士在发言中说，保护消费品安全是所有涉及者共有的责任，要保证安全，就需要每一个环节都是安全的。

(12) 10 月 26 日陪同朱总接待中国纺织规划研究会 2010 年年会的各位领导前来研究院进行工作指导。

(13) 召开院所支部书记会议，布置党支部选举工作。

技术中心的工作

（1）发布2011年技术创新项目指南，布置申报2011年技术创新项目。

（2）组织工程技术大学与纺织控股公司建立研究生联合培养基地事宜；具体工作委托纺研院办理；做好与上海工程技术大学合作协议签约工作。

（3）与东华大学顾利霞教授及联吉有关领导一起商讨 Pareste 纤维下一步研发内容。

（4）参加封总召开的2011年投资规划目录讨论。

（5）组织做好相关企业参加中国国际面料展工作；组织芳砜纶、Parster（派丝特）、和里奥竹纤维三大产业链项目产品的开发；得到纺织协会领导的肯定。

（6）到华申进出口公司了解协调 Paerste 纤维针织、袜品产品开发情况。

（7）参加三季度经济活动分析会议和纺织志编撰会议。

3.3.11　2010年11月

（1）11月1日接待新闻出版局陈丽处长、许强副处长，以及期刊协会陈和会长等领导来纺研院工作指导。

（2）11月4日接待中国纺织工业协会李金宝主任、工信部韩俊副司长等领导来纺研院指导工作。陪同参观检测标准、特安纶企业等。朱总接待了李金宝主任。

（3）11月4日接待市人民法院各位领导、杨浦区人民法院顾院长等。介绍了研究院的发展情况。

（4）11月8日召开院所工作会议，讨论以下几项内容：

①上海市纺织科学研究院企业章程。

②事业单位身份退休人员的审核工作。

③制订2011年研究院预算（草案）报公司，公司考核新要求。

④细化科技“十二五”规划，编制提出2011年技术创新项目计划。

⑤科研大楼项目竣工验收工作。

⑥三大产业链项目。

⑦研究经济形势和对策。

（5）11月10日参加第四届中国上海专利周暨纺织行业科技发展论坛，并作科技纺织报告。知识产权局蔡局长，经信委贺寿昌巡视员、林艺处长出席会议。

（6）11月11日参加市科委“上海‘十二五’科技发展规划研究”座谈会。

（7）11月17日参加上海纺织专业高级工程师（教授级）评审。

（8）11月19日参加中国纺织协会科技奖励大会。由中国纺织工业协会主办的“全国纺织科学技术大会”于2010年11月19日在北京人民大会堂隆重举行。中国纺织工业协会会长杜钰洲，中国纺织工业协会副会长许坤元、王天凯、陈树津、杨东辉、徐文英、张延恺等领导出席了会议。会上许坤元副会长发布了《纺织行业“十二五”科技进步纲要》，同时颁发了2010年度中国纺织工业协会科技奖和教育奖。

（9）11月21日参加公司在无锡灵山元一希尔顿逸林酒店召开的2011年工作务虚会议，纺研院做了“加快科技与创新步伐，努力建设一流研究院”的工作汇报。听取了席董、朱总的工作要求。

（10）11月23日接待市商检局谢局长、蔡处长对“中美欧消费品安全三方峰会”所做工作的感谢和进一步的合作。

（11）11月26日接待上海工程技术大学研究生及导师来院参访交流，院与上海工程技术大学研究生导师进行了交流座谈。

（12）11月27日参加中国共产党上海纺织（集团）有限公司第一次代表大会。

（13）11月29日参加上海市商委召开的会议，席董参加揭牌的“上海大虹桥服装服饰出口创新基地”有了实质性的支撑。要求各参加单位申报“上海市外贸公共服务平台资金项目”。根据协调，上海市纺织科学研究院承担“上海纺织检测公共服务平台”“上海纺织信息数据服务平台”的牵头任务。各个公司和参加单位的每个项目均有200万元的项目支持，但是必须有2010年的实际发票。

上海市外贸公共服务平台共分八个子平台：公共检验检测平台，牵头单位纺研院；公共技术研发平台，牵头单位协大公司；公共展示平台，牵头单位新联纺公司；公共认证服务平台，牵头单位丝绸公司；公共信息服务平台，牵头单位纺研院；公共物流平台，牵头单位东方创业公司；产品设计与贸易促进中心，牵头单位杨浦区；品牌推进中心，牵头单位丝绸公司。

（14）稳定工作，协助上海手表厂解决职工张某父亲离休干部身份认定的上访问题。

技术中心的工作

（1）制订2011年技术创新项目计划（讨论稿），将继续聚焦“三条龙”，同时培育新的研发储备项目。

（2）召开军工例会，总结年度工作，布置明年保密认证复审，准备参加西昌军工产品订货会。

（3）与东华大学何瑾馨教授商谈印染废水回用项目，拟在三枪集团试点。

（4）与海欣立肯诺、东华大学、时尚发展公司商讨Proliven品牌国产面料顶替进口产品事宜。

（5）与上海工程技术大学研究生及导师进行交流，就联合培养研究生工作进行了交流座谈。

（6）到汽车地毯总厂调研技术创新工作，商讨科技政策享受事宜。

（7）到申安纺织了解技术创新情况。

3.3.12 2010年12月

（1）12月1日接待市科委基地处宋明毅副处长等领导来纺研院指导工作。汇报了研究院承担纺织科技服务平台的工作情况。

（2）12月2日参加朱总召开的龙头公司调研会议。

（3）12月3日召开“上海纺织工业技术标准服务平台项目”（项目编号：08DZ2292400）工作会议，进行项目演示和结题。

（4）12月9日参加朱总召开的纺研院现场办公会议，公司相关处室参加了会议。汇报了研究院今年的工作和2011年的工作计划。

（5）12月10日召开上海纺织控股（集团）公司2011年技术创新计划项目评审会。

（6）12月13日朱勇总裁携LIZ claiborneinc公司来纺织研究院参观服装设计快速打样和制作工场。

（7）12月13日接待市科委体改处吴寿仁处长等领导来纺研院指导工作。汇报了研究院进行新型研究院所改革的工作情况。

（8）12月15日接待商务部包玲司长来研究院调研“上海大虹桥服装服饰出口基地”的情况。

（9）12月16日陪同席董、朱总接待市国资党委蒋苏平副书记一行来纺织控股公司和研究院专题调研。

（10）12月20日在研究院召开芳砜纶产业链工作会议，会议就生产技术、产业链开发、项目进展等做了交流发言。交流总结了近期卷曲生产工艺，卷曲工艺的参数控制范围比较狭窄；

汪晓峰就特安纶公司和芳砜纶项目的总体发展情况作了汇报，完成全年的计划；

王锋华就特安纶公司的销售和客户的反馈情况作了一个交流，在高端过滤领域的水泥过滤系统上应用，已进入到实质性的销售，比去年的数量有成倍的增长。在防护领域上，经过产业链单位的协同努力，已突破了消防服的强度瓶颈，纯芳砜纶面料完全通过了消防权威测试指标。最后提出了下一步的工作要求：

①2011年特安纶和德福伦的生产工艺要规范化，在2010年的基础上形成一套规范化的工艺指导书，请特安纶和德福伦抓紧归纳。

②为解决超倍长问题，请德福伦对切断机的事情抓紧评估，项目可以列入1000万元的技术开发集团项目资助中。

③要抓紧启动二期项目，要形成组织体系、落实具体人员，地点放在纺科院，2011年一定要出方案，最好厂房能启动，项目组还要考虑给成员项目津贴，二期项目要兼顾一期的产能。

④围绕2011年时城市安全防灾年，要抓住机遇开发有关产品。

（11）12月20日根据市商委的要求，将承担“上海大虹桥服装服饰出口基地”纺织检测公共服务平台项目的四个企业（纺研院、上海丝绸集团股份有限公司、上海纺织装饰有限公司、上海东隆羽绒制品有限公司）的情况汇编成项目任务书。

（12）12 月 21 日参加市商委在申达召开的“上海大虹桥服装服饰出口基地”会议。王新培副主任、罗志松处长提出了工作要求。

（13）12 月 21 日准备国资委审核事业身份退休人员情况，上海市纺织科学研究院所属转制单位离退休人员 2389 人，其中事业身份退休 1717 人，已经死亡 260 人要补发抚恤金。将带来沉重负担。

（14）12 月 27 日召开院办公会议。会上传达市经济工作会议上俞正声讲话，韩正部署明年工作要求把握“六个着力”；张庆副院长介绍专利技术合作情况，关于上海红富士家纺有限公司为甲壳素研发项目研究成果唯一特许使用人；新增加 1750 万元配套技术改造项目经费；作好“上海大虹桥服装服饰出口创新基地”技术服务工作。

（15）12 月 27 日邀请接待上实国贸王兴德总经理和海外进出口公司、海外国贸公司、海外商贸公司、康健公司来纺研院交流。介绍参观了纺研院，建立了检测设计打样方面的联系。

（16）12 月 28 日参加公司年度工作会议，听取席董、朱总的工作报告。并在院办公会议上及时传达了两位领导的报告精神。

技术中心的工作

（1）随朱总到纺研院现场办公。

（2）与技术监督所商讨和中国棉纺织行业协会合作制订、审批行业标准，以及贯标事宜。

（3）与联吉协商产业链合作，与毛麻所、庆成染料化工公司合作研制 Parster 专用染料，用于解决纯 Parster 染不黑、Parster 腈纶混纺织物染色问题。

（4）邀请市科委体改处吴寿仁处长到纺研院商谈转制科研院所事宜。

（5）东华大学邱高副校长来访，商谈合作申报国家工程实践教育中心事宜，申报材料已于 20 日递交教育部。

（6）对承担控股公司技术创新项目的部分项目，组织专家进行验收。

（7）到三十六棉、三枪等企业商讨 2011 年技术创新工作。

（8）与上海工程技术大学服装学院领导一起对“三枪”“海螺”“纺织科技发展”奖学金进行评审，三家企业的老总参加会议。

4　2011～2013 年度任期

4.1　2011 年

4.1.1　2011 年 1 月

（1）1 月 5 日参加公司党建特色项目交流一天。

（2）1 月 6 日召开院退休干部座谈会。

（3）1 月 6 日参加市科研院所长会议，第四届“上海市优秀科研院所长奖”颁奖仪式在科学会堂举行，10 位院所长获奖，2 位获得提名奖。副市长沈晓明出席会议。市科技党委书记陈克宏，市科协党组书记、副主席曹振全，市科委秘书长徐美华等领导出席颁奖仪式。

沈晓明副市长对上海各科研院所提出五点希望：一是希望科研院所承接更多国家和上海的研发任务，加强技术集成应用，培育好创新源泉；二是希望科研院所充分发挥好科研院所在技术创新和产品创新方面的能力，为战略性新兴产业培育推进高新技术产业化多做贡献；三是希望科研院所致力于培育创新型企业，构建产业技术创新联盟，建设和完善创新服务平台，为上海科技创新、科技成果转化，以及产业化做出积极贡献；四是希望科研院所继续深化科研院所体制改革，落实好市政府《关于进一步促进转制科研院所改革和发展的指导意见》，推进新型院所改革试点工作，并积极探索股权激励制度的改革，进一步促进科研院所自身的发展壮大；五是希望科研院所继续加强人才队伍建设，为本市创新驱动、转型发展提供人才队伍支撑。

（4）1 月 7 日召开院部门工作交流会。

（5）1 月 10 日参加区十四届人代会第六次会议。

（6）1 月 11 日与纺织工程学会召开“低碳经济时代的纺织工业可持续发展”专家研讨会。

（7）1 月 17 日开会协商院职代会事宜。回顾总结《2010 年集体合同》《2010 年工资专项集体合同》和《2010 年女职工权益保护专项集体合同》的执行情况；对 2011 年三项集体合同进行讨论和协商。总体评价认为，全面完成了 2010 年各项经济指标和管理目标，所签订的三项集体合同在执行过程中，双方认真、全面地履行了集体合同规定的各项条款，职工普遍表示满意。

经过协商讨论，一致同意将 2010 年签订的《集体合同》《工资专项集体合同》和

《女职工权益保护专项集体合同》的期限延长一年至 2011 年 12 月底，并将原条款中规定的两年一次的职工体检改为每年一次，随后提请 1 月 20 日召开的院六届十次职代会审议表决。

会上，范善群对全院 2010 年度经济指标完成情况和 2011 年度经济指标核定情况做了说明；张庆对有关专利合作议案做了说明；嵇建明对克劳娜诗债务清偿情况做了说明。

经院长办公会议决定，即日起注销上海纺科百货综合经营部。按有关规定办理相关手续。

（8）1 月 14 日召开《上海市志纺织业分卷》编纂会议。会上，汪时维对《上海市志工业分志纺织业卷》的编纂总体要求、背景、编纂内容、时间安排等作了详细的部署和说明，希望参加年鉴的工作人员要努力学习年鉴编辑理论和规范性要求，提高认识编好年鉴，以对历史负责的态度如实反映，做到“横不缺项，竖不断线”。

院要求启动工作，按时完成编纂任务。

①要明确组织体系。

②编写大纲和细目。

③广泛收集内容。

④各单位负责人要亲自参与编纂。

⑤按内容进行分工。

（9）1 月 18 日赴北京参加国防科工局、中国航空工业总公司召开的轴承衬垫项目会议。会上国防科工局宣布了对复旦大学、中科院兰州化物所、上海纺科院、福建龙溪轴承有限公司四家单位的考核评价，中科院兰州化物所和上海纺科院分别获得两个试验项目的第一名。同时决定，关节轴承衬垫项目一由中科院兰州化物所承担、关节轴承衬垫项目二由上海纺科院（含树脂研究所）承担，并签订进度责任书。

（10）1 月 20 日召开纺织科学研究院六届十次职工代表大会，向职工代表汇报 2010 年度工作和 2011 年工作计划。

（11）为解决科研大楼建设资金部分缺口，向技术监督所借款 800 万元。

由于在建造科研大楼的同时，增加了部分配套项目，使建设资金形成部分缺口。为解决建设资金的缺口，院部召开了院长办公会议。会议根据控股公司要求进一步集聚院所资源、加强大额资金集约管理的精神，意向在院所内部借款解决。使用期限一年，借款利息按同期存款办理。

（12）1 月 20 日召开院干部大会。会上，上海纺织（集团）控股公司有关领导宣布了公司关于研究院新一届行政领导班子的任命通知；韩建平宣布了沈安京同志的任命通知；院领导在讲话中表示深感责任重大，他感谢全体院所干部和科研人员对上一届班子工作的支持，要求新一届班子做到以下几点：

①要不断增强责任意识和履职能力，共同贯彻完成公司领导交给的任务。要承担起两大责任：一是建设好中央研究院，对行业起到一定的支撑作用；二是承担好一流研究院的

责任，要围绕席董、朱总制订的“科技和时尚”战略，为公司三大板块核心业务的发展起到科技支撑的作用。

②要发挥领导班子团队的力量，知全局、顾大局，专本行、精业务，讲协作、做大事。

③要务实苦干，树立使命感和责任感。要充分认识科学研究工作的艰巨性、风险性，要敢于登攀，需要我们付出加倍的努力。同时，技术创新工作需要务实苦干，不能浮躁、不能虚假，只能实事求是、一步一个脚印、看准方向前进。

（13）1月26日接待了东纺谷园区各企业来院座谈，介绍了纺研院工作，共同做好东纺谷园区的发展。

（14）1月30日召开了院所签约会议，院长传达了公司签约会议上席董的讲话要求。院长与院本部和各所签订“2011年度科研与经营管理目标责任书”“2011年度治保、安全、防火工作承包责任协议书”；院党委与院本部和各所党支部签订“2011年度党建目标责任书”。签约会后召开了院安全生产委员会的工作会议，提出了安全工作的要求。

（15）关于撤销中共上海埃通电气股份有限公司总支委员会的情况汇报。埃通公司党总支于2002年划归研究院党委管理，并负责稳定工作，其行政管理、资产关系隶属于电气集团下属太平洋（集团）公司。2010年12月，埃通公司已完成破产程序，人员分流工作也已经结束。

目前，埃通党总支党员组织关系除一人在国外探亲，无法回国办理转接手续外，其余党员的组织关系均已转出。现将该名党员组织关系暂时转入研究院下属商务党支部。在向公司党委工作部汇报后，根据《党章》相关规定，撤销中共上海埃通电气股份有限公司总支委员会。

（16）1月31日院所进行了春节前的安全工作检查。

技术中心的工作

（1）召开大中型企业科技统计会议，近三十家企业参加；召开科研院所科技统计会议，填报技术创新相关表格。

（2）与投资部共同召开“特安纶卷曲工艺论证会”。

（3）与联吉商议今年Parster纤维研发攻关具体事宜；到新纺联公司商议科技政策享受及相关事宜。

（4）与汽车地毯商议申报今年上海市市级企业技术中心等事宜；与申孚纺织商议申报区级技术中心和高新技术企业事宜。

（5）参加纺织志撰写事宜会议，明确了技术中心的分工，具体条目细化后呈领导审定。

（6）与三枪商议今年申报国家级企业技术中心事宜。

（7）召开2011年上海国际发展文化节服装纺织品贸易博览会上海纺织参展工作会议，

共计 60 个摊位。

（8）参加公司一季度行政例会，进一步明确技术中心本季度工作重点。

4.1.2 2011 年 2 月

（1）2 月 10 日由市科工局郭中朝处长召开关节轴承衬垫项目会议，上海轴承研究所、上海纺科院、上海市合成树脂研究所三家单位进行了项目讨论，明确了第一阶段的任务，低速重载关节轴承衬垫项目由上海纺科院（含树脂研究所）承担，并落实了进度责任。

（2）“聚乳酸纺粘法非织造布装备与工艺技术研发”项目通过验收。该项目是国家科技部国家科技支撑计划“新一代纺织设备”重点项目，本课题由上海市合成纤维研究所承担。本项目按国家科技部任务书完成了小试、中试等全部科研攻关任务。由国家科技部委托中国纺织机械器材工业协会组织以蒋士成院士为组长的验收组；验收组一致通过了本子课题的项目技术、财务验收。专家鉴定组一致通过了本子课题的科技成果鉴定，并给予了较高的评价。

（3）2 月 16 日同席董、朱总接待工程技术大学和东华大学的领导，同时答谢了孙晋良、郁铭芳、周翔三位院士。

（4）2 月 17 日接待杨浦区金兴明区长来院指导工作，考察节能环保工作。金区长听取院工作汇报后讲话指出，纺研院的工作提升了杨浦区的科技品位，商务部的设计贸易基地也借助了纺研院的影响，希望进一步结合杨浦创新城区的建设做好发展，区政府会做好支持服务工作。

（5）2 月 18 日召开研究院党员代表大会。院党委贯彻党章党务公开的要求，向各位党员代表作 2010 年度工作汇报，介绍 2011 年党建重点工作和纪检监察工作。

（6）2 月 21 日接待上海市经济团体联合会蒋以任会长一行莅临指导。在席董、朱总的陪同下，老领导陈祥麟、姜光裕、张培璋、汤庆福、唐晓芬、胡云芳、孙环葆、陈振浩、陈忠德、任善根、叶伟成、杨晨露、邹国华、严翔燕、田晖等共同参观了纺织科学研究院的科技成果展览会、数码服装设计平台等。

（7）2 月 22 日参加朱总在纺织设计院召开的现场办公会和特安纶二期项目的讨论。

参加会议的有：杨晓星、苏异钢、林光华、吴卓俊、汪晓峰、陈峰、孙建忠、陆顺兴、沙玉明、洪又为、毛超英。

朱总要求：要早启动“十二五”项目。要加快速度，加快卷曲项目，尊重现状，逐步改进，第二线要把握轻重缓急。特安纶交出“工艺线”要有节点，检查、调研结果，设计院参加。快上卷曲线厂房，三个月后听汇报。再召开联吉方案、里奥方案、大丰项目会议。

（8）2 月 24 日接待市科委、市发改委、市国资委、市财政局、市工商局等领导来研究院指导工作，听取关于加快落实转制科研院所改革和发展的（沪府办发〔2009〕33 号）工作汇报，市科委体改处、计划处、条财处、基地处、高新处等部门参加了会议。

院长介绍了近年来我院在科研、经营、管理、建设等方面的总体发展情况，并就《上海市纺织科学研究院开展整建制改革试点的实施方案》（以下称《实施方案》）作了工作汇报。

徐美华秘书长等领导根据此次转制院所改革试点工作的要求，就《实施方案》中的具体内容与我院进行了交流讨论，主要包括改革试点工作的目的、措施、预期效果、科研收入、公共收入/支出、考核评价、管理运行等方面，并就进一步修改完善《实施方案》提出了有针对性的建议和意见。

徐美华在讲话时表示，此次调研不作结论，纺研院对此次转制院所改革试点工作态度认真，表现出了热情、积极的改革愿望。她在肯定前阶段工作的同时还提出了三点希望：

①希望在此次会议的基础上，进一步学习领会市府 33 号文件精神，对有关《实施方案》进行更好的梳理，要有更高的目标，应该清楚地认识到我们现有的能力和水平与世界先进水平和国家战略需求及社会需求还有很大差距，也很难适应。有落差就需要改革，说明改革有空间，可以弥补这些差距。

②纺研院有想法、有追求，有自己的能力点。要不满足于仅仅过好“小日子”，努力走向世界（纺织技术）前沿。对目前体制、机制上的约束或距离，可以客观地反映出来。

③纺研院有基础、有条件做好转制院所的改革试点工作，希望下一步通过管理体制机制的改革，继续深化改革，加大转型支持力度。

徐美华最后表示，她很支持纺研院的改革试点工作（国资委也很支持），33 号文是要挑选好的，如果院工作很乱，调研也不会来，对院的工作是肯定的，希望《实施方案》在原有基础上，加强与各委办的交流、沟通，使之更完善。

（9）2 月 25 日陪同沈总接待市安监局在研究院召开市安全表彰会议。会后，安监局谢黎明局长、张胜军副局长参观了科技成果陈列室。国资委祁汉卿处长也参加了活动。

技术中心的工作

（1）讨论制订并完成 2011 年公司 1000 万元技术开发费专项资金项目的预算，下月初将提交总裁办公会议审定。

（2）参加 2011 年上海市国防科技工业工作会议，王坚主任传达了全国国防科技工业工作会议的精神，回顾了本市 2010 年国防科技工作，并对 2011 年上海市国防科技工作的打算做了说明。艾宝俊副市长对上海市国防科技工作提出四方面的要求。

（3）协调并参加市科委、市国资委、市发改委、市工商局等五委办局到纺研院进行的新型转制院所调研。

（4）产学研工作方面：牵头飞马与上海工程技术大学服装学院的合作；配合总裁办作好上海纺织与东华大学、上海工程技术大学、公司科技顾问的团拜活动。

（5）产业链工作方面：牵头海螺与纺研院服装设计中心合作；配合时尚事业部做好参加在北京举办的“interTEXTILE 春夏面料展”的准备工作。

（6）配合纺研院做好市工业经济联合会参观接待工作；配合上海市纺织工会做好上海市工人发明家和科技创新英才的提名工作。

（7）召开技术中心部门工作讨论会，明确工作重点，创新工作思路，争取有新的提高。

（8）召开专门会议，布置上海国际服装纺织品贸易博览会参展工作，会议就布展工作进行了协调，并提了工作要求。

（9）组织下属研究院所开展“上海市转制科研院所科技基础条件资源调查”工作。

4.1.3　2011 年 3 月

（1）3 月 4 日参加朱总听取联吉四期项目进展情况汇报会。联吉合纤邱建华总经理汇报了年产七万吨工业长丝技改工程。杨晓星建议一次申报分步实施，可以先上固相聚合生产高黏度切片项目。朱总要求：对“十二五”发展要有紧迫感，要加强市场分析，听取专家意见，请设计院参加，做好项目立项的前期工作。

（2）3 月 7 日召开纺研院所工作会议。会议内容如下：

①通报研究院 2 月的工作。

②新型研究院所改革，市科委、国资委、发改委来院调查研究情况。

③亏损企业要止亏销号、公司审计要求。

④组织公司产业链攻关；芳砜纶产业链的二期项目、产品开发。

⑤完成市经信委重点技术改造项目 1.28 亿的竣工验收进度；1000 吨复合纺丝项目。

⑥做好“上海大虹桥服装服饰出口创新基地”技术服务工作，检测、信息、会刊，服装检测站、进出口商品检测站，参加服装节博览会。

⑦编制院 2011 年科研项目计划。

⑧公司稳定工作会议传达。

（3）3 月 7 日朱总召开协调纺研院有关芳砜纶无形资产 800 万元的处理事宜。刘平副总裁、财务部、投资规划部、纺研院参加了会议，投资规划部和计划财务部建议：

①以技术开发费或科研经费的名义下拨 800 万元给纺研院，弥补纺研院和合纤所对芳砜纶项目的投入，同时明确纺研院和合纤所不再享有“芳香族聚砜酰胺纤维的制造方法”专利中的专利权，纺研院和合纤所应做好该项目挂账研发费用的财务处理。

②清理控股公司与纺研院及下属单位的历史资金往来。800 万元下达的同时冲抵早年合纤所项目借款 310 万元及控股公司收回合纤所代付上海第五化学纤维厂欠款 50 万元。

③根据李克让总裁 2003 年 2 月 9 日的批示，控股公司创新基金借款 50 万元及 200 万元项目投入，从借款调整为拨款。因控股公司目前已对该款项全额计提了减值，故具体操作为由控股公司以技术开发费或科研经费的名义下拨 250 万元，纺研院（合纤所）再将该款项返还控股公司，以消除控股公司账面应收余额。

（4）3 月 7 日下午，朱总召集技术中心讨论技术开发费用的安排，围绕公司核心业务的发展，聚焦公司战略重点，重点支持Parster纤维、芳砜纶纤维和溶剂法竹纤维等产业链协同攻关项目550万元；支持新型汽车产业用纺织品80万元、新型化纤材180万元，及品牌产品开发等项目110万元；同时预留80万元主要用于产业链重点项目的攻关、联动开发、市场推广和特殊推动等。

（5）3月8日我们与上海太平洋纺织机械成套设备有限公司邬健康副总和来可华总工座谈讨论了关于上海里奥年产1000吨Lyocell纤维扩容为5000吨项目的设想和建议。有关内容已报告给朱总和投资部杨总。

（6）3月9日参加上海国际服装纺织品贸易博览会，向汪泓校长、谭弗芸、杜局长等领导介绍公司Parster纤维、芳砜纶纤维和溶剂法竹纤维三条产业链的内容，以及三枪、飞马、申孚、装饰、裕丰、联吉、德福伦、纺研院等60个展位的情况。朱勇总裁参观了展览会，并提出了进一步开发新产品的要求，以上各企业的主要领导十分重视，亲自参加了成果介绍。

（7）3月21日上午在纺研院举行“进出口商品检验鉴定机构授牌会议”，上海出入境检验检疫局党组书记局长徐金记、党组成员副局长董超、党组成员浦江、检验检疫局局长谢秋慧、上海出入境检验检疫局认证监管处处长周辉、副处长蔡小国等出席会议。市商务委王新培副主任出席并讲话。

控股公司领导席时平董事长、朱勇总裁、沈耀庆副总等领导出席会议。

徐金记局长向毛麻所颁发了“进出口商品检验鉴定机构资格证书”。

席时平董事长在讲话中回顾了上海纺织这几年在对外贸易中所取得的重大发展和成绩，希望纺研院和毛麻研究所积极发挥科技服务作用，不断提高检验检测的科技水平，更好地服务外贸企业，更好地服务上海大虹桥服装服饰出口创新基地。

徐金记局长讲话强调，在我国对外贸易飞速发展、检测服务需求越来越大的形势下，检验、检测、认证等生产性服务业必须得到进一步发展，更好地服务于上海“四个中心”建设。他希望毛麻研究所和外贸企业在开展业务中要遵守法律，公平竞争，规范有序，诚实守信，继续发挥模范带头作用，为中国经济发展作出更大贡献。

（8）3月22日上午市服饰学会六届四次会议在纺研院举行，学会名誉会长谭弗芸女士、市服饰学会会长江建明校长、服饰学会会员单位的各位领导出席了会议。院领导作了发言，感谢各位领导对上海市纺织的关心和指导，同时作了工作汇报。

江建明校长感触地说，当年纺研院困难要并给东华大学，没有做成，没想到现在发展得这么好。

（9）3月22日下午与时尚事业部邵峰、资产经营部郑峰协商讨论关于上海凌雅丽服装设计有限公司清算、销号四级企业事宜。各方统一了思想：

根据集团公司关于压缩管理层级、做好投资企业清理工作的精神和要求，院拟对该公司进行清算、销户清理。清理过程中涉及的资产关系、劳动关系以及债权债务关系等事项按相关规定办理。

时尚事业部于2010年6月接管了凌雅丽服装设计有限公司的财务管理等所有权力。但服装所仍是该公司事实上的大股东，至今仍承担着财务报表并表、社会审计等责任。

该公司成立于2007年4月28日。注册资本50万元，其中：上海市服装研究所出资40万元，占注册资本的80%，自然人出资10万元，占注册资本的20%；公司注册地为杨浦区平凉路988号。截至2010年12月31日，公司总资产206.5万元，总负债301.4万元，净资产-94.9万元。已经向服装研究所借款52万元。将要承担亏损损失。

原拟增资的150万元还给公司；同时与凌雅丽交谈，做好其工作安排为时尚事业部设计服务。

（10）有关裕丰公司租赁研究院科研新大楼17层整个楼面要求优惠的问题。

根据总部扶持政策给予支持，研究院已经给裕丰公司多方面的支持：承担了裕丰要求空调改装的10万元；同时承担了裕丰要求增加网络设备的数万元；免除装修期间的数月租金，从今年4月1日起计收租金。根据裕丰要求从租赁半个楼面扩大到17层整个楼面。租金负担的增加也有租赁面积增加的因素。目前新大楼租金加管理费2元/（平方米·天）。其余按公司规定办理。

（11）3月31日参加上海浦江出入境检验检疫局与上海大虹桥服装服饰出口创新基地合作座谈会暨合作备忘录签字仪式。纺研院作了发言。

商检局王新培副主任代表沙主任对进出口货物服务贸易表示支持感谢，这是贯彻创新驱动转型发展的一项工作，钟山部长专门到上海视察并召开座谈会。今天的会议是对企业的一个支持，品牌是企业对项目的质量承诺，以此作为动力，创新就落到实处。目前有些质量问题还困扰企业，是不能忽视的，今天轻工创新基地也来参加签约，在“十二五”开局之年要做好工作。

徐金记局长讲话：近年来遵照总局要求，更加紧为外贸企业服务。第一方面要在工作上领先，我局有新的做法，制订了工作方向，要以总局、市要求和企业要求做好工作，提出一条主线，争先创优以质取胜；两个管理，分类管理和风险管理（生物医药管理）；三个导向，问题导向、需求导向和目标导向，加强实验室认证，得到国家认证认可；四个工作和五个建设。第二方面是工作创新，走在全国前面，如与纺控检企合作等；为大虹桥基地服务，支持自主品牌，享受便利，鼓励重视进口，采取更多举措，为企业做更多工作，感谢企业对商检的支持，共同促进品牌和自主品牌产业发展。

技术中心的工作

（1）拟定2011年公司1000万元技术开发费专项资金预算的议案，提交总裁办公会议审定，已通过。

（2）召开公司科技工作会议，明确2011年重点项目实施及下一步工作重点，布置申报上海市和中国纺织工业协会科学技术奖事宜。

（3）组织上海国际服装纺织品贸易博览会布展工作，3月9～11日在新国际博览中心举行，由技术中心牵头我公司 14 家单位共 60 个展位参展。

牵头组织申达、龙头、新联纺、装饰、飞马等企业作好春季广交会四个新产品展位的展示工作，和纺织制造与贸易事业部一起共同召开会议，请科发中心参与展台设计。

（4）随朱总到裕丰科技调研；参加公司三年行动规划的讨论；参与“十二五”重点项目前期准备工作；参加上海市“培育战略性新兴产业、推进高新技术产业化”工作会议。

（5）到上海电缆研究所调研新型转制院所有关情况，协助纺研院做好转制院所申报工作；牵头特安纶、合纤所到上海市科技奖励办公室补充说明项目情况，协调年产 1000 吨芳砜纶耐高温纤维关键技术及产业化项目申报上海市技术发明一等奖事宜。

（6）到汽车地毯总厂商议申报上海市市级企业技术中心、高新技术企业等事项。

（7）参加东华大学顾利霞教授与联吉 Parster 纤维专题研讨会；与上海工程技术大学服装学院商讨今年产学研合作项目推进事宜；与飞马陆董等赴上海工程技术大学服装学院商议品牌设计合作事宜，双方签署了“校企产学研合作协议书”。

（8）与时尚事业部一起到北京参加“interTEXTILE 春夏面料展”。

（9）配合上海市纺织工会准备今年 5 月举办的上海市职工科技节有关活动。

（10）参加中国产业用纺织品行业协会会员代表大会、中国色织行业协会色织布专业委员会会议、中国棉纺织行业协会第四届第二次理事扩大会。

（11）配合总裁办、毛麻所做好“进出口商品检验鉴定机构授牌仪式”相关工作。

4.1.4　2011 年 4 月

（1）3 月 30 日，研究院毛麻所举办了一场公益性质的 GB 18401—2010《国家纺织产品基本安全技术规范》和 GB 5296.4—1998《消费品使用说明 纺织和服装使用说明》宣贯培训班。来自全国的多家检测机构、企业代表，知名品牌的服装公司及其供货商、上海知名商场 150 余名代表以及市场监管部门有关人员参加了本次培训。培训班由全国纺织品标准化技术委员会秘书长郑宇英研究员担任主讲师。

（2）4 月 1 日，召开芳砜纶产业链项目第二次会议，会议议程：

汪总汇报一期工艺总结，交流阶段性工作；讨论布置下一阶段工作。

在二期项目前期进行技术试验，如小线提速试验、直型纺丝机调研、转向法纺丝机增能调研、水洗机调研、提高过滤精度的过滤器调研、膜分离技术小试研究。

讨论了存在问题，工作上的难点、改进的方向：

①聚合的稳定性工艺或设备（聚合测温控制、TPC 熔融人工粉碎投入的改进）；

②氢氧化钙的加入，过滤器改进；

③总固含量提高的研究。

④纺丝机的形式、纺丝速度从 18 米/分提高到 21 米/分，可以提高产量 15%；

⑤节能型回收的工艺流程（膜分离技术小试研究）。

（3）4 月 2 日召开院办公会议讨论二季度重点工作。

①根据公司二季度重点工作要求，推进芳砜纶、里奥竹、葆莱纤维三个重点产业链项目建设。“十二五”重点项目的前期准备工作。

②开展公司 2011 年度产品质量免费定期检验抽查计划。

③继续推进做好转制科研院所改革和发展工作的汇报准备。根据市科委、国资委、发改委的工作要求做好沟通工作。

④根据公司要求，抓好纺科百货、抗菌公司、华莹、利乐公司、凌雅丽公司等四级企业的清理。

⑤抓好科研大楼审价决算，完成市经信委重点技术改造项目 1.28 亿元的竣工验收工作。

⑥对合纤所现有的复合纺丝前纺生产设备进行搬迁（德福伦）和技术改造，建立一条年生产能力 1000 吨/年的复合纺丝生产线。

⑦产学研工作，与工程技术大学共同举办服装论坛、技术交流等。

⑧做好二级保密工作检查；开展 ISO 质量、环境、健康等体系文件转版整合审核工作。

（4）4 月 7 日召开由院承担的市发改委“纺织检测公共服务系统”项目验收会，现已达到合同规定的验收要求。

（5）4 月 11 日召开《上海市志纺织业分卷》纺研院编纂会议。落实编写提纲：纺研院目前状况、结构、人力资源职称；劳模；单位荣誉（市文明单位、纺织先进集体、东纺谷和谐企业）；院所改革、各所沿革；科研成果反映；科研项目；产品开发；管理体系认证；科研大楼建设；发展规划；专利；党代会、职代会议等。

（6）4 月 11 日参加工程技术大学在上海国际时尚中心举行的毕业学生作品发布会。

（7）上报关于拟处置上海纺织新产品开发中心四平路 28 号闲置房屋的请示。

建筑面积：2776 平方米（其中辅房 303 平方米），土地面积：910 平方米，拟处置原因：

①筹措新产品开发中心的日常营运资金，确保企业和谐稳定。新产品开发中心除每年 30 余万元的租赁收入（尚未扣除营业税及房产税）外，无其他任何收入。除需承担在职职工与中心日常运行所必需的开支外，仅离休干部（2 人）及退休职工（38 人）每年的离休干部补贴及退休职工补充养老金两项就需 35 万元以上。

中心每年资金缺口 100 万元左右，近年来，我院已承担了中心近 200 万元的日常开支。该处房屋的处置将有利于解决产品开发中心长远的由于缺少业务收入而形成的资金缺口事宜。

②筹措院科技大楼项目建设资金的缺口。根据公司财务部 2009 年 4 月 8 日“关于解决纺研院‘科研综合楼项目’资金缺口的议案”的精神，由我院自筹 7400 万元，内部融资 600 万元，公司拨款 1800 万元。由于增加了必要的建设项目，经审价，科技综合大楼

项目的决算为 10700 万元，新增技改项目 1780 万元，两项合计 12480 万元。

综上所述，院科技大楼项目建设资金的缺口为 2680 万元。我院已向技监所借款 800 万元，用于支付工程款。尚未支付的工程余款约 2000 万元，已难以在内部筹措，希望通过该闲置房屋的处置予以弥补。

本次拟处置的闲置房屋不涉及人员分流。其职工均已在平凉路 988 号院本部上班。

其中第四层（计 618 平方米）的使用权属原新纺织商业有限公司。

房屋处置后的资金安排：处置后的资金除必需的处置成本和税费外，我院将严格按照收支两条线的管理原则，一部分用于新产品开发中心必须的日常运营；剩余部分将全部用于弥补科研大楼建设资金的缺口。

（8）纺研院等上海纺织 21 家单位获市文明单位称号。在日前召开的 2011 年上海市精神文明建设工作会议上，纺研院等上海纺织 21 家单位被上海市委、市政府授予第 15 届上海市文明单位称号。

（9）4 月 15 日与上海工程技术大学合作举办纺织服装创新国际学术论坛。

（10）4 月 18 日组织召开“年产 1000 吨生物可降解 Lyocell 纤维关键技术及产业化生产项目”鉴定会。孙晋良院士出席主持鉴定会。形成如下鉴定意见：

①提供鉴定的资料齐全完整、符合鉴定要求。

②项目通过连续溶胀、溶解、高黏度过滤、干湿法纺丝、溶剂回收等工艺原理研究，设计与优化了专有工艺和关键装备；解决了 Lyocell 纤维连续成型工艺及品质控制的难题；建立了国内第一条年产 1000 吨 Lyocell 纤维产业化生产线，实现了连续运转，形成了具有自主知识产权的 Lyocell 纤维规模化生产专有技术，项目获得授权发明专利三项，实用新型专利五项，达到国内领先水平，接近国际先进水平。

③生产的 Lyocell 纤维，产品性能接近国际同类水平，其织物具有滑爽柔软、穿着舒适、吸湿保暖及自然悬垂等优良特性，在服装、家纺等领域得到广泛应用。

④该项目的研制成功，使国内拥有了年产 1000 吨 Lyocell 纤维生产线的硬件和全套工程软件，对推动我国纤维素纤维的清洁生产和技术创新具有重要的战略意义。

鉴定委员会一致同意通过鉴定。

建议尽早启动年产万吨 Lyocell 纤维的工业化工厂项目。

（11）4 月 19 日参加市国资委召开的“市国资委系统规划发展工作会议”。

（12）4 月 20~21 日接待中国航空工业集团公司沈阳飞机设计研究所杨旭总工程师等领导来院指导工作，就承担轴承衬垫项目合同进行会谈。

（13）根据市科委关于发布首批上海市专业技术服务平台名单的通知，经单位申报、专家评审和网上公示，批准我院的“上海市纺织高性能纤维材料专业技术服务平台”为首批上海市专业技术服务平台。

本市将结合上海市专业技术服务平台的共享服务绩效，建立引导扶持政策。望有关专业技术服务平台依托单位进一步规范管理，明确权责，建立健全服务机制，增强服务能力，扩大社会影响，发挥示范、引领和带动效应，为优化本市科技创新环境作出更大贡献。

（14）4月27日上海市召开了2010年度科技奖励大会，由上海特安纶纤维有限公司和上海市合成纤维研究所联合研制的《年产1000吨芳砜纶耐高温纤维关键技术及产业化》项目荣获上海市技术发明一等奖，全市技术发明奖共计32项，其中一等奖七项，这是上海市自主创新成果的集中体现。在七项一等奖中，该项目是唯一一家由上海市工业企业完成的发明创新大奖，该项成果是在上海纺织坚持走“科技与时尚”的战略，走创新驱动、转型发展的道路，是上海纺织在更高起点上推动科学发展的成果。

（15）4月27～28日参加科技部研究院院长会议，听取张来武副部长关于“全球变革中的改革创新”的报告；28日到国家科技部基础条件平台中心汇报关于落实发改委、科技部发改高技〔2009〕1163号文件《2009年国家重点科技项目计划》中2008DKA50100纺织产业创新支撑平台项目的工作情况。卢凡副处长表示5月将来上海、江苏、浙江调查项目进展情况。

技术中心的工作

（1）组织召开“年产1000吨生物可降解Lyocell纤维关键技术及产业化生产项目”技术鉴定会。邀请孙晋良院士、郁铭芳院士、中国化学工业协会叶永茂副会长等七位专家对里奥项目进行评审。

（2）对上海汽车地毯总厂承担的中国纺织工业协会科技指导性计划项目“可循环等密度全成型汽车隔音垫生产关键技术”组织专家技术鉴定。

（3）组织申达、龙头、新联纺、装饰、飞马等企业参加109届春季广交会新产品展示，共有四个新产品展位，重点展示葆莱纤维、派丝特、里奥竹纤维和芳砜纶新品。

（4）4月27日参加上海市科技奖励大会，“年产1000吨芳砜纶耐高温纤维关键技术及产业化项目”获上海市技术发明一等奖；组织6家企业分别申报2011年上海市技术发明奖和上海市科技进步奖。

（5）到申安纺织商讨申报上海市市级企业技术中心、高新技术企业复审等事项；

到申孚纺织商讨申请专利和享受科技政策事宜；

配合上海市纺织工会准备今年5月举办的上海市职工科技节有关活动。

（6）召开今年1000万元重点项目——“派丝特纤维及产业链深度开发”“国产智能调温等功能性纤维及产业链开发”“新型超柔结构纱线针织面料产品设计与开发”产业链联动会议，明确今年重点工作和目标。

（7）与东华大学顾利霞教授探讨合作开发“连续莫来石无机耐高温纤维”意向。

（8）与人力资源部一起进行公司2011年项目科技带头人评选。按照公司《关于实行科技带头人制度的管理办法》，经单位推荐、专家委员会评审，下列16人被初选为2011年上海纺织（集团）有限公司项目科技带头人：

王新（里奥）、何正锋（联吉）、冯忠耀（德福伦）、殷庆永（特安纶）、孙建忠（特安纶）、王卫民（龙头）、曹春祥（三枪）、陈平（装饰研究所）、潘美云（裕丰）、阎均（三十六棉）、龚杜弟（汽车地毯总厂）、崔鹏（申达科宝）、张振华（毛麻研究所）、林银芳（纺研院）、解德诚（纺研院）、张庆（纺研院）。

（9）参加上海市高新技术成果转化季度工作会议。

（10）联络宁波雅戈尔日中纺织为纺研院服装快速反应平台提供新型面料。

4.1.5　2011年5月

（1）4月30日～5月3日，利用休假日对研究院1号楼和2号楼的旧铝质电缆进行改造，更换为铜质大容量电缆。消除因电缆发热可能引起的不安全隐患，同时满足检测发展的需要。

（2）5月5日召开由院承担的市发改委“上海纺织工业技术标准服务平台”项目验收会，市科委组织专家进行了验收。验收专家组听取了项目组的汇报，观看了系统演示，审阅了相关资料文档，经质询和讨论，形成如下验收意见。

①项目通过将网络资源与纺织标准化归口单位的实体服务资源相结合，开发在线咨询、在线提交服务申请、在线查阅与订购标准文献等功能模块，进一步拓展了标准化归口单位的服务功能，是专业性较强的标准化服务平台。

②项目基于.NET和web service，采用构件式、积木式开发技术，采用SQLServer 2005数据库，构建多层开放式的平台体系架构，其业务系统具有安全性、可靠性和可扩展性，性能高效集成，易管理。允许第三方软件在相同标准下进行功能性信息系统的挂载。

③系统通过了上海市计算机软件测评重点实验室软件技术测试。

④项目建设期间，为企业提供700余次标准化相关服务，举办标准化培训与论坛18次，参加专题类会展2次，参加和举办各类推广活动12次，发挥了技术保障优势，加强了标准宣传与推广力度，并实现服务收入107.6万元。

验收专家组认为该项目已达到课题任务书规定的考核指标，一致同意该项目通过验收。

（3）5月5日参加市技术监督局和国资委召开的“市国有企业质量工作会议”。

沈伟民副局长讲话指出：要强化质量监督，促进重点产业发展，聚焦服务行业质量管理，传承国企质量文化。

吕勇明副主任要求：国企是夯实质量的基础，国企要全面贯彻市领导对质量工作的指示，国企要全面落实质量责任，不断追求卓越质量管理。

（4）5月5日上午接待合纤所38位退休职工来访，主要意见为：

①听说事业单位退休职工有发两张工资卡，合纤所有没有？

②早退休有补偿金，我们没拿到。

③要求20个月抚恤金。

院领导接待作说明：

①本院和合纤所自 2001 年 1 月 1 日起，正式转制为企业，并按企业执行相关政策，转制前退休后即按社保确定事业身份的，按事业单位退休人员领取社保金。

②根据国家有关部委的规定，执行企业劳保制度的事业单位不执行此政策。已参加企业职工基本养老保险的事业单位退休人员病故的一次性抚恤金按当地规定执行。转制单位原事业退休人员病故一次性抚恤金标准，按审核后下发规定执行。

③本院严格遵守国家有关法律法规和政策，所以如法律法规和政策文件有明确规定应由企业承担的，本院将不折不扣坚决执行。

合纤所来访退休职工会后平稳地回去了。

（5）5 月 6 日召开院党委会议，讨论关于开展评选、表彰“优秀共产党员”“优秀党务工作者”“先进党支部”活动的情况。按照控股公司党委的要求，结合院各党支部上报，确定推荐解德诚、张德良、陈真三位同志为公司“优秀共产党员”人选；推荐谭豪清同志为公司“优秀党务工作者”人选；推荐技监所党支部为“先进基层党组织”。

（6）5 月 10 日召开院整合型管理体系（质量、环境、职业健康、安全）内审首次会议暨院管理体系文件发放。院领导要求，要通过体系认证提高管理效率，一要牢记管理方针，实现全院发展目标；二要科学管理，严格执行管理体系；三要持续改进、追求卓越。通过结合日常工作，实现管理体系的持续改进和服务意识的不断提高，推进建设一流研究院。

（7）5 月 12 日陪同朱勇总裁接待市国资委刘燮副主任等领导来纺研院调研。朱勇总裁汇报了上海纺织（集团）有限公司调整发展的情况，纺研院也作了工作汇报。刘燮副主任最后作讲话：调查研究收获很大，看了纺织博物馆令人尊敬，整个工业系统，纺织文化值得尊重，一是战略目标方向正确，二是有个团队和领军人物，三要有个好的机制，四是成功要有企业文化。国资委要怎么样的企业？一是赚钱好的企业，二是优秀企业，三是卓越企业，四是伟大企业。国资委要服务好企业，为企业说话。

（8）5 月 14 日参加中国产业用纺织品行业协会在东华大学召开的分会工作会议，李陵申会长出席会议，提出了分会换届的要求。提出了设立中国产业用纺织品行业协会特种纺织专委会的要求。

（9）内控测试报告，测试结果及建议，21 个项目未发现重大内控缺陷。

①公司层面	未发现重大内控缺陷。
②财务报告管理流程	未发现重大内控缺陷。
③存货管理流程	未发现重大内控缺陷。
④人力资源管理流程	高端科研岗位人员结构趋于老化。
⑤固定资产管理流程	未发现重大内控缺陷。
⑥销售管理流程	未发现重大内控缺陷。
⑦资金管理流程	未发现重大内控缺陷。

⑧采购管理流程	未发现重大内控缺陷。
⑨税务管理流程	未发现重大内控缺陷。
⑩长期股权投资管理流程	未发现重大内控缺陷。
⑪筹资管理流程	未发现重大内控缺陷。
⑫担保管理流程	无此项业务。
⑬合同协议管理流程	未发现重大内控缺陷。
⑭衍生工具管理流程	无此项业务。
⑮企业并购管理流程	无此项业务。
⑯关联交易管理流程	未发现重大内控缺陷。
⑰内部审计管理流程	独立性不够。（注：院设财务审计室，没有分设）
⑱业务外包管理流程	无此项业务。
⑲无形资产管理流程	无此项业务。
⑳对子公司的管控管理流程	未发现重大内控缺陷。
㉑预算管理流程	未发现重大内控缺陷。

（10）5 月 17 日召开上海市色织科学技术研究所成立 30 周年座谈会。

近年来，色织所致力于科技与生产相结合，不少成果应用于生产实践，取得了良好成效，推动了企业技术进步，产生了良好的经济效益和社会效益。色织所近期主要成果和产品有：

分条整经浆纱机、MH522 型均匀轧车、高强优质剑杆带基布、涂料浸染工艺品及系列产品、腈氯纶永久性色织、双弹织物、尼龙浴擦巾、地毯簇绒机等。到会的 30 多名老所长老职工看到目前色织所的发展环境表示高兴。

（11）5 月 19 日上午参加上海浦江出入境检验检疫局与上海新浦江轻工产品出口创新基地合作签约座谈会。上海出入境检验检疫局党组书记、局长徐金记，党组成员、浦江检验检疫局局长谢秋慧，上海出入境检验检疫局认证监管处处长周辉，市商务委王新培副主任出席并讲话。

（12）5 月 19 日下午召开共青团上海市纺织科学研究院第七次代表大会，公司团委领导张世军出席会议并提了要求，会议选举出共青团的领导张晓燕、聂雅渊、张佳华、陈洁、庄华炜。院领导要求在公司团委和院团委的领导下，更加生气勃勃的开展工作，并取得更大的成绩。

（13）5 月 20 日院举办科技论文撰写注意事项的培训。为了能让科技人员更规范地编撰科技论文，情报所特邀请上海市科技期刊学会顾问（原《电世界》主编）冯维泰老师，作一次科技期刊编辑实务、科技论文撰写注意事项的培训。

（14）5 月 23 日参加市发改委召开的“上海市 2011 年中央投资重点产业振兴和技术改造项目评审会议”，对中纺机股份有限公司发展产业用剑杆织机，投资 1 亿元形成年产 1000 台能力的项目作了可行性评估。

（15）5月24日院传达贯彻公司廉政会议精神，学习了席时平书记的讲话要求和吴建平的报告。

（16）5月26日参加服饰学会六届五次扩大会议。并参观唐心实业（上海）有限公司，其品牌“唐心娃娃”创立于2009年。旗下聚集了优秀的且富有激情的国际化设计运营和管理团队。名誉会长谭苇芸女士和会长江建明先生出席会议。江建明校长表示剑桥大学希望成为服饰学会主要挂靠单位。

（17）5月27日欢送合纤所副所长邹荣华（1947年出生）退休。

（18）5月30日讨论服装所《常规理化实验室设计方案》和毛麻所《进出口商品鉴定机构检测实验室设计方案》。讨论了有关平面布局、实验室设置、空调通风、废水废气排放、用电等事项。院领导要求对方案进行仔细研究和讨论，确保方案科学完善。同时减少租借服装的租金支出（每年200万元）。并提出三点原则要求：

①统筹考虑实验室设置，做到相对集中，“成分分析实验室”安排至1号楼7楼。

②尽量减少对原建筑结构的影响和破坏，并减少对居民的影响。原则上实验室隔断墙壁不到顶；合理设置有关排风管道，拟配置专用下水道。

③将检测实验室的建设作为科研项目进行立项，争取政策支持。通过有关环保评审。

④做好配电规划，15和16层拟各配180kW的用电容量；拟将计算机服务器等设备集中放置在2楼机房内。

技术中心的工作

（1）组织申达、龙头、新联纺、装饰、飞马等企业参加5月1日开幕的109届春季广交会，重点展示葆莱纤维、派丝特、里奥竹和芳砜纶新品，取得良好效果，受到有关领导和客商的好评。

（2）组织三枪向市经信委、市发改委、市科委、市认定办汇报申报国家级企业技术中心设想；组织地毯厂、裕丰科技申报上海市市级企业技术中心、知识产权示范企业复审等事项。

（3）向人力资源部提供“科技研发水平和成果转化”材料，为市国资委考评2008～2010年上海纺织经营业绩作准备。

（4）配合人力资源部邀请东华大学陈南梁教授来公司进行“1＋1”培训，作“纺织新材料发展情况报告”。

（5）参加上海市国有企业质量工作会议，听取近期本市质量工作相关情况通报及领导对今年本市质量工作的要求。

参加上海市经信委举行的技术创新工作会议。

（6）参加中国产业用纺织品行业协会分会工作会议，上海纺织与东华大学拟牵头组建“特种纺织品分会”。

（7）上海里奥纤维企业发展有限公司的“溶剂法高湿模量竹纤维及其制备方法”获

发明专利授权。

（8）组织有关企业申报中国纺织工业协会科学技术奖。

（9）协助上海市纺织工会做好上海市职工科技节有关活动，包括参加2011年上海职工科技创新成果展和上海纺织职工知识产权知识竞赛。

（10）协助上海市纺织工程学会筹备“科普知识竞赛”。

4.1.6 2011年6月

（1）6月1日下午在奉贤特安纶公司接待市发改委高新技术产业处朱晨辉、市新材料协会秘书长加深考察了解芳砜纶项目情况，并参观了生产现场。

（2）6月2日召开芳砜纶一期总结和二期技术研发动员会议。转发市技术发明一等奖“年产1000吨芳砜纶耐高温纤维关键技术及产业化”。

院领导要求：不辜负公司席董、朱总的期望和要求，回顾历程珍惜机遇；抓住机遇攻克二期；市场开发要巩固、过虑市场，开发防护面料；发扬团队精神和不断进取的精神搞好二期项目。

（3）6月2日下午接待欧盟环保项目代表团来院参观。院部介绍了检测、节能环保的情况。

（4）6月7日参加由市管国有企业综合考核评价工作小组召开的纺织控股公司领导班子和领导人员2008～2010年三年任期综合考核评价会。

（5）2011上半年度产品质量定期检验情况，由上海市棉纺织印染产品质量监督检验站对我公司相关企业产品进行了抽查，本次抽查了五家企业的三个类别产品（床上用品、毛巾、针织内衣），判定依据是：产品标准、国家强制性标准（GB 18401—2003）。从抽查的项目看：五项产品均符合强制性标准，耐摩擦、耐汗渍、耐水色牢度均较好，高于相应产品标准一等品指标值半级至一级。但有一家企业的毛巾产品的吸水性超标，会影响其使用性能。

针对监督抽查中存在的问题，要督促企业查找原因，积极整改。企业必须合理选择柔软剂，既具有良好的手感，又保证产品质量。应加强产品外发加工的质量控制，严格执行产品标准，严把产品质量关。

（6）落实工资专项集体合同，参照本市企业工资指导线和本行业内工资水平，结合院、所、中心的科研和经营状况，特制订2011年员工工资调整办法。

调整范围：2011年6月在册在岗正常出勤、考核的正式员工。调整原则和办法：

①工资收入的调整原则，即工资增长与企业、部门经济效益相挂钩。

②按照定岗定薪原则，以岗位为核定月薪的基本标准。

③一般员工的增资幅度，在现应发工资额的基础上进行适当调整，每人每月增资150元。增资后，对应发工资在2000元左右的，再适当增加50～80元。

④实行科研经营考核的部门，除继续按人均6万元考核指标外，根据其近期的经济效

益情况，适当增加员工的月薪标准，增量部分作为考核的预发数（该部分不作工资基数）。

（7）6 月 8 日参加区人大代表学习报告会，听金兴明区长作杨浦国家创新型试点城区建设专题报告。

（8）6 月 9 日参加公司在纺研院召开的老干部座谈会。

（9）6 月 10 日根据集体合同的要求，组织纺研院职工体检。

（10）6 月 17 日上午参加市经信委节能工作会议，原清海处长作讲话：每年与国资委联合考核的工业节能指标，九家大集团（包括纺织）均完成。

（11）6 月 17 日接待国家科技基础条件平台中心吕先志副主任，国家科技基础条件平台中心袁伟处长、王瑞处长等领导；市科委研发基地刘主任、宋明毅副处长、朱悦副主任、赵燕办公室主任、刘慧伟部长等各位领导来研究院调研。听取关于落实科技部发改高技〔2009〕1163 号文件《2009 年国家重点科技项目计划》中的 2008DKA50100 纺织产业创新支撑平台项目的工作汇报。这是我们两年来积极向科技部汇报工作的情况下，科技部的领导首次来纺研院调研和指导工作。

吕先志一行参观了院科技展示厅及服装设计、纺织研发、检测、标准服务平台，了解平台日常运行情况。

宋明毅表示：上海纺织检测业具有四个特点：一是市场占有率高（占全国的 58%），对科研、外贸服务能力强；二是检测资源集中度高，纺科院集中了四个国家站、五个标委会（全国唯一一家），资源整合度高，研发力量强；三是平台建设早，有运行经验；四是平台团队建设、服务体系和对象等集聚了一定的基础。今后，上海平台中心要对其他平台加强沟通与指导，为平台今后更好地发展和推动产业发展提供更多的公共服务。

吕先志副主任：走访了很多国内其他平台，今天实地参观纺科院留下了深刻印象，纺研院在纺织领域很有实力，在院所建设方面也有特点，实现了科研资源的物理整合和有效运作。此次科技部和财政部推动平台建设，强调优势领域整合和共享服务；平台建设中机制、组织架构、内部运行、对外服务、利益分配是核心问题。平台是网络化的东西，也是一个资源联合体，与东华大学联合也不是平台，联合上海市，也才有平台。

为使传统产业升级，推动三个平台建设（医药、电子、纺织），要关注国家利益，科技部在推动，学习调研经验，巩固好经验，再支持产业，辐射更多区域，培养人才（财政部也将开展实地调研）。

（12）6 月 21 日召开院 2011 年度质量、环境和职业健康安全管理体系评审内审会议。检察院建立质量、环境和职业健康安全管理体系情况，目的在于对纺研院管理体系的充分性、适宜性、有效性进行评议，持续改进及提高顾客满意度，提高研究院管理能级和工作绩效，为打造一流研究院目标努力。

（13）6 月 23 日召开公司技术创新工作会议，交流汇报产业链新产品开发和科研项目的情况。

（14）6 月 24 日参加上海出入境检验检疫局座谈会。副局长谢丽娟、浦江检验检疫局局长谢秋慧等领导出席，控股公司领导席时平董事长、朱勇总裁等领导出席会议。

（15）6 月 27～30 日接受上海质量体系审核中心对院 2011 年度质量、环境和职业健康安全管理体系审核。冯伟、吕锡纹、颜立强、邹慰若、周惠芬等各位专家进行了认真的认证、审核、指导，通过了整合性体系的审核。

（16）6 月 30 日接待国防科工局领导、中国航空工业集团公司领导、军代表等来纺研院进行轴承衬垫项目能力评审，参观了科研大楼、设计打样中心、碳布生产线等，以及体系认证证书。这是多年来首次由国防科工局、中国航空工业集团公司下达项目给研究院。

（17）6 月 30 日召开纺研院纪念“七一”党员大会，表彰 2011 年度院先进党支部、优秀共产党员、优秀党务工作者；交流了技监所、情报所的先进党支部经验；先进党员代表作了发言（毛麻所党支部张德良、色织印染联合党支部倪重光、服装所党支部王蔚青、商务党支部王汝敏）。党委书记作“加强党建落实‘十二五’规划，加快建设一流中央研究院”报告。

表彰名单如下。

①先进党支部（4 个）：

上海市纺织工业技术监督所党支部

上海市毛麻纺织科学技术研究所党支部

上海市纺织科学研究院情报所党支部

上海市纺织科学研究院离退休党支部

②优秀共产党员（21 名）：

上海市纺织工业技术监督所支部	田晓峰　徐慧卿
上海市毛麻纺织科学技术研究所支部	张德良　沈美华
上海市服装研究所支部	乐季准　王蔚青
上海市纺织科学研究院色织印染联合支部	倪重光
上海市纺织科学研究院检测环保支部	李　健　张国权　曹志勇
上海市纺织科学研究院情报所支部	庄华炜　程　静
上海市纺织科学研究院产业化支部	解德诚　顾　进
上海市纺织科学研究院科研支部	李慧霞
上海市纺织科学研究院行政财务支部	范善群　韩建平　单树根
上海市纺织科学研究院商务支部	嵇建明　王汝敏　戎履君
③优秀党务工作者（3 名）：	谭豪清　周梅蓉　陈　真

技术中心的工作

（1）参加上海市发改委高技术产业处、上海市新材料协会、上海投资咨询公司就“上海市高新技术产业化项目”到特安纶公司的调研。

（2）里奥“组合式喷丝板”、德福伦“有色聚对苯二甲酸丙二酯纤维的制造方法”申报“中国专利奖”。

（3）召开技术创新工作会议，相关单位汇报上半年项目进展情况，胡总作讲话，提出工作要求；召开部门工作会议，交流项目情况，总结 1～5 月工作，布置下一阶段工作。

（4）参加芳砜纶二期技术研发动员会暨上海市技术发明一等奖颁奖会议；与特安纶事业部共同召开“芳砜纶差异化开发与市场推广应用”产业链开拓一条龙会议，10 家相关单位参加；到上海大学知识产权学院，共同召开“芳砜纶专利专项检索研究课题开题会议”。

（5）汽车地毯总厂、申安纺织、裕丰科技分别申报上海市市级企业技术中心。

（6）东华大学沈恒根教授来特安纶事业部介绍其最新研究成果并商议合作事宜。

（7）参加 2011 中国纺织峰会。

（8）参加上海市纺织工会召开的“职工科技创新成果展总结表彰工作会议”。

（9）参加上海市纺织工程学会科普部筹备“科普知识竞赛”会议。

4.1.7　2011 年 7 月

（1）7 月 4 日召开院所工作会议，院长通报了近期主要工作并提出工作要求。

①确保按时间进度完成公司下达的各项资产经营考核目标和重点工作，并做好上半年工作总结及汇报工作。

②继续做好芳砜纶等产业链工作，加大重点产品开发和推广（如芳砜纶防护帽）力度。

③根据外审意见，做好“三合一”管理体系有关整改工作；完成不符合项的改进。

④做好对部分亏损单位的分析研究，力争减亏、销亏。

⑤优化新建检测实验室方案；汇总服务客户名录，力争共享客户资源、统一收费标准。

⑥做好院所四级企业的清理工作；按相关政策规定落实独生子女补贴。

（2）7 月 5 日召开“防寒透气布”项目评审会议。军方代表李宏，产业用纺织品协会李陵申、朱民儒、陈旭炜，中航公司蔡敬刚，天津大学李嘉禄等专家参加了评审。

（3）7 月 7 日到五化纤设备拆除工地检查安全，要求工人安全操作，持证操作，防止高空坠落、压伤和火灾事故的发生。到 7 月 17 日安全地全部完成设备拆除清理工作。

（4）7 月 7 日接待上海海外国际贸易有限公司徐成武副总经理来研究院商量租借办公房屋事宜，陪同参观了院的设施。

（5）7 月 9 日参加在东华大学召开的中国工程院咨询项目“研究多种生物高分子新纤维工程化产业化前景”上海研讨会。大学和企业代表出席了会议，交流了情况。

项目负责人由季国标院士、蒋士成院士、姚穆院士、郁铭芳院士、俞建勇副校长担任，项目成员由王华平、余木火、沈新元，吴白林、王学利、郑千钧、徐燕华、曹谦芝、陈向玲、企业代表等组成。

会议由蒋士成院士主持，蒋院士指出：本项目是工程院环境与轻纺工程学部提出，如何替代石油资源，要采用“生物质资源”，请大家交流，年底要结题。

出席会议的企业和大学有：保定天鹅股份有限公司、江苏新民纺织科技股份有限公司、上海纺织控股（集团）有限公司、宜宾化纤、瑞贝卡、北京化工大学、华南理工大学、西南交通大学、南京工业大学、同济大学、天津国因、华东理工大学、西安工程大学、东华大学。

（6）7月12日公司党建巡视组各位领导来纺研院检查指导。院党委把关于党建责任书的落实情况作一汇报。年初讨论确定我院2011年党建工作项目内容，上报公司确认后做好相关具体内容的补充细化和措施的落实分解。召开院所工作会议暨2011年度院所目标责任书、党建责任书、安全责任书签约。书记、院长分别同院所主要负责人签署了《2011年科研经营目标责任书》《党建责任书》，要求通过责任书的签约，院所每位领导要承担起自己的责任，共同完成今年上半年全院科研经营、党建和安全工作目标。

（7）根据经信委的要求，做好院科研综合楼的各单项验收。已经完成15个单项验收：电梯验收、消防验收、防雷竣工验收、排水许可证、安防检验、水箱竣工验收、“三同时”验收监测、环保竣工验收、民防工程验收、绿化许可文书、绿化验收备案验收、档案验收合格证、竣工规划验收、竣工验收备案证书等。

（8）7月14日到青浦无纺布基地进行高温慰问，检查防暑降温和安全工作；下午接待区科委和中国电子科技集团第二十三研究所李峰所长来院交流工作。

（9）7月18日召开纺研院所办公会议，会议内容如下：

①院2011年下半年度主要工作。

②2011年上半年度经济指标完成情况。

③2011年上半年度工作总结。

④7月28日科研大楼重点技术改造项目1.28亿元的竣工验收工作。

⑤8月准备接待国家科技基础条件平台中心。

⑥落实工资专项集体合同。

⑦清理四级企业。

⑧芳砜纶等产业链工作。

⑨事业单位身份抚恤金落实问题。

⑩根据高温季节和控制用电的情况，院部安排8月1～5日实行集体公休。

（10）为了落实公司稳定工作会议要求，制订了“关于落实对事业身份退休人员死亡后抚恤金发放标准的通知”：

①现事业单位退休人员死亡的，抚恤金按上海市民政局、人事局、财政局与劳动和社会保障局联合颁发的“沪民优发〔2006〕20号文”《关于调整本市机关工作人员和离退休人员死亡后一次性抚恤金标准的通知》规定，以其本人死亡前一个月的基础养老金20个月标准发放。2004年10月1日之后退休死亡人员尚未按其基础养老金20个月发放的，应

安排计划逐步解决，解决方案报院人力资源部备案；

②现事转企单位事业身份退休死亡人员的抚恤金发放标准按“沪人社资发〔2010〕15 号文”先由单位垫付的规定执行，以其本人死亡前一个月的基础养老金 20 个月标准发放（扣除社保发放的两个月社平均工资和单位参照企业退休死亡人员垫付的一次性丧葬补助金）。

对部分事转企单位事业身份退休已死亡人员的抚恤金在上报名册审核阶段，采取先以借支 20 个月基础养老金（扣除社保发放的两个月社平均工资和单位参照企业退休死亡人员垫付的一次性丧葬补助金）口径操作。在办理借支过程中，须由领款人签名承诺“按政策多退少补”的书面凭据，待名册审定后与财政结算；

③即日起各事业单位退休死亡人员和事转企单位事业身份退休死亡人员新发生的抚恤金发放，按规定做好与财政单位结算的后续工作。

估计首批 2004 年 10 月 1 日之后退休死亡人员有事业身份的尚未按其基础养老金 20 个月发放的，需要资金近 1000 万元。

（11）为加强产业链和品牌服务，7 月 19 日接待“海螺”商谈 8 月 18 日在纺研院举办订货会和服装展示的方案。

（12）7 月 25 ~ 26 日参加公司半年度工作会议。在 27 日院会议上及时传达席董、朱总的讲话要求。

（13）7 月 27 日下午接待上海工程技术大学褚劲风副书记来院了解产学研情况。

（14）7 月 28 日参加杨浦区第十四届人代会议，听取金兴明区长的工作报告。

（15）7 月 28 日下午召开“上海纺织研发基地及纺织服装技术公共服务平台”项目竣工验收工作鉴定会议。市经信委、发改委等委办的领导；杨浦区商委、区发改委、区规划局、区建委、区房地局、区环保局、区绿化等委办的领导；纺织控股公司和平凉街道领导出席了会议。形成如下验收意见。

2011 年 7 月 28 日，受上海市经济和信息化委员会委托，杨浦区商务委员会主持召开由上海市纺织科学研究院承担的《2009 年上海市重点技术改造专项》中“上海纺织研发基地及纺织服装技术公共服务平台”项目验收会。验收小组听取并审查了项目总结报告等相关验收材料，并通过项目现场的查看，经讨论形成如下意见：

①提供的验收材料齐全，符合验收要求。

②项目计划投入总资金 12837 万元，实际投入金额 13831.69 万元，其中专项资金资助 1027 万元，经审计专项资金使用符合经费使用规定。

③各项建设内容符合项目批准文件。

④科研综合楼及主要工艺设备及配套设施运行良好。

综上所述，验收小组认为，项目承担单位已完成该项目建设并达到批准文件相关内容，一致同意通过验收。

技术中心的工作

（1）参加行政例会暨部门交流会，汇报技术中心上半年工作；召开部门工作会议，传达公司半年度会议精神，明确下半年工作目标和重点。

（2）召开1000万元技术开发费专项资金项目——新型超柔结构纱线针织面料产品设计与开发一条龙会议，东华大学和三枪参加，明确下半年工作重点。

召开1000万元技术开发费专项资金项目——Prolivon春夏季服装面料研发一条龙会议，五家承担单位参加，交流上半年工作，商讨下半年工作打算。

（3）召开Lyocell竹纤维色织面料协调会，协调“海螺”与裕丰科技联合开发该面料的相关事宜，提出解决方案。

（4）参加联吉合纤公司“常温易染超柔软改性聚酯（Parster）纤维染色性能的测定方法”和“织物柔软性的测定方法”两个测试方法标准的审定会。

（5）参加投资部召开的“芳砜纶卷曲专题会议”。

（6）参加2011年度上海市科技奖励评审。

（7）参加教育部在沪召开的“卓越工程师教育培养计划2011年研讨会”。上海纺织与东华大学、上海工程技术大学卓越工程师教育联合培养基地已列入教育部第一批名单中。

（8）参加2011年第四届长三角纺织产业协同创新论坛。

（9）协调三枪参加“中国国际针织博览会”有关事宜。

（10）参加上海市纺织工程学会科普部筹备“科普知识竞赛”会议，并与学会领导商讨相关工作。

4.1.8　2011年8月

（1）8月2日召开芳砜纶产业链工作会议，会议传达了纺织控股公司半年度工作会议上席董和朱总对“十二五”规划的要求。要提升科技创新能力，强化科技创新建设。公司领导对芳砜纶的发展非常重视，因此芳砜纶要抓住机遇。同时将卷曲项目和现在开展的二期研究项目结合起来做，要抓紧阶段研究目标落实。

会议讨论了卷曲项目的技术方案（近期生产纤维的质量分析、扩初技术方案），二期研究项目情况。针对二期研究项目中涉及进一步提速的设备改造事项，特安纶工厂积极配合实施，已完成安装，8月15日左右将联机调试，争取9月提供提速试验的设备条件。

会议要求讨论的几个问题要结合起来一起考虑：

①首先在扩初设计中要留有余地，比如在卷曲机前增加20厘米或30厘米的空间，为将来能上过热蒸汽做好准备，同时也可以考虑加长蒸汽箱长度的方案。

②结合本次降等的质量问题，希望下次开车后，再做一下高温蒸汽加热的试验。

③扩初工艺基本按德福伦工艺流程，抓紧上项目，项目不要延误。

（2）8月3日参加朱总到“海螺”马陆工厂的防暑降温慰问工作。

（3）8月8日接待工信部产业政策司辛仁周副司长、市经信委邵志清副主任、唐海东副区长等领导来院了解东纺谷园区情况。

（4）8 月 8 日召开纺研院中心组学习办公会议，学习中共中央总书记胡锦涛的“七一”讲话，传达公司 2011 年上半年工作总结和下半年工作会议席董、朱总讲话及关于 2011 年党建重点工作中途巡检的意见反馈。介绍近期工作：保密工作检查、接待国家科技基础条件平台中心来访、准备与中国航空工业集团公司签订合同、清理四级企业等。

（5）8 月 11 日讨论建设“进出口商品检验机构实验室”的项目方案，讨论有关的通风、排水、电缆、弱电、功能安排等。

（6）8 月 12 日接待市科委对外协作处“上海科威国际技术转移中心有限公司”王利亚项目主管、李亭亭顾问来院商量与乌克兰院士合作，研究采用芳砜纶纤维材料在 300℃以上和一定的压力下做成耐高温、耐摩擦、耐腐蚀复合结构材料等研究项目。

（7）8 月 16～17 日参加公司党组织书记“党务公开”研修班。

（8）8 月 18 日协助海螺公司在纺研院举办订货服装展示会，陪同席董、朱总接待肖贵玉副秘书长，市经信委贺寿昌、林艺等领导来研究院考察，参观了产业链合作“海螺”订货会情况和服装设计服务的情况。

（9）8 月 19 日接待公司刘平总监来纺研院指导工作，汇报了纺研院三年法制工作实施情况。

（10）8 月 22 日召开院所党组织书记会议，传达以下内容：

①公司党组织书记研修班上席时平书记讲话。

②中共中央办公厅《关于党的基层组织实行党务公开的意见》。

③蒋苏平同志在上海纺织 2011 年党组织书记研修班上的辅导报告。

④上海纺织企业党务公开基础性目录（试行）。

⑤观看警示教育。

（11）8 月 19 日，上海市发展和改革委员会综合改革处刘光卫副处长等三位领导，与我院所部分领导就落实中发〔2011〕5 号文，推进事业单位改制等问题进行了专题座谈调研。按座谈调研要求，就上海市纺织科学研究院下属三家事业单位改制的设想，书面汇报如下：

如上海市纺织科学研究院下属的三家事业单位需要整体转制，由事业单位编制转为企业，为保证事业单位转制能有一个稳定的局面，我们建议：

①根据单位情况，实施“新人新办法，老人老办法”，20 年工龄以上的职工，建议锁定其事业单位身份，退休以后继续享受事业单位各项政策。

②20 年以下工龄的职工，建议买断其事业单位身份，转为企业员工。

③为保证平稳过渡，因事业单位改制而支付的各类费用建议由政府事业单位经费承担。

④事业单位改制应有三至五年的过渡时间，以求稳定过渡。

（12）8 月 23 日接待区政协姚秀平副主席和政协委员、区商委赵亮副主任来院考察创意产业发展情况。

（13）8 月 24 日接待工程技术大学服装学院胡守忠院长，讨论学校与纺织控股公司共同申报的培养卓越工程师项目。讨论带教导师、课题方向、讲课内容、教室等物质后勤保障。

（14）8 月 25 日参加上海市工业经济联合会成立 20 周年会议。市领导出席会议并讲话。

（15）8 月 26 日召开研究院第七届职工代表大会。

①院长作 2011 上半年行政工作报告。

②谭豪清同志代表第六届工会作工作报告。

③审议通过《上海市纺织科学研究院第七届员工（职工）代表大会选举办法》。

④选举产生上海市纺织科学研究院第七届工会委员会。

⑤选举产生上海市纺织科学研究院第七届工会经审委员会。

⑥通过上海市纺织科学研究院第七届员工（职工）代表大会决议。

（16）8 月 28 日接待工信部消费品司曹学军领导来院指导工作。

（17）8 月 30 日接待上海市军工保密资格认证办领导，市国家保密局林予同处长，胡柏芳、付季并、余继亮、陈伟民专家，市经信委童处长。进行二级保密检查。

技术中心的工作

（1）产业链工作方面，召开芳砜纶卷曲工艺攻关研讨会。

牵头东华大学研究院王华平副院长与德福伦公司商议合作开发高仿真棉纤维事宜；

与龙头股份有限公司共同召开 Lyocell 竹纤维一条龙会议，近十家单位参加。

（2）和纺织制造与贸易事业部一起，召开 110 届广交会新产品展示专题会议。奚文源总经理参加并作了动员讲话，申达进出口、飞马、装饰、龙头、新联纺、科发中心等派员参加，具体商讨了展示内容、展示形式、意向成交流程等事项。会后走访五家相关外贸企业，商定参展产品；

召开秋季广交会新产品展示工作预备会议，纺织制造与贸易事业部、科技发展中心参加。

（3）邀请中国纺织工业协会科技发展部的领导来上海参加“十一五”国家科技支撑项目——Parster 纤维验收准备会议，联吉、东华大学等单位参加。

（4）参加第十二届新型化纤原料在针织及其他相关行业应用技术研讨会。

（5）召开由裕丰科技、上海工程技术大学等单位承担的 2009 年《上海纺织控股（集团）公司技术创新计划》“再生蛋白纤维纺织关键技术研究及产品开发”项目验收会。

（6）参加国资委规划发展处召开的重点产业集团科技部门负责人“市国资委 2011 年上半年科技工作例会”。

（7）参加中国工程院上海院士中心主办的“气候变化与低碳纺织品高层论坛”。

（8）参加上海市纺织工程学会科普部“科普知识竞赛”筹备会议。

(9) 开展市科委布置的“2011 年上海地方科技基础条件资源调查工作”。

(10) 召开部门工作会议，研究下一步工作重点。

4.1.9 2011 年 9 月

(1) 9 月 1 日召开院所保密工作会议，院长通报了 8 月 30 日上海市国家保密局审查组对我院保密资格复审的情况，对我院存在的问题和不足提出了整改目标和意见，要求切实制订和落实各项整改措施：

①加强院所二级干部的保密意识，落实保密工作责任，提高全院保密工作整体水平。

②正确认识和处理广义保密和军工保密的关系。要结合本单位实际，树立“大保密”意识，强化保密防范管理。加强各级干部、管理人员和涉密人员的保密教育培训，提高其保密技能和本领（重点是计算机的使用和管理）。

③做好源头保密工作和监督检查。研究探索对敏感文字、信息的处理方式；加强对保密制度落实情况和保密规定执行情况的监督检查，及时发现和解决保密管理中的问题，确保各项制度规定真正落到实处。切实做到：国防科技工业安全保密“六条规定”；涉密计算机“十项不准”；军工保密资格审查认证评分标准中的“八项中止项”及“六项重点项”等。

(2) 9 月 2 日召开芳砜纶专利课题研讨会。技术中心、特安纶事业部、上海大学知识产权学院相关人员和董局长参加。对国外某公司七件急用专利初步分析，由检索小组汇报检索情况，总检索数为 3667 条。

讨论有关专利的应对措施，与上海市知识产权局联络，向国家知识产权局汇报，王伟君已经联系国家知识产权局有关审查处，有关领导表示将请示局长，并表示支持。

(3) 9 月 8 日召开院与东华大学和上海工程技术大学带研究生课题项目，提出与公司产业链结合的课题。结合“派丝特纤维及产业链深度开发”项目提出的课题有芳砜纶差异化开发与市场推广应用、芳砜纶防护面料等开发、芳砜纶基复合材料的制造；结合 Lyocell 竹纤维产业链开发项目提出的课题有甲基吗啉特性研究、新型助剂研究、新型超仿棉聚酯纤维纺织染整关键技术及产品开发。

(4) 9 月 8 日接待华申陈总经理和办公室主任，深入讨论了华申搬迁到纺研院三个半楼面的具体设想，待报告公司批准后再落实。

(5) 9 月 12 日召开院所办公会议。具体内容如下：

①席董、朱总关于抓好四季度重点工作的要求。

②启动编制 2012 年院所经营目标和财务预算。

③根据公司科研指南编制明年的科研计划。

④准备接受科技部、财政部对国家纺织产业支撑平台检查。

⑤协助举办“易染超柔软共聚酯产品开发应用推介会”。

⑥继续做好产业链工作，芳砜纶、Lyocell、葆莱纤维及其品牌等条龙开发。

⑦产学研工作，落实研究生课题项目。

⑧接受市科委国际培训任务，介绍上海纺织科技及产业发展概况。

（6）9月15日讨论“关于芳砜纶纤维产品遭国外专利恶意封堵”的对策，决定向国家知识产权局反映：

近年来，我公司贯彻“创新驱动、转型发展”的方针，继续推动企业技术创新、科技研发和知识产权保护。在此过程中，我们不断得到企业在高端领域的技术创新成果遭到来自国外封堵的情况报告，上海特安纶纤维有限公司反映的情况就是一个典型案例。对此，我们要求企业继续加强对技术创新成果的知识产权保护，同时积极与上海市知识产权局等地方知识产权管理部门联系、反映，寻求支持。

（7）9月19日召开院所党组织书记会议，传达9月16日公司推进党务公开工作会议上席时平书记讲话要求。公司贯彻中共中央办公厅《关于党的基层组织实行党务公开的意见》；上海纺织企业党务公开基础性目录（试行）；吴建平副书记“廉洁从政、廉洁从业”专项检查工作。

（8）9月19日接待国家科工局配套中心领导陈文洁经理来院指导。

（9）9月20日接待市发改委科技处领导、市技术监督局殷鸿副处长、市检测协会领导，召开座谈会讨论如何贯彻市专项规划，做大检测行业，探讨合作方式、资源共享、提升能级。我们表示目前研究院系统的国家检测站都已经与纺织集团资产连接，并在此基础上不断发展。

（10）9月21日纺研院与联吉公司、东华大学等筹备召开“超柔软易染聚酯纤维”产品推介会。

主办单位：中国纺织工业协会科技发展部、上海纺织控股（集团）公司、东华大学。

承办单位：上海联吉合纤有限公司、上海市纺织科学研究院。

举办时间：2011年10月22日（星期六），下午13：00产品观摩、下午14：00专题报告。

会议地点：上海市纺织科学研究院科研大楼3楼。

联吉公司、东华大学等单位承担了国家科技部“十一五”科技支撑计划课题——“超柔软易染聚酯纤维制备及应用技术”，特举办“新型超柔软易染聚酯纤维”产品推介会。

介绍该课题研发突破了一些关键技术，取得了一定成果，开发了聚酯切片、短纤维、长丝，并已实现产业化，在棉纺、针织、毛纺等领域已得到应用，进一步扩大了新型纤维的受众面。

（11）9月22日接待上海工程技术大学程维明副校长、上海工程技术大学服装学院胡守忠院长和各位导师，商讨培养研究生和卓越工程师的课题、计划。

（12）9月29日组织院庆55周年职工歌会。各所、中心和部门编排曲目、积极配合，职工精神振奋，达到既要热烈又要简朴的目的。

（13）9 月 23～29 日与技术中心杜卫平主任参加在西班牙巴塞罗那举行的 ITMA 国际纺织机械展览会。

技术中心的工作

（1）制订并正式发布 2012 年上海纺织技术创新项目指南，并要求相关企业、研究院所和院校申报 2012 年上海纺织技术创新项目。

（2）和纺织制造与贸易事业部、科技发展中心召开秋季广交会新产品展示工作会议，明确展示重点和展位设计方案，初步确定展示产品数。

（3）召开芳砜纶专利专案研讨会，特安纶公司、上海大学、上海纺织协会知识产权专委会等单位人员出席，交流前一阶段工作，商定下一步工作重点。

（4）组织三枪、申安、纺研院、新联纺、装饰所、毛麻所等单位技术人员与东华大学召开的派丝特纤维技术研讨会。

（5）召开《上海纺织控股（集团）公司技术创新计划》项目“Lyocell 竹纤维及染整关键技术研究和一条龙开发”“阻燃、防水性、防油污物多功能轿车内饰纺织品的开发”“纳米多功能复合整理高档针织系列产品开发”项目验收会。

（6）与东华大学、联吉、纺研院共同研究召开“ 派丝特纤维产品推介会”。

（7）组织专家对“2012 年上海纺织技术创新项目指南”进行评审。

（8）陪同上海市市级企业技术中心评审办公室到裕丰科技现场审查。

（9）参加“2011 非织造材料创新及产业应用发展论坛”。

4.1.10　2011 年 10 月

（1）10 月 8 日召开院办公会议，会议主要内容如下：

①继续抓好产业链工作，推进“十二五”重点项目的前期工作，积极推进重点条龙项目建设；做好芳砜纶专利保护和二期项目论证；推进里奥 5000 吨项目论证；加快推进联吉 7 万吨长丝项目建设以及大丰三期项目论证。

②召开葆莱纤维、派丝特系列推介会。

③平台答辩情况，继续做好向科技部的工作汇报，做好国家科技基础条件平台中心要求的准备工作，接受科技部和财政部的现场调研。

④完成对合纤所现有的复合纺丝前纺生产设备的搬迁（德福伦）和技术改造，建立一条年生产能力 1000 吨/年的复合纺丝生产线。

⑤完成科研大楼审价决算、财务评估，完成公司和市经信委重点技术改造项目 1. 28 亿元的竣工验收工作。15 楼及 16 楼的电缆项目、水管项目。

⑥国际培训班。

⑦根据公司已经下达的四个批文要求，抓好四级企业（纺科百货、抗菌公司、华莹公司、利乐公司、凌雅丽公司）的清理。

⑧编制2012年公司全面财务预算计划（草案）、2012年技术创新计划（草案）。做好专利信息服务，加强产学研合作联系。

⑨保密工作及院55周年座谈会活动。

（2）10月9日召开院庆55周年座谈会，集团公司席时平董事长、孙晋良院士、郁铭芳院士、各位院所老领导出席座谈会。院长作了“贯彻公司‘科技与时尚’战略，建设一流纺织科学研究院”的发言介绍。席时平董事长作了重要讲话。

席董在讲话中指出：他感谢纺研院历届老领导、现任领导和全体员工为纺研院的发展所作的贡献。强调纺研院55年的建设、调整、发展是与行业的兴衰成败和中国纺织、上海纺织以及集团命运紧密联系在一起的。上海纺研院曾经为上海纺织乃至全国纺织业作出过卓越贡献，在行业调整的困难时期，也经历了自身调整的艰难过程，以适应经济发展方式的转变和产业结构的调整。大家深刻感到，纺研院有今天的大好形势与集团发展有关，更与自身的转型密不可分。

席董指出，纺研院在“十一五”期间发生了面目一新的变化：科研综合楼建成使用；“四大平台”建设运作；资源集聚整合基本完成；对集团核心业务和产业链的支撑作用逐步显现；为行业和社会公共服务的能力不断提高，并取得了很大成绩，迈出了很扎实的一步。这些成就的取得既得益于上海纺织的发展战略，同时也是对上海纺织战略的有力支撑，两者相辅相成。当前，集团已从传统制造业走向有先进制造业基础的现代服务业，从第二产业发展为第三产业，这当中科技创新将起很大作用。

席董强调，2011年是“十二五”开局之年，集团将实施第二步战略即产业发展将由“大”变“强”。我们将坚持“创新驱动、转型发展”，大力促进技术创新，以先进科技引领产业升级，提升上海纺织的综合竞争力。纺研院要建设成为集团的中央研究院和一流的纺织研究院，需要在科研、人才、机制上不断取得新的进展和突破，更好地激发科研内生动力，推进科技成果产业化，扩大与企业和高校等社会资源的联动，在集团产业链的建设发展和上海纺织“十二五”规划的实施过程中发挥更大的作用。

（3）10月9日接待美国新大学教务长蒂姆·马歇尔、副校长（在线和国际教育）罗丝玛丽·安妮·马修森、帕森斯设计学院乔尔·陶尔斯院长、执行董事刘崇慧；上海国际时尚教育中心李雪玲副总经理、纺织时尚产业事业部徐琦，来上海市纺织科学研究院交流与合作。

（4）10月9日向市知识产权局刘同德副局长、顾处长汇报“芳砜纶耐高温纤维遭国外公司专利围堵情况”。

（5）10月11日召开院办公会议，讨论决定：为配合有关科研项目的实施，将原合纤所注资列入东纺公司的复合无纺布旧设备处置作为“1000吨双螺杆复合短纤维开发和研究及复合纺丝搬迁改造”项目的组成部分，由院本部向东纺公司（合纤所）划拨科研经费700万元，旧设备的处置成本及费用作为技术开发费列支。

通过2012年院投资项目五项：科研综合楼15层（毛麻所）、16层（服装所）实验室装修；茅台路科普基地建设；《纺织产业技术创新服务平台》标准和检测平台建设；科研综合楼18层装修；南测实验设备（气相色谱仪）。

讨论通过院2011年科研项目经费使用实施计划（拟发文），包括2011年结转项目16项、新立项目19项，并要求做好经费的使用管理等工作。

（6）10月13日联吉、东华大学、技术中心、院联合召开“超柔软易染聚酯纤维”产品推介会的准备会议。落实会议程序、主题发言、论文汇编、样品布置、会务准备等一系列工作。

（7）10月17日接待市林予同处长和高嵩、徐懿喆专家对院保密资格认证复审。院长就8月30日对我院资格现场审查中反映出来的问题，作了整改情况汇报，检查组技术人员对我院涉密计算机房及部分非涉密计算机进行了针对性检查和评估。形成了审查意见和评分结果：实有项目分值：470分，实际得分448分，符合标准，同意上报上海市认证委批准为二级资格单位。

林予同在总结讲话中对我院保密工作提出三点希望：

①抓检查。使日常检查常态化，对计算机两月一次的检查要“到位”。

②抓责任落实。切实做到保密工作“谁主管谁负责”“谁使用谁负责”“谁检查谁负责”。

③抓奖惩。要严格奖惩制度，抓好奖惩制度的落实，强化责任追究，把责任落实到每个涉密人员。健全保密工作的长效机制，使保密工作与承担的项目更好地匹配。

院长表示，对检查中发现的不足将积极加以整改，不断提高我院保密工作水平。

（8）10月18日陪同朱总参观中国国际面料辅料（秋冬）博览会。公司有八个企业在W3馆和E2馆参展，联吉、里奥、德福伦、特安纶、三十六棉、裕丰、申孚等企业。向王天凯等领导介绍了纺织集团新产品开发的情况。

（9）10月18日下午在纺研院举行了“申安杯纺织工业‘十二五’科技进步纲要科普知识竞赛”，东华大学、上海工程技术大学、学会各专业小组、化纤所、印染所、服装所、毛麻所、技术中心、院联参加了活动。

（10）10月19日接待西班牙纺织技术研究所（AITEX）来院交流。双方介绍院所的概况及职能；服装所根据外方的要求，作相关国标和行标的介绍；双方就西班牙品牌进入中国市场的相关问题进行自由交流；参观了实验室。

（11）10月21日接待中国工程院姚穆院士、蒋士成院士、中国纺织工程学会副理事长王竹林、毕国典、张怀良来院参观指导。

（12）10月22日与联吉、东华、技术中心联合召开“超柔软易染聚酯纤维暨派丝特（Parster）纤维产品”推介会。编辑出版了开发应用的论文集，各位专家作交流报告，有针对性地邀请了100多位企业代表，客户参观了专门布置的新产品。中国纺织工业协会科技发展处处长张放军，东华大学教授顾利霞，联吉谢宇江、邱建华等出席了会议。

会上，东华大学顾利霞、王华平、蔡再生三位教授分别从世界聚酯纤维新进展、纤维科技创新、派丝特纤维织物染色等不同角度阐述了各自的观点；联吉技术处主任朱毅则从派丝特纤维的开发与应用方面作了详细的汇报；上海申孚纺织有限公司及山东恒泰纺织有限公司代表与大家分享了派丝特纤维在棉纺、半精纺领域中的实践经验；纺研院张庆、毛麻纺织科学技术研究所张工、三枪代表曹春祥从派丝特纤维深染及匀染方面进行了详尽的阐述；新联纺、思宏集团天之纺有限公司的参会代表也从终端的角度介绍了应用派丝特纤维在品牌创新、拓展市场等方面的情况。

（13）10月25日接待科技部举办的“非洲发展中国家科技园区及孵化器规划、建设与管理国际培训班”，为12个国家20多名官员介绍上海市纺织科学研究院的概况和上海纺织科技及产业发展概况。参观了院展览厅、服装研究所、数码服装设计中心、纺织环保中心、毛麻所、五本杂志编辑部、纺织科研公共服务平台、南方检测中心、国家毛纺织检验站、面料设计中心。得到好评。

（14）10月28日参加东华大学60周年校庆大会。

（15）10月31日召开院所工作讨论会。

技术中心的工作

（1）邀请上海市知识产权局刘同德副局长、政策法规处顾勇华处长等来公司听取“芳砜纶专利专案”的专题汇报，特安纶公司、上海纺织协会知识产权专委会、上海大学等单位人员出席，市知识产权局领导表示将向国家知识产权局作专门汇报并发文请求支持。

（2）与特安纶公司一道，分别向来沪的国家知识产权局化工部张部长和机械部纺织工程处奚处长汇报芳砜纶知识产权专案，寻求支持和帮助。

（3）与纺研院、东华大学、联吉共同研究召开“ 派丝特纤维产品推介会”的具体事项和会议议程；10月22日，召开了“ 派丝特纤维产品推介会”，参会代表90余人。

（4）召开上海龙头（集团）股份有限公司承担的2008年度“上海纺织控股（集团）公司技术创新计划”重点项目“新颖绿色复纤特种纳米整理护肤保健功能性服饰家纺产品一条龙研发及产业化”项目验收会。

（5）联合上海纺织学会科普部举办“科普知识竞赛”。

（6）受邀到上海工程技术大学服装学院对“2012年上海纺织技术创新项目指南”进行解读，并与学院领导、教授交流。

（7）根据沪经信技〔2011〕678号文件要求，组织相关企业申报2011年“上海市引进技术的吸收与创新计划项目”。

（8）确定秋季广交会新产品展示产品数和展位设计方案，派人员参加第110届广交会。

（9）参加纺研院55周年院庆座谈会。

（10）根据沪工总经〔2011〕181号文件精神，与上海市纺织工会商讨贯彻落实“建功‘十二五’、科技绘宏图”立功竞赛有关事项。

4.1.11 2011 年 11 月

(1) 召开 2012 院所务虚工作会议。会上，传达了席时平董事长在院庆 55 周年座谈会上的讲话精神；通报了俞正声书记视察上海纺织的情况；要求进一步认清纺研院面临的形势和任务，为实现“十二五”发展规划奠定基础。

院所各单位分管领导先后作了发言。大家概要回顾总结了今年的工作及经验，寻找了差距和不足，并着重谈了对明年工作的思考和设想。

院长分析了院所总体形势、明年主要任务及各条线应做的工作，并提出八个方面的主要任务：

①落实“十二五”发展规划，建设公司中央研究院。

②构建上海纺织现代科技服务业。

③继续深入抓好产业链三条龙的工作。

④加强“国家纺织产业创新支撑平台（上海）”等重大项目建设。

⑤加强四个国家级纺织检测中心技术和服务能力。

⑥深化智能化服装快速反应技术服务平台建设和应用水平。

⑦做好产学研项目和联合培养研究生的对接工作。

⑧加强上海纺织科技创意园建设。

院所要在产业链协同、院所联动、寻找盈利模式以及民生、安全等方面积极进取，做好明年各项工作准备。

(2) 11 月 3 日接待中国纺织工业协会杨主任和湖南岳阳华蓉县委吴春葆副书记、张大宏副县长等各位领导，来院了解科技园区建设的情况。

(3) 11 月 3 日召开纺研院 2012 年度预算预案（企业合并）。

①2012 年主要经济指标：企业合并营业收入 12000 万元，利润总额 315 万元（院所合计营业收入 16000 万元，利润总额 800 万元）。

②企业户数变动；2010 年决算 14 户，2011 年减少 5 户（销户 4 户：上海纺科百货综合经营部、上海合纤抗菌新材料有限公司、上海利乐服装研究有限公司、上海凌雅丽服装设计有限公司；转让 1 户：上海华印科工贸实业有限公司）。2012 年企业户数为 9 户。

③2012 年预算年度主营业务收入及其他业务收入均有不同程度的增加，主营业务利润及其他业务利润也同步增加，但由于减利因素较多（科研大楼新计折旧 250 万元、新增房产使用税 130 万元、原事业身份退休职工 20 个月的死亡抚恤金、科研经营成本与物业成本的上升及职工增资等）影响了利润总额。职工工资总额按增长 8.5% 测算。

④2012 年预算必养富余人员支出 375 万元。主要考虑内退、长假及病假人员工资上升。

⑤科研投入：2011 年科研研发预计投入 1200 万元。2012 年科研研发预算投入 800

万元。

（4）完成凌雅丽服装设计有限公司四级企业的清理。上海凌雅丽服装设计有限公司于2007年4月，由上海市服装研究所和凌雅丽大师共同出资成立，注册资本为50万元，上海市服装研究所出资40万元，凌雅丽大师出资10万元。

关于四级企业凌雅丽公司的清理工作，我院在公司的关心下，多次召开了由公司时尚事业部、资产经营部、各方股东参加的清理工作专题会议，股东会议决议，一致决定对该公司进行清算、销户清理。10月27日凌雅丽公司已完成全部清理工作，办结工商销户手续。

（5）11月10日举办工业博览会科技论坛“打造服装检测及标准服务平台”。为服装企业介绍服装标准和检测服务。

（6）11月14日参加纺织控股公司第一次代表大会第七组党代表小组活动会议，学习贯彻党代表任期制实施办法，交流各单位推进党务公开的情况。

（7）11月16日召开院办公会议，讨论上报公司的院2011年度的工作总结和2012年度的计划、院财务预算、党委年度工作总结。

11月16日召开院中心组学习，传达了民建上海市委副主任张兆安在公司中心组学习会上所作的《当前经济形势热点与上海发展》的专题报告。大家从解读当前全国以及上海经济发展形势入手，对上海城市定位、产业结构调整、金融资产价格等热点问题及相关政策措施进行了深入学习和讨论，对上海如何实现“创新驱动，转型发展”的战略目标有了新的认识。

院要求学习务求实效，牢牢把握发展主动权，不断增强政治意识、大局意识和发展意识，提高工作能力，把发展问题找准找深。着重围绕影响院所长远发展思路等方面查找问题，着力在深化改革发展、增强技术创新和现代科技服务能力等方面查找问题，为加快建设一流研究院创造更好的发展环境。

（8）11月16日参加公司2011年人才工作会议。

（9）11月17日参加市科学技术研究所协会理事会议，讨论换届事宜，市科技党委提议孙正心担任下届协会理事长。会后参观了上海市建筑科学研究院。

（10）11月17日下午，举办纺织品“市场监督抽查情况通报、进出口检验检疫法规和纺织品常用标准宣贯”会议。由宁海、魏孟媛和曹宪华主讲。

上海工商局的宁海老师在会议上主要给大家介绍了工商行政管理部门的主要职责、工商部门在实施流通领域商品质量监管的主要做法、相关法律以及一些在日常抽查中发现的突出问题。重点介绍了《产品质量法》的相关内容。

上海检验检疫总局的魏孟媛老师主要介绍了进出口纺织服装检验监督的要求、上海进口纺织品的主要进口国以及进口服装的质量抽查情况。尤其对《国家纺织产品基本安全技术规范》中的有关pH、甲醛含量、偶氮染料的使用、色牢度等相关技术标准进行了重点阐述。还引用了一些案例进行深入分析说明。

（11）11月20～21日参加公司年度工作务虚会。

（12）11月23日与杨浦区平凉街道选区见面。本次选举，考虑到培养年轻干部，推荐解德诚副院长作为区人大代表候选人，并已成功当选。

（13）11月29日市商委召开基地工作会议，市商委王新培副主任、财务处孙伟权、贸发处罗志松出席。大虹桥、新浦江基地派人员参加了会议。

（14）11月29日收到市财政来款393.9404万元。

技术中心的工作

（1）向朱总汇报技术中心今年特色工作和明年创新思路。

（2）参加行政部门年度工作交流会；进行部门工作讨论，总结广交会等工作。

（3）对相关企业、研究院所和院校所申报的"2012年上海纺织技术创新计划项目"组织专家评审。

（4）组织上海市名牌产品评比，上海纺织有申安（申安纺织）、德福伦（恒大）、海螺（海螺）、民光（民光）等企业参评，已通过。

（5）参加市经信委举办的"技术进步与产业升级——技术创新路径"研讨会，申安纺织陈国珍总经理作介绍。

（6）参加市经信委专题会议，会议布置"上海高新技术产业化展"新材料展区展品调整、更新相关事宜，下一步将抓紧落实。

（7）参加"工博会科技论坛——经济全球化与标准化国际研讨会"。

（8）陪同南京玻璃纤维研究设计院领导赴特安纶公司洽谈合作事宜。

（9）参加汽车地毯总厂龚杜弟劳模创新工作室揭牌仪式。

（10）参加2011中国（太仓申久）新型聚酯涤纶促进产业升级论坛。

4.1.12 2011年12月

（1）12月1日召开院科研综合楼项目竣工验收会议。公司投资规划部、计划财务部、资产经营部、审计室、技术中心等部门出席会议。院汇报了：项目竣工报告；项目决算报告；项目审计报告；其他验收证明（规划、环保、消防、房产证等）。

科研综合楼项目预算总体执行情况：

根据公司2008年12月31日"沪纺织经（2008）369号"文件批复，科研综合楼项目总投资预算为9785万元，经审计确认的项目竣工财务决算为10752万元，超支967万元，超出预算9.88%。

导致预算超支的主要因素为：

①人工及措施费的竞标价与市场指导价的差异。

②材料单价上升。

③设计调整、图纸修改。

④部分工程项目未纳入预算。

其中建筑工程：预算 6829.4427 万元，实际 7517.2896 万元，实际比预算增加 687.8469 万元，超支 10.1%。

整个项目平均造价和装饰为 4000 元/平方米。总体上达到安全、优质、低耗。

（2）12 月 5 日召开院所工作会议。会上，传达了席时平董事长在年度务虚工作会上的讲话。

①编制纺研院的明年全面财务预算计划（草案）。

②完成今年公司考核的经济科技责任书的全部项目；完成今年院党建责任书的各项工作；完成党务公开的工作进度。

③根据公司要求，抓好（纺科百货、抗菌公司、华莹、利乐公司、凌雅丽、流行趋势公司）四级企业的清理。

④完成科研大楼公司项目的竣工验收工作，12 月 1 日已经公司验收完成。

⑤做好总后军需装备研究所来院安排，要建立长期合作关系，为国防科技事业贡献我们的力量；做好衬垫、阻燃隔音毡、芳砜纶复合材料等项目研究。

⑥事业及事转企事业身份退休人员的调查统计核实工作。

⑦继续做好向科技部的工作汇报（国家纺织产业创新支撑平台）。

⑧传达 11 月 29 日市商委召开基地工作会议精神。

⑨继续做好转制科研院所改革和发展工作的汇报准备。根据市科委、国资委、发改委的工作要求做好沟通工作。项目申报工作。市科委研发平台大型仪器使用服务补贴。

⑩节前的安全、保卫工作。

（3）12 月 9 日与上海工程技术大学召开联合培养校内外导师工作会议。

参加人员：校外导师（胡申伟、张德良、张庆、许鉴、李健、龚杜弟）、校领导、校内导师（王黎明、丁颖、辛斌杰、柯宝珠、曲洪建、裘建新）、胡守忠院长、陈莹副院长、谢红副院长、沈勇副院长、刘茜。

通报联合培养的研究生个人培养计划制订情况，讨论联合培养导师指导学生补充条例。内容涉及：校外导师指导学生制度、学生学习场所、研究方向预报时间、学生补贴、住宿落实问题等。纺研院介绍院科研场所情况，校外导师、校内导师及学生分组进行直接交流。

（4）12 月 16 日召开上海市纺织科学研究院第四次党员代表大会，书记向党代表作了“创新驱动、党建引领，建设一流纺织研究院”的 2011 年度工作汇报，院 60 名党代表和老干部代表参加了会议。

（5）12 月 16 日参加大虹桥服装服饰出口创新基地工作会议。

基地理事长徐伟明回顾基地 2011 年工作；讨论了进一步完善资金管理办法的意见和建议；上海市商务委副主任王新培讲话。

（6）12 月 19 日召开提高芳砜纶力学性能的研究鉴定（基础理论部分）项目验收会。

经过两年的合作研究，由东华大学材料学院张玉梅教授课题组承担的“提高芳砜纶力学性能的研究（基础理论部分）”已完成研究任务，技术报告介绍了以下四部分的分析：

①芳砜酰胺共聚物的序列结构分析。

②聚芳砜酰胺的结晶结构研究。

③聚芳砜酰胺溶液的特性。

④聚芳砜酰胺纤维成形过程中的结构演变。

该研究取得了有益的试验数据，有利于今后的工艺优化。

（7）12 月 20 日参加在纺研院举行的“上海纺织职工思想政治工作研究会会员大会”。

下午参加“公司党委 2011 年党建特色工作交流会议”，学习了各单位的先进经验。研究院交流的“加快检测平台人才培养，提升现代科技服务能级”的课题在领导和同志们的支持下获得了三等奖。

（8）为加快院青年干部的培养，今年我们推荐解德诚副院长为区人大代表候选人，经选举后当选新一届杨浦区人大代表。

（9）12 月 22 日召开纺研院办公会议，会议内容如下：

①传达公司党委工作交流会议精神。

②关于毛麻所搬迁结余款上交的决议。

③关于向技术监督所续借 800 万元一年的决定（原用于科研大楼工程款）。

④完成事业单位退休事业身份人员调查统计，共 1581 人（纺研院 411 人、合纤所 690 人、毛麻所 71 人、服装所 60 人、织布所 91 人、色织所 59 人、印染所 56 人、技监所 69 人、环保 17 人、科发 13 人、产品室 41 人、压力容器 3 人）。

⑤科研综合楼 2 楼电子阅览室兼课教中心方案及预算。

⑥完成对合纤所复合纺丝前纺生产设备搬迁（德福伦）和技术改造。

⑦根据公司已经下达的批文要求，完成（纺科百货、抗菌、华莹、利乐公司、凌雅丽公司、流行趋势）四级企业的清理，做到了工商销号。

（10）12 月 23 日参加市科研院所座谈会，讨论如何推进技术创新和科技人才培养。

（11）12 月 26 日召开研究院 2012 年《集体合同》等三项集体合同协商会议。

院长表示，建立健全企业集体协商与集体合同制度，维护职工合法权益，构建、发展和谐稳定的劳动关系，对研究院发展具有重要意义。集体合同平等协商应遵循三项原则，即遵守国家有关法律、法规；企业发展与职工利益增长相结合；兼顾双方合法权益，权利和义务相统一。

工会表示，集体合同实施以来，突出重点，实事求是，对维护全院劳动双方合法权益，促进院所改革、发展和稳定，起到了重要作用。过去的一年，全院在建设和发展、人才培养、民主管理、民生的持续改善等各个方面都取得了出色的成绩；工会工作也得到了院每年 10 万元的帮困经费，并通过院的发展解决了很多实际问题，广大职工感同身受。

双方代表对 2011 年三项集体合同的履行情况做了充分肯定，认为总体执行情况良好，职工普遍表示满意；同时对部分职工提出的调整交通补贴议案进行了认真讨论。

经过协商讨论，双方一致认为 2011 年所签订的《集体合同》《工资专项集体合同》和《女职工权益保护专项集体合同》符合当前实际，各项条款务实可行，决定继续参照执行；院行政同意将在明年工资调整时合理考虑交通补贴因素。

（12）12 月 27 日参加上海纺织 2012 年度工作会议，听取朱勇总裁的经济工作报告；党委书记、董事长席时平做重要讲话。

（13）关于落实市国资委低收入在岗职工一次性补贴发放的情况，年收入低于 2.8 万元的仅有色织所三人，主要是外借人员。该三人都已经在年内进行了补助。

（14）12 月 31 日召开了"纺织科学研究院七届二次职工代表大会"，院长向职工代表做 2011 年度工作汇报和 2012 年工作计划。同时传达了席董、朱总在公司年度工作会议上的报告。会后，对院所领导和职工代表进行了"上海市安全生产条例"的学习和培训。

技术中心的工作

（1）参加特安纶公司委托东华大学研发的"提高芳砜纶纤维力学性能的纤维制造技术研究（纤维结构分析部分）"课题验收；参加市发改委、市经信委对特安纶承担的"上海市高新技术产业化重大项目——芳砜纶耐高温纤维新材料产业化工程和产业链攻关"后评估（预）。

（2）召开国家科技支撑项目——派丝特验收准备会，东华大学、联吉参加；参加上海纺织在上海工程技术大学设立的"三枪、海螺、纺织科技"三个奖学金评审。

（3）特安纶公司申报上海市高新技术产业化推进工作先进集体，汪晓峰同志申报上海市高新技术产业化推进工作先进个人。

（4）参加由席董主持召开的专题座谈会，对科技板块"十二五"期间"创新驱动、转型发展"转变发展方法，提出了建议及主要措施。

（5）召开行业军工例会，布置年终总结，商议参加特种纺织品分会成立大会事宜。在 12 月 27 日中国产业用纺织品行业协会特种纺织品分会成立大会上，技术中心被选为副会长单位。

（6）接沪经信技〔2011〕809 号文，市经信委、市财政局、市国税局、市地税局、上海海关联合发文，汽车地毯、申安纺织、裕丰科技分别被认定为"上海市第十七批企业技术中心"。

（7）参加朱总主持召开的公司签约单位重点工作考核会议。

（8）参加纺研院科研综合楼竣工验收会议；参加上海市名牌产品评委会工作会议；到日舒科纺商讨 2012 年研发项目及相关工作。

（9）到上海工程技术大学服装学院讨论明年产学研合作项目，确定重点项目及实施计划。

4.2 2012 年

4.2.1 2012 年 1 月

（1）1 月 4 日召开芳砜纶产业链会议。院长回顾芳砜纶产业链项目 2011 年度工作：

① 2 月 22 日参加朱总在纺织设计院召开的现场办公会和特安纶项目二期的讨论。

② 4 月 1 日召开芳砜纶产业链项目第二次会议议程。

③ 4 月 27 日上海市召开了 2010 年度科技奖励大会，“年产 1000 吨芳砜纶耐高温纤维关键技术及产业化”项目荣获了上海市技术发明一等奖。

④ 6 月 1 日下午在奉贤特安纶公司接待市发改委高新技术产业处朱晨辉、市新材料协会秘书长加深考察了解芳砜纶项目情况，并参观了生产现场。

⑤ 6 月 2 日召开芳砜纶一期总结和二期技术研发动员会议。

⑥ 8 月 2 日召开芳砜纶产业链工作会议，会议传达了纺织控股公司半年度工作会议上席董和朱总对“十二五”规划的要求。要提升科技创新能力，强化科技创新建设。

⑦ 9 月 2～15 日召开“关于芳砜纶纤维产品遭国外专利恶意封堵”的对策讨论会议，10 月 9 日向市知识产权局刘同德副局长、顾处长汇报情况，得到了支持和指导。

⑧ 12 月 19 日召开“提高芳砜纶力学性能的研究鉴定（基础理论部分）”项目验收会。

⑨ 汪晓峰同志入选“2011 年上海领军人才”。

同时提出了 2012 年产业链工作目标：组织开展公司产业链深入技术攻关；提高芳砜纶含固量试验，纺丝机的形式、纺丝速度提高联动试验；提高芳砜纶力学性能的研究（基础理论部分）指导工艺改进；开发 1.5 旦纤维及其产品，卷曲工艺加过热蒸汽装置；与总后装备部合作开发军服；提出主要备品计划；建设芳砜纶卷曲生产线；优化二期工程设计研究。

会上汪晓峰总经理介绍 2011 年公司的总体经营情况和二期技术路线的思路，销售达到了 505 吨，主营收入 4377 万元，亏损 2358 万元；王锋华介绍产品开发情况；产业链相关同志进行了交流发言。

（2）1 月 4 日召开院所离休老干部座谈会，院长作了“创新驱动、转型发展，建设一流纺织研究院”的工作汇报。刘曰平、周渭涛、张叶林、单鸿梅、赵熊飞、姚斐章、李桂娣、戴淑清、赵希立、魏静媛等老干部出席了会议。

（3）1 月 9 日下午参加公司财务总监刘平主持召开的现金池重点工作会议。

（4）召开院长办公会议，根据置业公司关于节前支付科研大楼建设的 500 万元工程款的要求，为解决科研大楼建设资金缺口，向毛麻所签订借款 500 万元的协议，与技监所签订“关于捌佰万元借款到期展期协议”。同时决定收缴投资企业净利润扣除10%留存后的20%红利，毛麻所上缴60万元，服装所上缴53万元。

（5）1月13日下午召开服装文化节Mode Shanghai及面料展筹备会议。时尚事业部邵峰、技术中心杜卫平、杜双信副局长出席会议并作了动员。

（6）1月15日下午参加宝山区政府迎春招待会议，汪区长致词，并由上海工程技术大学表演了以“青花瓷、中国红”为主题的时装秀和学生合唱团表演。

（7）1月16日下午召开上海市纺织科技工业园迎春座谈会，向各位园区企业领导汇报研究院一年来的工作，听取意见改进工作。

（8）1月17日召开院长办公会，院长就公司下达2012年考核指标及重点工作做了通报；会上讨论了《2012年院党建责任书》，并与各所、中心签订《2012年科研、经营及管理目标责任书》。院长指出：2011年全院主要指标完成较好，重点工作成效显著。我们要在认真总结成绩和经验、客观分析发展形势的基础上，根据公司的要求和部署明确2012年的目标任务；要将全年重点工作任务责任分解，进一步细化、量化，实行分工负责、分级负责、层层抓落实的工作机制；要提高工作标准，狠抓工作落实，确保全年各项工作任务圆满完成。

（9）1月19日召开2011年度院所领导干部述职考评会暨2012年度责任书签约仪式。

院长要求围绕公司和院的2012年各项重点工作，作好责任传递和工作接力，增强责任意识，层层落实，确保完成；通过述职考评，各级干部要相互学习交流，相互促进，形成竞争氛围，促使工作上台阶；进一步整合资源，深化内部协作，提升整体形象，做大做强各项业务，圆满完成公司交给我们的任务。

晚上举办了研究院所职工的年夜饭。

（10）1月20日进行了研究院所等部门的消防安全、安全保卫检查。节日期间达到了安全平安的目标。

（11）1月31日参加由席董、朱总带领的到公司各部门和子公司的拜年活动。

技术中心的工作

（1）参加东华大学与联吉合纤联合召开的国家科技支撑项目——派丝特验收准备会（第四次），今年一季度将向科技部提出验收申请。

（2）参加特安纶公司召开的“芳砜纶技术产业链”工作组年度会议。

（3）参加上海工程技术大学服装学院承担的“芳砜纶牵切纺技术及高性能纤维混纺交织产品”项目验收会。

（4）参加封总主持召开的联吉7万吨工业长丝、特安纶芳砜纶二期、里奥二期项目讨论会。

（5）与时尚产业事业部联合召开“上海国际服装纺织品贸易博览会”和“Model Shanghai”参展动员会议，胡总参加并做重要讲话，确定了参展方案。

（6）参加上海市科技创业中心、上海市高新技术成果转化中心召开的“2011年上海市科技创新创业服务年会”。

（7）召开大中小企业科技统计会议，布置填报两张表，分网上申报和纸质申报两个渠道，对填报企业进行了培训。

（8）作好《转型》一书的发放工作。

（9）参加公司本部部门交流会。

（10）参加上海市纺织工程学会科普部年度总结会议和工作会议。

（11）参加朱总与中国化纤工业协会端小平会长的见面会。

4.2.2 2012年2月

（1）2月1日召开院办公会议。学习了公司考核研究院的2012年重点工作，讨论了研究院2012年一季度的重点工作。

（2）2月2日接待市职称办吴琦雄、丁贻麟处长等领导来院指导工作，院领导汇报了研究院人才工作的情况，探讨了职称改革的激励作用。

（3）2月3日院领导到上海大学复合材料研究所拜访孙晋良院士。

（4）2月6日接待华申公司陈峥总经理来院商量租房事宜，帮助落实三个半楼面、50个停车位、免租期、有关空调、网络、机房等装修衔接事宜。

（5）2月7日召开院项目会议，讨论科研综合楼2楼电子阅览室兼课教中心方案及预算。

①确定新建电教中心建设方案，包括装潢装饰、综合布线、计算机网络设备、多媒体教学软件及管理系统。要求标准高、功能全、用途多。设36个座位（2人位、每排6座、共6排）；每座配台式电脑；讲台配台式电脑和笔记本电脑各1台；原地板下布线；预算50万元以内；施工进度（含调试）等。

②衬垫项目条件建设项目计划；按有关部门要求抓紧文本编制，添置设备，确保落实。

③同意档案室提出的档案鉴定整理和库房调整改造方案。

④商务部项目。

（6）2月9日接待杨浦区朱勤皓副区长和区政府平凉街道李书记、林主任等领导来研究院考察。

（7）2月10日参加上海市科学技术研究所协会召开的第四届会员大会，换届选举了第五届理事共49名。选举孙正心为协会理事长。

（8）2月13日汪时维、张明来院召开“纺织志——科学技术篇”的讨论会议，听取修改意见。

（9）2月14日参加上海市科学技术研究所协会召开的贯彻市府办〔2009〕33号文，推进转制科研院所深化改革座谈会。交流了工作。两年来只有电缆所、电科所被批准为新型研究院所试点。

出席会议的有：市科委吴寿仁、韩元建，发改委王肅，国资委全卓伟，财政局张伟杰，协会孙正心理事长。吴寿仁处长发言。

总体目标：面向本市和长三角，提升产业发展共性技术三种能力：研发、专业服务、行业标准。

原则：聚焦功能、分类指导、自主选择、循序渐进。

新型科研院所改革：发挥公共职能，分体运行，剥离非公共职责，保留独立法人，绩效评价，政府购买服务，收入用于发展。

条件：独立法人；技术收入超过50%；研发能力，国内一流；承诺两年内剥离非公共职能。

程序：拟试点方案；报科委；合同审核；批准；实施。

（10）2月16日参加朱总召开的芳砜纶产业链会议。汪晓峰介绍2011年公司的总体科研经营情况和思路，工厂和产业链相关同志进行了交流发言。

（11）2月20日接待中国产业用纺织品协会李陵申会长、中国工程院孙晋良院士等领导和专家来院进行“产业用纺织品检测实验室”认证评审，聘请朱勇总裁等作为专家进行评审。

李陵申会长介绍将在评审基础上对北京中纺院等四家单位授牌。

（12）2月21日到特安纶企业进行“固含量比例从12.5%提高到14.5%的纺丝试验”，以配合提高纺丝速度，改善纤维力学性能，提高纤维断裂伸长率，试验成本费用预计30万元。

（13）2月23日参加中心组学习扩大会，学习品牌企业开展电子商务的情况；参加由国资委领导人员管理处召开的“上海纺织控股（集团）公司领导班子和领导人员2011年综合考核评价会”。

（14）2月24日参加市经信委在院召开的“市设计创新示范企业工作会议”。各个区县和行业协会的近百人出席了会议，邵志清副主任、林艺处长出席了会议。

（15）2月24日下午拜访虹口区钱元运副区长，就纺织新产品开发中心的房地产（2776平方米，其中纺发公司占一层618平方米）处置设想与区政府沟通。

为此，我院仍将区政府受让（收购）四平路28号作为处置该处房地产的首选方案。如若该方案因故无法实现，我院将根据控股公司的要求对该处房产通过拍卖或转让方式进行处置，同时，我们会将该区域的规划如实告知买受人（受让人）。届时，望区政府对我院的房产处置工作给予理解和支持，同时，在买受人（受让人）办理土地出让金和房地产登记等事项中按政策给予办理。

钱元运副区长表示理解，可以考虑在评估的基础上收购，作为区的公租房。如果拍卖转让则应按政策给予办理。

（16）2月27日召开院办公会议，会议围绕集团向市国资委提交的“关于2011年公司党委和经理班子工作总结”进行了传达和学习。通过学习，大家对当前上海纺织的形势有了清晰的认识，更加认同2011年公司总体工作思路、工作重点和取得的成绩，认识到推进“创新驱动，转型发展”对公司今后发展的重要性和迫切性。

同时学习了事业单位绩效工资政策、审计报告等。

（17）2月29日参加2011年度上海市市长质量奖颁奖会议。韩市长对市长质量奖获奖组织——上海大众汽车有限公司颁奖，对上海外高桥第三发电有限公司总经理冯伟忠颁奖，并作了讲话。

（18）2月落实事业及事转企的事业身份退休人员非因公死亡抚恤金发放20个月基础养老金的工作，对研究院以及合纤所的十位已经去世的家属发放了70万元的抚恤金。

技术中心的工作

（1）参加朱勇总裁主持召开的芳砜纶产业链专题会；随封总去北京拜访中国纺织工业联合会、中国化纤工业协会、中国棉纺织行业协会、中国麻纺织行业协会、中国产业用纺织品行业协会的有关领导。

（2）参加国资委召开的“重点产业集团及科研院所科技部门负责人2012年一季度科技创新工作例会”；召开“2011年度研究院所科技统计年报”工作布置会议，进行科技统计年报培训和电脑操作培训，相关研究院所人员参加；参加市科委召开的上海市创新型企业申报动员会，布置相关单位申报。

（3）上海市经信委发文公布上海市级企业技术中心2011年评价结果，上海纺织87.3分（第19位）、海螺73.3分（第237位）、三枪67.3分（第293位），均为合格。

（4）下达2012年度公司内部产品质量定期检验计划的通知，进行免费检查；

与龙头股份联合召开“Lyocell竹纤维产业链项目会议”，总结2011年工作，部署2012年重点；据沪质协〔2011〕76号文，裕丰科技技术中心张伟敏主任获2011年度上海市质量协会质量技术突出贡献奖（全市共8名）。

（5）参加《纺织志》第六章“科研技术”篇讨论。参加中国工程院科技重点咨询项目“产业用纺织材料现状及发展前景”启动大会，上海纺织、纺研院、上海纺织协会产业用纺织品分会将承担部分调研和撰写工作。

（6）与上海申新律师事务所有关人员商讨专利申报合作事宜；到申孚纺织商讨产业链合作开发、体系建设等事宜。

（7）召开纺织数字化服装平台及电子商务项目协调会，上海工程技术大学、三枪、纺研院、服装所、科发中心等单位参加 。

（8）接待中国产业用纺织品行业协会李陵申会长，陪同前往申达股份调研产业用纺织品板块情况，考察汽车地毯总厂，对研究院产业用品实验室进行评审。

（9）参加中国棉纺织行业协会召开的“色织布专业委员会及专家委员会会议”。

（10）召开2010年公司技术创新重点项目“纳米缓释胶囊防蚊黏胶纤维及品牌服装与

面料开发”结题准备会议。

（11）分别参加 2012 年度上海市国防工业工作会议和 2012 年军品免税工作会议。

（12）参加“2012 年中国国际针织新技术暨提高染色一次成功率论坛”。

4.2.3　2012 年 3 月

（1）3 月 1 日召开公司 Parster 纤维开发产业链会议。上海联吉化纤有限公司邱建华、龙头股份曹春祥、上海工程技术大学胡守忠院长等出席了会议。

联吉邱总介绍了销售情况，Parster 短纤销售了 3200 吨，切片销售了 600 吨。

三枪曹春祥介绍了开发情况，生产 39 万件，销售了 4100 万元。要解决混纺产品定型后手感硬的情况。

我们提出要求：公司席董、朱总十分重视联吉、里奥、特安纶三条龙，要总结深化条龙开发，细化今年的技术开发费项目，加强产业链合作、产学研合作。要进一步研究：易染超柔软共聚酯混纺纱线和产品的开发应用研究、纺织染工艺研究、后整理定型加工手感问题、派丝特纤维仿毛仿腈纶产品的生产经验、派丝特纤维与超仿棉新产品的设计开发、派丝特纤维及其产品标准、检测研究。

研究院将继续在工艺研究、产品市场开发、宣传广告、标准、专利等各方面做好服务。

（2）3 月 2 日召开院办公会议，传达了公司 2 月 29 日召开的规范事业单位退休人员补贴专题工作会议精神，学习了由市人力资源和社会保障局、市财政局下发的《关于规范本市事业单位退休人员补贴的试行意见》（沪人社〔2012〕12 号文）。

院长要求：院所领导要认真学习有关文件，吃透精神，正确理解，做好解释；加强工作指导，及时沟通工作情况，研究制订相应预案；研究今年在职员工薪资调整方案，要以发展来解决有关保障措施，同时确保聘用人员最低在岗工资标准（1450 元/月）的落实执行。

（3）3 月 5 日接待市国资委刘燮副主任、向月华副主任和上海国资委各大集团的女领导来研究院参观，纺织集团程颖总经理介绍了纺织集团调整发展的成果。来宾参观了科研成果展示和服装设计打样服务平台。

（4）3 月 7 日随公司席董、朱总一起接待上海工程技术大学汪泓老校长、腾建勇书记、丁晓东校长一行。

（5）3 月 8 日召开院办公会议，传达朱总在公司行政会议上的要求。本次会议主要内容有：

①密切关注经济发展情况，确保一季度开门红，完成日历进度；集团现金池建设，每月末货币资金存入集团现金池的金额占货币资金总量的比例考核。

②对照公司考核研究院 2012 年的重点工作。

③研究院 2012 年一季度的重点工作。

④事业及事转企事业身份退休人员工资规范、抚恤金的工作。

⑤科研项目的落实和答辩。

⑥公司一届二次党代会和十八大代表的推选。

（6）3 月 9 日研究“从 3 月起对原按事业退休的人员死亡抚恤金发放口径”。

根据市人保局和财政局《关于规范本市事业单位退休人员补贴的试行意见》的通知（沪人社资发〔2012〕12 号文）精神，结合原有关事业单位退休人员死亡抚恤金发放的相关文件规定，拟自 2012 年 3 月起对原按事业退休的人员死亡抚恤金发放口径按下列办法操作：

① 2004 年 10 月 1 日至 2009 年 12 月 31 日期间，原按事业退休的人员的死亡抚恤金发放按原送上级审批的口径操作。

② 2010 年 1 月 1 日起原按事业退休的人员死亡抚恤金发放，按本次事业单位退休人员补贴试行规定核定的本人每月“国家规定的基本退休费”，作为计发 20 个月死亡抚恤金的操作依据。

③如有新的实施办法文件，则按新文件办。

（7）3 月 12 日接待新华社上海分社主任记者刘颖、采访部副主任何欣荣来研究院调研。

（8）3 月 12 日接待合纤所退休职工来访。要求“25 年事业单位工龄、以企业计发退休工资”人员参照享受事业退休的待遇。具体情况已经向公司办公室作了汇报。

①本次社保确定的事业身份退休人员，规范津补贴人数为 1557 人（纺研院 411 人；合纤所 690 人；毛麻 69 人；印染 56 人；织布 90 人；色织 59 人；服装 59 人；技监 63 人；节能环保 11 人；科发 9 人；产品 38 人；压力容器 2 人）。

②转制后以“25 年事业身份与企业工龄计发养老金”的人数为 754 人（纺研院 210 人；合纤所 376 人；毛麻 34 人；印染 18 人；织布 16 人；色织 25 人；服装 75 人）。

（9）3 月 13 日参加 Modern Shanghai 服装展览会，研究院以公司中央研究院的形象、研发“三条龙”的新产品参加了展示，并与公司外贸企业作了交流。

（10）3 月 13 日接待崔青鲁部长来院指导申报高新企业的要求。需要符合七项基本条件：授权发明专利、近三年研发费用审计报告、近三年每年有四项研发课题立项报告、大专以上人员占总人数 30% 以上、工程技术人员占总人数 10% 以上、三年财务审计报告、成长性指标。应以单独法人企业申报。

（11）3 月 16 日公司参加 2012 年度技术开发费专项预算项目评审会。东华和上海工程技术大学学科技处处长季诚昌、陈思浩；公司领导封亚培；部门经理杨晓星、王国铭、杜卫平、奚文源；顾问刘福根、沈安京参加评审。

（12）3 月 19 日参加朱总召开的聚乳酸项目讨论会。余木火教授作了介绍。

（13）3 月 19 日召开衬垫项目条件建设工作会议。实地查看院 8 号楼、3 号楼目前实际使用状况，提出了下一步条件建设实施方案。

一是要高度重视衬垫项目条件建设工作，严格按照项目批复的工作计划执行，确保完成这一重大项目；二是要形成相应的生产线，利用此次项目投入，形成完整的产品生产线；三是加强设备、仪器的选型，充分发挥设备、仪器的效能，要做到资源共享（一机多用）。

会议明确提出：对 8 号楼的 7 楼和 6 楼进行清理和整合，新购置的衬垫项目道尼尔织机放在 8 号楼底楼（原碳布织机车间），6 楼清理腾空后供衬垫织造后整理使用。

（14）3 月 21 日参加公司行业（项目）科技带头人评选。2012 年行业科技带头人（2 人）：张庆、汪晓峰；项目科技带头人（12 人）：姜琨（里奥）、何正锋（联吉）、冯忠耀（德福伦）、曹春祥（龙头）、孙稚源（装饰所）、钱春芳（三十六棉）、龚杜弟（汽车地毯总厂）、解德诚（纺研院）、吴英（纺研院）、林银芳（纺研院）、倪重光（色织所）、张振华（毛麻所）。

（15）3 月 22 日接待市科研院所协会孙正心理事长、许小锋副理事长、区科委童惟平副主任、区商委等领导来纺研院、东纺谷调研。

院长介绍了办好东纺谷的几点体会：

①要有一个全面的规划。

②要坚持以研究院为主体，带动园区建设，要有建设投入。

③要以纺织专业为主业，有专业特色。

④要有服务意识。

⑤离不开政府和政策的支持，离不开上级的支持。

（16）根据市最低工资从 1280 元调整到 1450 元的情况，排摸调整了 47 名院和合纤所的长病假职工的工资，切实保障长病假、退休聘用、在册残疾待岗人员达到最低工资标准。确保其在扣除四金后实发工资达到 1450 元以上。

（17）3 月 29 日召开芳砜纶产业链会议，讨论了三个内容：近期卷曲情况分析；二期工程的初稿讨论；下午总后勤部领导来访，准备样品。

（18）3 月 29 日接待总后勤部装备部张建春所长等领导前来纺研院洽谈合作，朱勇总裁参加了会见。在介绍了纺研院的科研成果以后，签订了“中国人民解放军总后勤部军需装备研究所与上海市纺织科学研究院战略合作协议”。开展四项科研课题的研究和合作，开展试验室共建。

技术中心的工作

（1）3 月 1 日召开“葆莱纤维 Parster 系列产业链一条龙项目会议”，总结 2011 年工作，部署 2012 年重点，并提了工作要求。

（2）组织参加 3 月 13 日举办的上海国际服装纺织品贸易博览会，我们公司 11 家企业共 24 个展位，重点展示葆莱纤维 Parster 系列、里奥竹、芳砜纶纤维及后道相关产品。

（3）召开上海纺织控股（集团）有限公司 2012 年度技术开发费专项预算项目评审

会，共有 13 个项目，第一承担单位到会介绍项目情况，并回答专家提问。经向朱总汇报，最终确定 12 个项目列入计划，上报总裁办公会审定。

（4）参加东华大学与联吉合纤联合召开的国家科技支撑项目——派丝特纤维验收准备会（第五次），月底将向科技部提出验收申请。

（5）参加朱勇总裁召集的东华大学余木火教授项目介绍会。

（6）参加“科技带头人”评审预备会，3 月 21 日参加“科技带头人”评审会。

（7）配合时尚事业部组织相关企业参加北京“第十八届中国国际纺织面料及辅料（春夏）博览会”。

（8）陪同东华大学俞建勇副校长赴德福伦协调“超仿棉”项目实施进度及相关工作。

（9）参加封总召开的“联吉合纤四期工业长丝项目进展推进”会议。

（10）与投资规划部一起，接待丹麦 Ohmatex 公司有关人员。

（11）参加 2012 年度上海市国防科技工业统计工作会议 。

（12）参加沈总召开的事业部“调研情况反馈”交流会。

（13）参加中国棉纺织行业协会召开的“第四届三次理事扩大会”。

（14）接待上海市研发公共服务平台管理中心有关领导，商讨建立“上海纺织企业创新服务工作站”相关事宜。

（15）下发关于组织申报“上海市创新型企业”评选工作的通知。

（16）陪同福建泉州海天材料科技股份有限公司科技顾问、东华大学王华平教授，到联吉商讨合作开发“生物基聚酯切片”事宜。

（17）与特安纶公司一起，接待总后军需装备研究所施楣梧将军一行，探讨对芳砜纶纤维及产品协作开发事宜。

（18）参加研究院与总后军需装备研究所张建春所长等的合作洽谈会。

4.2.4 2012 年 4 月

（1）4 月 6 日上午接待空军驻上海总代表张跃武来院指导工作，争取军方对院申报衬垫项目的支持。

（2）4 月 6 日下午召开纺研院与总后军需所合作项目研讨会议。会上各位专家交流了在芳砜纶制纱、印染、成布、性能分析、标准等方面的经验。

在开发产品前，首先要吃透军需标准和要求，项目组在初步讨论出一个方案后需要与军需所深入交流，以部队为主，项目组配合落实各种样品的试制工作。总体目标是 2012 年下半年要上部队进行试穿。工作布置：

①在毛纺路线上，由张德良负责，提出一个芳砜纶与其他纤维共混的方案，提出初步的组织规格。

②棉纺路线上，由倪重光负责，提出一个芳砜纶与其他纤维共混的方案，特别是与对位芳纶共混的方案，提出初步的组织规格。

③技术中心杜主任负责与日舒联系，了解常用芳纶的混纺比例。

④特安纶汪总负责收集现有样品和产品的规格并分类。

⑤在印花上，由印染所杨海桥所长和毛麻所张振华承担。

4月项目组汇总一个初步方案，赴京与军需所交流。

（3）4月9日召开纺研院所办公会议。通报了公司二季度行政10项重点工作（草案）、公司行业（项目）科技带头人评选情况。

（4）为了保持企业的稳定，截至2012年3月31日支付的事业身份退休人员的死亡抚恤金计288.4万元。其中：院本部98.8万元，合纤所115.4万元，毛麻所24.8万元，服装所21.6万元，印染所21.1万元，织布所6.7万元。

（5）4月10日参加中国共产党上海纺织控股（集团）有限公司第一次代表大会第二次会议。

（6）4月12日参加朱总召开的芳砜纶专题会议，根据朱总要求，要抓好精细管理、按合同控制、近期抓卷曲质量情况分析；形成芳砜纶二期工程的初稿等。

（7）4月17日参加市政府发展研究中心关于建设上海共性技术研发服务体系情况的汇报，周国平副主任提出建设上海共性技术研发服务体系的设想和要求等。我们汇报了构建上海纺织现代科技服务业的情况；同时反映了关于转制科研院所落实《关于规范本市事业单位退休人员补贴的试行意见》遇到困难问题的情况。

（8）4月17日参加公司签约单位党组织书记例会，听取工作总结和部署，重点落实“支部达标创优上等级”工作。

4月18日召开院支部书记例会传达公司吴建平副书记讲话：

贯彻集团3月30日会议要求：

①召开党代会二次全会。

②廉政大会5月推进责任文化。

③中心组学习计划今年考虑，明年安排。

④科学发展观主题培训。

⑤“1+1”培训。

⑥基层党支部达标创优，关键达标。

⑦党建实务标准化建设。

⑧企业文化。

⑨党委工作制度修订。

⑩稳定工作。

⑪换届改选。

做好当前工作：

①支部上等级。

②党建标准化建设，制订纺织创优标准。

③培训支部书记，列入考核。推进党务实业标准化。

④开展书记描述。

⑤党委工作部描述归纳。

工作提示：召开职代会、廉政会、纪念“七一”大会。科学发展观培训（中层干部）、创新驱动，六十个课题调研；换届改选；文化建设理念；党代会任期制；2012 年特色工作 4 月 20 日上报。

(9) 4 月 19 日参加席董、朱总召集的艾市长到上海纺织调研会议。

(10) 4 月 19 日下午接待上海工程技术大学丁晓东校长、褚劲风副书记等来院进行产学研合作交流。院长介绍了纺研院近年来科研、管理、建设等方面的发展状况，回顾了与上海工程技术大学在产学研合作、联合培养研究生等方面开展的有效合作。将不断巩固和深化与上海工程技术大学的合作交流，对有关合作课题进行研究和细化，达到既培养人才，又促进产业提升，实现科研院所、学校和学生“三赢”的目标。

丁晓东校长介绍了上海工程技术大学在教学、产学研、学生培养、科研建设以及发展方向等方面的工作特色和现阶段任务，上海工程技术大学十分注重学科链（专业链）与产业链的对接以及教学与科研的结合，建议双方可在“云计算”技术创新及应用、人才培养、特色实验室共建等方面开展合作，为上海工程技术大学在能力提升方面给予支持。

(11) 4 月 17 日召开卷曲产业链会议，讨论了近期几次卷曲试验的结果，讨论总结出以下试验方案：

①德福伦公司完成 100 轮子的检查，下次试验时具备开车条件。

②德福伦公司改造一根蒸汽小喷管，用于卷曲轮上喷蒸汽，加大卷曲时的温湿度，试验时调节或关闭卷曲轮的喷淋水，下次试验时具备试验条件。

③由特安纶出设计方案，在设备厂订制一副卷曲刀，刀的长度适当加长，尽量在 5 月底前完成。

④2012 年 4 月 18 日起，在特安纶生产线上进行以下多个条件试验，固定聚合总固体含量 12.5%，相对黏度 2.3～2.4，50℃表观黏度 170～230，每个条件试验 3 天。

⑤纺丝试验 1.5 旦，比较其卷曲质量情况。

(12) 4 月 24 日参加中国纺织工业联合会项目鉴定。

(13) 4 月 25 日参加公司董事会。

(14) 4 月 27 日参加公司 2011 年度财务决算暨 2012 年一季度经济运行分析会。

(15) 申报上海市创新型企业。

(16) 根据公司计划财务部与院商定，对入驻纺研院新大楼的业内企业，公司给予租金优惠，租金优惠部分由公司总部与纺研院统一结算。

租金补贴的方式为：纺研院以离、退休费用补贴的名义向集团计划财务部提出申请，补贴的金额以上述的租金补贴为准，这次是 67.2 万元。该补贴形式实施至租金补贴政策取消为止。

（17）4月28日上海大虹桥服装服饰出口创新基地在纺研院召开理事会，市商委罗志松处长、商检局谢秋慧局长、各位基地企业领导出席会议。商检局讲解了贸易便利化的相关政策。

技术中心的工作

（1）3月30日，上海市人民政府召开2011年度上海市科学技术奖励大会。里奥完成的“年产1000吨生物可降解Lyocell纤维关键技术及产业化生产项目”获技术发明二等奖；服装所、控股公司、服装集团、丝绸股份等单位完成的“APEC唐装设计制作与桑蚕丝铜氨丝交织面料关键技术研究”获技术发明三等奖；三枪、东华大学完成的“可再生生态纤维材料应用关键技术研究”获科技进步三等奖；东华大学、汽车地毯、申达川岛、融越科技等单位完成的“高速列车、轿车高档内饰纺织品关键技术及其产品开发”获科技进步二等奖。

（2）落实市经信委三个文件：关于开展2012年度上海市专利新产品（第一批）申报工作的通知；关于开展2012年度知识产权优势企业创建申报工作的通知；关于组织申报2012年度上海市认定企业技术中心的通知。

（3）协调三十六棉申报市经信委项目事宜。

（4）参加朱勇总裁召集的特安纶专题会；参加封总召开的“产业用纺织品发展座谈会”；参加纺研院“落实纺研院与总后军需所签订的战略合作协议第一专题——芳砜纶纤维在新一代作战防护被装上的应用研究”专题会议。

（5）召开专题会议，布置申报上海市科学技术奖事宜，申安、联吉、里奥、三枪、海螺、纺研院及下属院所等12家单位参加，胡总作动员讲话。

组织相关单位参加科技成果鉴定会，拟申报中国纺织工业联合会科学技术奖。

（6）组织五家企业申报上海市创新型企业，其中毛麻所、服装所为复审，申达科宝、新纺织产业和裕丰为首次申报。

（7）到华申进出口公司商议日舒科纺代理德国细旦腈纶相关事宜，东华大学两位教授也参加。

（8）接待中国产业用纺织品行业协会李陵申会长，商议参加中国国际产业用纺织品展事宜，汽车地毯、纺研院、特安纶等相关单位参加。

（9）参加上海市质量技术监督局召开的制订《上海市质量发展实施计划》工作座谈会。

（10）落实“超仿棉”项目事宜。与三枪曹春祥副总、东华大学纺织学院程隆棣教授一起到德福伦，与杨卫忠总经理、孔彩珍主任商讨“超仿棉”项目事宜。

（11）参加投资规划部牵头召开的“上海纺织电子商务专题会议”。

4.2.5　2012年5月

（1）5月2日召开研究院青年职工座谈会，院长向青年介绍了公司愿景；集团公司的发展；纺研院的发展情况；制订“十二五”规划，建设一流纺织研究院；党委青年工作的情况交流。

（2）5 月 2 日召开纺研院所办公会议，传达公司经济活动分析会上朱总讲话精神。企业排名；二季度行政工作重点；上海市创新型企业评选；上海市高新技术企业认定工作；上海专业技术服务平台服务绩效评估（上海市纺织高性能纤维材料专业技术服务平台）；上海大虹桥服装服饰出口创新基地在研究院召开理事会，市商委罗志松处长、商检局谢秋慧局长、各位基地企业领导出席会议。商检局讲解了贸易便利化的相关政策。研究院要承担检测任务。

（3）5 月 4 日到德福伦公司进行卷曲工艺试验。

同日，由纺研院合纤所搬迁到德福伦的复合纺丝前纺生产设备完成了技术改造，进行了全面的开车试验，基本形成了一条年生产能力 1000 吨的复合纺丝生产线。

（4）5 月 7 日接待退休职工（王秀邻，2012 年 3 月 10 日去世）家属吴筠华、费嘉来访。

（5）5 月 8 日召开纺研院所办公会议。

①传达公司经济活动分析会朱总讲话精神、公司企业排名。

②上海市高新技术企业认定工作。

③上海市创新型企业评选。

④上海专业技术服务平台的服务绩效评估（上海市纺织高性能纤维材料专业技术服务平台）。

⑤公司审计报告。

⑥公司技术开发费用项目的合同，以前项目的结题。

⑦上海大虹桥服装服饰出口创新基地工作、商检局讲解了贸易便利化的相关政策。研究院要承担检测任务。

（6）5 月 11 日参加公司组织到福建泉州经济开发区清蒙园区九牧王工业园“九牧王股份有限公司”考察学习。陈加芽总经理和徐芳副总经理进行了介绍，陪同进行参观。

（7）5 月 15 日合纤所退休职工到长宁社保局和公司来访。要求“25 年事业单位工龄、以企业计发退休工资”人员参照享受事业退休的待遇。研究院领导和干部随即赶到公司一起做工作，表示将向上级反映有关诉求。

事后，研究院开了专题会议，要求分管领导到现场接待上访退休职工；听取诉求、解释政策、反映意见；要做好退休党员干部的工作；院领导承诺如有政策，一定兑现执行。

（8）5 月 15 日接待国家知识产权局张伟波部长、沈琏处长、贾连锁处长、刘晓静处长和王趁红、阚红、董喜庆、王中良、曲在丹等审查员专家来研究院调查研究，我们重点反映了芳砜纶发明专利的情况。

5 月 15 日接待商检局谢秋慧局长、上海科垦检验服务有限公司川崎总经理、陆国华部长来研究院洽谈抗菌检测合作事宜。并参观了 15 楼与 16 楼新建成的检测实验室。

（9）《印染》《上海纺织科技》今年再次入选中文核心期刊。

《中文核心期刊要目总览》（2011 年版）研究工作从 2009 年年底开始，研究工作由北京图书馆主持，北京大学图书馆、中国人民大学图书馆、清华大学图书馆、中国科学院国家科学图书馆、中国社会科学院文献信息中心、国家图书馆等 27 个单位的 108 位专家和工作人员参加了研究工作，全国各地 8000 余位学科专家参加了核心期刊表的评审工作。

2011 年版采用九个评价指标，包括：被索量、被摘量、被引量、他引量、被摘率、影响因子、被重要检索工具收录、基金论文比、Web 下载量。

2011 年版 TS1 纺织工业、染整工业类核心期刊排名如下：

《棉纺织技术》《纺织学报》《印染》《毛纺科技》《印染助剂》《上海纺织科技》《丝绸》《针织工业》《纺织导报》

（10）5 月 21 日召开东华大学和三枪“新型超柔结构纱线针织面料产品设计和开发”项目验收会。

（11）5 月 22 日召开“落实北京武警森林防火部队防火服试制”会议。并提供研究院情况介绍 PPT 发给北京，介绍芳砜纶与芳纶特点，具有知识产权专利，以及公司产业链一条龙开发的优势，争取订单。

（12）5 月 24 日接待工程技术大学服装学院胡守忠院长、纺织工程学会马平春，商讨共同举办上海服装创意设计研究生学术论坛的筹备工作。

（13）5 月 29 日召开“芳砜纶二期产业化工程技术方案”论证会。孙晋良院士、东华大学材料学院王依民、上海市纺织建筑设计研究院毛超英、封总、投资规划部杨晓星、顾问谢宇江、冯忠耀等专家参加论证。芳砜纶产业化二期技术论证会论证意见：

第一，一期工程经过三年的连续化运行，综合运行水平基本能达到可行性报告的要求，产品的平均质量指标达到可行性报告要求，生产的综合成本低于可行性报告的预算。但在某些指标上如产能、DMAC 的单耗、蒸汽的能耗三个指标未达到可行性报告的要求。产品质量波动较大、可纺性不理想、勾结强度低等方面需要进一步提高。

第二，二期研究的主要目的：

①扩大生产规模，二期生产线单线产能确保 1200 吨。

②解决第一条生产线中暴露出来的设备问题，提高设备效能，确保生产线能稳定持续运行，降低生产成本。

③一、二期两条生产线具备连续运行能力，保证芳砜纶产品能持续供应市场。

④进一步改善工艺条件，稳定产品品质，确保 A 级品率的指标。

⑤通过二期生产线的运行，提高生产效益，扭转亏损局面。

第三，围绕二期研究的目的，技术攻关组已经开展了以下工作：

①通过提高喷丝速度、增加喷丝部位和提高固含量三个有效的途径扩大单线产能。

②完成卷曲工程设计，匹配一、二期的卷曲后加工要求。

③通过纺丝机系统提升、TPC 封闭加料、脱泡系统的提升、浆液过滤机精度提升、热

牵伸机效能和均匀性提升改善等方面提高纤维质量的均匀性，稳定保持 A 级品率。

④通过提高水洗机效能、回收尾料的提纯工艺和设备开发、回收热能的循环利用等方面提高生产效能，降低生产成本。

⑤通过对聚合、中和、回收等工序相关受腐蚀设备的完善研究，提高设备的运行能力，保障二期工程的运行时间。

第四，该方案在研究过程中，受设备等条件的限制，部分试验无法在中试规模条件下进行，存在一定的风险。特别是直向纺丝技术，虽然已被芳纶和碳纤维原丝工程所采纳，但从未在芳砜纶上应用和试验过，存在较大的风险。

第五，该方案中部分试验虽在一期工业化线上进行过短期的试验，但试验的周期较短，问题暴露不显著。希望创造条件在第二阶段的研究中能进一步试验验证，以降低产业化工程中的风险。

（14）5 月 28 日召开院工资协商会议，今年调整原则和办法：

①参照 2011 年员工工资收入的调整原则，即工资增长与企业、部门经济效益相挂钩。

②按照定岗定薪原则，以岗位作为核定月薪的基本标准，适当参考薪酬平衡和绩效等因素。

③实行科研经营考核的部门，根据其近期的经济效益情况，适当增加员工的月薪标准，增量部分作为考核的预发数（该部分不作工资基数）。

④一般员工参照去年工资增资幅度，考虑到部分职代会代表提出的交通费因素，本年度每人每月增资 250 元。对此次增资后应发工资仍较低或在调整后影响原各类岗位间平衡的，再适当增加一定数额。

⑤经批准实行年薪制的干部，根据集团公司绩效考核办法核定月薪。

⑥退休回聘及其他劳务人员每人每月增加 150 元。

⑦劳动合同（劳务协议）对增资有明确约定的，按劳动合同（劳务协议）的约定执行。

今年工资调整从 6 月起兑现。

（15）5 月 30 日参加“超柔软易染聚酯纤维制备及应用技术”项目验收鉴定会，蒋士成院士、李金宝司长、俞建勇副校长、朱民儒、梅士英等 11 位专家参加了验收鉴定会议。这个以东华大学与联吉合纤有限公司共同承担的项目通过了验收鉴定。

（16）5 月 31 日参加公司党委举办的 2012 年党组织书记研修班。讨论党建实务工作。

技术中心的工作

（1）5 月 3 日，召开 1000 万元技术开发专项资金项目分解落实会议，12 个项目的承担单位均参加了会议。布置了计划任务书和可行性报告的填报要求和时间节点。胡总对项目实施及结题做了重要讲话。

（2）参加刘平副总裁、程颖副总裁召开的“2012 年度经营业绩目标建议表”讨论会，经与国资委规划发展处沟通，提出2012年度公司R&D占制造企业销售收入比例为2.14%。

（3）与时尚产业事业部共同召开专题会议，商议参加将于今年10月22～24日在上海举行的“中国国际产业用纺织品及非织造展览会”有关事宜，汽车地毯、纺研院、特安纶、申达科宝、产业用纺织品分会等单位参加。

（4）组织东华大学与联吉合纤联合召开的国家科技支撑项目——派丝特验收准备会（七次）。5月30日，中国纺织工业联合会主持召开了验收鉴定会。

（5）召开“芳砜纶二期产业化工程技术方案”论证会，邀请孙晋良院士等七名专家参加，封总、胡总也参加了会议；与胡总一起接待国家知识产权局专利局化学发明审查部张伟波部长等一行10人，就芳砜纶专利案进行探讨，寻求支持。

（6）参加中国产业用纺织品行业协会特种纺织品分会会长会议，参加上海市科技创业中心召开的“上海市科技创新创业服务大会”。

（7）参加胡总与上海工程技术大学服装学院商议筹备“上海服装创意设计研究生学术论坛暨第六届纺织服装创新国际论坛”事宜会议；参加上海工程技术大学2012年产学合作教育工作会议，并作为产学合作基地代表发言；与上海市纺织工程学会、东华大学、上海工程技术大学、上海市纺织科学研究院一起商讨“德福伦杯”《纺织品智能化的思路、途径和方法》知识竞赛相关事宜。

（8）5月3日，参加上海市名牌产品推荐委员会办公室召开的2012年度上海名牌推荐工作动员会，传达“关于做好2012年度上海名牌推荐申报及初审工作的通知”；转发上海市“讲理想、比贡献”活动领导小组办公室沪讲比办〔2012〕1～3号文，主要内容为今年工作要点、表彰奖励办法（修订）、开展表彰工作的通知。

（9）召开技术中心部门工作讨论会，重点商议“科技大会”等事宜。

（10）参加上海科技成果转化促进会举办的首届“上海产学研合作优秀项目奖”评选启动仪式暨2012年“联盟计划——难题招标专项”招标对接大会；参加上海市研发公共服务平台管理中心和上海市科技创业中心联合举办的“企业研发费税前加计扣除”及申请“科技型中小企业技术创新基（资）金”培训会。

（11）申达科宝、三十六棉、汽车地毯申报2012年度上海市专利新产品（第一批）。

（12）参加三枪公司2012年内衣流行趋势发布会。

4.2.6 2012年6月

（1）6月1日到北京向武警森林部队领导汇报，介绍芳砜纶阻燃面料的开发和能够用于森林防火部队的需要。武警森林指挥部后勤部董立初部长、常珉处长等领导听取了我们的介绍。我们介绍了纺研院的科研发展情况、纺织集团有限公司的情况、特安纶公司芳砜纶阻燃面料的开发样品。武警森林指挥部后勤部董立初部长表示：原来森林防火服装使用烟台原液染色芳纶，没有烧伤过人，曾经获得部队的一等奖，希望有几种材料进行竞争，只要通过检测证明芳砜纶阻燃面料性能，同时在耐磨性、舒适性、防水性、防污染性等方面有改善，他们愿意采用，进行试穿，听取士兵使用反映和推广。

（2）5月28日召开院中心组扩大会议，会议首先听取了市第十次党代会代表陈建丽传达上海市第十次党代会基本概况、俞正声同志所作的大会报告主要内容、大会选举情况、市第十次党代会代表提案等方面的内容。

陈建丽在发言中谈到，市第十次党代会的召开，绘就了上海今后五年的蓝图，提出了上海创新驱动转型发展的路径，指明了上海建设社会主义现代化国际大都市的方向，是一次承载上海市民新期待、开启上海发展新局面的大会，是一次科学总结过去、精心筹划未来的大会。市第十次党代会提出的上海今后五年工作主要目标和对“创新驱动，转型发展”目的、动力、关键、政治保证等的强调，是对上海在新的历史起点上实现新发展、形成新优势、探索新经验的充分体现，是对上海勇于当好全国改革开放排头兵和科学发展先行者的充分体现，也是对上海经济社会发展更加注重科学性、更加注重全面性、更加注重可持续性的充分体现。

会议传达了集团2012年度党风廉政建设大会精神。

学习了党委副书记、纪委书记吴建平的工作报告。报告对2011年度集团党风廉政建设工作进行了回顾，对2012年度集团党风廉政建设五个方面的重点工作进行了重申和强调，对两年多来集团推进领导人员责任文化建设工作进行了概要总结。报告完全切合集团党风廉政建设工作实际，对做好集团党风廉政建设工作具有重要的指导性和针对性。我们要按照集团党委的部署，认真贯彻落实，严格遵守。

会议传达了集团党委书记、董事长席时平所作的《增强责任感、保持纯洁性，推动上海纺织转型发展再登新的台阶》的主题报告，并对学习贯彻席时平重要讲话作了要求：

①要认真学习、深刻领会，准确地把握市第十次党代会的精神，牢记使命。

②要深刻领会集团党风廉政建设大会精神，认真学习席时平、吴建平同志的重要讲话，牢记上海纺织使命。

③要结合企业实际，推进院所领导人员责任文化建设，牢记纺研院使命，推进院所转型发展。

会议还通报了2012年院工资调整方案集体协商情况。

（3）为落实院集体协商要求，组织2012年员工体检。经调研选定具有上海交通大学背景的专业体检服务机构“上海锦绣华检门诊部有限公司”作为2012年度员工体检单位。经商定，本次体检费用分四档，45岁以下男性员工和未婚女性员工为400元/人；45岁以上男性员工为420元/人；40岁以下已婚女性员工为480元/人；40岁以上已婚女性员工为570元/人。退聘人员的体检费参照去年办法由员工自行承担50%。

（4）为加强公司内部质量监督，进行了2012年上半年度产品质量定期检验。计划抽查七家企业，实际抽查六家企业（其中上海第三十六棉纺针织服装厂由于生产批量小，未达到大批量生产规模，故未抽查）。

本次抽查的6个产品，分别是针织内衣、毛巾、床上用品和纱线类别。判定依据是：各产品标准及国家强制性标准（GB 18401）。从抽查的结果看：按照强制性标准的要求，5项产品达标，尤其是耐摩擦、耐汗渍、耐水色牢度均较好，高于GB 18401标准要求。按照相应产品标准判定，大部分产品质量均较好，有些产品的质量能达到优等品水平；但仍有1项产品的断裂强力完全不达标，将影响绒毯的使用寿命。已要求企业整改。

（5）6月5日召开院保密工作会议暨保密培训。传达了中共中央办公厅关于印发《涉密文件信息资料保密管理规定》的通知精神，要求按规定做好自查自纠，抓好日常工作当中“文件的使用、保管、清退、销毁”等环节，不断增强保密意识和责任感，强化文件、介质等管理，把保密管理工作做好、做实、做到位。对新修订的院保密工作制度进行了解读，学习了《保密知识简明读本》。院长要求：

①要认真学习领会《保密知识简明读本》，牢固树立保密意识，增强保密工作责任感和使命感。

②要严格执行保密相关制度，加强规范管理，把失泄密隐患消除在萌芽状态。

③要充分认识做好保密工作是做好军工配套任务的前提和保障，进一步加强我院保密工作。

④要探索研究新形势下做好保密工作的特点和规律，不断提升保密防范能力。

（6）6月6日参加市委第六巡视组的访谈。作如下汇报：

第一，公司落实党的路线方针政策。战略转型，提出“科技与时尚”战略，发展三个主业：产业用纺织品、新型功能化纤、时尚产业；时任上海市市委书记俞正声2008年来研究院调研时肯定了公司战略。公司领导重视科研，席董任技术创新小组组长，朱总担任技术攻关领导小组组长，每年1000万元用于技术创新开发费。评选行业带头人、项目带头人。

三个转变：制造业向高端制造业、纺织向时尚现代服务业、行政管理向集团化、市场化、实体化转变。

建设三个层次技术创新体系：中央研究院、企业创新、公司产学研；培育、提升产业链。特安纶获市发明一等奖、里奥溶剂法纤维获市发明二等奖、超柔软易染聚酯纤维推广成功。

研究院建设：整合六所三中心、四平台、五个国家检测站。

三个转型：事业向企业、企业向科技企业、科研向产业化转型；科技收入2007年为6964万元，到2011年达到2.1亿元，五本科技杂志。

与总后研究所战略合作，研究生基地、工程师培训、卓越工程师培训基地。

获奖情况：国家二等奖1项、纺织协会21项、上海科学技术奖12项。

专利申请749件：其中发明专利104件，实用技术35件，外观610件，发明授权65件，4个国际发明。

第二，作风建设：

①负责领导团队。

②求真务实。

③解决群众关注利益问题。

（7）6 月 12 日召开院所工作会议。会议内容如下：

①国家纺织创新支撑平台等项目争取计划。

②关于上海大虹桥服装服饰出口创新基地预申报 2011 年度上海市外贸公共服务平台建设专项资金的规定。

③纺科院与森林武警交流纪要。

④市委巡视组来纺织院巡视。

⑤关于转制科研院所落实《关于规范本市事业单位退休人员补贴的试行意见》遇到困难问题的情况反映。全年的费用为 2200 万元。

（8）6 月 12 日公司肖卫国主任来院了解事业身份增资引发稳定工作情况。纺研院领导汇报：

①保持在职职工稳定，2012 年 6 月增加工资发到职工手中。

②合纤所每年亏损 500 万元，院部作资金支撑。

③事业身份抚恤金 20 个月，已发 340 万元。新死亡人员马上发，2004 年 10 月后死亡人员先登记，每月发 50 万元逐步解决。

④25 年事业身份退休职工来访，多次作工作。

（9）6 月 14 日召开院办公会议，讨论了“关于转制科研院所落实《关于规范本市事业单位退休人员补贴的试行意见》遇到困难问题的紧急情况报告”。

会议强调此事关乎企业的生存和发展，且涉及范围较广，涉及人员较多，而且反映强烈，容易引发不安定因素，因此必须高度重视，采取一系列措施，努力化解矛盾，妥善解决。

根据上海已颁布的有关法规，作为企业补助支付养老金具有不合理性（已转制科研院所早已不承担此项责任），因此同意上述报告的意见和建议（形成《院重大事宜决策表》），并提议尽快将报告分送上级各有关部门，争取得到支持和解决。

公司领导十分重视，席时平要求以控股公司名义向上行文反映情况。党委工作部、人力资源部按席董要求作出专报。

（10）6 月 15 日召开芳砜纶技术产业链攻关会议，本次会议主要交流：

①特安纶营销状况分析及市场反馈。市场对芳砜纶的耐热性已有较高的认知度，阻燃耐热性方面有一定的竞争力。下一阶段要加强滤料、网毯等差别化领域的培育，降低普通领域市场销售数量，加强产业链开发和延伸，提高后道制品附加值，新领域拓展和产品开发改善。希望纤维在可纺性、强度、细旦化和色泽一致性上有所提升。

②特安纶生产线 2012 年上半年的运行状况和质量情况。加强对现场工艺控制点的检查力度，确保生产工艺稳定，2012 年上半年纺前浆液合格率 100%，上油丝纤维合格率在

99%以上，回收二精出料合格率100%，能源消耗下降，生产总体成本下降近5000元/吨。

③通报了二期技术方案的专家论证意见。

④通报了产业链工作组在森林武警服装上的研制近况，结合芳砜纶的优势特点，克服薄弱环节，面料半成品有所突破。

院长在听取了各方面的汇报工作后，强调以下几点：

第一，高性能纤维芳砜纶的产业化是一条艰难的路，生产、技术和营销等工作都十分艰苦，每一次的进步都是不断的试验验证积累所得。首先要肯定大家努力的成绩。

第二，尽管在攻关过程中遇到这样那样的困难，这是每一个项目攻关过程中都会遇到的，关键是信心，这是第一位的，特安纶和里奥一样受到集团和政府的高度重视，是我们集团主要创新点之一，一定要满怀信心，积极推进。

第三，市场价格的恶性竞争十分激烈，我们更要通过产业链的开发来提升整体的竞争力，我们需要转变经营策略，要开发到半制品甚至是成品，以提高盈利能力。

为做好下半年技术开发工作，各条线在以下几个方面进行研究和分析：

第一，营销部汇总主要领域的销售分布及趋势、芳砜纶在不同领域的适用性分析、各销售领域对产品规格和质量的具体指标要求。

第二，工厂研究分析卷曲的影响因素（原料、聚合、含固、纺丝工艺、提速、卷曲工艺），对关键指标的分析（包括各类原料的测试值、聚合相对黏度、表观黏度、总固含量、pH、聚合的现场异常情况分析和处理、相对分子质量分布、板框周期、喷丝头周期、凝固浴过滤周期、喷丝板压力、凝固浴浓度、凝固负牵伸比、一塑牵伸比、热牵伸比、车面毛丝情况和原因、热牵伸温度及其分布、上油丝质量、固废量及组成、二精馏出液的DMAC含量、回收DMAC的品质、污水排放量、污水排放COD/BOD/氨氮含量），各类原料的单耗、能耗，蒸汽用于回收、聚合和纺丝工段的能耗，电用于回收、聚合和纺丝工段的能耗，纤维成品离散性的影响因素（原料、聚合、浆液过滤、脱泡、纺丝工艺、纺丝机、卷曲工艺、设备和计量器具），纤维强度的影响因素（原料、聚合工艺、固含量、相对分子质量及其分布、浆液过滤、脱泡、纺丝工艺、卷曲工艺、设备条件）。

第三，德福伦汇总和分析2009年至今的各次卷曲攻关小结，获得阶段性的卷曲工作总结。

（11）组织申请国家纺织创新支撑平台、商务部等项目，争取政策支持。

①上海市外贸公共服务平台资金项目（公共信息平台项目）。

②上海大虹桥服装服饰出口创新基地（检测平台项目）。

③上海大虹桥服装服饰出口创新基地（研发服务平台项目）。

④毛麻研究所（进出口商品检测实验室项目）。

⑤上海市纺织高性能纤维材料专业技术服务平台日常运行基金申请报告。

⑥国家纺织创新支撑平台。

⑦中小企业支持项目。

（12）6 月 18～19 日接受上海质量体系审核中心冯伟、邹慰若、胡慧谨、颜立强等各位专家的认证审核指导。

（13）6 月 28 日接待科技部 2012 年中俄科技合作企业座谈会的各位专家来纺织科学研究院参观交流。俄方代表：苏瓦力诺夫，俄罗斯科技部创新司阿尔哈索夫，俄罗斯能源科技创新有限公司萨利切夫，俄罗斯创新科技股份有限公司伊万诺夫，俄罗斯莫斯科国立理工大学。参观成果展示室、服装设计快速反应平台、科技情报所、检测实验室等。

（14）6 月 28 日接待市委第六巡视组叶骏、张国辉、唐惟明、陈见光、胡雄彪、俞丽明、陈必华等走访调研集团下属单位，来纺研院巡视。

技术中心的工作

（1）组织申报市经济信息化委员会“引进技术的吸收与创新计划”（三十六棉“芳砜纶特种耐高温隔热纱线技术研究及产品研发”和新纺联/东华大学“星载天线金属网生产关键技术及产业化”）。

（2）邀请专家对上海汽车地毯总厂有限公司承担的两项公司技术创新专项资金项目验收。即“新型轿车内饰复合材料（SKD Model－X 衣帽架、SKD Model－X 挡泥板、Model－Y 主地毯）”（项目编号：2008－zx－07）和“新型汽车内饰复合材料（Tiguan 行李箱地毯、Model－S 隔音垫 、Model－F 脚踏垫）”（项目编号：2009－zx－06）。

（3）组织专家对东华大学和新纺织产业共同承担的 2009 年公司技术创新专项资金项目“轻质、柔性、隔热仿生膜复合材料制备关键技术及产品开发”进行验收。

（4）与投资规划部一起起草了“对‘芳砜纶二期产业化工程技术方案’的专家论证意见汇总及修改建议”，并回复给芳砜纶二期项目组。

（5）参加特安纶公司上半年工作总结会暨芳砜纶技术攻关会议；商讨“科技大会”准备工作相关事宜。

（6）在上海市纺织工程学会主办的“上海纺织科技与创新论坛”上作“上海纺织创新的回顾与展望”专题报告；参加上海市研发公共服务平台管理中心召开的“上海研发公共服务平台企业创新服务工作站讨论会”。

（7）根据人力资源部要求，修订技术中心部门岗位职责和个人职位描述；协助人力资源部邀请宝钢股份工人发明家孔利明来集团进行“1＋1”培训。

（8）陪同中国棉纺织行业协会郑洁雯副秘书长到标准计量所商讨“坯布节电标准”制订相关事项。

（9）和纺织制造与贸易事业部共同前往七棉协联，探讨技术创新相关工作；参加深圳市青铜器软件系统有限公司在上海举办的“青铜器研发管理信息研讨会”。

（10）积极参与上海市“讲理想、比贡献”活动。目前，八达服装申报“讲理想、比贡献”先进集体，德福伦冯忠耀、纺织装饰张寨、八达王静申报“讲理想、比贡献”活动创新标兵。

4.2.7 2012年7月

（1）7月2日讨论近期党建工作。定于7月10日召开院所党员代表大会和职工代表大会，向党员代表、职工代表汇报半年度研究院经济工作、党建工作情况。

按照公司党建中途巡检要求，做好半年度党建工作自查以及汇报工作。

自今年7月起，院所属11个党支部将按照公司党委下发的党支部工作手册做好党支部各项工作内容的记录，院党委也将结合手册内容完善党委会记录。

针对合纤所转制后退休人员“上访”一事，定于7月中旬，会同公司相关部门共同约见部分退休人员来院里座谈，通报进展情况，共同做好稳定工作。

会议议决：同意五名预备党员按期转正，分别是：谭敏红、沈颖怡（技监所党支部）、金林君（服装所党支部）、李凌伟、施凤甡（检测党支部）。同意发展两名新党员，分别是：吴凯琪、王憬义（技监所党支部）。

出国失联党员梳理情况。根据对出国失联党员的排摸、走访和联系，今年上半年共有三名出国失联党员递交了书面停止党籍申请，两名党员办理了组织关系转出手续。同意三位同志提出的停止党籍申请。

（2）7月3日召开“陈受之同志诞辰100周年纪念座谈会”，出席会议的领导有：朱勇总裁、姜光裕副秘书长、梅寿椿局长、杜双信副局长、孙晋良院士、戴淑清院长。

陈受之院长的亲属：陈春馨（原上海市经委科技处处长）、陈春馥（原上海申新九厂厂长）、潘正中（原研究院情报室主任）、陈丽华（原上海第七纺机厂高工）等。

与会同志表示今天纪念陈受之同志诞辰100周年，就是要学习弘扬他的敬业精神和无私奉献的崇高风范，激励后人为发展我国纺织事业更加努力地工作。就是要以实际行动建设好研究院，我们要在控股公司席董、朱总的领导下，认真贯彻公司“科技与时尚”发展战略，围绕公司发展规划，落实“十二五”发展规划，创新驱动，建设一流中央研究院。

（3）7月4日召开院所办公会议传达：

①公司三季度十项重点工作。

②研究院三季度重点工作。

③上半年度经济指标双过半。

④市委巡视组来纺织研究院巡视。

⑤关于上海大虹桥服装服饰出口创新基地预申报国家纺织创新支撑平台等项目争取计划。

⑥关于转制科研院所落实《关于规范本市事业单位退休人员补贴的试行意见》遇到困难问题的情况反映。

⑦关于芳砜纶阻燃面料情况介绍（同总后军需装备研究所张建春所长等交流）。

（4）落实布里亚院士来访的行程和交流内容，我们与布里亚院士交流以下内容：

①芳砜纶板材的压制工艺和设备介绍，对芳砜纶原材料制备的要求。

②芳砜纶板材性能和应用展望。

③芳砜纶板材与间位芳纶板材、聚酰亚胺板材、聚醚醚酮板材等之间的性能比较。

④间位芳纶板材、聚酰亚胺板材、聚醚醚酮板材当前的主要用途。

（5）7 月 10 日上午召开研究院党员代表大会，书记作题为“党建引领，建设一流中央研究院”的党委 2012 年上半年度工作汇报，根据党章党务公开的要求，向党员汇报研究院的党建工作和科研经营发展工作，传达学习集团党委书记、董事长席时平所作的《增强责任感、保持纯洁性，推动上海纺织转型发展再登新的台阶》的主题报告精神。

部署下阶段工作：

①做好支部“达标上等级”工作，制订达标创优行政计划。

②完成基层党组织的换届选举工作。

③强化基层党组织书记实务操作能力培养。

会后观看了《忠诚与背叛》，与会党员受到了一次很好的革命精神教育。

（6）7 月 10 日下午召开研究院七届三次职工代表大会。院长作题为“创新驱动，促进中央研究院转型发展”的 2012 上半年度工作汇报；主要经济指标完成情况的分析：

主营业务收入完成 9572 万元，其中：

检测板块业务收入 4708 万元，比上年同期增加 114 万元；

计量与标准收入 898 万元，比上年同期增加 282 万元；

本期租赁及物业收入 767 万元，比上年同期 680 万元增加 87 万元；

利润总额 651 万元，完成年度指标的 100.2%（科研大楼的折旧和房产税开始计入成本）；

技术开发费投入 536 万元，完成年度指标的 59.6%；

存货的周转天数为 21.7 天，应收账款的周转天数为 19.9 天，均处于受控状态。

院工会主席谭豪清作工会工作报告；院工会经审主任吕纪龙作工会经费审查报告。

（7）根据国务院《职工带薪年休假条例》规定，院部决定：2012 年 7 月 30 日至 8 月 3 日安排集体休假五天，8 月 6 日正常上班。

在集体休假期间，院设备工程保障部、门卫等相关服务部门的服务人员将按正常运行要求，做好园区服务保障工作和休假期间的安全保障工作。

（8）7 月 12 日下午召开研究院多媒体电教室项目总结会，此项目是配合东华大学、上海工程技术大学研究生教育和卓越工程师教育，也可作电子阅览室，总投资 52 万元，工程主要实施项目为：

①多媒体教育系统：超短焦投影机、投影幕布、投影机吊架、主音箱功率放大器、吸顶箱、UHF 手持式无线话筒、领夹话筒、鹅颈话筒（含底座）、自动混音台、WiFi 无线投影、电子白板、RGB 矩阵、电动翻转多媒体插座。

②计算机及网络系统：服务器、工作站、电脑耳机、平板电脑、笔记本电脑、显示器、网络交换机、光模块、存储、管理端（教师机）、客户端（学生机）。

③综合布线工程，主要包括：明配镀锌钢管敷设、超五类非屏蔽数据线缆敷设；接插件安装、机柜安装、配线架安装；光缆的敷设及光纤熔接。

④强电部分，主要包括：10A电源插座、明配镀锌钢管敷设、配电箱安装、施耐德元器件。

⑤地板、教师桌、学生桌椅、地板重新铺设、管理吧台。

经过测试，项目基本达到设计要求，完成项目任务书要求及部分附加功能。

（9）7月16日下午接待公司党建责任书中途巡视组来研究院检查工作。肖卫国主任、吕雯俊、金丹艳、郑莉萍、顾晓英听取了汇报并作了指导。

（10）7月16日召开了由上海工程技术大学、上海纺织装饰有限公司和上海沪邦印染有限公司共同承担的"新型电磁屏蔽等功能性防护制品的研究和开发"项目验收会。

（11）7月17日到青浦无纺布基地高温慰问和现场办公。要求将生产经营模式转变为科研为主的模式。总结复合无纺布项目各阶段成果，形成完整技术图纸和工艺文件，如充填干燥、复合箱体、联苯加热、复合喷丝板、拉伸管、摆丝器、热轧机、成网机、电器控制等都要形成完整技术图纸。有的可以形成专利。

（12）7月19日参加由市教委、研究院、纺织工程协会、上海工程技术大学共同主办的"纺织服装设计创新论坛"，并做了"建设数码服装快速设计平台，构建纺织服装创新体系"的报告。市教委束金龙处长、程维明副校长、褚劲风副书记、上海工程技术大学服装学院胡守忠院长及林兰天老院长等各位领导出席会议。东华大学杨一奇教授做"低碳纺织材料"的报告。

（13）7月20日召开合纤所退休职工到长宁社保局和公司来访后的座谈会，针对要求"25年事业单位工龄，以企业计发退休工资"人员参照享受事业退休的待遇的诉求并要到市上访的情况，6月做了工作有缓解，当时答应7月中旬再沟通。公司人力资源部杨斌、信访办小刘共同参加了接待。院领导作了工作汇报：

①研究院开了专题会议，听取诉求、解释政策、反映意见。

②6月12日公司肖卫国主任来院了解事业身份增资引发稳定工作会议。

③6月14日再次召开院办公会议，讨论上报了《关于转制科研院所落实〈关于规范本市事业单位退休人员补贴的试行意见〉遇到困难问题的紧急情况报告》。

④公司领导对院紧急报告的批示。

⑤公司和院领导先后向国资委领导做了反映。

⑥公司和院领导先后向科委领导做了反映。

⑦同时表示不断向上级反映有关诉求，由于涉及范围较广，涉及人员较多，此事的化解将是长期的、复杂的、艰巨的。

院领导承诺如有政策，一定兑现执行。

（14）7月25日上午与朱总在申达科宝接待市国资委胡宏伟副主任一行，汇报上海纺织集团技术创新工作情况，具体做法：

①制订集团“科技和时尚”的战略，构建集团技术创新体系。

②贯彻建设创新型国家、强化技术创新有关精神，支持企业“创新驱动、转型发展”。

③落实“科技与时尚”战略，建设创新体系取得成效。

④加强中央研究院建设，构建纺织现代科技服务业。

⑤培育提升产业链，协同技术攻关。

⑥深化产学研用合作，加强自主品牌的培育。

在征询有什么问题需要国资委解决时候，我们反映了关于转制科研院所落实《关于规范本市事业单位退休人员补贴的试行意见》遇到困难问题的情况。

胡宏伟副主任表示，国资委领导已经做了讨论，现在正在拟文件，估计有三种类型事转企退休人员补贴由财政负担，现在可以不缴。

（15）7 月 25 日研究院申报的上海市促进文化创意产业发展财政扶持资金平台项目已进入初审名单，举行初审会。

项目建设内容包括两个方面：改造升级东纺谷创意园区的基础设施，建设园区局域网络系统，实现整个园区互联互通；建设服装创意设计服务平台，为上海、长三角乃至全国的服装企业提供专业的创意、设计、打样、制版等服装个性化定制服务。

（16）科研综合楼项目获得了《上海市房地产权证》。新证审定我院占地面积为 27070 平方米，总建筑面积为 62776.79 平方米（共 21 幢房屋），其中科研综合楼建筑面积为 26513.98 平方米。历史的房屋也得到产权明确。

申领新房产证的工作在大楼建成后有序的进行着，经过市测绘院、规划局的多次测绘和区相关部门的大力支持，2012 年 7 月 12 日，由上海市住房保障和房屋管理局以及上海市规划和国土资源管理局对我院申领新证的请求作出准予登记的决定，并颁发了《上海市房地产权证》。新房产证的颁发，标志着我院科研综合楼等资产更加清晰。

（17）7 月 26 日召开研究院上半年度工作交流会议，会议内容如下：

①传达贯彻控股公司领导在半年度工作会议上的报告要求，学习朱勇总裁在集团中心组联组学习会上关于《坚持创新转型，推动科学发展，为全面实现上海纺织“十二五”目标打下扎实基础》的报告。

②学习胡锦涛在全国科技大会上的讲话，贯彻建设创新型国家、强化技术创新有关精神，按照公司“十二五”规划要求，完成《党建工作责任书》和《资产经营责任书》要求。

③工作交流，相互学习，互相促进，以学习型领导干部的要求，提出更高工作要求目标。

（18）7 月 27 日接待集团公司厂务公开民主管理工作领导小组巡检。汇报纺研院厂务公开民主管理工作的情况：关于职代会、集体协商、集体合同等民主管理制度的建立和运作情况；维护职工合法权益、加强党风廉政建设、促进劳动关系和谐企业建设等方面的情况。

（19）7月27日接待闸北区领导参观了解纺研院在产业研究、技术鉴定、快速打样、服装定制等方面的情况。公司朱总接待，时尚产业事业部总经理邵峰、陈正和，置业公司陈努加、刘慰参加了接待。

（20）7月30日举办“企业研发费税前加计扣除”培训会。上海市科技创业中心朱文龙部长讲解企业研发费税前加计扣除。

技术中心的工作

（1）与计划财务部商议共同召开“企业研发费用加计扣除”会议相关事宜。7月30日，与计划财务部一起，联合举办“企业技术开发费加计扣除”讲座，邀请上海市科技创业中心朱文龙部长作政策讲解，刘平财务总监、胡申伟技术总监出席。刘平总监作了讲话，强调该项工作的重要性并希望企业领导重视，财务部门和技术部门通力合作，争取享受更多的税收政策。三枪、申安的负责人作了交流发言。

（2）组织专家对公司技术创新重点项目进行验收，包括：上海工程技术大学与纺织装饰联合承担的“新型电磁屏蔽等功能性防护制品的研究和开发”（2009－zx－05）、上海市纺织科学研究院承担的“双螺杆复合短纤维开发和研究”（2011－zx－05）、申达科宝承担的“PVC加筋沼气农用膜的研制”（2010－zx－04）。

（3）与上海飞马进出口有限公司联合举办第二届（2012年）上海飞马进出口有限公司新产品、新面料评比活动，评选出一等奖2名，二等奖4名，三等奖7名。

（4）陪同日舒科纺公司到三枪商议应用德国darlon®细旦腈纶共同开发产品事宜；协助日舒科纺，在纺研院召开“darlon®德国超细腈纶产品推介会”。

（5）7月17日，和纺织制造与贸易事业部共同举办“上海纺织（集团）有限公司与兰精纤维（上海）有限公司战略合作框架协议签约仪式暨兰精公司最新纤维及延伸产品信息发布推介和展示会”。

（6）参加上海研发公共服务平台2012年上半年工作会议，获“上海研发公共服务平台上海纺织（集团）有限公司服务站”授牌。

（7）参加国资委胡宏伟副主任到公司的调研；向市经信委汇报将控股公司技术中心更名为有限公司技术中心事项；

（8）牵头召开“基于电子商务的数字化服装设计、定制系统研发和产业化推广应用”项目协调会，上海工程技术大学、三枪、纺研院、服装所参加。

（9）参加上海工程技术大学与纺研院联合承办的“上海服装创意设计研究生学术论坛”。

（10）参加三枪公司牵头召开的“派丝特产业链条龙工作会议”。

（11）协调标准计量所与飞马公司联合制订新标准事宜。

（12）为纺研院主办的“专业技术人才知识更新工程2012年高级研修班”邀请主讲老师。

（13）新联纺“高性能芳砜纶色织面料”申报上海市重点产品质量振兴攻关成果奖。

（14）参加纺研院召开的“陈受之诞辰 100 周年纪念座谈会”。

（15）与上海市纺织工会联合转发“关于举办‘第二十五届上海市优秀发明选拔赛’的通知”。

4.2.8　2012 年 8 月

（1）8 月 1～2 日赴北京向总后军需装备研究所张建春所长汇报关于芳砜纶面料开发情况。商谈主要内容：

①院长与倪重光、杨海桥分别交流芳砜纶阻燃作战服面料开发情况，确定下一步具体试验开发要求。

②曹春祥副总介绍保暖内衣的开发情况，主要开发思路是薄而且暖。目前开发以碳纤为主的系列产品，认为椰子碳纤维的内衣相对保暖效果最好。商讨具体开发要求。

③商讨建立定期交流，沟通有关面料开发信息制度。

张建春所长首先表示欢迎，肯定了我们的研发工作，下一步要提出具体规格要求，要进一步研究迷彩色印花。

杜卫平、解德诚、张德良也参加了交流。

总后需装备研究所薛昌龙副政委、何永水处长、王启志上校、王飞少校、谌玉红主任、王刚高工、陈晓高工、张华副主任、马天参加了会谈。

（2）8 月 6 日接待装饰公司瞿智鸣总经理、王中天副总、孙书慧经理等来院进行芳砜纶面料开发情况交流。研究院交流了芳砜纶阻燃作战服面料开发情况，提供了样品，进一步确定下一步具体合作开发要求。根据外贸客户的要求进行进一步的开发。

（3）8 月 7 日上午召开武器装备科研生产许可证工作会议。学习了《武器装备科研生产许可证现场审查评定标准与评分指南》（新版）。

院长讲话强调武器装备科研生产许可证是我院从事国防科研、生产必备的资质和必要条件。一要认真学习领会标准，提高工作水平；二要重点做好“否定项”的自查自纠；三要切实做好初审时的问题整改；四要将有关标准在全院所进行学习和贯彻。争取在 11 月底前完成许可证复审的各项准备。

（4）8 月 7 日纺研院承办了上海纺织 2012 年上半年经济运行分析暨《上海纺织产业发展报告（2011～2012）》（白皮书）发布会，席董在白皮书发布会上做了讲话。上海市工业经济联合会会长蒋以任讲话。市政府有关部门领导、市经团联领导、上海纺织协会领导及各分会领导出席了会议。

（5）8 月 8 日检查“海葵台风”应对措施，即地下车库水泵、地面积水、雨水渗漏情况。由于院的下水道全部进行了改造，没有发生地面积水情况。

（6）8 月 9 日接待纺织设计院苏异钢院长，交流“关于事业退休人员死亡抚恤金发放口径的工作”。根据市人保局和财政局《关于规范本市事业单位退休人员补贴的试行意见》的通知（沪人社资发〔2012〕12号文）精神，自2012年3月起对原按事业退休的人员死亡抚恤金发放口径按下列办法操作：

①2012年3月9日前死亡的事业退休的人员死亡抚恤金发放，按老工资计发。

②2012年3月9日后死亡的事业退休的人员死亡抚恤金发放，按本次事业单位退休人员补贴试行规定核定的本人每月“国家规定的基本退休费”，作为计发20个月死亡抚恤金的操作依据。

③若原按事业退休死亡人员的家属对前项实施办法有异议的，应进行协商。待国家政策明确实施办法后按国家政策执行。如有新的实施办法文件，则按新文件办。

（7）8月10日接待航天工厂领导和军代表来院评估承担军工任务的能力，在听了介绍、参观了实验室后表示，看了以后很震撼，出乎原来的想象。

（8）8月14日召开院所办公会议，交流：

①关于芳砜纶阻燃面料情况介绍（向总后军需装备研究所张建春所长等交流）。

②国家纺织创新支撑平台等项目争取计划。

③公司关于推荐后备干部的通知。

④关于2012年党建责任制中途巡检的意见反馈。

⑤7月经济指标完成情况分析。

⑥上海市高新技术企业认定工作，武器装备科研生产许可证工作。

⑦四平路28号房地产流拍后的情况说明。

⑧做好十八大前后稳定工作。

（9）8月14日下午接待市国防科工办李明福副主任和郭中朝、吕钊等领导来院听取军工任务研发的情况。李明福充分肯定了我院多年来在能力建设、技术研发等方面取得的成绩，高度评价我院为国防事业发展做出的努力，表示要在推进重大专项的实施过程中注重与我院充分合作。

（10）8月15日参加上海市科技创新大会。会后与技术中心商讨了公司科技大会的筹备方案。并向朱总作了汇报。

（11）8月20日召开院直管单位领导和中层干部后备人员推荐会。院长强调，此次推荐工作是集团“十二五”发展规划和公司人才工作会议精神的重要举措。是建设一流中央研究院的重要基础性工作，同时结合下半年基层党支部换届改选工作，全面把握推举条件，不拘一格选好人选。

（12）8月21日在科学会堂召开的上海市创新型企业授牌表彰大会上，上海市纺织科学研究院获得“上海市创新型企业”称号。

（13）8月22日参加上海市科委上海产业技术研究院成立大会。科技部部长万钢发来贺信，殷一璀副书记出席成立大会，并为研究院揭牌。沈晓明副市长出席大会。

上海产业技术研究院院长钮晓鸣介绍，上海产业技术研究院将发挥其在应用技术创新体系建设中的战略规划、组织协调、联合研发、成果转化和政府决策咨询等方面的作用；

开展技术预见、产业战略研究与规划，聚焦产业共性技术以及产业链缺失环节、关键环节的技术需求，建设创新平台，组织科研院所、高校、企业、行业协会、创新联盟等，以需求为导向、项目为载体、应用为目标，开展联合攻关；健全项目形成、组织协调、开放合作、成果扩散共享、绩效评价等机制，加大财政资金的持续稳定投入，促进全市共性技术研发资源的优化配置，突破一批共性技术和关键技术，推动一批新兴产业加快发展，促进传统产业能级提升。

（14）8 月 22 日朱勇总裁来院现场办公，院长汇报了四个方面的工作：

第一，院上半年度 1～7 月经济指标完成情况；有关新的历史负担等财务数据。

第二，大力抓好产业链工作，推进“十二五”重点项目的前期工作、条龙项目建设：

①做好芳砜纶专利保护和二期项目论证；协助超柔软易染聚酯项目通过鉴定。

②合纤所与德福伦合作，建立一条年生产能力 1000 吨/年的复合纺丝生产线。

③签订了“中国人民解放军总后勤部军需装备研究所与纺研院战略合作协议”。

第三，研究院 2012 年技术创新项目：

①服装检测分站、新大楼 16 层服装检测站。

②毛麻所进出口商品检验实验室新大楼 15 层。

③国家纺织产业支撑服务平台，继续做好向科技部的工作汇报。

④上海大虹桥服装服饰出口创新基地，检测、信息。

⑤上海市纺织高性能纤维材料专业技术服务平台。

⑥大飞机隔音材料。

⑦关节轴承轴衬、条件建设项目。

⑧复合无纺布产业化。

⑨完成科研大楼市经信委重点技术改造项目。

⑩做好产学研项目和卓越工程师、研究生的对接工作。

第四，军品配套科研项目。

各所也做了汇报。朱总要求：

一要有更高要求的目标，要站在更高的立场和角度去思考和定位，努力打造一流的中央研究院；

二要注重人才队伍的建设，尤其是要吸引和留住骨干，需要单位一把手的特别关注。有几方面很重要：分配机制是否公正、公平和市场化；领导班子是否正气和公正；企业文化环境是否体现对人才和知识的尊重、对科研失败的宽容以及鼓励创新；还要建立科学的评价标准，荣誉、分配等要向科研一线倾斜，以体现科研院所与一般企业的不同；

三要在产业链项目上有推动；在社会影响力方面有提升。集团 Lyocell 纤维项目已成立项目推进领导小组和工作小组，办公室就设在院里。要协调各方、统筹规划，发挥院所作用，推动项目实施。

（15）8 月 24 日关于合纤所部分退休人员集体上访的情况汇报。8 月 22 日下午院部得到消息，合纤所 100 多名退休工人将于 8 月 24 日上午到市政府集体上访。院长当即召开会议，要求合纤所领导及有关人员上门做工作，答应通过正常渠道反映他们的合理诉求。23 日副院长倪福夏、原合纤所党委书记陈发明同志带领有关人员分头上门做召集人的思想工作，部分召集人答应做上访人员的工作，不再到市政府上访。所以这次信访人员减少了数十人。

（16）8 月 27 日召开公司科技创新大会的筹备会议。技术中心与所属企业商讨了公司科技大会的筹备工作方案。

（17）8 月 29 日参加“上海市制造业创意促进中心成立暨 2012 年制造业创意高峰论坛”。蒋以任、肖贵玉、戴海波、寿子琪、汪泓、张培璋等领导出席，并由上海国际工业设计中心与上汽集团、华谊公司、纺织研究院、木马设计公司签订合作协议。

（18）8 月 30 日接待中国纺织工业协会外事办公室袁世主任、杨永锋副主任、黄嵩等领导来院指导工作。进行了参观。

技术中心的工作

（1）8 月 2 日，赴京拜访总后军需装备研究所张建春所长等领导和技术人员，双方就 2012 年 3 月 30 日中国人民解放军总后勤部军需装备研究所与上海市纺织科学研究院签署的战略合作协议的进展和深化落实进行了交流和探讨。随后参观了总后军需所的汉麻研究中心。

（2）8 月 6 日，参加纺织装饰瞿智鸣总经理与纺研院胡总、特安纶汪总等就“芳砜纶产业链合作与市场拓展”召开的交流会。

（3）参加上海纺织工业技术监督所申请“进出口商品检测机构”审定会议，上海市出入境检验检疫局有关专家到会进行现场审核，谢秋慧副局长也到会予以充分肯定。

（4）向朱总汇报上海纺织科技创新大会筹备情况；召开行业科技创新工作会议，传达上海市和国资系统科技创新大会精神，布置上海纺织科技创新大会相关准备工作。

（5）邀请专家对企业申报的上海纺织科技创新先进集体和先进个人进行评审。

（6）参加上海市研发公共服务平台管理中心召开的“企业集团服务站服务体系建设项目沟通会”。

（7）召开专题会议，研究参加今年 10 月在沪举办的“中国国际产业用纺织品及非织造布展览会”特种纺织品展位展品及布置事宜，相关单位参加。

（8）与中国针织工业协会杨世滨会长、瞿静秘书长和三枪曹春祥常务副总经理商议参加“中国国际针织博览会”事宜。

（9）参加上海市科技创新大会和上海市国资系统科技创新大会。

（10）参加胡总召开的公司科技创新大会筹备会。

（11）协助纺织制造与贸易事业部举办“东丽新产品展示推介会”。

（12）转发中国纺织工业联合会“关于申报 2012 年度产品开发贡献奖”的通知。

(13) 随朱总到纺研院现场办公。

(14) 随封总到申达股份进行产业用纺织品专题调研。

4.2.9　2012 年 9 月

(1) 9 月 3~8 日举办“纤维新材料的研发与产业化”高级研修班，这是由上海市人力资源和社会保障局、上海市经济和信息化委员会主办，上海市纺织科学研究院承办。

孙晋良院士、上海市人力资源和社会保障局丁处长、市经信委张玥副调研员、来自全国的各位技术专家出席。

孙院士、李爱军研究员、俞建勇教授、丁辛教授、王建平教授级高工、朱美芳博导等分别讲课；介绍了先进碳纤维复合材料的开发及其航空航天应用；同时由汪晓峰介绍芳砜纶的性能特点及应用领域；王新介绍 Lyocell 竹纤维的性能特点及应用领域；朱毅介绍 Parster 纤维的性能特点及应用。以促进产业链的市场开发。

(2) 8 月 31 日基层党组织换届选举工作动员和部署，成立换届选举工作领导小组和工作小组，书记提出了工作要求。

按照集团党委《党建责任书》和党建中途巡检的意见做好工作；严格把握任职标准和班子结构、素质要求，抓好候选人的确定；按计划试行“公推直选”的选举办法，在程序环节上严格把关；继续做好发展工作、青年培养工作。各党组织要加强领导，明确责任，着眼长远，统筹协调，严肃纪律，确保换届选举工作圆满完成。

(3) 9 月 3 日下午参加市政协召开的科技创新座谈会。

(4) 进行公司科技创新大会表彰名单的公示，并在公司领导讨论后确认：

上海纺织科技创新突出贡献集体奖：德福伦、三枪、汽车地毯厂、纺研院、申达科宝。

上海纺织科技创新技术发明成果实施奖：里奥、特安纶。

上海纺织科技创新先进集体奖：申安、申达外贸、海螺服饰、龙头家纺、纺织装饰用品科技研究所、新联纺、纺织装饰有限公司。

上海纺织科技创新突出贡献个人奖：曹春祥、胡淳、龚杜弟、冯忠耀、张庆、解德诚、汪晓峰、陈强。

上海纺织科技创新先进个人奖：张竞、何敏珠、宣建新、何正锋、佴智渊、陈平、程衍铭、阎均、沙玉明、周明华、潘美云、林银芳、吴英。

(5) 9 月 10 日召开院所工作会议，会议内容有：

①传达公司吴建平副书记讲话，做好十八大前后稳定工作。

②大虹桥服饰平台等项目评审检查准备。

③公司科技创新大会的筹备。

④芳砜纶阻燃面料后续开发（向总后军需装备研究所等交流）。

⑤8 月经济指标完成情况分析。

（6）9月10日下午参加市进出口商会汤庆福会长召开的“2011年度上海市外贸公共服务建设专项资金项目验收评估会”。对研究院申报的研发平台、检测平台、信息平台进行了汇报，接受了审核，回答了专家的提问。

（7）9月17日召开院办公会议，会议内容有：

①传达公司党组织书记会议席时平书记讲话，布置的五项工作（市委巡视组反馈意见；党委工作制度修订；编纂集团年鉴；经济稳步增长；稳定工作）。

②公司科技创新大会的筹备，20层展示厅的补充；科研成果汇编；会务准备。

③关于事业单位退休人员补贴专项经费补助有关问题的通知。

④大虹桥服饰平台等项目评审、检查。

（8）9月14日接待合纤所15位退休人员来院集体上访的情况汇报，主要诉求是：来访人员认为他们在1999年下半年或2000年就符合办理特殊工种退休的条件，因为忽视他们，报送材料晚了，使他们被批准退休时过了合纤所转制为企业的时点，不能享受事业退休人员的退休待遇。

院领导向来访人员做了介绍，分析了当初科研单位转制时面临的问题以及后续一系列政策缺乏周密和协调所造成的矛盾，肯定来访人员的诉求有一定的合理性，明确单位会尽力通过正常渠道向有关部门反映问题，协助有关部门解决问题。指出单位是申请方，何时批、能否批准是由社保决定的；院已积极向长宁社保和上级有关部门反映、沟通；处理需要时间。接待沟通至11点基本结束，院食堂为来访人员提供了午餐，午餐后来访人员相继离开。

9月25日合纤所退休人员有22人符合政策规定，补发3000元，由长宁社保承担。

（9）9月19日召开2012年“上海纺织（集团）有限公司科技创新大会”。会议由朱勇总裁主持。会议内容有：

①吴建平副书记宣读获奖单位和个人名单（科技创新贡献奖、先进单位；科技创新杰出人物、先进工作者；表彰2011年度市和中国纺织联合会科技进步奖获奖项目）。

②颁发奖状（单位）、证书及奖金（个人）。

③大会进行了交流发言。

④院长做题目为“深入贯彻‘科技与时尚’战略，推动上海纺织集团又好又快发展”的集团科技创新工作汇报。

⑤集团领导席时平董事长讲话，坚持科技创新，推动转型发展，加速实现“科技与时尚”高端纺织建设目标。对集团科技创新提出工作要求。

⑥会议编写了科研成果汇编、科技论文、发明专利。布置了集团科技创新成果展示。

出席会议的有：公司领导、科技顾问孙晋良院士、集团下属企业及研究院所领导、集团有关部室领导、部分媒体。《解放日报》做了主题报道。

（10）9月21日组织召开以德福伦为主承担的三个项目验收会。德福伦、海螺及申孚承担的“无机纳米凉爽型聚酯纤维的开发”项目；德福伦、申安、飞马、三枪及毛麻研究所承担的“椰炭纤维”项目；由德福伦、日舒承担的“无机纳米复合阻燃聚酯纤维开发及应用”项目。

(11) 本月支付置业申畅公司项目费200万元。由于事转企事业身份退休人员要求企业支付的补贴可以由财政补助落实，研究院本月向公司资金池增加了900万元。

离休干部周谓涛于16日在中山医院去世，支付包括医疗费在内的12.5万元，妥善解决了后事。

(12) 9月26日参加在电信科学技术第一研究所召开的科研院所协会第五届理事会第二次会议。

(13) 9月27日进行了科研综合大楼配套项目（投资1780万元）竣工验收工作会议，有限公司投资规划部、计划财务部、资产经营部、审计室等部门的领导参加了会议。工程款支付审批程序完备，手续齐全。建设内容有：

①配电房增容改造工程。

②院主干道改造工程。

③给排水、燃气工程。

④弱电（园区网络布线）。

⑤安装工程。

⑥外墙装饰工程。

⑦电气设备安装（电缆）工程。

合计项目投资原计划1780.54万元，实际投资为1721.186万元。

(14) 9月27日下午召开院办公会议，会议内容有：

①传达公司科技创新大会的精神，落实研究院“四个八”的发展目标。

②公司四季度行政10项重点工作。

③关于进一步加强国庆和十八大期间信访稳定和安全保卫工作的通知。

④大虹桥服饰平台等项目评审、检查。

(15) 9月28日组织召开项目验收会，项目为由上海特安纶纤维有限公司承担的“芳砜纶差异化开发与市场推广应用”和“芳砜纶市场特色应用推广”。

技术中心的工作

(1) 9月19日筹备召开集团科技创新大会，集团党政领导、党政部门、集团科技顾问孙晋良院士和各投资企业、直属单位、各科研院所及获奖单位、获奖个人等出席了会议。会议由集团总裁朱勇主持。会上对获奖单位和个人进行了表彰；德福伦、申达科宝、三枪三家获奖单位在大会上做了交流发言。技术总监做了《深入贯彻“科技与时尚”战略，推动上海纺织集团又好又快发展》的汇报。

最后，席时平董事长为大会做了题为《坚持科技创新，推动转型发展，加速实现“科技与时尚”高端纺织建设目标》的重要讲话。席董表示，经过近年的发展，以企业为主体、三个层面相结合的科技创新体系建设初见成效，以市场为导向、条龙开发为特点的科技创新模式构建初见成效，以中央研究院建设为重点、科技服务平台功能完善为目标的科技创新平台搭建初见成效。我们必须坚定不移地走“科技与时尚”之路，以科技创新提升集团核心竞争力；必须十分重视自主知识产权和核心技术的开发，形成高端纺织的有力支撑；必须致力于各类资源包括科技资源的整合，发挥大集团的整体优势。我们要明确科技纺织是提升集团竞争力的重要保障，自主创新是形成高端纺织的有力支撑，科技资源整合是大集团的集成优势；深刻认识科技创新在集团生存发展中的重要地位，深刻认识企业在科技创新中的主体地位，深刻认识产业链协同创新的重大意义。为此，我们要进一步提高主体意识，增强推动科技创新的责任感；进一步聚焦核心主业，深化集团科技创新体系建设；进一步解放思想，加强科技人才队伍建设。

会前，与会代表参观了上海纺织科技成果展示厅。成果展示汇集了近年来集团下属企业和研究院所研发的高性能纤维、绿色纤维、功能纤维、新型汽车内饰材料、膜结构合成材料、新型土工材料、新结构纱线和面料、品牌服饰与家纺产品、特种纺织品等。

（2）参加封总、胡总召开的 Lyocell 纤维项目推进领导小组第一次会议。

（3）向席董汇报科技大会讲稿准备情况。

（4）参加“专业技术人才知识更新工程 2012 年高级研修班”。

（5）组织专家对德福伦牵头承担的公司技术创新专项“椰碳纤维”“无机纳米复合阻燃聚酯纤维开发及应用”“无机纳米凉爽型和生物可降解聚酯纤维的开发”，特安纶牵头的“芳砜纶市场特色应用推广”“芳砜纶差异化开发与市场推广应用”等项目进行验收。

（6）特安纶和合纤所就“安全防护用芳砜纶纤维产业化及其面料研发”项目联合申报市国资委 2013 年度企业主业核心关键技术创新和能级提升项目（已交预报表）。

4.2.10　2012 年 10 月

（1）节日期间加强了领导值班，保证了安全；同时进行了食堂的装修。

（2）10 月 9 日下午召开院办公会议，讨论研究院明年三项投资项目：

①纺织产业标准与检测服务平台，科技部项目，项目总投资 1985 万元，自筹资金 300 万元，拨款 1685 万元。

②东纺谷创意园设计服务平台，市经信委文化创意项目，项目总投资 400 万元，市拨款 60 万元，区拨款 60 万元，自筹款 280 万元。

③衬垫生产线项目，项目总投资 945 万元，国家拨款 900 万元（项目已申报，待批），自筹款 45 万元。

同时讨论了研究院四季度行政 12 项重点工作。

（3）开展了基层党组织换届选举工作，进行了换届选举。10 月 11 日下午参加技术监督所党员会议，听取党支部任期工作汇报，列席换届选举。

（4）10 月 15 日下午参加高级工程师（教授）职称评审。

（5）10 月 16 日召开由公司汪主任主持的“纺织志座谈会”，讨论有关纺织专家的标准和入编人员等事项。

同日召开院办公会议：

①编制纺研院的明年预算和科研项目计划。构建纺织现代服务业，形成八大科技平台，实现八个方面提升，完成八个科研项目，加强产业链八个方面的合作。

②完成今年公司考核的经济科技责任书各项项目；完成今年院党建责任书的各项工作；完成党支部改选工作。

③推进产业链和重点项目建设，如芳砜纶二期及里奥项目推进工作。

④做好关于事业单位退休人员补贴专项经费补助有关问题的落实。

⑤继续做好向科技部的工作汇报，做好国家科技基础条件平台中心要求的准备工作，接受科技部和财政部的评估调研。

⑥做好大虹桥研发、标准、检测平台等项目评审检查。

⑦做好新大楼 14 层、16 层、大厅服装检测站装修工程，院 18 楼的装修工程。

（6）10 月 18 日参加国资委系统信访稳定工作专题会议，蒋苏平副书记、夏柱道主任、苏虹副主任出席会议。

（7）10 月 19 日召开芳砜纶防护面料开发研究会议，根据总后军需装备研究所来院座谈会和检测报告确定下一步的开发计划。

总后军需装备研究所对四块芳砜纶防护面料检测后对比作训服，作出结论：舒适性没问题，阻燃性比芳纶 1313 好，染色指标可以，成本费用能控制。但存在的问题是强度和耐磨性较差。需要在纤维配比、纺纱参数、组织结构、加强筋的设计上改进。

（8）10 月 21～22 日参加中国国际产业用纺织品及非织造布展览会、纺织面料展、国际针织博览会展、国际纺织纱线展。我公司的三枪产品、里奥竹纤维、芳砜纶防护面料、Parster 纤维深度开发及产业链项目、德福伦咖啡碳纤维、汽车用纺织品、产业用纺织品等参加了展览会。我公司的展位都以特装进行展示，体现了公司的企业形象。集团公司封总、沈总等领导参观并慰问了参展企业。纺织联合会会长王天凯、李陵申等领导先后来到上海纺织集团展位进行参观，对上海纺织集团所展现的“科技与时尚”面貌给予了充分肯定。

（9）10 月 23 日参加在松江举行的中国纺织工程学会学术年会，拜会了王竹林副理事长、毕国典、龚进礼秘书长、尹耐东副秘书长，就进一步合作进行了座谈。

（10）10 月 23 日下午接待马杰富副区长等老领导来研究院指导。

（11）10 月 25 日接待中国产业用纺织品协会、韩国纤维产业联合会、韩国产业经贸研究院、韩国化纤协会、韩国纺织品开发研究院的各位代表来研究院参观交流。

（12）10 月 25 日下午接待进出口商会汤庆福会长、黄永明秘书长、商委金珏处长助理等专家来研究院审核 2011 年“上海大虹桥服装服饰出口创新基地的检测、信息、研发平台”的材料。现场查看项目设备仪器情况。

（13）10月30日承办科技部非洲发展中国家“科技园区及孵化器规划、建设与管理”国际培训班。十八名非洲国家学员参加，科委的叶尚杰、邬雁宾、王利亚、茅一成出席。

（14）10月31日召开院所工作会议及申报安全生产标准化二级企业安检验收培训会议。

学习了安全生产标准要求，要求干部要有职责意识，把制度要求放在OA网上供大家学习，职工要有安全意识，把要求落到实处，同时要加强现场安全检查，不断消除安全隐患，切实保证安全。

技术中心的工作

（1）组织三枪等企业参加“中国国际针织博览会”和“中国国际产业用纺织品及非织造布展览会”。协助时尚产业事业部组织相关企业参展。

（2）与上海市纺织工程学会、东华大学、上海工程技术大学一起举办“2012年‘德福伦杯’纺织品智能化的思路、途径和方法科普知识竞赛现场决赛”。

（3）在纺科院配合下撰写2013年项目指南，将与2013年项目申报通知一起下达。

（4）参加上海市科协第十届学术年会——“围绕‘十二五’规划要求，提高儿童服装的安全性能”专题学术研讨会。

（5）参加“2012年首届中国产学研合作公共服务平台战略联盟”上海研修班。

（6）对年度技术创新项目进行检查。

（7）参加汪主任牵头召开的《纺织志》——人物篇（著名专家）入围讨论；为《上海纺织集团》年鉴提供相关材料。

（8）参加公司召开的与TITK洽谈情况会。

4.2.11　2012年11月

（1）11月初召开院所工作会议，布置近期工作：

①编制纺研院2013年财务预算和科研项目计划，提出“强化一流研究院建设，构建纺织现代服务业”中心工作（包括形成八大科技平台、实现八个方面提升、完成八个科研项目、加强产业链八个方面的合作）。

②完成2012年公司考核的经济科技责任书各项内容。

③完成2012年院党建责任书的各项工作，完成基层党支部改选工作。

④做好关于事业单位退休人员补贴专项经费补助问题的落实工作。

⑤做好十八大期间信访维稳工作。

⑥推进产业链和重点项目建设，如芳砜纶二期及里奥5000吨项目推进工作。

（2）11月1日参加上海纺织第一次代表大会第七组党代表小组活动会议。党代表之间交流了企业信息；讨论小组2012年度提案等。建议公司本部的出租房屋用于Prolivon旗舰店，有利于公司形象。

(3) 11 月 2 日召开院党委会，讨论失联党员处理意见。今年院 12 名失联党员已经联系上 8 名，并进行了党籍处理。

(4) 11 月 2 日组织召开项目验收会，对由联吉合纤有限公司承担的“阳离子切片与短纤的开发及应用”“超柔软易染聚酯纤维的研制”和“派丝特多品种短纤的开发”项目进行验收。东华大学顾利霞、程隆棣教授等参加了会议。

(5) 11 月 4 日上午参加在同济大学召开的上海现代服务业联合会设计服务专委会年会，唐海东、柴尧迅副区长出席会议。

(6) 11 月 4～5 日参加公司董事会和明年工作务虚会讨论。

(7) 11 月 7 日上午席董、刘总到研究院现场办公，院长汇报了院 2012 年 1～10 月经济指标完成情况和全年预计；有关历史负担等财务数据；院 2013 年预算；项目建设情况；重点工作；党建工作；稳定工作。

席时平董事长肯定了研究院所取得的工作成绩，为集团提供了必要的支撑，令人高兴。他特别就院所承担的航空、航天等军工配套任务和检测业务的有关情况作了详细了解，对院所明年工作提出了具体要求。

他指出军工项目是体现研究院以及上海纺织技术水平的重要标志，而作为重要现代科技服务内容的检测业务既要注重扩量（上规模），又要注重提升档次（上水平）。这次公司务虚会议就是要求各单位以科学发展观为指导，对照“十二五”发展规划和院的定位与现状，找出不足和差距，研究对策，采取措施，努力改进和提高。

当前研究院主要有以下几方面重点工作：一是抓好项目实施，尤其是体现国家战略的高水平项目；二是加强对集团产业链的支撑，做好条龙开发；三是打造现代科技服务业，做好检测、标准、情报等优势板块业务；四是提升学术水平和培育专家、人才队伍。

(8) 11 月 7 日下午研究院进行中心组学习，围绕席时平董事长来院调研时提出的工作要求，就促进院所更好更快发展进行了研讨。

大家学习了席董提出的研究院四项主要工作要求。进一步明确了今后全院的工作目标和努力方向，同时对 2013 年工作进行了研讨。

会议要求各单位要集中力量，聚焦重点，抓住特色，协同配合，提高院所整体科技创新能力，争取在明年科研经营工作上取得新突破，为全面完成研究院“十二五”规划奠定基础。

会上，院党委还宣布了院所九个党组织换届改选结果的批复。

(9) 11 月 8 日参加纺织总会对“十二五”国家科技支撑计划“功能性篷盖材料制造技术及产业化”课题进行中期评估。中国纺织工业联合会李金宝、朱民儒，上海勘测设计研究院迟景魁，北京注册会计师协会孙燕红、张爱华等出席。

(10) 11 月 11 日召开院办公会议，讨论 2012 年年度工作总结及 2013 年工作，打算“创新驱动谋发展，建设一流纺织研究院”。

(11) 11 月 13 日进行院安全检查；14 日接待市安全生产标准化工作评审组的薛恒冲

主任、劳敏组长、罗文海、费邦锁、李志诚、成亚平各位专家来研究院和毛麻研究所的联合检查。公司龚建平副主任出席。根据市安全生产监督局下发、公司转发的《关于在本市工贸企业开展安全生产标准化工作的实施意见》等文件精神，全面开展安全生产标准化建设工作。通过修订安全生产责任制，完善院安全管理制度和操作规程，全面排查治理隐患，结合院环境、职业健康安全体系，实行重大危险源的监控，建立预防机制，规范生产行为，使企业科研、检测、生产各环节符合有关安全生产法律法规和标准规范的要求，并持续改进，不断加强企业安全生产规范化建设，确立了安全生产的长效机制。

检查评分结果：纺研院 88.4 分；毛麻所 88.2 分。院长表示，此次评审是一种鞭策，经过评审发现还有很多工作没做到位、没做好，下阶段要深化对安全标准化工作的学习和理解，对存在的问题和不符合规定项目切实进行整改，持续改进；要建立健全安全管理长效机制，做到“警钟长鸣”。安全工作永远只有起点，没有终点，必须条块结合、横向到边、纵向到底，实行安全工作全覆盖。

（12）11 月 18～20 日参加公司务虚会。会后在研究院会议上传达席董、朱总讲话要求。

朱勇总裁首先传达了上海市学习贯彻十八大精神的会议主要内容；通报了集团今年 1～10 月主要经济指标完成情况和市国资委管理的 53 家企业预算及利润完成等情况。提出两点要求：一是要全力以赴力争完成全年预算目标，并抓好安全生产标准化工作；二是要积极安排明年预算目标，特别是要在加强企业管理、增收节流、降本增效等方面作好安排。

席董在讲话中要求：

①学习十八大精神，三个重点：学习精神领会；干部培训；联系实际。

②通报市委巡视组整改方案，分为四方面 16 件事和 40 项整改措施。

③关好门，开好局，作好春节安排。开好年度会和签约会；关账要完成预算；党建责任书要预审，重点工作要检查；作好明年预算和重点工作要报；抓好安全生产，关心职工。

④直管领导事项汇总报告，按市纪委要求，导入计算机，有修改要联系，12 月 9 日完成。

⑤再接再厉作好信访稳定工作。

（13）11 月 22 日参加“2012 年长三角地区科研院所发展与改革研讨会”。科技部政策法规司副司长翟立新到会作报告；市科技党委和市科委领导都到会讲话；另有苏、浙、沪科研院所代表发言及交流研讨。

（14）11 月 23 日上午研究讨论了 2013 年全院预算计划及有关事项说明；确定上报 2013 年主要经济考核指标：利润 650 万元；科研投入 900 万元；应收账款周转天数 25 天；存货周转天数 22 天。

确定院 2013 年重点工作（六项）。

①大力推进集团产业链和重点项目建设。芳砜纶后续项目及系列防护面料的开发；里奥项目推进工作。

②做好有关国防科工局科研项目基础条件的保障建设。

③按照科技部国家科技基础条件平台中心的要求，作好“国家纺织产业创新支撑平台（上海）”各项建设、运行工作。

④落实与总后军需装备研究所有关合作项目，完成系列防护面料等项目的合作开发；深化推进与有关高校的产学研究合作。

⑤继续作好“上海大虹桥服装服饰出口创新基地”服务工作，为集团品牌打造和外贸业务的发展提供服务和支撑。

⑥完成科研综合楼 14 层和 16 层检测实验室装修工程；完成 1 层纺织服装检测接样窗口的建设施工。

（15）11 月 23 日下午和刘平总监共同听取“纺研院财务预算工作汇报”，确定 2013 年主要经济考核指标：利润 1000 万元；科研投入 900 万元；应收账款周转天数 25 天；存货周转天数 20 天。

2012 年主要经济指标完成情况：利润 1200 万元；科研投入 1033 万元；应收账款周转天数 25 天；存货周转天数 20 天。

（16）11 月 26 日召开研究院中心组学习。一是学习贯彻十八大报告；二是传达席董、朱总公司务虚会讲话要求；三是 2013 年全院预算和重点工作；四是 2013 年主要经济考核指标、2012 年主要经济指标完成情况；五是通过市安全生产标准化二级企业检查；六是市委巡视组巡视意见的整改方案。

（17）11 月 27 日讨论东纺谷创意园创意设计信息服务平台项目计划任务书，项目承担单位总投资 400 万元，其中：服务费用 50 万元，建设投资 320 万元，其他费用 30 万元。

（18）拟写“关于结算垫付事转企事业退休人员死亡一次性抚恤金的申请报告”。要求遵循政策文件规定，每年及时对本院及所辖研究所事业经费渠道认定和垫付的事转企事业退休人员死亡一次性抚恤金费用进行结算，同时通过结算有利于统一抚恤金费用计算口径，消除由此带来的不稳定因素。

技术中心的工作

（1）召开技术中心部门工作讨论会，总结今年工作，商讨明年工作。

（2）组织专家对联吉合纤承担的上海纺织技术创新重点项目验收，即“阳离子可染聚酯切片与短纤的开发及应用”“超柔软深染共聚酯纤维制备及应用技术”“派丝特多品种短纤的开发及应用”。组织专家对龙头股份等单位承担的上海纺织技术创新重点项目验收，即“里奥竹纤维产品一条龙开发和市场推广”“里奥竹纤维产业链开发”。

与三枪集团一起召开派丝特产业链项目（3 期）参与单位协调会议。

（3）下达 2013～2015 年科技创新项目指南，布置 2013 年科技创新项目申报，要求企业11月26日前申报项目计划。

（4）参加德福伦申报“国家差别化新材料产品开发基地”现场评估会，国家纺织产品开发中心有关领导和专家到场，现场评审已通过。

（5）参加纺织总会召开的申达科宝、东华大学和明士达共同承担的“国家科技支撑计划项目子课题——功能性篷盖材料制造技术及产业化”中期检查会议。

（6）参加中国产业用纺织品行业协会特种纺织品分会一届理事会二次会议暨2013年度纺织军工配套衔接交流会。

（7）参加封总、胡总召开的Lyocell纤维项目推进领导小组第二次会议。

（8）参加“第六届中国上海专利周”开幕式。会上，芳砜纶专利获颁“上海市十大优秀专利产品”。

（9）在研究院召开“高新技术企业认定”工作座谈会，邀请市科委崔青鲁、立信嘉诚会计师事务所曾福娟主任会计师专家讲解，业内相关的18家企业参加。

4.2.12 2012年12月

（1）12月3日召开节能环保、压力容器、南方测试、科发部门务虚会。交流明年工作设想。会上传达席董、朱总在务虚会上的讲话要求。

希望青年掌握复合知识，即技术+经济+管理、学历+实践+资质证书。院长交流中提出要优化营销构架，从六个方面提高管理效能：正确选择企业营销模式；企业决策运营模式测算；稳步推进营销网络建设；精心编制企业销售计划；科学进行产品价格设计；落实营销责任和激励。

（2）12月4日参加在院召开的纺织专业高工职称评审会议。

（3）12月5日检查五个楼层的装修工地。

（4）12月6日与长宁社保沟通，日前接长宁社保通知，自2013年起社保不再接受单位委托发放离退休人员的相关费用。经研究，现作如下处理：

第一，离休人员的津补贴和专家补贴两项，每月由人力资源部纳入退聘劳务人员的劳务费一同发放。

第二，原事业单位1996年实行养老金统筹发放后与原单位发放养老金之间的零头差额，根据形成的原因和相关政策不应继续存在，因在2012年3月事业单位规范津补贴时，对每位事业退休人员的退休养老金和津补贴都进行了重新核定，所以更不应出现零头差额问题。故作清理，自2013年起不再发放。

（5）12月6日参加朱总召开的技术中心专题会议，听取了朱总的工作要求，汇报了支持政策的修改意见；今年技术创新的亮点（神八与天宫一号对接奖状、芳砜纶获市十大专利称号、与总后军需所战略合作、高新企业认定、联合培养研究生、衬垫项目、德福伦高新基地、进出口商品检验认定等）；用好技术开发费计划，要增加对外贸企业技术创新的支持。

（6）12 月 6 日下午参加与上海工程技术大学校企联合培养研究生研讨会。程维明副校长、胡守忠院长、林兰天老院长出席会议。学科秘书王黎明介绍：

①上海工程技术大学研究生管理工作流程。

②研究生联合培养管理制度。

③研究生联合培养选题。

各二级学院介绍了研究生培养情况。

（7）12 月 10 日召开研究院民主生活会议。传达学习胡锦涛在中纪委的讲话；会议还通报了院党政班子民主生活会听取部分党员、中层干部、民主党派和群众意见的情况。院党政领导班子团结合作、工作务实、廉洁自律的良好作风，得到了广大职工的拥护和配合；全院上下民主氛围浓厚，干群关系和谐，各方面建设工作得到了持续稳定的发展。大家对领导班子的工作是满意和支持的，同时也对增加饭补和休假制度提出了一些意见和建议，这些意见和建议将作为领导班子做好工作和改进工作的出发点和落脚点。

（8）落实沪委老〔2012〕39 号文件“关于调整本市企事业单位离休干部去世后一次性抚恤金发放标准的通知”，即“上一年度全国城镇居民人均收入的 2 倍加本人生前 40 个月基本离休费”。对 2011 年 8 月后去世离休干部刘曰平、周渭涛、张志远、张树珂补发抚恤金 26.3 万元。

（9）12 月 11 日召开研究院项目讨论会，讨论内容有：

①国家纺织产业支撑服务平台。

②创意园设计服务平台。

③抗菌实验室、汽车实验室。

④生产线条件建设项目。

⑤关节轴承轴衬。

⑥复合无纺布产业化、抗静电纺丝。

⑦大飞机隔音材料。

⑧上海市纺织高性能纤维材料专业技术服务平台。

⑨上海大虹桥服装服饰出口创新基地研发、检测、信息平台。

⑩服装检测分站、新大楼 18 层与 16 层服装检测站装修。

（10）12 月 13 日参加公司民主生活会议。

（11）12 月 14~15 日赴北京参加中国工程院高性能纤维产业化及应用研讨会。本次会议由总后军需装备研究所承办，周廉、曹湘洪、孙晋良、姚穆等 22 位院士出席会议，研究院所和企业的 160 位代表与会，汪晓峰在会上作了芳砜纶项目的交流。

（12）12 月 21 日召开公司 2013 年技术创新计划项目评审会。对专家提出评审要求：支持围绕三个产业链、支持公司核心主业项目、支持产学研用项目、支持外贸创新项目、支持多个企业联合研发项目。同类项目归并，进行了评审。

（13）12 月 24 日参加服装研究所 2012 年工作总结务虚会。要求实施好服装所的发展规划，做好服装检测、服装标准、服装信息平台、高级服装定制、人才培养等工作。

（14）12月25日召开院所安全工作会议，针对由于宿舍楼用电超负荷引起配电箱起火的事故，要求加强冬季用电安全检查和教育，不随意拉接电器；干部要牢记安全责任和意识，二级安全验收通过后不是保险箱，一切都要从零开始，进行院区安全检查，配电箱旁边要配备干粉灭火机，同时作好春节期间的安全保卫等工作。

（15）12月27～28日参加公司年度工作会议。

技术中心的工作

（1）向朱总汇报技术中心2012年创新工作和2013年工作打算。

（2）与特安纶汪晓峰总经理一起，到南京中材科技膜材料公司考察，商讨合作开发芳砜纶与玻璃纤维复合滤料产品事宜。

（3）邀请九位专家对2013年上海纺织（集团）有限公司科技创新项目计划的50个项目进行评审，经过调整、合并，最终确定38个项目入围，已发文下达。

（4）接沪经信技〔2012〕832号文，上海第三十六棉纺针织服装厂“芳砜纶特种耐高温隔热纱线技术研究及产品研发”获资助80万元；被列入“2012年度上海市引进技术的吸收和创新计划”项目。

（5）组织专家对特安纶承担的上海纺织技术开发费专项“高效低能耗回收装置”、三枪等单位承担的“派丝特纤维产业链开发和市场推广”“派丝特纤维及产业链深度开发”项目评估验收。

（6）与信息技术部、东华大学两位教授商讨建立“上海纺织科技创新管理平台”事宜。

陪同中国化学行业协会端小平会长到德福伦考察，就德福伦参与超仿棉标准制订、中国化学行业协会纤维流行趋势发布、产业链项目申报等进行交流和协商。

（7）上海八达纺织印染服装有限公司、上海纺织裕丰科技有限公司两家单位荣获“讲理想、比贡献”活动先进集体；德福伦冯忠耀、裕丰科技张伟敏、八达纺织王静、三枪曹春祥、纺织装饰张寨五人荣获“讲理想、比贡献”活动创新标兵。

（8）参加上海工程技术大学召开的“校企研究生联合培养研讨会”。

（9）接上海市质量技术监督局通知，技监所和服装所合作完成的“服装衬外观疵点检验方法”“热熔黏合衬尺寸变化组合试样制作方法”获2012年上海市标准化优秀技术成果三等奖；技监所的“纺织品阻燃性能试验方法的应用”获2012年上海市标准化优秀学术成果二等奖，技监所的“化学纤维 短纤维线密度试验方法”测试误差分析获2012年上海市标准化优秀学术成果三等奖。

4.3 2013年

4.3.1 2013年1月

(1) 1月4日召开院办公会议，会上传达学习席董、朱总在年度会议上的讲话要求。

①贯彻十八大精神，召开纺研院党员代表会议，汇报院部年度工作。

②召开纺研院职代会，汇报院年度工作，签订集体协商合同。作好年度考核和分配，春节前落实到位。

③编制2012年纺研院科研技术创新项目计划、科研项目资金安排。继续加强集团产业链和重点项目建设，即芳砜纶卷曲项目调试；里奥项目推进工作。

④做好有关国防科工局项目研究基础条件保障建设；按照科技部国家科技基础条件平台中心的要求，作好“国家纺织产业创新支撑平台（上海）”各项建设运行工作。

⑤落实与总后军需装备研究所有关合作项目，完成系列防护面料等项目的合作开发。

⑥深化推进与有关高校的产学研合作。

⑦继续做好“上海大虹桥服装服饰出口创新基地”服务工作，为集团品牌打造和外贸业务的发展提供服务和支撑。

⑧完成科研综合楼14层和16层检测实验室装修工程；完成1层纺织服装检测接样窗口的建设施工。完成18楼办公室的装修工程。

⑨落实信息化系统的数据备份等硬件建设、软件正版化、网络维护。

⑩作好事业单位身份退休人员规范工资后引发的稳定工作。抓好春节前后的安全保卫工作。

(2) 1月6日讨论四平路28号转让合同细节，受让方：上海德赛化纤工程技术有限公司，其母公司上级是北京昆仑集团（原中国纺织设计院）。

双方同意上述房地产转让价款是经过公司总裁办公会议通过的，为3420万元，（大写）：叁仟肆佰贰拾万圆整。该价款不包括办理土地使用权转移登记时所需支付的土地出让金，土地出让金由乙方承担。

房屋所有权证号：“沪房虹字第03068号”，建筑面积2776平方米（其中辅房303平方米），国有土地使用证号：“沪国用（虹口）字第031913号”，土地面积910平方米。

由于“房屋所有权证”和“国有土地使用证”二证是分离的，办理手续比较复杂；付款方式与办理进度同步。

(3) 1月8日召开研究院2013年《集体合同》等三项集体合同协商会议。双方认为集体合同实施以来，突出重点，结合实际，实事求是，对维护全院劳动关系双方合法权益，促进院所改革、发展和稳定，起到了重要作用。2012年全院在科研、经营建设和发展、民主管理、厂务公开等各个方面都取得了出色的成绩；工会工作也得到了院党政的大力支持，职工利益得到了有效保证，特别是部分低收入职工的民生有了持续改善，一些历史遗留矛盾也得到了缓解。

经过协商讨论，双方一致认为 2012 年所签订的《集体合同》《工资专项集体合同》和《女职工权益保护专项集体合同》符合当前实际，各项条款务实可行，决定在 2013 年继续参照执行；同时，院行政同意将目前在职职工饭补由 5 元/天上调为 7 元/天，并将加强对食堂的日常运营监督。

（4）1 月 8 日上午召开一年两次的院党员代表大会，书记指出要贯彻公司年度工作会议上席时平董事长和朱勇总裁的讲话要求，以党的十八大精神推动一流研究院的建设，向院党员代表汇报 2012 年度党建工作。

1 月 8 日下午召开七届四次院职代会，院长作“创新驱动谋发展，建设一流纺织研究院”年度工作报告，向院职代会代表汇报 2012 年度研究院科研、资产、经营、重点工作情况。院向工会捐赠 10 万元帮困基金。

（5）1 月 15 日上午参加公司在研究院召开的纺织职工思想政治工作研究会议；1 月 15 日下午参加公司在研究院召开的党委特色工作交流会议。

（6）1 月 15 日下午参加公司在研究院召开的院干部会议，公司干部部部长、纺织集团人力资源部总经理程颖宣布了公司关于设计院划归纺研院管理的决定和纺研院党委的任免两项决定，任命苏异刚担任上海市纺织科学研究院党委书记兼副院长，院长不再兼任党委书记。

公司党委书记、董事长席时平提出了工作要求。

合并、调整有关企业的归口和业务管理关系具体内容：

①合并上海纺织联合公司和上海纺织控股（集团）公司劳动力置换分公司，合并后的企业名称为上海纺织联合公司，管理关系归口于集团。

②上海纺织建筑设计研究院的管理关系由集团划归上海市纺织科学研究院。

③调整下列企业的业务管理关系：

第一，上海纺织置业有限公司、上海纺织物业经营管理有限公司的业务管理关系由时尚产业事业部划归于集团；

第二，上海时尚之都教育培训有限公司的业务管理关系划归于集团时尚产业事业部；

第三，上海上实国际贸易（集团）有限公司、上海市纺织运输公司的业务管理关系划归于集团纺织制造与贸易事业部。

④上海申孚纺织有限公司、上海华纶印染有限公司、上海第三十六棉纺针织服装厂三家企业由上海裕丰科技有限公司负责托管。

⑤浙江协联飞轮线业有限公司纳入集团股权管理企业范围，业务管理关系纳入集团纺织制造与贸易事业部。

（7）1 月 17 日召开重点企业科技创新工作座谈会。交流 2013 年项目申报情况；申报上海市、纺织工业联合会科学技术奖预备项目；国家和上海市项目预报。

（8）1 月 21 日召开院办公会议，会议主要内容有如下几个方面。

①制订纺研院 2013 年科研资产经营工作的计划目标，做好年度考核和分配，春节前落实到位。

②召开纺研院中层干部述职交流会议，汇报年度工作。

③编制 2013 年纺研院科研技术创新项目计划、科研项目资金安排。

④制订技术创新三年行动规划，落实国资委要求。

⑤讨论公司技术带头人、项目带头人上报名单。

⑥衬垫基础研发条件建设项目可行性研究报告的批复。

⑦继续加强集团产业链和重点项目建设，即芳砜纶卷曲项目调试、里奥项目推进工作。

（9）1 月 22 日参加封总召开的 Lyocell 纤维项目推进领导小组 2013 年第一次扩大会议。

（10）1 月 24 日召开芳砜纶技术攻关组年度会议。交流二期项目技术攻关的情况；卷曲工程的进展情况；交流近期生产质量情况和 2012 年市场开拓情况；交流部队产品开发情况和产业链产品开发情况。

（11）1 月 25 日召开 2012 年院所领导干部述职会，并对 2013 年工作作了打算。与会人员对述职干部进行了书面评议。最后，院长作了讲话。他表示，大家的发言认真总结了过去一年的成绩和不足，没有空话、套话。2012 年，全院上下突出发展和提高核心竞争力这个主题，围绕主业联动开发，在很多学术研究领域形成了高地，盈利结构不断优化，各方面取得了显著成果。他感谢全院干部对 2012 年工作的支持和付出，要求大家继续努力，围绕院所 2013 年各项重点工作，进一步增强责任意识，全力以赴，确保完成集团交给我们的任务。

（12）取消了院 2013 年迎新春联谊会。为进一步贯彻中央有关文件精神，取消原定于 2013 年 1 月 31 日下午 17 点在杨树浦路 2866 号金钱豹大酒店（上海国际时尚中心店）3 楼举行的院 2013 年迎新春联谊会。

（13）1 月 29～30 日召开研究院 2013 年公司签约目标和重点工作考核会议，与设计院领导讨论了 2013 年签约目标和重点工作考核。

（14）为帮助科发中心服装打样平台，院部资助 70 万元弥补亏损。

（15）1 月 31 日接待杨浦区徐彬副区长来院指导工作。

技术中心的工作

（1）召开“重点企业科技创新工作座谈会”，邀请业内外重点企业及科研院所负责人、主管、公司高级专家委员会成员 20 余人参加。大家就技术创新、新产品开发、产业链条龙开发、产学研合作、重大项目申报以及成果奖励等工作畅所欲言，互相交流。胡总作了重要讲话，明确了2013年工作重点，提出了工作要求。会后，发放了项目预报及拟报奖成果征询表。

（2）邀请同济大学长江学者李新贵教授来申达股份介绍汽车用纺织品中“吸音、隔音和吸味材料”的国内外发展现状和趋势，汽车地毯总厂龚杜弟副总经理也作了交流发言。公司封亚培副总裁、投资规划部杨晓星总经理，申达股份安秀清总经理及姚明华、玛天羽副总经理等出席。双方表示了合作开发的意向。

（3）参加朱总召开的2012年签约单位重点工作完成情况考评会暨2013年签约单位重点工作讨论会。

（4）组织专家对德福伦承担的“多功能咖啡聚酯纤维开发”项目，申安纺织、东华大学共同承担的“基于数据挖掘的智能化多纤维混纺纱线产品开发及质量管理系统”项目进行验收。

（5）参加封总、胡总召开的Lyocell二期项目工作会议。

召开“上海国际时尚面料展览会”“第19届上海国际服装纺织品贸易博览会”参展工作动员会，技术总监出席并作动员讲话。

（6）参加吴建平副书记召开的公司培育、评选先进工作者会议。

（7）参加公司第十四届“创业青年奖”评审表彰会。

（8）参加“2012年度安全生产履职考核会议”。

（9）到技监所了解2012年工作和2013年工作计划。

（10）参加上海市学位办举办的“上海市专业学位研究生实践基地建设工作启动会”。

（11）协助上海市纺织工程学会科普部召开“迎春茶话会”。

（12）召开“2012年度科研院所科技统计”工作会议。

4.3.2　2013年2月

（1）2月2日接待中国石油昆仑工程公司党委书记、副总经理玄昌伟来院参观，同时探讨了进一步加强双方合作的意向。

（2）2月4日召开院项目会议，讨论软件正版化、网络弱电系统维保、院网站、数据整合等工作：

①决定先期购买40套正版（办公）软件进行配置，并对一些不达标的电脑进行升级。

②关于弱电系统维保工作，按一定程序，选取三家有资质的单位进行方案论证、评标。

③确定2013年更新或添置磁带库及备份软件、核心交换机和温湿度控制器。

④院网站恢复工作，对网站设置栏目进行审议修改。

（3）2月5日参加2013公司资产经营目标和重点工作签约考核会议。

（4）2月7日召开研究院科研资产经营目标和重点工作签约考核会议，传达席董在签约会上的要求：

一、改进作风，营造厉行节约、反对浪费的氛围。贯彻中央的八项规定、1 月 4 日市委的贯彻实施办法、常委会自身建设 30 条等文件。班子要学习中纪委文件，学习习近平主席的批示。集团公司也制订落实措施。

严禁公款请吃和吃请，集团公司仅保留年夜饭，退休局级老干部的活动。

八项规定是切入口，解决干部奢侈之风，要保持艰苦奋斗的作风，要深入实际。提倡“光盘”行动，要关心困难职工。

二、签约和指标，是一份责任和承诺，要严格考核。

会议举行了 2013 年度三项责任书的签约仪式。

院长分别与院行政分管领导签订了《2013 年度科研与经营管理目标责任书》《2013 年度治保、安全、防火工作承包协议书》。苏异钢书记分别与所属党组织书记签订了《2013 年度党建目标责任书》。分管领导与部门主要管理人员签订了《2013 年度主要管理人员目标任务责任书》。

院长作了讲话。他回顾总结了 2012 年全院对集团考核的经营指标及重点工作任务的完成情况，同时通报了 2013 年有关考核内容及主要工作，分析了院所在技术创新、基础建设、人才队伍建设和服务管理等方面的新任务、新目标，对全院工作进行了部署。力争 2013 年度各项工作再上新台阶。

会议还听取了院安全办公室主任肖伟关于 2012 年全院安全生产情况的通报以及 2013 年安全工作计划。

（5）2 月 10 日春节值班，院加强了年三十与初五的晚上巡查，防止烟花爆竹引发的安全问题。

（6）2 月 19～20 日随席董、朱总参加上海纺织与东华大学、工程技术大学校企合作座谈会。向出席会议的孙晋良、郁铭芳、周翔三位院士表示了慰问。

（7）召开抗菌实验室、宿舍楼整体改造项目会议，请设计院参加，扩大内需项目。

2 月 21 日召开研究院网络系统维保项目评审，由于网络设备均已过了质保期，为确保院和办公大楼弱电集成系统工程安全运行，听取了上海浦东软件园信息技术股份有限公司、上海铭擎信息技术有限公司、上海强珏信息科技有限公司的方案。

维保方案服务范围：网络系统、有线电视系统、会议系统、信息发布系统、机房环控系统、综合布线系统。

讨论落实国资委要求的正版化建设，总计共需采购的软硬件数量及预算如下：

Office 2010 标准版 36 套；Windows 7 旗舰版 4 套；飞翔排版系统 7 套；Photoshop软件 1 套；商务性 PC 终端 23 台。总预算为 25 万～27 万元。

（8）2 月 21 日与服装集团谷平董事长、张贻宗总经理商谈，就服装研究所搬迁事宜，保留一层接业务，签订合作协议。此项调整可以减少承租租金 120 万元/每年。

（9）2 月 22 日接待总后军需装备研究所张华主任、来侃、刘俊卿工程师来院座谈，就芳砜纶防护面料开发研究进行探讨，商定下一步的开发计划。

我们表示一定积极参加研究开发。从总后军需装备研究所对芳砜纶防护面料四块布检测情况看，对比作训服：舒适性没问题，阻燃性比芳纶 1313 好；染色指标可以；成本费用能控制。存在问题是：强度稍低，耐磨擦牢度比较差。需要在纤维配比、纺纱参数、组织结构、加强筋的设计上改进。

（10）2 月 26 日与技术中心讨论了今年的技术开发费的项目，落实了里奥 Lyocell 前期 320 万元的研发费用以及产业链项目等。

（11）2 月 27 日由封总主持在研究院与德国 EPC 公司专家就里奥 Lyocell 的 5000 吨项目进行交流。与商务工程经理 Karol Kerrane、技术经理 JorgHamann、TITK 顾问 Michael Zanner 进行了交流。

（12）2 月 28 日在特安纶现场召开芳砜纶产业链会议，会议主要内容有：

①落实与总后军需装备研究所有关合作项目，完成系列防护面料等项目的合作开发。

②制订技术创新三年行动规划，落实国资委要求。

③继续加强集团产业链和重点项目建设即芳砜纶卷曲项目调试、里奥项目推进工作。

④ 新一代军需被装已经开发。

技术中心的工作

（1）参加东华大学和联吉合纤联合召开的“派丝特纤维深度开发项目研讨会”。

（2）分别参加公司与东华大学的校企合作座谈会、公司与上海工程技术大学的校企合作推进会。

（3）召开“2012～2013 年工业企业科技统计年报会议”，布置填报 107－1、107－2 两张表，业内销售额 2000 万元以上的近 20 家企业参加，2 月 25 日完成网上申报。

（4）参加公司签约会；参加公司部门工作交流会，汇报技术中心 2012 年工作和 2013 年工作设想；召开部门年度工作讨论会，明确 2013 年重点工作。

（5）随封总赴北京拜访中国纺织工业联合会领导和相关行业协会领导。

（6）参加胡总召开的 2013 年 1000 万元技术开发专项资金项目会议。

（7）参加吴书记召开的“纺织集团培育、评选先进工作者座谈会”。

（8）同纺织制造与贸易事业部讨论落实沪质安办〔2013〕1 号文件精神，实施新一轮“二千一百”工程，推广卓越绩效管理模式。

（9）落实市国资委〔2013〕34 号文件“关于作好 2013 年度企业技术创新和能级提升项目征集工作的通知”。

4.3.3 2013 年 3 月

（1）3 月 1 日参加中国华东进出口商品交易会（简称华交会）。

（2）3 月 6 日参加公司测评和中心组学习。

（3）3 月 6 日下午组织进行一号楼地下管道腐烂引起的煤气泄漏抢修，更换白铁管，埋设铸铁管，消除了安全隐患。

（4）3 月 7 日召开院所行政办公会，会议内容主要有以下几方面。

①2 月经济活动分析，利润总额 236 万元；科研投入 264 万元；应收账款周期 23.2 天；存货周期 23.5 天。落实分析院应对严峻形势、增收节支降本增效的计划。

②按总部要求落实集团现金池建设，比例不低于 70%。

③研究院经营范围的增加、章程的修改（有限公司）。增加“系法人独资的一人有限责任公司”，经营范围增加“园区物业管理及房屋租赁等”。

④上海市国资委企业技术创新和能级提升项目。

⑤继续加强集团产业链和芳砜纶卷曲项目调试；落实与总后军需装备研究所有关合作项目，完成系列防护面料等项目的合作开发。

⑥衬垫基础研发条件建设项目可行性研究报告的批复。

⑦继续作好“上海大虹桥服装服饰出口创新基地”服务工作，为集团品牌打造和外贸业务的发展提供服务和支撑；做好 3 月 12 日服装节展览会的布展工作。

⑧落实信息化系统的数据备份等硬件建设、软件正版化、网络维保。

（5）根据纺织集团与上海工程技术大学签订的研究生联合培养基地协议，院落实了每个带教研究生 3500 元的费用。

（6）为了保持“两会”期间的稳定，对印染所顾耀濂家属来信要求全额发 20 个月抚恤金事宜，院借款 18 万元给印染所解决四位事业身份退休职工抚恤金；同时每季借款 16 万元给产品开发中心解决困难。并对新发生的八位事业身份退休职工落实了 20 个月的抚恤金。

（7）为了保证进出车辆的安全，调配了三名职工增开乌鲁木齐路大门，规定平凉路为进口，乌鲁木齐路为出口。解决华申公司等进驻后的交通拥挤和安全问题。

（8）3 月 12 日出席国际服装节面料展览会和 Mode Shanghai 展，陪同朱总和纺织工业协会杨纪朝等领导参观纺织集团展位。并在开幕前做好展位分配和布展协调工作。

（9）3 月 14 日配合装饰公司与桐乡忆格纺织公司座谈技术咨询项目，研究开发窗帘的自动裁剪机器事宜。

（10）3 月 18 日召开研究院办公会议，会议内容主要有以下几项。

①上海市国资委企业技术创新和能级提升项目。

②芳砜纶卷曲项目调试；落实与总后军需所有关防护面料项目的合作开发。

③衬垫基础研发条件建设项目。已经通过消防环评、卫生防疫等审查。

④作好“东纺谷”项目，为时尚品牌和外贸提供服务。

⑤与上海工程技术大学联合培养研究生的几项工作。

⑥职工身体健康检查安排在 4 月完成。

（11）3 月 21 日召开公司 2013 年度技术开发费专项预算项目评审会。

（12）3 月 25 日召开院行政办公会议，会议内容主要有以下几项。

①院长通报了2012年院财务情况内部审计报告。审计报告反映了院总体情况很好，但也存在不平衡情况；要保持院所发展势头，同时注意防范经营风险，确保科研和经营质量。

②按集团要求做好“资金池”工作。调动资金达到公司要求，3月底达到9000万元（不包含设计院的1000万元）。

③对一季度各项重点工作完成情况进行对照检查，讨论二季度工作重点。

④档案室新库房已经装修完成，投入使用后，须将经鉴定整理后的研究院文书档案上架（技术图纸仍放原处）；合纤所档案需组织人员进行鉴定和整理后入库；调整库房使用格局。

⑤嵇建明汇报了科研综合楼18层装修决算和审价情况；6号楼宿舍装修以及地下车库改建工程计划方案等。

（13）3月28日参加在北京召开的“中国纺织工程学会第24届常务理事会第六次扩大会议”，会议讨论了“中国纺织学术大奖及学术带头人、技术带头人评选办法”和在上海松江举办亚洲纺织论坛等工作。

（14）3月28日上午与张德良和倪重光拜访总后军需装备研究所张建春所长和张华主任，就芳砜纶防护面料开发进行讨论。

技术中心的工作

（1）组织上海纺织10家企业24个展位参展；“上海国际时尚面料展览会”“第19届上海国际服装纺织品贸易博览会”于3月12～14日在上海新国际博览中心举办。

（2）与上海工程技术大学服装学院胡守忠院长等商讨产学研工作。筹备“上海纺织服装创意设计研究生学术论坛”、卓越工程师联合培养基地建设、研究生前沿课程授课标题及专家筛选等事宜。

（3）陪同朱总、封总到申安纺织进行调研；和中国纺织工业联合会孙瑞哲副会长带队到德福伦进行调研。

（4）参加2013年项目科技带头人预审会和评审会。

（5）组织专家进行科研项目验收。对纺科院承担的上海纺织技术开发费专项“纺织产业标准与检测服务平台”、新联纺等单位承担的“芳砜纶防护面料和服装的开发”进行验收。

（6）申报上海市国资委企业技术创新和能级提升项目。龙头股份“Lyocell竹纤维材料的深度开发及产业链优化”、纺科院“纺织产业创新支撑平台（上海）”、特安纶“高性能芳砜纶纤维材料产业化应用关键技术研究”三个项目申报。

（7）参加上海市经信委召开的“2013年战略性新兴产业和产业技术创新座谈会”；参加市国资委企业分配处来公司召开的“创新人才激励座谈会”；参加上海市总工会、上海市职工技术协会主办的第25届上海市优秀发明选拔赛评审，联吉、纺科院、德福伦、申安项目入围。

（8）召开1000万元技术开发费专项资金项目专家评审会，封总等11位领导、专家参加评审，14个项目承担单位的人员汇报了项目情况。经评审，13个项目入围，待总裁办公会审定后即正式下达。

（9）与东华大学、联吉相关人员一起赴北京向中国纺织工业联合会科技发展部领导汇报“派丝特纤维项目”申报联合会科学技术奖有关情况。

（10）为《上海科技进步报告年报》《上海科技年鉴》提供有关上海纺织的信息。

（11）参加“2013年上海市科技创新创业服务大会”暨“2012年上海市科技创新创业服务年会”。

4.3.4 2013年4月

（1）4月3日参加在上海市计量测试技术研究院召开的第五届理事会第三次会议。会议调整、增补协会理事和副理事长；讨论2013年协会工作；听取计量院部力院长介绍院改革发展情况；参观计量院实验室及展示厅；该院由财政投资8亿元，属差额预算的事业单位。

（2）4月8日听取中国纺织工业联合会王天凯会长“创新驱动转型发展”报告。

（3）4月9日召开院所行政办公会，布置研究院二季度重点工作。

①纺研院2013年一季度工作检查，一季度经济指标完成情况。

②按计划作好上海市国资委企业技术创新和能级提升项目——“纺织产业创新支撑平台”；落实国资委要求，制订技术创新三年行动计划。

③继续加强集团产业链和重点项目建设：进行1.5旦芳砜纶纤维试制；芳砜纶卷曲项目调试；里奥项目推进工作；落实与总后军需装备研究所有关防护面料等项目的合作开发。

④作好衬垫项目推进。继续作好“上海大虹桥服装服饰出口创新基地”服务工作。

⑤按照科技部国家科技基础条件平台中心的要求，作好“国家纺织产业创新支撑平台（上海）”各项建设运行工作。

⑥作好宿舍改建项目的方案确定、搬迁、招标等各项工作；完成抗菌实验室项目建设方案认证并实施；启动地下机械二层车库的建设等。

⑦完成服装检测站两层检测实验室和一层服装检测接样窗口的建设和整体的搬迁。

⑧作好与工程技术大学联合培养研究生的工作：组织有关教材、带教导师备课、筹备学术论坛等。请院领导分别准备讲课，本学期有81名学生，分三个班进行。

在7月举办“上海纺织服装创意设计研究生学术论坛”。做好论文编辑等工作。第12届亚洲纺织会议ATC 12暨2013中国纺织学术年会征稿。

⑨作好新产品中心房产处置的后续工作。开展公司年度产品质量免费定期检验抽查。

⑩作好2013年度工资预算的执行；4月组织本年度职工体检；6月完成工资调整。

作好事业单位身份退休人员规范工资后20个月抚恤金的落实工作。

（4）4月10日接待公司纪检监察室关于作风建设的调研。座谈发言“亲身感受公司党政班子党风正”。制订正确的公司战略是作风的根本保证；务实转型是良好作风的体现；公司党建有力是作风的组织保证；三重一大问责项目是作风的措施保证；党务公开、院务公开是党员职工的监督保证；干部自律、干部联系群众是作风的思想保证；解决职工的民生问题是作风的体现；创新发展是正确作风的前提；现代管理方法计算机OA办公是作风的方法保证；作风建设要落在实处，要与本企业的实际相结合。

（5）4月11日接待公司资产部赵红光、董方、曾稚来院讨论院国有资产证券化。

（6）4月13～14日进行了服装研究所和国家服装检测站的搬迁，进入新科研大楼的16层和14层，并在大厅设接样前台。另外，8层是服装的科研地点。原在长宁茅台路的租房还给服装集团。这样可以节约可观的房租费用。

（7）4月15日在纺织设计院召开座谈会和干部会议，院长参会并作讲话：今年1月15日公司席董宣布了关于设计院划归研究院管理的决定和研究院党委的任免的决定，任命苏异钢担任研究院党委书记兼副院长，院长不再兼任院党委书记。三个月过去了，由于研究院工作的需要，苏异钢不再担任设计院党委书记兼院长。纺研院韩总监宣布了关于设计院行政和党委的任免两项决定：由李健任院长，林光华任常务副院长，吴卓俊副书记主持党委工作，希望大家支持新一届领导的工作。

将设计院划归研究院管理，一是有利于从研究到设计的协同创新；二是纺研院设计院要围绕席董、朱总制订的公司“科技和时尚”的战略，建设好设计院，对行业起到一定的支撑作用，为纺织控股（集团）有限公司的三大板块核心业务的发展起到科技支撑的作用；三是要有不断发展的紧迫感，要不断提出更高的工作目标。务实苦干，要有使命感、责任感。认识任务的艰巨性，科学有艰难险阻，需要我们敢于登攀，需要我们付出加倍的努力。

要发扬院领导班子团队的力量，知全局顾大局、专本行精业务、讲协作做大事。个人的力量是有限的，集体的力量是强大的，依靠研究院的领导班子做好工作。

要做好设计院划归纺研院管理的稳定和发展工作，切实做到席董要求的“1+1>2”。我相信，设计院划归纺研院管理之后一定会得到长足的发展。我们要贯彻席董、朱总对我们的工作指示，形成决策科学民主、工作务实创新、目标高效和谐、作风勤政自律的局面。切实落实好今年的工作，承担起个人责任、企业责任和社会责任，完成领导交给我们的任务，完成职代会交给我们的任务。

（8）纺研院提交国资委的“纺织产业创新支撑平台（上海）项目”经集团公司立项审核并备案。备案证明有效期为三年，即2013年1月1日至2015年12月31日。

（9）4月15日召开纺研院2013年项目讨论。

①国资委技术创新和能级提升项目“纺织产业创新支撑服务平台”，总投资1440万元，企业自筹725万元，争取支持715万元。

②抗菌实验室。

③生产线条件建设项目945万元。

④宿舍楼整修，形成项目报告实施，投资110万元。

⑤大虹桥服装服饰出口创新基地研发、检测、信息（2012年项目发生的发票）。

（10）4月23日落实合纤所事业身份退休秦荣全等五人的抚恤金21.8622万元。及时发到家属手中。

（11）4月23日召开集团公司与上海工程技术大学服装学院共建“国家级工程实践中心”实施工作会议。上海工程技术大学与公司相关部门协商拟定“三枪”“海螺”和纺研院等企业作为首批实习课程基地。将为“卓越工程教育”提供认知、岗位、见习、毕业四大模块的实习课程指导。

（12）4月26日参加公司一季度经济活动分析会；下午参加公司四届一次职代会。

（13）4月27日参加公司一届三十一次董事会。

（14）4月28日组织院职工每年一次体检。

技术中心的工作

（1）向朱总汇报2013年度“1000万元技术开发费专项资金”项目安排，经修改后上报总裁办公会议审定，已获通过。

（2）召开上海纺织与上海工程技术大学“国家级工程实践教育中心”工作会议，上海工程技术大学服装学院领导、公司人力资源部及三枪、海螺、纺科院三家单位的领导和人事主管出席，主要落实“卓越工程教育”实习基地事宜。

（3）4月19日，上海市召开2012年度科技奖励大会，公司所属德福伦的“阳离子高收缩涤纶短纤维关键技术及产业化开发”项目和纺科院与红富士家纺合作研发的“超仿棉及其混纺材料的功能化关键技术研究及产业化”项目分别获技术发明三等奖。

（4）会同纺织制造与贸易事业部，与上海市出入境检验检疫局有关人员商讨项目——“纺织品服装出口的TBT风险预警与应对措施的研究”进度落实、各自分工和重点工作。

（5）为纺研院申报市国资委“技术创新和能级提升项目”提供备案证明；向市质监局、市经信委、市国资委递交“上海市国有企业质量工作网络”上海纺织参加人员名单。

（6）按时向市国资委递交“2013年度技术创新情况调查表”；完成科技部《国家中长期科学和技术发展规划纲要》中期实施情况问卷调查；参加上海市质量协会主办的“卓越绩效评价宣贯讲座”。

（7）两次参加东华大学、联吉合纤关于“派丝特纤维”申报上海市技术发明奖讨论会。分别与新联纺和飞马商讨申报“上海市高新技术企业”和“区级企业技术中心”事宜。

（8）组织协调今年公司重点项目产品——“德绒纤维”在全国针织科技大会进行推介，取得积极效果。

（9）参加公司四届一次职代会；参加公司2012年度财务决算暨2013年一季度经济活动分析会。

（10）参加上海工程技术大学服装学院“2013年服装设计毕业作品秀”。

4.3.5　2013年5月

（1）5月3日接待立信咨询部项目经理姚磊和马源，进行纺织集团2012年度财务评价项目访谈。访谈内容围绕以下几个方面。

①纺研院的四大功能板块：面对集团和国家的国防重大研发项目、对纺织行业的科技信息的收集归集、国家级检测中心、新成果的转化。

②纺研院的科研成果分类，这几类科研成果的考核标准。

③集团对纺研院整体的考核标准是什么。

④按要求提供资料：2012年工作总结、社会责任报告、成果表彰等。

（2）5月6日在研究院五四青年座谈会发言，希望共青团员积极投入建设一流研究院的工作，积极提出建设性的建议，在院团委的领导下更加健康地锻炼成长。

（3）5月7日针对南方测试中心场地紧张和安全检查进行整改落实。闲置仪器的处置腾出了50平方米的使用面积，让出2楼技术中心产品室25平方米的一间房，拨给二号楼四楼两间办公室，极有效地解决了试验场地不足和待检样品、检后样暂存的困难。这次场地的解决，不光使中心实验室的布局得到合理的调整。更使得今年夏天安全用电和个别实验室室内高温的问题得到缓解。

（4）5月9日召开院所行政办公会，会议内容包括以下几项。

①公司关于各投资企业2012年主要财务指标排名的通报，院利润1839万元排名第10位，归属母公司的净利润1585万元排名第8位，净资产收益率7.73%排名第13位。

②1～4月经济指标完成情况。

③关于上海市纺织科学研究院2013年资产证券化整改工作具体内容的通知。

④国资委技术创新和能级提升项目“纺织产业创新支撑服务平台（上海）”。

⑤生产线条件建设项目。

⑥宿舍楼整修，形成项目方案、搬迁、招标等各项工作。

⑦大虹桥服装服饰出口创新基地研发、检测、信息（2012年发票）。

（5）5月13日将产品中心房屋转让的调节基金342万元上缴给集团公司。

（6）5月14日接待杨浦区唐海东副区长、东华大学刘春红副校长来院指导。

（7）落实沪委老〔2013〕19号文精神“关于调整完善本市离休干部护工费补贴标准”的通知。

①年满85周岁以上的离休干部护工费为每人1500元/月。

②80～84周岁的离休干部护工费标准为每人1200元/月。

③80周岁以下离休干部为每人1000元/月。

我院现有离休干部20人，根据测算，自6月起平均每人每月护工费是1410元，全年增加33.8万元支出，并有逐渐增加的趋势。

（8）5月15日陪同朱总接待赵文副市长、肖贵玉副秘书长来院指导。

（9）5月16日参加席董、朱总接待周波副市长、王坚主任来院召开纺织专题调研会议。领导作了讲话。

王坚主任：来纺织调研是对纺织重视，你们的报告“坚忍不拔调结构，脚踏实地促转型”，非常形象，取得了成果。历史地看，是在调整中发展，在发展中调整，形成了六个板块，要在发展调整中提升。并提醒大家要高度关注经济，从底线上思考，对工资、成本、资金注意风险。现在电商冲击力大，要转变经营模式、转变经营机制。六个板块如何促进活力，要市场化、国际化、专业化。关心分类监管，功能判断，区分功能型市场竞争企业。你们的建议我们会向市里反映，土地空转划拨要交税的问题要与区规划协调。管人管事管资产要再深化。

周波副市长：来学习，本人东华大学毕业，后搞化工，与贵玉同志了解了纺织。这几年不容易，报告主题明确，这几年脚踏实地，结构转型，狠抓发展，鼓舞有信心。

发展思路清晰，目标明确。想几个问题：纺织又到了关键时刻，内外资结合，面临新业态，模式冲击；国际贸易转移，监管要求高。时尚要靠资金实力，人才都提出新要求，除了懂财务技术外，搞资本，时尚的人才少了，你们都是搞企业的。

①用好上市公司题材，资本运作力度，兼并与收购并举，资本经营与生产经营并重。

②要科工贸结合，内外贸结合，要注重内贸，做好高端品牌，要重视广告宣传。

③充分重视新型业态模式，实体店要开，提高单店销售，也是个机会。

④人才问题，要引进人才支持，经信委有机制可以立户口，市人才对口会议通过，要放入目录，市场化第一位，国资不是垄断，可为民生服务。

⑤以信息化手段为发展机遇，大数据、云计算开了一扇窗，跳出的广告有针对性，电子商务做好工作。提出建议很好，市会倾斜，时装周，原提四个之都。创新活动之都，时尚魅力之都。

我做服务员，你们诉求越具体越容易获得支持，要来解决问题，百联国资可支持，国资协同是我的任务。历史遗留问题国资委研究；管人、事、资金，国资委相应的管好出资人代表，其他市场化，要中长期激励。我是来现场服务的。

（10）5月21日召开院办公会议。会上传达了周波副市长等领导调研上海纺织的情况和要求，强调要围绕为集团发展服务。会议重点讨论并通过了《院技术创新三年行动计划》。该计划根据市国资委和集团统一部署和要求，在分析研究的基础上，总结了我院的技术优势、地位与发展中的不足，明确了2013~2015年我院重点科研方向和技术创新体系建设目标，提出了17项有关技术研发、产业链协同攻关、公共平台建设以及军工配套等项目，并提出了一些对策和建议。

（11）5月22日参加在上海电气集团股份有限公司召开的上海市工程师学会第二届理

事会第三次会议。上海电气集团黄迪南总裁介绍了上海电器的发展情况：年销售 907 亿元，利润 40 亿元，员工 6 万人，托管人员 2 万人，费用 6 亿元。整合为电站、重工、输配电、电梯、压缩机、机床、自动化、环保、纺织印刷机械等十个事业部发展。形成临江、闵行、军工路等四个基地。

（12）5 月 23 日中国航空工业集团总公司、沈阳飞机设计研究所、中科院兰化所等单位来院进行航空低速重载自润滑衬垫项目评审会议。并通过了阶段评审。

（13）5 月 23 日公司财务总监刘平、副总监王国铭来院调研。研究院汇报了以下几项内容：

①1～4 月经济指标完成情况，利润完成 584 万元。

②1～6 月经济指标经营状况预测可以达到双过半，利润预计 1070 万元。

③落实纺研院 2013 年资产证券化整改工作具体内容。

④国资委技术创新和能级提升项目“纺织产业创新支撑服务平台（上海）”。

⑤三年创新规划。

⑥落实与总后军需装备研究所有关合作项目，完成系列防护面料等项目的合作开发及 1.5 旦新纤维面料开发。

⑦生产线条件建设项目。

⑧宿舍楼整修形成项目方案、搬迁、招标等各项工作。

⑨大虹桥服装服饰出口创新基地研发、检测、信息。

（14）上海纺织 25 家单位被命名为上海市文明单位称号，纺织科学研究院名列其中。

在日前召开的上海市精神文明建设工作会议上，上海纺织集团的龙头股份公司、申达股份公司、三枪、纺织博物馆、鑫桥文化创意园、鑫协园区、纺织时尚产业发展公司、纺织置业、纺织科学研究院、汽车地毯总厂、卓维 700、申创、M50 文化创意园、飞马进出口公司、新联纺浦东进出口公司、新纺物业经营管理公司、海螺服饰公司、纺织党干校、纺印利丰印刷包装公司、双创产业园、沪纺大厦、纺织装饰公司、申安纺织、纺织原料公司、印针园区 25 家单位被市委、市政府命名为 2011～2012 年度上海市文明单位。

（15）组织对集团相关企业产品进行内部免费抽查，本次实际抽查五个产品全部合格，产品合格率为 100%。五个产品分别是针织内衣、毛巾和床上用品类别。判定依据是各产品标准及国家强制性标准（GB 18401）。从抽查的结果看，五个产品均合格，尤其是耐摩擦、耐汗渍、耐水色牢度较好，高于 GB 18401 标准要求，产品质量均较好。

（16）5 月 29 日参加上海市军民结合产业体系建设推进大会，周波副市长、市政府徐逸波副秘书长、工信部周少清副司长等出席。

（17）5 月 30 日召开院体系认证管理评审会议，要求依据 GB/T 19001—2008/ISO 9001：2008、GJB 9001B—2009、GB/T 24001—2004 /ISO 14001：2004、GB/T 28001—2011 标准要求，建立整合型质量、环境和职业健康安全管理体系。

技术中心的工作

（1）和朱总等领导到特安纶现场办公；参加封总召开的 Lyocell 二期领导小组扩大

会议。

（2）召开 1000 万元技术创新专项资金项目布置会议，承担单位及项目负责人均出席，布置并提出了新的工作要求。

（3）与信息技术部一起研究“上海纺织科技创新管理平台”事宜，请北京杰软科技有限公司和上海全意信息科技有限公司分别介绍设计方案，现等待对方报价，6 月拟召开项目方案介绍评估会。

（4）陪同国家知识产权局纺织工程处审查员到上海特安纶纤维有限公司和上海里奥纤维企业发展有限公司考察调研。特安纶、里奥的技术人员介绍了特安纶、里奥企业情况以及纤维生产技术；技术中心、知识产权办公室人员介绍两个纤维的专利申请情况。审查员们很满意两家企业近年来围绕专利申请和反封堵所做的工作，并对上海纺织利用与上海大学知识产权的学院开展产学研合作推动企业知识产权的工作表示欣赏。

（5）与审计室姜元凯主任商讨 2010～2012 年三年技术创新专项资金项目“征询审计”工作的具体方案，31 日又与审计室所有参加此次“征询审计”工作的人员见面，介绍了技术创新项目管理的有关情况，该项工作将于 6 月启动。

（6）参加上海工程技术大学召开的“国家级工程实践教育中心”工作会议，上海工程技术大学服装学院领导、公司人力资源部、三枪、海螺、纺科院三家单位的领导和人事主管出席，确定“卓越工程教育”实习基地事宜。

（7）参加市科委举办的《上海科技进步报告》《上海科技年鉴》专题学习研讨会。上海纺织推荐五家企业申报 2013 年上海市科学技术奖，其中业内三家，业外两家。

（8）参加“上海市军民结合产业体系建设推进大会”；参加“第 25 届上海市优秀发明选拔赛总结表彰会暨第五届上海职工科技节闭幕式”。

（9）与联吉、东华大学商讨派丝特项目申报“中国纺织工业联合会科学技术奖”事宜。

（10）作为承办单位，参与 2013～2014 年度色织布新产品评比工作，将于 9 月正式举办。

4.3.6　2013 年 6 月

（1）5 月 31 日召开院 2013 年工资调整协商会议。基本每月增加 250 元，增加后低于 2750 元的再增加 10～50 元。职工和行政双方代表就今年调资进行了讨论和沟通，大家认为今年的调资方案切实可行，符合双方利益，也符合院实际情况，全体通过。

院长表示，今年经济形势复杂，困难不少，但工资调整仍按计划进行。他强调，努力确保员工逐年提升收入水平的关键是做好企业的发展工作，只有实现企业的自身发展才能更好地促进劳动关系的协调和稳定，从根本上保障职工的权益。

（2）6 月 4 日在纺研院召开芳砜纶产业会议，会议主要内容有以下几项。

①落实 5 月 2 日朱总、封总等领导到特安纶现场办公要求，三年后现金流量持平。制

订技术创新三年行动计划目标。

②卷曲工程试验开车成功，卷曲的质量稳定，近两次德福伦卷曲情况稳定。

③1.5旦的试验纺丝取得成果，单纤维断裂强度提高10%。

④军工项目灭火服舒适层为50%芳砜纶+50%阻燃黏胶，检测情况得到总后军需所认可。

⑤军工项目灭火服舒适层面料匹染成功。

⑥上海市国防科学技术工业办公室（以下简称国防科工办）推荐芳砜纶面料军服研发项目。

⑦芳砜纶原液染色取得成效。

⑧相关产业链产品的开发情况。

（3）6月4日下午召开技术创新三年规划讨论。

（4）6月6日召开院行政办公会技术创新三年规划交流，交流内容有以下几项。

①2013年1～5月公司经济指标完成情况，纺研院企事业合计利润总额为780万元。

②国资委要求的院所技术创新三年规划交流。

③上海市军民结合产业体系建设推进大会上周波副市长讲话。

④上海纺织（集团）有限公司关于同意上海纺织建筑设计研究院投资设立上海众南建筑工程审图咨询有限公司的事宜。

⑤《领导人员兼职的管理办法》。

（5）6月7日参加公司“学习十八大，推进新战略”主题培训，听取朱晓明博士主讲《第三次工业革命和创新》，“大云平移”助力转型与创新。

（6）6月8日召开院2013年保密工作培训，学习保密工作的规定和要求，以符合二级保密检查的要求。重点对保密检查中的“八项中止项”“六条规定”“八个集中管理”“七类人员安全保密管理措施”等开展逐项对照检查，提高检查的针对性和有效性，切实把保密工作落到实处。会上还播放了有关保密安全教育的短片。

（7）6月10日参观第16届上海纺织工业展览会。

（8）6月21日接受公司审计领导来纺研院进行三年科研经费审计。院长汇报了自查情况，下面是纺研院涉及的15项科技项目（括号内是项目主要负责单位）。

一是院牵头项目3项：

①纺织产业技术创新服务平台（国家科技部支撑项目）（纺研院本部）。

②双螺杆复合短纤维开发和研究（纺研院本部）。

③国家纺织产业标准与检测服务平台和免蒸洗分散染料印花工艺研究（毛麻所）。

二是产业链配合项目12项：

①派丝特纤维产业链开发和市场推广（纺研院本部）。

②派丝特纤维及产业链深度开发（纺研院本部）。

③派丝特系列纺织品产业化技术开发（毛麻所、科发中心）。

④Lyocell 竹纤维及染整关键技术研究和一条龙开发（纺研院本部）。

⑤Lyocell 竹纤维产业链开发（纺研院本部）。

⑥里奥竹产业链生产工艺优化与家纺内衣制品深度开发及产业化（纺研院本部）。

⑦国产智能调温等功能性纤维及产业链开发（毛麻所）。

⑧基于电子商务的数字化服装设计、定制系统研发和产业化推广应用（纺研院服装所）。

⑨芳砜纶市场特色应用推广（毛麻所、印染所、色织所）。

⑩芳砜纶差异化开发与市场推广应用（纺研院本部）。

⑪芳砜纶市场化特色应用推广（色织所、印染所、环保中心）。

⑫Prolivon 春夏季服装面料研发（科发中心）。

公司审计报告摘要，2011~2012 年度主要经济指标完成情况审定：院技术开发费三年为 3481 万元，其中公司拨款 280 万元，产业链项目支持 94 万元。其余费用为院自筹。申请了 32 项专利，获得 20 项科研成果。《科研项目管理程序》纳入质量体系管理。

（9）6 月 24 日接待上海工程技术大学纺织学院 90 名师生来上海纺织集团有限公司参加卓越工程师培训。根据国家级工程实践教育中心的任务，由研究院的各位院所长、技术中心的教授级高工、三枪（集团）有限公司、海螺服饰有限公司的技术总监分别进行讲课。

（10）6 月 25 日参加上海市质量协会第六届会员代表会议，蒋以任名誉会长到会讲话。会议选举唐晓芬担任第六届会长。

（11）5 月 26 日参加公司“七一”会议，研究院张新民、李慧霞、乐季准被公司评为优秀共产党员；院党委被评为优秀基层党组织。

（12）5 月 27 日朱总听取技术中心工作汇报。

技术中心的工作

（1）参加技术总监召开的“芳砜纶技术产业链工作会议”。

（2）邀请计财部、投资部、纺科院等部门领导和专家对 2013~2015 年国资三年技术创新规划作评审。根据与会人员意见已作补充和修改，经领导审定后将上报国资委。

（3）为 2010~2012 年三年技术创新专项资金项目“征询审计”提供相关资料。

（4）参加封总、胡总召开的 Lyocell 二期领导小组扩大会议。

（5）与信息技术部一起，召开“上海纺织科技创新管理平台”项目方案评估会，邀请计财部、审计室、投资部、制造事业部、纺科院等相关单位参加。北京杰软科技有限公司等分别介绍设计方案，对项目建设的必要性与会人员充分肯定。

（6）向朱总汇报技术中心上半年工作，朱总提出了要为外贸服务等新的工作要求。

（7）参加封总召开的 Lyocell 二期项目“产品与市场”座谈会。

（8）与上海工程技术大学服装学院商讨“2013 上海纺织服装创意创新研究生学术论

坛”有关事宜，并从 6 月 24 日起在研究院开始集中培训，由院所长分别讲课。

（9）与联吉、东华大学商讨派丝特项目参加“上海市科学技术奖”答辩事宜。

4.3.7　2013 年 7 月

（1）7 月 1 日召开院一届七次党代会，院长作 2013 年上半年行政工作汇报。1～6 月企业主营收入可完成 10495 万元、利润 1635 万元、技术开发费 650 万元、应收账款和存货可控制在指标内。

（2）7 月 2 日接待市科委安排的俄罗斯代表团的来院交流。

（3）7 月 3 日市商委领导借纺研院会场召开大虹桥服装服饰出口创新基地轻工行业会议，布置“2012 年度上海市外贸公共服务平台建设专项资金项目工作”。根据市商务委、市财政局《关于组织申报上海市外贸公共服务平台建设专项资金项目的通知》（沪商财〔2013〕350 号），2012 年度“专项资金”支持对象为：农业、轻工、纺织品、医药、专业化工、新型材料等国家级基地、重点培育基地和上海市基地的发展。具体支持项目如下：

产品设计中心、公共试验检测平台、公共技术研发平台、公共认证及注册服务平台、农产品质量可追溯体系平台、营销服务平台、国际孵化器平台、公共交易平台、公共展示平台、公共信息平台、公共培训平台、公共物流平台。

会后向尤永生处长汇报了研究院外贸公共服务平台建设和服务情况。

（4）7 月 5 日参加在北京举行的第六届中国管理科学大会。

（5）7 月 9 日召开纺织科学研究院七届五次职工代表大会。院长作 2013 年上半年院行政工作汇报。

（6）7 月 10 日讨论院上报市商委“2012 年度上海市外贸公共服务平台建设项目”。

①纺织工业南方科技测试中心：公共检测平台（350 万元）。

②上海纺织科技信息服务平台：公共信息平台（357 万元）。

③上海纺织科技研发服务平台：公共技术研发平台（370 万元）。

④国家服装质量监督检验中心：公共检测平台（380 万元）。

（7）7 月 15 日接待上海质量体系审核中心颜立强、冯伟、吴安南、施伟华等专家来我院进行认证审核工作，对涉及 ISO 质量、环境和职业健康管理体系的 19 个部门进行了审核。

（8）7 月 16 日随工会吴光玉主席到申孚纺织企业进行高温慰问。赵培厂长接待并介绍了情况，棉纺企业经营遇到困难，主要是郊区工厂工人工资成本每年上升大，企业领导积极开发小批量、多品种和色纺纱应对困难。

（9）7 月 17 日向集团公司党建工作巡检组汇报工作，院长汇报了研究院 2013 年上半年行政工作。

（10）7 月 18 日接待昆仑集团中国纺织工业设计院藤宪忠董事长来院指导。双方交流了加强进一步合作的工作。

（11）7 月 19 日与东华大学纺织学院召开硕士联合培养工作座谈会。纺织学院党总支书记副院长王新厚教授、副院长靳向煜研究员、院长助理徐广标副教授等出席座谈会。

（12）组织编辑上海纺织建筑设计研究院宣传册，在研究院的科技杂志上免费刊登广告，突出“上海纺织建筑设计研究院竭诚为纺织企业项目设计服务”的主题，扩大影响，争取市场份额。

（13）7 月 24 日接待工程技术大学孙培雷副校长来研究院毛麻所看望暑期实践的上海工程技术大学学生。召开了学生座谈会听取意见。

（14）7 月 29 日参加公司人力资源部召开的事业单位改革会议。根据公司要求，拟将院属五个事业单位同类合并为三家，但还面临改制政策、合并管理与消号关系、债务处理、退休事业人员是否从区社保转移等问题。

（15）7 月 31 日召开院行政办公会，传达 2013 年公司半年工作会议上席董、朱总的讲话要求，和刘平总监的经济活动分析。同时落实工作：

①2013 年 1 ~ 7 月各单位经济指标预计完成情况。

②上海纺织（集团）有限公司关于开展企业银行账户清理工作的通知。

③市国资委 2013 年度企业技术创新和能级提升项目、沪经信法〔2013〕353 号企业自主创新资金支持、沪府办发〔2013〕38 号科技配套资金。

④2012 年度外贸公共服务平台建设专项资金项目预报。

⑤加强园区停车位管理的议案。

⑥上海质量审核中心对我院质量、环境、职业健康安全管理体系进行了监督审核后的整改。

技术中心的工作

（1）与特安纶公司一起去南京玻纤院（中材科技膜材料公司）商讨双方合作事宜。

（2）参加封总召开的特安纶近期工作讨论会。

（3）参加封总召开的 Lyocell 二期项目“产品与市场”座谈会；与 TITK Bauer 就 Lyocell 调温纤维进行技术交流。

（4）完成“市国资委委管单位知识产权状况评价指标体系一览表”。

（5）与东华大学纺织学院一起召开“专业硕士培养工作座谈会”。封总、胡总和公司东华大学硕士研究生导师参加。

（6）参加上海工程技术大学、纺科院和纺织学会联合举办的“2013 上海纺织服装创意创新研究生学术论坛”。

（7）与信息技术部一起确定“上海纺织科技创新管理平台”项目合作方，并与北京杰软科技有限公司进行需求方案讨论。

（8）参加国防科工局保密资格审查认证中心举办的定密责任人培训班。经考试合格，取得“定密责任人”上岗资格，有效期三年。

（9）组织业内六家市级企业技术中心上报2013年上半年技术创新快报。

（10）参加各部门上半年工作交流会；召开部门工作讨论会，传达公司上半年工作会议精神，研究下一步工作要点。

4.3.8 2013年8月

（1）8月6日召开特安纶专题会。

（2）8月6日参加上海纺织协会棉纺织印染分会的成立会议。

（3）8月7日与封总一起向席董、朱总汇报Lyocell二期项目情况。

（4）8月8日封总听取科技创新管理平台项目汇报。

（5）8月8日召开科发中心经营工作专题会。科发中心现有从业人员152人，1～7月已经亏损498万元，讨论采取措施：压缩工资成本，采取底薪加提成分成办法，要根据业绩和利润进行提成分成；每月保底工资控制在60万元左右（原每月工资成本92万元）；门店规模总量控制，压缩淘汰几家；调整加工的自营品种；开展设计师作品选样会，选中样品给予奖励，院部给予资金支持。

（6）8月期间对院加强设备改造和检修，对变电房新装空调机，以降低机房温度保证用电安全；对2号楼水泵进行更新改造；对2号和3号楼的老旧空调进行更换；对新大楼的空调通风管道进行维修；对厕所管道裂缝进行维修；对监控室显示器进行革新改造，采用液晶显示器，减少辐射和噪声；对宿舍楼专门排放电缆保证用电安全；对纺研院两个进出口加装电子栏杆，加强对进出车辆进行收费管理。

（7）8月15日接受保密资格复查暨安全保密检查，伍继宏副主任、童惠萱处长、中国电子科技集团公司第五十研究所党委书记许德钧组长以及陈富良、吴亦闻、黎俊文、王瑞祥、王俊锋等专家进行了检查。

院长汇报了院两年来保密工作开展的情况，贯彻保密工作方针政策，健全机构加强领导，强化制度建设，提高管理水平保安全的工作。

检查组分别查阅了有关保密管理规定和制度的落实情况，各类档案及佐证材料；现场查看了保密要害部位的人防、物防、技防配备等保密防护措施及保密制度落实情况；检查了涉密计算机及非密计算机、办公自动化设备的保密管理；检查了有关涉密载体收发、存放、传阅等流程保密管理情况，对我院保密工作进行整体积极评价。通过了保密复查和安全保密检查。

（8）8月19日参加公司“党的群众路线教育实践活动”动员大会。听取席董的动员报告和黄岱列组长的讲话。

（9）8月19日召开院大虹桥服装出口基地项目会议，将修改定稿的“上海纺织科技研发服务平台、公共检验检测平台、科技信息平台”三个项目上报给商委。

（10）8月21日召开院行政办公会议，会议主要内容有如下几项。

①Lyocell项目组长解院长汇报项目，向席董、朱总汇报5000吨Lyocell项目情况。

②院大虹桥服装出口基地项目情况。

③保密资格复查暨安全保密检查。

④对 1.5 旦芳砜纶织物测试数据的分析。

⑤宿舍装修项目情况。

⑥关于我院四平路 28 号房地产处置事宜进展，评估价格、营业税、规划局要求、副区长批示。

⑦科发中心经营工作专题会。

⑧提高经营质量，主营收入、利润、存货、应收账款、亏损户数、亏损额、现金流量。

⑨特殊工种津贴，电工、电梯工、锅炉工、中央空调操作工、压力容器管道操作工、专职化学危险品收发处理岗位，每月 100 元。

（11）8 月 22 日参加东华大学咨询会，对东华大学和联吉公司联合申报一等奖的“多元共聚酯连续聚合和柔软易染纤维成型及节能染整关键技术”进行讨论。

（12）8 月 24～25 日宿舍装修项目完成了外墙的装修，在采取了安全措施后，安全地拆除了脚手架。

（13）8 月 26 日市培养选拔优秀年轻干部第二批专项调研组在许德明主任、张凌局长带领下来院指导，朱总、程颖陪同接待，研究院作了工作汇报。

（14）8 月 27 日科发经营模式研究，讨论 9～12 月预算，工资支出总成本，总收入，总支出，投入面料资金，现金流量缺口情况，以及分工负责的措施办法。对销售线下实体店、工厂 、高级定制、设计部、板房、产品采购、管理人员、管理费用等进行了研究。

（15）8 月 29 日召开芳砜纶产业链会议，落实朱总、封总等领导到特安纶现场办公时的要求。会议内容有卷曲工程竣工；1.5 旦面料开发情况，强度提高 10%；消防抢险服技术要求；芳砜纶原液染色情况等。

技术中心的工作

（1）走访上海市企业技术中心认定办公室，对市级企业技术中心名称从“控股”变更为“有限”作专题汇报。

（2）配合“上海市科技创新服务月”活动，技术中心和上海研发公共服务平台企业集团（上海纺织）服务站共同邀请市科委有关专家，组织召开“上海市高新技术企业认定和复审”专题讲座。

（3）参加 Lyocell 二期项目组向公司领导汇报“年产 5000 吨差别化 Lyocell 纤维项目总体方案暨项目可行性分析研究”的报告会议；参加封总等召开的“特安纶公司工作会议”。

（4）集团内六个项目申报上海市经信委“2013 年上海市引进技术的吸收与创新计划项目”，三个项目申报上海市经信委“2013 年产学研合作计划项目”。

（5）与信息技术部一起，向封总等汇报“上海纺织科技创新管理平台”立项及近期工作情况，并赴京与北京杰软科技有限公司及其上级公司“中科软科技股份有限公司”领导进行需求及实施方案讨论。

“上海纺织科技创新管理平台”资金准备已获公司领导批准，总费用为 82 万元，今年控制在 65 万元以内，余款明年交付。项目即将启动并进入需求交底阶段。

（6）与特安纶公司一起再次去南京玻纤院（中材科技膜材料公司），与研发副总白耀宗、销售副总王屹商讨双方合作细节。

（7）提供“集团‘十二五’规划中期评估”科技创新方面的有关材料。

（8）参观“中国国际家用纺织品及辅料（秋冬）博览会”，并与海兴公司就“新型生物质纤维——舒弹丝”进行交流。

（9）讨论筹备召开“品牌和外贸企业科技创新工作座谈会”相关事宜。

（10）赴京参加国家军用标准复审会。

（11）参加上海纺织协会棉纺织印染分会成立大会。

4.3.9　2013 年 9 月

（1）9 月 2 日召开院长办公会议，会议主要内容有以下几项。

①研究行政上的整改措施，针对教育实践活动汇总的班子作风建设方面的意见和建议进行整改。

②通报院大虹桥服装出口基地对外贸易公共服务情况。

③通报宿舍装修项目进展情况，要求继续抓好安全并研究项目建成的后续管理工作。

④根据四平路 28 号房产处置事宜进展，拟 10 月 1 日前办理好产证并交付。

⑤研究讨论科发中心有关经营工作情况。

（2）8 月下旬至 9 月初，院所各基层党组织相继召开了“党的群众路线教育实践活动”专题组织生活会，真心诚意听意见，扩大评议样本容量，邀请了 66 位职工进行评议，广泛征求普通党员对院领导班子就开展以“四风”为主要内容的活动，听取广大党员的意见和建议，提出了 31 条有关意见及建议。9 月 5 日召开了院“深入开展党的群众路线教育实践活动”动员大会。

（3）9 月 9～12 日根据上海市人力资源和社会保障局“关于 2013 年上海市专业技术人员高级研修项目计划的通知”（沪人社专〔2013〕205 号），举办“纺织新纤维材料的研发与产业化”高级研修班。帮助从事纤维研究、开发、生产、应用等领域的人员及时了解纺织新纤维的国内外发展情况，深入掌握纺织新纤维的性能特点，拓展纺织新材料的应用领域，加快我国纺织行业的结构转型与产品升级。

（4）9 月 9 日朱勇总裁来院现场办公，听取科发中心经营困难的问题和纺研院的工作汇报。院长汇报了以下内容：

①研究院 1～8 月经济指标完成情况，利润总额实现 2135 万元，科研投入 965 万元。

②有关现金池存款情况等财务数据，纺研院合计 11500 万元。另外设计院 1000 万元。

③院行政办公主要工作汇报。

④科发经营情况汇报。

⑤科发经营模式优化讨论。

（5）9 月 16 日接待市经信委都市产业处由文调研员、陆为群咨询总监来院进行创意园区的调研。

（6）9 月 17 日召开院所行政办公会，会议主要内容如下。

①研究院 1～8 月经济指标完成情况，有关现金池存款情况等财务数据。

②院行政办公主要工作汇报。

③朱勇总裁来院现场办公，在科发专题会上讲话。

④完成公司院所银行账户清理情况。

⑤关于我院四平路 28 号房地产处置事宜进展，评估价格、营业税、增值税情况。

⑥公司 2010～2012 年科技资金遵循审计汇报要求。

⑦加强节日安全工作。

（7）9 月 17 日下午市商委在研究院电教室组织培训，向尤永生处长汇报了平台服务工作情况。

（8）9 月 18 日贯彻上海市人民政府致全市各企业法定代表人的公开信，落实安全“一岗双责”，把安全生产当作底线和红线。研究院进行了中秋节前的安全检查。

（9）9 月 24 日参加市科委新兴产业发展创新论坛会议。

（10）9 月 24 日下午参加棉纺色织协会在研究院进行的新产品评比会议。王克莉副会长等协会领导出席会议。借此机会，我们组织设计师参观了新产品面料样本。

（11）9 月 27 日下午对色织所瞿溪路出租房屋进行了安全检查，检查消防设施配备、消防走道通畅、消防责任落实情况。传达市政府致全市企业法人的公开信中提出的安全工作要求。

（12）9 月 29 日对正在装修的宿舍工地进行了安全和质量检查。

技术中心的工作

（1）组织专家对上海纺织（集团）有限公司技术开发费专项预算项目进行验收，验收项目有：上海海螺服饰有限公司的“多功能叠加型高级男衬衫（强效去污型叠加全棉免烫）”；上海纺织时尚发展有限公司等单位的“Prolivon 春夏季服装面料研发”；上海纺织装饰（集团）公司等单位的“阻燃面料及产品的开发和国际市场开拓”；东华大学、上海王港华纶印染有限公司的“织物银抗菌整理”；上海特安纶纤维有限公司的“芳砜纶市场化特色应用推广”；上海汽车地毯总厂有限公司的“国产新型宝马轿车行李箱内饰和脚踏垫国产化”。

（2）协助审计室商讨“2010～2012 年科技资金遵循审计报告”内容，已定稿。

（3）参加封总召开的“十二五”规划中期评估讨论会。

（4）与龙头家纺、纺织协会、里奥、紫絮家纺共同讨论应用“里奥智能调温纤维”“舒弹丝”开发家纺新产品。

（5）与东华大学、联吉合纤一起，商讨派丝特项目申报上海市技术发明奖复审答辩事宜。与东华大学撰写“芳砜纶纤维及产品的技术和市场调研报告”。

（6）与东华大学研究院陈南梁、王华平教授讨论“纺织产业关键技术协同创新中心”合作申报事宜。

（7）参加市经信委组织的“2013 年市级企业技术中心评价工作业务培训会”。9 月 9 日，北京杰软进入公司，启动“上海纺织科技创新管理平台”，与信息技术部一起，向杰软进行需求交底并共同讨论实施方案。

（8）参加席董召开的群众路线教育实践活动“即知即改”座谈会，代表部门发言。参加吴建平副书记召开的本部党委群众路线教育实践活动评估事项布置及下一阶段学习整改动员会。

（9）召开部门工作会议，讨论及部署下一阶段工作。

（10）参加中国纺织工程学会“纺织服装技术创新与转型高峰论坛”。

（11）转发了市质量安全工作领导小组、市委宣传部、市总工会、团市委四家单位联合下发的《关于开展 2013 年上海市“质量月”活动的通知》；同时发布了 2013 年上海纺织“质量月”活动方案，明确了指导思想、活动主题、活动重点、活动内容和活动要求；转发“上海市经信委关于 2013 年度专利新产品申报工作的通知”。

4.3.10　2013 年 10 月

（1）10 月 9 日参加上海离退休高级专家协会纺织委的座谈会。

（2）10 月 10 日召开研究院宿舍装修项目竣工验收会。经过三个月来宿舍改建项目的方案确定、搬迁、招标、施工装修改造等各项工作，安全地、优质地完成项目任务。

同日，院召开了退休职工重阳节的小型座谈会。

（3）10 月 11 日接待东华大学邱高副校长及东华大学纺织学院郭建生副院长陪同新疆教育厅宋毅副厅长带队高校来东华大学考察，其中有一项是考察纺织控股研究院的实训基地。研究院介绍了与东华大学上海工程技术大学“加强产学研合作，联合培养研究生和卓越工程师”的情况。

（4）10 月 12 日召开院安全生产的消防队员培训会，进行《消防法》及消防知识的培训、灭火知识演练、安全工作的交流。以保证纺研院的安全生产总体处于可控状态。

（5）10 月 12 日召开院所退休老干部座谈会，听取工作指导，院领导作建设一流纺织研究院工作汇报。

（6）10 月 15 日召开院行政办公会，会议主要内容有以下几个方面。

①院四季度 10 项重点工作。

②公司要求的 2014 年全面预算编制（三年完成平均水平，达到“十二五”规划要求：资产总额：规划期末达到 3.8 亿元；净资产：规划期末达到 2.3 亿元；资产负债率：规划期末为 39.6%；营业收入：规划期末年达到 2.4 亿元，主营业务收入：规划期末年达到 2.2 亿元，利润总额：规划期末年达到 1600 万元以上，净资产收益率：规划期内年平均为 8%；技术开发费投入：规划期末年达到 1500 万元）。

③接受公司审计，规范科技经费使用。

④2013 年 1~9 月公司经济指标完成情况。

⑤研究院宿舍装修项目验收，管理制度。

⑥2014 年投资项目申报。

（7）组织进行 2013 年下半年产品质量定期检验。本次抽查了七家企业的七个产品，分别是床上用品、毛巾、针织内衣和纱线类别。判定依据是：纱线按产品标准及国家强制性标准（GB 18401），其余五项按国家强制性标准（GB 18401）。从抽查的结果看：分别按照强制性标准和相应产品标准的要求，七项产品均合格，尤其是耐摩擦、耐汗渍、耐水洗色牢度较好，达到 4 级至 4－5 级，高于 GB 18401 标准要求；甲醛含量、可分解致癌芳香胺染料全部未检出，即≤20mg/kg，产品质量均较好，产品合格率为 100%。

（8）10 月 21 日参观中国国际纺织面料及辅料（秋季）博览会，集团公司里奥、芳砜纶、派司特品牌设在 E2 馆，龙头外贸设在 N1 馆，龙头三枪品牌设在 N5 馆；申安、裕丰设在 W3 馆。王天凯会长等领导参观了集团公司里奥、芳砜纶、派丝特品牌展位。

（9）10 月 23 日参加在松江举行的中国纺织工程学会第二十四届理事会第四次会议。会议审议“2013 中国纺织学术带头人和技术带头人评审结果”；增补理事和常务理事；汇报第十二届亚洲纺织会议暨 2013 中国纺织学术年会筹备工作。

（10）10 月 24 日参加自润滑关节轴承关键共性技术研究项目中期检查会议，基本肯定了纺织科学研究院承担的衬垫项目的研究成果。

当日下午接待协作配套监管司张黎华调研员来研究院调查研究。

（11）10 月 25 日沪管审〔2013〕2 号文研究院“院所科技资源重组建设管理”获上海市企业管理现代化创新成果二等奖。成果主要创造者：席时平、朱勇、胡申伟、谭豪清、解德诚、张德良、张庆、韩建平、周梅蓉、嵇建明、张伟。

（12）10 月 28 日召开院长办公会议，对研究院《2014 年财务预算预案》（草案）进行了讨论。会议通过了 2014 年财务预算预案。

①2014 年主营收入：21500 万元。

②利润总额：1880 万元（2013 年考核数 1000 万元、“十二五”规划目标 1660 万元）。

③科研投入：1200 万元。

④应收和存货周转天数、资金池余额：按公司规定执行。

《2014 年财务预算预案》符合公司各项要求，保持稳健增长，能达到三年平均水平、达到“十二五”规划目标和净资产收益 6% 的要求，符合院所实际，同意按时上报公司审核。

院长办公会议还讨论了科发中心经营体系存在的问题，艾瑞咨询公司的问诊要点分析，以及下一步工作方向。要立足于自救，优化经营模式，精简人员规模（已经从152人减到130人，要进一步精简到70～100人），压缩工厂生产规模（从52人减到20人以内），压缩品种开发规模（目前有2000多种，要控制在十个大类，100个规格范围），压缩开店规模，年亏损额要从800万元减到200万元以内，要优化内部管理职责和机制。

（13）研究院集体宿舍正式入住。院集体宿舍经过几个月的装修，已经在本月初完工，卫生间、盥洗室、浴室全部更新，房间内的设施也更新完毕，在制订了有关管理制度后，本月底已经入住。这也是贯彻群众路线教育的一个实践。

（14）10月29日与纺发公司龚总协商产品中心房屋处置使用权房600平方米的补偿款，永久使用权人——新纺织商业补偿402.647万元，并支付了403万元款项。

公司时尚事业部陈总参加会议作了见证。

技术中心的工作

（1）召开2014年技术创新项目指南专题会议，布置申报“2014年上海纺织技术创新计划项目”工作，并就网上申报进行培训，分管领导出席并作重要讲话。

（2）北京杰软科技有限公司第二次进集团，启动“上海纺织科技创新管理平台”企业需求调研，与信息技术部一起邀请企业、研究院所、外贸公司近20位行业研发人员对平台进行讨论。

（3）接待新疆教育厅副厅长宋毅带队的高校考察团对产学研合作教育实训基地——纺科院的调研。

（4）参加封总召开的特安纶公司工作会议。

（5）按照市经信委要求，在网上填报“2013年市级企业技术中心评价工作”，相关资料已上交。

（6）结合群众路线教育实践活动，进行部门工作讨论。就摒弃形式主义、官僚主义和即知即改以及改进工作方法等方面进行交流。

（7）参加上海工程技术大学卓越工程师实习总结会；到上海工程技术大学服装学院，商讨2014年产学研合作项目相关工作。

（8）参加集团三季度经济运行分析会。

（9）参加集团2014年投资计划目录讨论会。

（10）为集团2012年年鉴提供相关材料。

4.3.11　2013年11月

（1）11月1日参加中国纺织工业联合会召开的2013“纺织之光”科技教育奖励大会。王天凯会长出席会议，会议表彰了做出突出贡献的科技工作者、教育工作者、技术能手。

孙瑞哲副会长讲话，从三个方面作阐述：一是科技创新的支撑引领作用；二是人才作为第一资源的基础作用；三是把握大势塑造新优势。

（2）11 月 5 日参加纺织集团 2013 年度党政领导班子专题民主生活会。

（3）11 月 6 日参加由市国资委党委领导人员管理处召开的“上海纺织（集团）有限公司干部大会”。

（4）11 月 7 日参加第十五届中国国际工业博览会科技论坛“绿色纺织与标准化国际研讨会”。这次会议由上海市质量技术监督局指导，上海市标准化协会主办，上海市纺织科学研究院、上海市纤维检验所和上海市纺织工业技术监督所承办。研讨会现场还将特设主题为“绿色纺织：新技术、新材料、新装备”的成果展示区。国家标准化管理委员会领导、国际标准化组织以及中国、美国、欧盟、韩国等国内外标准化组织、纺织企业专家在会上作专题演讲。

（5）11 月 8 日参加由中国工程院环境与轻纺工程学部、东华大学、上海市中国工程院院士学术与活动中心、上海市纺织科学研究院共同主办的“表面活性剂在纺织印染工业中的应用及对环境的影响高层论坛”。

（6）11 月 12 日接待中国化学纤维工业协会赵向东副会长陪同法国时尚商业协会联合主席 Marie－Laure souweine 总裁等六人来纺织科学研究院进行交流。

（7）11 月 13 日召开了研究院民主生活会，开展了批评和自我批评。院长作了题为“学习党的群众路线教育实践活动个人查摆问题的对照（追求企业利润最大化与承担社会责任一致性）”的报告，公司督导组赵磊出席了会议并作讲话。

院长代表集团分管领导作了讲话，强调要把研究院工作做好，对集团三大产业链提供支撑，发展是硬道理。当前，一是要不断优化经营模式，用现代纺织服务业来支撑科研工作；二是要对照“十二五”发展规划，把各项工作落到实处；三是研究制订好明年发展目标，并分解落实；四是做好集团产业链项目，实现社会效益和经济效益同步提高；五是牢记发展是第一要务，承担好企业责任，对上、对下要负责、尽责。同时通过开展群众路线教育实践活动，让群众获得实惠，共享发展成果，保持院所良好的发展态势。

（8）11 月 13 日公司技术中心、纺织学会科普部在研究院举办《纺织品功能化的思路、途径与方法》科普知识竞赛，同时举行《21 世纪纺织品新进展丛书》发行会议。纺织学会马平春、姜怀，工程技术大学服装学院院长，出版社相关人员等出席会议。

（9）11 月 14 日召开院行政办公会，会上首先传达公司经济活动分析会上朱总“五个更加注重”的讲话要求，然后就以下几个方面进行讨论。

①2013 年 1～10 月经济运行完成情况。

②院 2013 年行政工作总结和 2014 年工作计划。

③年内重点工作。一是编制纺研院的 2014 年预算和科研项目计划；二是完成 2013 年公司考核的经济科技责任书的目标；三是做好向市商务委关于大虹桥服装服饰出口创新基地的汇报；四是推进重点项目建设，如芳砜纶 1.5 旦纤维面料开发，衬垫项目；五是完成

今年群众路线教育的各项即知即改工作；六是改进科发中心经营状况，优化经营模式，做好发展规划。

（10）11 月 19 日参加公司务虚工作会议。

（11）11 月 20 日向公司刘平总监、王国铭副总汇报纺研院 2014 年预算、2013 年 1～10 月经济指标完成情况。刘平总监同意纺研院 2014 年考核指标：

利润总额为 1200 万元（2013 年考核为 1000 万元，2014 年预算指标为 1880 万元）；科研投入为 1000 万元；应收账款周期为 25 天；存货周期为 25 天。

（12）11 月 21 日到坦诚纺织品服饰有限公司调研羊毛衫加工厂，与瞿总讨论了工厂和研究院的技术商务合作。

（13）11 月 22 日陪同席董接待“全国中心城市纺织工业产业调整和转型升级工作座谈会”的领导来研究院指导工作，听取介绍，参观了科研陈列室。

（14）沪国资委规划〔2013〕358 号培育创新型企业文件中，在重点支持的 105 家企业中纺织行业有 4 家，即上海市纺织科学研究院、上海市毛麻科学研究所、上海德福伦化纤有限公司、上海新纺织产业。

（15）11 月 19 日公司总裁办公会议通过了“关于对上海东纺科技发展有限公司减资的报告”。

根据该公司近年来的经营状况，为降低经营风险和财务风险，同时为理顺母子公司间的债权债务关系，拟将公司的注册资本从 3000 万元降低到 1000 万元，减资 2000 万元。

减资后的实收资本为 1000 万元。其中，上海市纺织科学研究院出资 727 万元，占总股本的 72.7%；上海市合成纤维研究所出资 273 万元，占总股本的 27.3%。

（16）11 月 28 日参加朱总、封总、刘总召开的特安纶公司工作汇报会。特安纶汪总汇报今年的资金缺口控制在 1500 万元，明年资金缺口控制在 1000 万元等。

技术中心的工作

（1）11 月 1 日，中国纺织工业联合会召开科技奖励大会，上海纺织三个项目获奖，其中德福伦、东华大学的“负载金属离子杂化材料设计制备及功能纤维与制品开发”获一等奖；东华大学、联吉的“多元共聚酯连续聚合和柔软易染纤维制备及染整技术”，苏州大学、服装所的“3D/2D 服装用人体数据资源及产业化智能体系构建”两项获二等奖。

（2）与里奥公司、民光进出口公司一起到紫絮家纺公司协调 Lyocell 调温纤维的合作开发。

（3）参加工博会科技论坛——绿色纺织与标准化国际研讨会。参加中国工程院主办的“表面活性剂在纺织印染工业中的应用及对环境的影响”高层论坛；参加 2013 年上海纳米科技与产业发展研讨会——纳米功能纤维材料专题研讨会。

（4）召开军工工作例会，传达有关会议精神，商讨参加全国纺织军工配套衔接交流会事宜。

(5) 协助上海市纺织工程学会举办“2013 纺织装饰‘P&HP 杯’《纺织品功能化的思路、途径与方法》科普知识竞赛现场决赛”。

(6) 组织并参加中国产业用纺织品行业协会特种纺织品分会第一届理事会第三次会议暨 2014 年度军工配套衔接交流会。

(7) 作为承担单位，参加市科委举行的“研发平台企业集团服务站服务体系建设”项目验收会，项目通过验收。

(8) 参加集团 2014 年工作务虚会。

(9) 参加朱总召开的特安纶公司工作汇报会。

(10) 参加封总、胡总召开的特安纶专题会议。

4.3.12　2013 年 12 月

(1) 12 月 3 日参加纺织集团领导班子调整宣布会。

(2) 12 月 5 日召开院行政办公会，会议主要内容有以下几方面。

①传达公司召开 2014 年工作务虚会议上席董、朱总讲话。

②传达纺织集团领导班子调整宣布会内容。

③2013 年 1 ~ 11 月经济运行完成情况。

④国资委发文，培育创新型骨干企业 105 家，纺研院、毛麻所列在其中。

⑤研究院 2014 年重点工作。

⑥编制纺研院的 2014 年科研项目计划。

⑦完成 2013 年公司考核的经济科技责任书的目标。

(3) 12 月 9 日参加朱总召开的投资规划部和技术中心的明年工作调研会议。

(4) 12 月 9 日下午接待新任平凉街道叶靖主任来院交流指导。

(5) 12 月 10 日参加纺织专业高级工程师学科组评审会。

(6) 12 月 12 日召开关于院辖部分事业单位编制清理和撤销转制工作会议。集团事业单位编制清理工作组成员应卫国、杨斌、沈瑶、孔力、赵哲出席。

院长首先指出在事业单位编制清理和撤销转制操作时，可能会遇到转制企业在工商注册的资金、名称、经营业务等登记问题；编制清理和撤销转制事业单位退休人员的事业待遇承担问题；编制清理和撤销转制事业单位亏损（负资产）处理问题等七个方面有待明确，并希望上级有关部门（包括国资委、社保、财政、工商等机关）对编制清理和撤销转制单位的转制制订相应政策，使事业单位编制清理和撤销转制工作做到有根有据，不留后遗症。

接着应卫国就本次事业单位编制清理和撤销转制的背景和集团开展事业单位编制清理和撤销转制的工作情况作了通报，介绍了集团有关事业单位编制清理和撤销转制工作小组的组成人员和分工，并根据沪编〔2013〕374 号《关于上海纺织控股（集团）公司所属事业单位机构编制清理工作的批复》传达了经市编委和集团公司同意的院辖事业单位编制清理和撤销转制决定。

涉及此次编制清理和撤销转制的事业单位法定代表人陈发明、李健、张新民在会上表示，将根据上级要求，制订完善方案，规范操作流程和企业民主程序，多与有关方面沟通，做好涉及员工的工作，完成此次事业单位的编制清理和撤销转制任务。

（7）12 月 16 日参加上海市纺织科学研究院述职报告会，向程颖副总裁和各位领导及职工代表汇报院长在 2011 ~2013 年任期内的主要工作：

①制订研究院“十二五”规划和三年技术创新规划，形成现代纺织科技服务业。

②完成公司历年科研资产经营责任书的考核指标。今年目前利润为 3515 万元。

③经受历年审计检查，都得到了较高的评价。

④解决了历史遗留的负担，反映、争取事业退休人员工资每年 2200 万元由财政补贴。

⑤构建了赢利结构，净资产达到 2.49 亿元，还清银行借款。

⑥争取科研资金 2870 万元（2011 年/1367 万元；2012 年/736 万元；2013 年/767 万元）。

⑦建成科研大楼和院基础建设，做出产权证 6.4 万平方米，付清 1.28 亿元项目费。

⑧与国防科工委等建立合作，研发一批国防军工项目。

⑨产业链合作，产学研合作，东华大学和上海工程技术大学研究生基地、卓越工程师培训。

⑩关心青年科技人才成长，注重培养人才队伍，35 岁以下青年 310 名。

⑪建设和谐纺织，调动科技人员积极性，营造了和谐发展的研究院氛围。

⑫三年任期中前两年的党委工作汇报。

（8）12 月 16 日参加纺织专业高级工程师评审会。

（9）12 月 19 日市文创办在院召开“2012 年上海市文化创意产业扶持资金”《478 东纺谷创意园创意设计服务平台》项目验收会。市经信委由文、市财政局费刚、杨浦区文创办吴琦、杨浦区财政局、潘瑾教授等出席会议。通过了验收。

（10）12 月 20 日参加科研院所技术成果工程化能力研讨会，交流了纺研院技术成果转化及工程化现状。

（11）12 月 20 日参加上海市服饰学会第七届换届选举会议。

（12）12 月 25 日参加芳砜纶二期项目研发工作总结会议。

（13）12 月 26 日集团公司沈耀庆副总裁和公司安全生产办公室的各位领导来院进行 2013 年安全工作履职检查。院长汇报了研究院今年安全工作的情况，随后陪同沈总等对实验室、办公室、宿舍楼进行了安全检查。沈总提出了三点要求，一是安全工作要为研究院的发展作支撑；二是要进一步提升全院的安全意识；三是要提升对园区物业等的安全管理。

（14）12 月 27 日参加上海纺织 2014 年度工作会议，听取集团党政领导席董、朱总作重要报告和讲话。

技术中心的工作

（1）根据市国资委要求，提交 2013 年度经营业绩预考核指标中，R&D 投入占制造企业销售收入比例（权重 10%），目标值为 2.20%，全年预计完成 2.74%。

（2）参加朱总召开的投资规划部、技术中心 2014 年工作调研会。参加 2013 年度部门工作交流会；现补充一些技术效益数据。

集团内评为市级企业技术中心七家。德福伦、新纺织产业、纺科院、毛麻所四家单位列入市国资委培育创新型骨干企业名单；“多元共聚酯连续聚合和柔软易染纤维成型及节能染整关键技术”获上海市技术发明一等奖，“负载金属离子杂化材料设计制备及功能纤维与制品开发”获中国纺织工业联合会科学技术一等奖；全年获项目资金 1047 万元，业内高新技术企业减交所得税 1235.5 万元，高新技术成果转化项目增值税减免 206 万元，企业研发费用税前加计扣除 2721 万元；全年申请专利 149 件，其中发明专利 27 件，实用新型专利 46 件，外观专利 76 件，获授权发明专利 5 件。

（3）提供 2014 年集团政策支持“有关鼓励技术进步和技术创新方面”的建议。

（4）与信息技术部、北京杰软科技有限公司一起，商定平台“专家评审”模块内容，召开专家评审培训会议；启动上海纺织（集团）有限公司科技创新管理平台“专家评审”工作，邀请 24 名业内外专家对 31 个项目进行网上评审。

（5）特安纶、上海大学、商飞公司联合研发项目——聚砜酰胺基复合材料制品及其在大飞机工程中的应用研究申报上海市科委新材料指南，技术中心向科委高新技术产业化处作重点推荐。

（6）召开芳砜纶二期技术研发项目结题研讨会，技术总监参加并提了要求。

（7）参加由中国工程院环境与轻纺工程学部主办的“我国纺织产业科技创新发展战略研究”研讨会。

（8）参加胡淳劳模创新工作室揭牌仪式。

（9）到汽车地毯总厂有限公司调研企业技术创新情况。

5 相关文献资料

5.1 上海市纺织科学研究院“十二五”发展规划

5.1.1 前言

科技创新，在全球纺织业竞争中发挥越来越重要的作用。科技纺织、绿色纺织、品牌纺织、时尚纺织、低碳纺织正在成为企业发展追求的方向。只有系统掌握高新技术，具有资本实力、品牌实力和掌握市场渠道的企业才能真正成为赢家。

本规划是在国内纺织产业环境变化及产业结构调整、上海纺织业发展思路转变、上海纺织控股（集团）公司“科技与时尚”战略实施之际，以及建设“集团的中央研究院”和“国内一流、国际知名的研究院”的思想定位下，为上海市纺织科学研究院的发展指明方向并制订相应的发展战略。

5.1.2 上海市纺织科学研究院“十一五”总结

按照上海市纺织科学研究院“十一五”发展规划，我院围绕公司战略、明确发展目标、服务纺织行业，各项工作进步明显、成果显著，保持了健康快速发展。

5.1.2.1 “十一五”主要做法与成效

（1）明确定位制订规划，致力于实现三个转向。全院在上海纺织控股（集团）公司转型定位指引下，以“科技纺织的先导，时尚纺织的支撑”为目标，贯彻“科技与时尚”总战略，力求建设成为国内知名的行业中央研究院。围绕培育、整合和提升产业链，加强与制造产业、外贸和科研的联动，提升企业的自主创新能力的要求，制订出以科技为先导走高端纺织之路的发展规划，立足技术进步、技术领先、技术创新，逐步实现了三个转身：一是从事业单位转向企业单位，实行自负盈亏；二是从企业单位转向科技型企业，把净资产的7%投入科研建设；三是把科研成果变为产业化成果，实现研究成果到企业产业化成果的转变。

（2）重组科技资源，构建技术创新体系。把分散的纺织科研力量凝聚成产业化一条龙的院所，将六个研究所、三个中心划归上海纺科院统一管理，集聚资源统一协调，在重点科研项目的研究开发上围绕整体的战略规划共同研发，在此基础上建设“研发、信息、检测、转化”四大科技平台，建立纺织科学的技术开发、交流、服务流程，使分散独立的研究设备整合成开放、公共、具有规模的科学研究平台，充分发挥科研人员和科研设备的作用，形成了一个从信息采集到成果转化的完整系统。

（3）推进自主知识产权和核心技术开发，开展重点科研项目攻关。一是开发资源环保型产品；二是积极完成各项军工配套任务；三是建立技术开发专项资金。从考虑企业生存转变到保证必要的科研投入，促进科研的发展，按净资产收益提取一定比例的技术开发费用集中用于科研开发。并与高校、国外研发机构联手，建立人才资源、科研项目开放、动态培育和交流机制，成为市研究生培养基地与工程师进修基地。

（4）强化现代生产性服务理念，为行业提供技术支撑。一是建成上海纺织公共服务平台。纺科院依托集中的资源积累和人才储备，开发信息咨询服务，包括市场调研、决策支持、定题服务、二次文献、特色数据库。二是开展专业论坛，汇编技术论文。如《印染》杂志围绕行业热点和难点，多次举办高品位的学术交流会。三是开展专利申报服务工作及专业标准制订。近三年申请各类专利 100 项；制订（修订）各类纺织产品的国家标准 67 项，行业标准 105 项。四是提供各类纺织专业检测。上海纺织检测服务中心由研究院下属四家检测实验室整合而成，是中国纺织检测行业最具综合实力的检测服务平台。五是开展纺织节能环保检测服务。为众多企业的三废排放监控和处理达标、节能降耗的措施落实和持续改进提供了全面的数据分析和技术方案。

（5）积极为长三角地区提供技术服务。先后与江苏南通，浙江桐乡、义乌、嘉兴等地区签订了技术合作协议，为占全国纺织生产总量达 50% 以上的长三角地区提供纺织家纺产品、面料设计、新型助剂等技术服务，为众多企业的新产品开发、节能降耗、降低生产成本提供技术支撑。

（6）强化人才队伍建设。全院现有在职人员 623 人，其中技术人员占总员工数的 63%，高级技术职称 67 人，中级技术职称 134 人，近几年院所先后引进青年科技人才 80 多名。在完善关键人才的绩效管理方面，推行科技人才激励机制，提高了科技人才的积极性和科技创新能力。此外，充分保障员工各项利益，不断完善员工收入与效益挂钩的增长机制，充分调动科技人员的积极性。

5.1.2.2 几点启示

研究院在转制过程中走出了一条科研院所集聚科研力量，走专业、特色与创新发展的新路，其做法有四点启示：

（1）上海纺织控股（集团）公司的重视与支持是科研院所转制成功与行业科研力量不散的先决条件

集团要为科研院所的转制把脉定向，结合产业发展确立战略导向，明确产业发展的方向与目标，做到科研与产业的融合；在具体实施过程中则提供必要的政策支撑与财力支持。纺科院在上级纺织控股（集团）公司指导和助推下，明确了战略导向与转型定位，才取得了稳定、快速的发展。

（2）科研院所转制成科技服务型企业必须树立市场意识和竞争观念，明确产业发展方向

科研院所转制是科技管理体制的创新，是加速科技成果向现实生产力转化、推动产学研紧密结合的重大举措。纺科院在转制后不等不靠不要，认清企业发展道路，明确发展战略，制订发展规划，参与市场竞争，用市场经济的办法解决发展中遇到的问题。按照市场经济的规则，建立起能够充分调动科技人员积极性的用人机制、分配机制、科技成果转化机制和项目产业化投资机制，不断拓宽发展的新思路。

（3）科研院所转制要注重资源整合，充分发挥科技优势，立足科技创新，拉长产业链

要建立起以产学研结合为主要形式的技术创新支撑体系，推动以基础性研究为主的科研院所与以应用型研究为主的企业联合，与国际前端技术接轨，实现科技成果产业化。纺科院通过院所整合，不仅建立了全国纺织技术高度集聚的研究机构，形成了纺织前沿、高端技术开发的产业科研链，而且保住并发扬了上海百年积累的纺织科技资源。

（4）转制科研院所发展要注重营造良好的人才环境

实现科研院所跨越式发展，根本出路在于人才。纺科院逐步形成了重视人才、支持人才、关爱人才的环境和氛围。如优秀人才的引进，提升了科研和管理水平；在重要科研活动中，注意充分发挥科研学术带头人的作用；通过学科布局的调整与激励机制的建立，形成了有利于发挥个人特长与协同合作的科研团队。

5.1.2.3　存在问题

在全面完成和实现“十一五”发展目标的同时，我们也清醒地认识到，院所的发展还不平衡，还存在如下问题：

（1）科技创新能力和为行业提供支撑的能力与行业的要求还有差距。

（2）人才队伍的结构和质量还不能满足要求。

（3）科研公共服务能力和水平还有待加强。

（4）全院管理水平和能级还有待提高。

（5）企业科技和经营的效益与职工日益增长的需求还不匹配。

5.1.3　上海市纺织科学研究院“十二五”战略环境分析

5.1.3.1　概况

上海市纺织科学研究院（简称纺研院）建于1956年，原为中国纺织工业部纺织科学研究院上海分院。1959年更名为“上海市纺织科学研究院”，隶属于上海市纺织工业局，2001年1月由事业单位转制为企业，2002年2月成立上海纺织科技工业园。2002年3月上海市合成纤维研究所隶属纺研院，2003年3月纺织控股（集团）公司六中心划归纺研院管理，2005 年 2 月纺织科研院所整合，五所划归纺研院。

(1) 历史沿革。纵观纺研院发展历史，可划分为五个阶段：

第一阶段，建设创业期（1956～1965 年）

建院初，从上海纺织企业里抽调了一批基础理论好，又有丰富生产实践经验的工程技术人员为骨干，以及从大专院校毕业生中挑选了一批专业成绩优秀、奋发向上的青年学生共一百余人，组建了纺研院的清钢、条粗、粗纺、准备、织造、印染、试验、丝麻、机电等专业研究组，而后逐渐形成了一支专业结构配套、智力结构比较合理的科研队伍。

这一时期，纺研院以纺织设备的老机改造、工艺革新、优质高产等作为科研重点，同时还向世界纺织的新领域、新技术进军。如对无锭纺纱、无梭织机、无纺织布、无粮上浆、无滚筒印花等新技术课题组织力量攻关，并实行“领导干部、科研人员、工人”和“科研、生产、制造”两个“三结合”。对取得的科研成果，在生产实践中推广应用。当时，部分科研项目已接近或达到了世界先进水平。

第二阶段，科研低谷期（1966～1976 年）

“文化大革命”十年内乱，给纺研院的科研工作造成了极大的损失。人们的思想被搞乱，科技人员遭受打击迫害，科研工作跌入低谷，陷于瘫痪的境地。而这一阶段，正是世界纺织科技飞速发展的年代。这样就拉大了我们与国外纺织工业发达国家科技水平的差距。

第三阶段，科研复苏期（1977～1985 年）

党的十一届三中全会和全国科学大会的召开，使各行各业拨乱反正，科研工作也迎来了第二个春天。知识分子政策的全面落实，使科技人员的精神面貌焕然一新，工作热情空前高涨。纺研院科研、管理等各项工作也得到了不断发展和加强，为贯彻“经济建设必须依靠科学技术，科学技术工作必须面向经济建设”的战略方针，纺研院开始进行科技体制改革的探索。通过这一阶段的改革实践，全院职工在思想上、观念上、行动上有了新的变化，科研管理呈现出新的生机，科研工作出现了新的活力。

第四阶段，科研成长期（1986～2000 年）

在邓小平同志建设有中国特色社会主义理论的指引下，纺研院结合实际，实事求是，进行了全面配套改革，并取得了实效。为建立新型的科研体制，刻意追求科研与经济的最佳结合，工作中坚持“以市场为导向，以效益为中心，以科技为依托”，通过“调整科研方向，拓展科研领域，提高科研水平，优化科研管理”等方法，加强科研项目的应用开发研究，加速成果产业化、商品化，注重国际间的科技合作与交流，促进科技进步。同时，还充分发挥纺研院的综合优势，立足纺织，超越纺织，加强边缘学科的研究开发，寻找新的增长点，以实现经济体制和经济增长方式两个根本性转变。无疑，这十年里纺研院各项工作得到了全面的发展。

第五阶段，科研转型发展期（2001 年至今）

2001 年纺研院由国家事业单位转制为企业。面临新的机遇和挑战，我院紧紧围绕我国纺织工业科研重点和主要任务，密切配合上海市技术创新的要求，积极支撑上海纺织核心主业的科技开发。同时，结合纺研院优势和特点，建立起结构优化、布局合理、精干高效、纵深配置的科研与开发相互促进的良性循环机制，把纺研院建设成以研究开发新型纤维和产业用纺织品为重点的高科技研究中心，构成研发、信息、测试和转化四大平台。紧紧抓住新的机遇，勇挑时代赋予的重任，全面贯彻上海纺织控股（集团）公司“科技与时尚”、走高端纺织的发展战略，为全行业提供技术支撑与服务。

“十一五”规划期间，积极贯彻公司“科技与时尚”战略，走高端纺织之路，进一步明确纺研院建设的功能定位是提高全院科研开发与科技服务能力，打造成为集团的中央研究院；水平定位是建立国内一流、国际知名的研究院。在实际运作时做到三者兼顾：提供社会公共性服务；提供行业服务，促进科研产品与科研成果的产业转化；整合利用原有资源，提高经济实力以支撑科研投入费用。

（2）上海市纺织科学研究院现状。

①基本情况。上海市纺织科学研究院占地 2.7 万平方米，建筑面积 6.1 万平方米，现有在册人数 623 人，其中院士 2 人，离休干部 28 人，教授级高级工程师 11 人，高级工程师 55 人，中级职称 134 人，技术人员占在岗员工总数 63%。2009 年 10 月末退休总人数 2515 人，转制前按事业性质退休人数 1639 人。

全院下辖六所三中心：上海市合成纤维研究所、上海纺织工业技术监督所、上海市毛麻纺织科学技术研究所、上海市服装研究所、上海市印染技术研究所、上海市色织科学技术研究所、上海纺织节能环保中心、上海纺织新产品开发中心、上海纺织科技发展中心，是我国目前规模最大、纺织专业设置最齐全的综合性纺织研发机构。

纺研院主要从事科技情报信息，纺织检测，纺织产品、工艺、设备和材料的开发应用研究，国防科研项目的研究。目前，研究领域正从纺织扩展到环保、航空航天、冶金、家电、汽车等相关行业。50 多年来，累计完成科研成果 1200 余项，获发明专利 25 项，国家发明奖 4 项，国家科技进步奖 18 项，上海市科技进步奖 71 项，纺织部科技进步奖 54 项，上海纺织控股（集团）公司科技进步奖 361 项。

2001 年纺研院由事业单位转制为企业。

②组织结构。上海市纺织科学研究院管理体系组织结构图见图 5－1－1，研发架构见图 5－1－2。

现有的组织结构还处于动态变化之中，随着改革的深入和控股集团战略的实施推进，现有的组织结构将进一步调整，以适应发展的需要。

③人力资源结构。截至 2009 年 12 月底，院所全部从业人员为 585 人。其结构为：

a. 学历方面。具有硕士研究生及以上学历 27 人，占全部从业人员的 4.6%；具有大学本科学历 182 人，占全部从业人员的 31.1%；具有大学专科学历 114 人，占全部从业人员的 19.5%；其他无高等教育学历人员 262 人，占全部从业人员 44.8%（图 5－1－3）。

b. 年龄方面。50 岁以上人员 226 人，占全部从业人员的 38.6%；40～50 岁人员 161

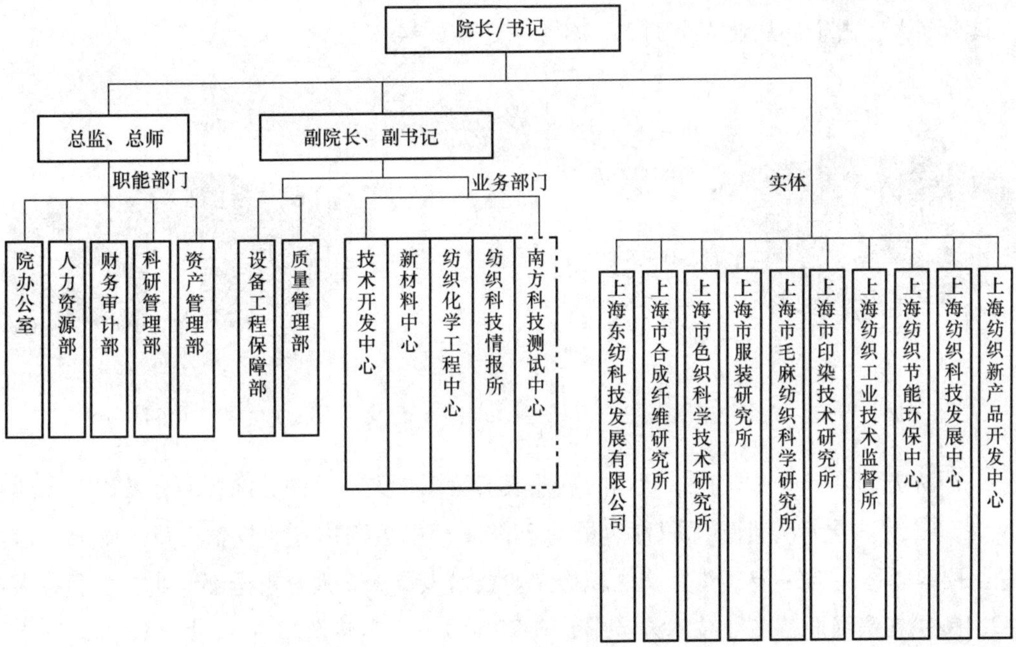

图 5－1－1　上海市纺织科学研究院组织结构图

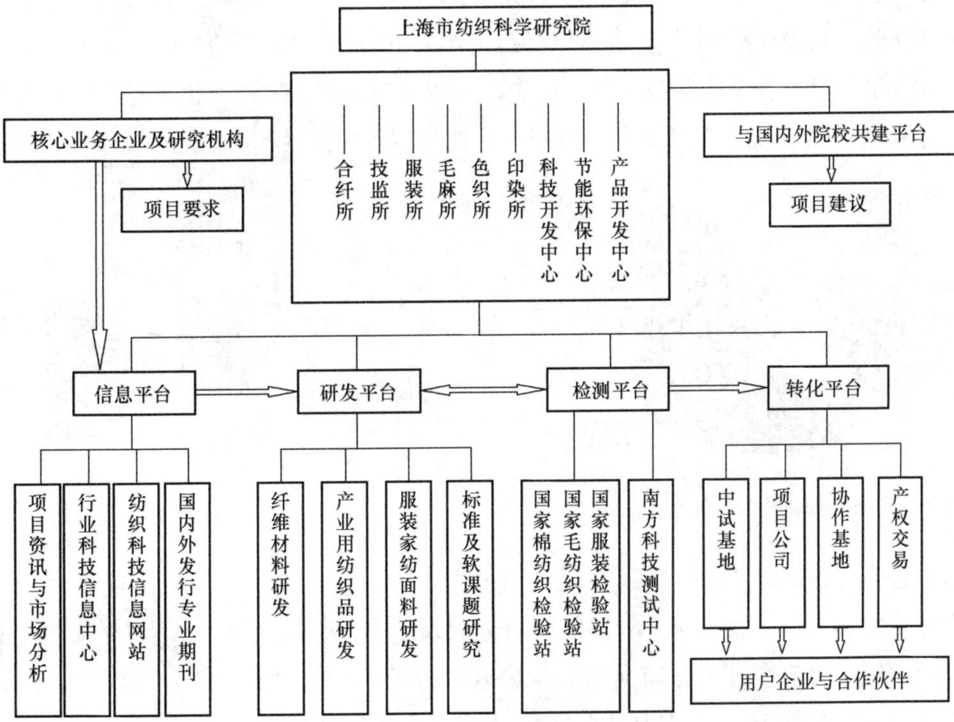

图 5－1－2　上海市纺织科学研究院研发架构

人，占全部从业人员的27.5%；30～40岁人员38人，占全部从业人员的6.0%；30岁以下人员160人，占全部从业人员的27.4%（图5－1－4）。

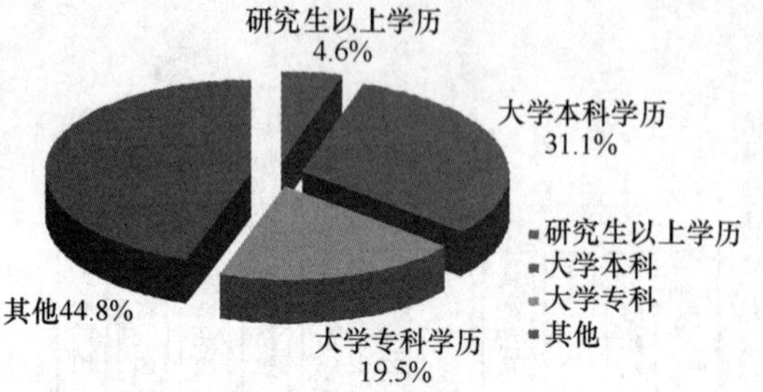

图5－1－3　学历分布图

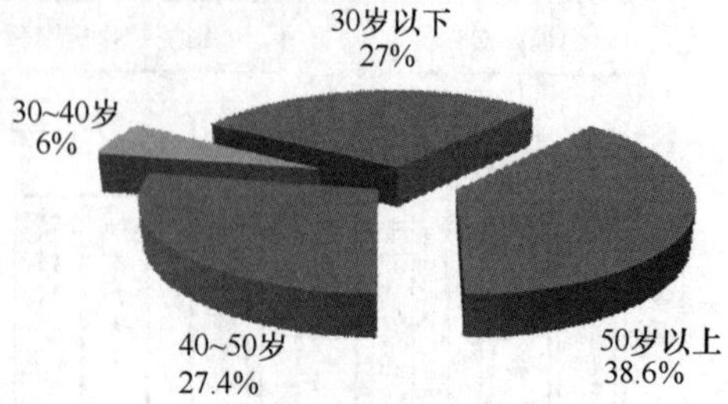

图5－1－4　年龄结构图

c. 职称方面。具有专业技术职称的从业人员为321人，其中：高级职称及以上专业技术人员77人，占全部专业技术职称人员的24.0%；中级职称专业技术人员108人，占全部专业技术职称人员的33.6%；初级职称专业技术人员136人，占全部专业技术职称人员的42.4%。在高级职称专业技术人员中，有70%以上人员年龄超过50岁，40岁以下人员不足10%（图5－1－5）。

d. 岗位方面。从事科技工作（不包括管理人员）219人，占全部从业人员的37.4%。其中：高级职称47人，占从事科技工作人员的21.5%；中级职称63人，占从事科技工作人员的28.8%；初级职称52人，占从事科技工作人员的23.7%；其他57人，占从事科技工作人员的26.0%。在从事科技工作人员中，直接参与科技研发产业化创新工作的人员不到30%，其余70%以上的为从事科技情报、标准测试等工作（图5－1－6）。

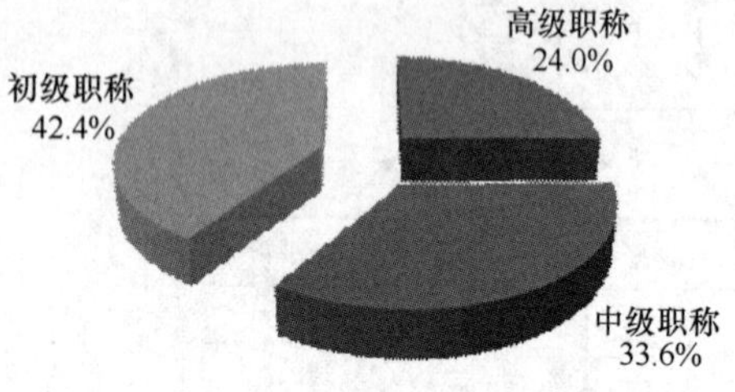

图5－1－5　专业技术职称结构图

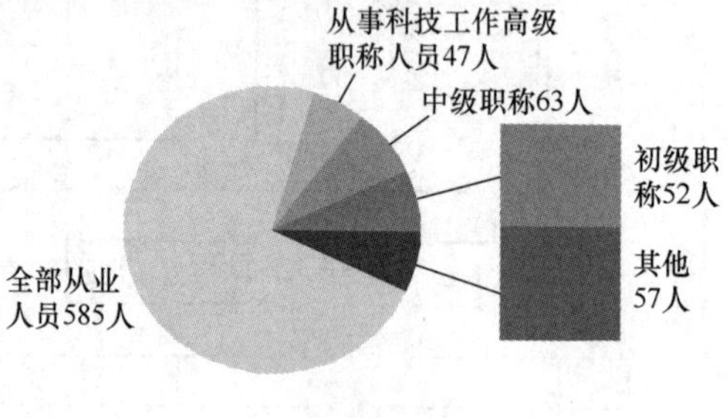

图5－1－6　从事科技工作人员结构图

e. 引进人员方面。“十一五”期间共引进人员115人，其中引进应届毕业生75人，占引进人员的65.2%。在“十一五”期间引进的人员中，研究生以上学历18人，占引进人员的15.7%；大学本科学历55人，占引进人员的47.8%；大学专科学历29人，占引进人员的25.2%；其他13人，占引进人员的11.3%（图5－1－7）。

f. 院所人力资源存在的问题。从上述数据分析，院所人力资源存在的问题包括以下几方面：

第一，员工年龄结构不尽合理，30~50岁年龄段占比不大，特别是科研人员在该年龄段的占比较低，这将直接影响到科技创新和科研项目的承前启后。

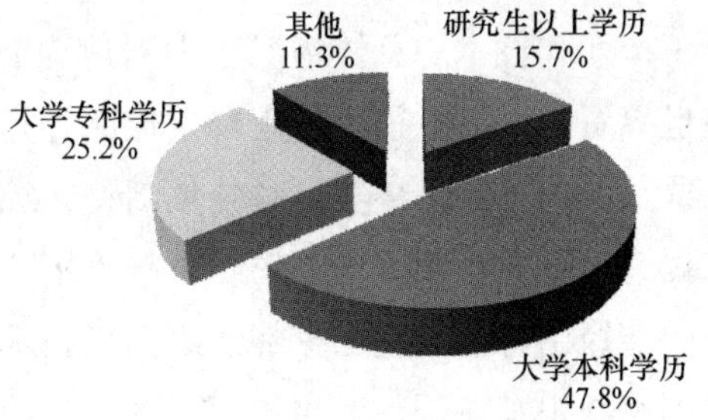

图5－1－7　"十一五"引进人员学历结构图

第二，高级、中级、初级职称的专业技术人员基本数据表面上尽管显示在合理区间，但深层剖析发现，具有专业技术职称的人员中有相当一部分是在管理岗位上工作，而真正从事科研工作的比例并不是很大，直接从事科技研发工作的更少。

第三，在拥有高级专业技术职称的从业人员中年龄结构不合理，有30%以上的高级专业技术人员的年龄接近法定退休（有近20%已经超过法定退休）年龄。

第四，在引进人员中，应届毕业生占了较大比例，且大部分都在工资收入较高的情报和检测部门，真正具有研发能力的项目带头人和科研骨干引进力度还有待提高。

科研复合型人才、项目带头人、学科带头人、研究生导师的比例不高。

5.1.3.2　外部环境分析以及所面临的机遇和挑战

（1）宏观经济环境的相关分析。当前纺织企业在国际金融危机后面临着新的国际经济形势：

①经济发展全球化，国际贸易摩擦化；贸易环节压缩，外贸落单工厂化；需要调整外向依存度，内外贸易并举、加工生产和品牌直销并重、品牌营销和网络销售并重。

②国际储备货币多元化，人民币汇率升值稳步化；汇率升值将影响出口成本，削弱中国制造产品的竞争力；企业必须承担成本上升进行竞争。

③综合信息网络化，网络经济化；实体经济虚拟化，虚拟经济实体化；网络销售和互联网发展迅速。

④优化经济增长方式，内涵发展增值化；减排低碳化，生产绿色化。

⑤按现在的趋势，如无所作为，到2100年地球温度将上升1.1~6.4℃，中国则上升3.9~6.0℃。

⑥提前预防气候变化，是像买保险一样用较小的成本预防灾难。中国现在的减碳成本是10美元/吨，到了2050年估计起码会升到200美元/吨。

⑦中国现在人均CO_2排放量是4.3吨，世界人均4.28吨，美国人均20吨，欧盟人均10吨多一些，日本人均9.9吨。

金融危机给科技创新带来机遇，能源危机寻求低碳经济，转变经济增长方式要求从科技创新中寻求出路。企业对科技的迫切需求给专业纺织研究院所提出了挑战，同时也为纺织研究院在新时期的发展，创造了前所未有的机遇。

（2）行业发展情况分析。

①产业和技术的总体情况。中国是一个纺织大国，但不是一个纺织强国。中国纺织服装在世界贸易中占有很大的市场，但品牌是别人的。纺织的高新技术纤维被发达国家所垄断，这是一个不争的事实。科技创新是纺织的唯一出路，科技创新也是企业核心竞争力支撑和提升的重要手段。当前纺织科技创新工作很重要的一点就是如何以科技创新提升中国纺织的能级、打破发达国家在纺织高新技术领域的垄断。

国家纺织工业调整振兴规划要求，当前要重点发展纺织高新技术，并向产业链的研发和品牌营销两头延伸。同时，国家发改委《化纤工业“十一五”发展指导意见》也要求把事关国家产业安全的高新技术纤维材料作为发展的重中之重。

②纺织发展总量情况。2009年1～11月我国规模以上纺织企业纱产量为2169.03万吨，同比增长11.79%，布产量为513.38亿米，同比增长4.42%，化纤产量为2500.77万吨，同比增长14.89%，服装产量为211.53亿件，同比增长2.10%；规模以上纺织企业实现工业总产值34268.04亿元，同比增长9.71%，实现利润为1331.49亿元，同比增长25.39%；纺织全行业出口总额为1541.20亿美元，同比下降11.02%（来源：中国纺织工业协会统计中心）。

中国纺织服装产业以其完整的产业链竞争力优势，世界纺织服装制造中心在中国，中国纺织服装制造中心在长三角，长三角的贸易龙头在上海。据海关统计，上海有九种传统商品出口规模在10亿美元以上，纺织服装就是其中之一，上海纺织服装产业以其在全国及全球的地位，必将会推动和加速上海国际贸易中心的建设，从而也会促进上海国际航运中心和上海国际金融中心建设。

（3）国外主要纺织科研机构比较分析。

①德国图林根纺织和塑料研究所（TITK)。TITK是世界纺织界具有影响力的研究机构，近年来，将主要研究方向转向新型纤维材料，加强对特殊性能纤维的研究，取得了不少成果。TITK开发出Alceru工艺溶剂纺丝法；研究含碳Lyocell纤维用于导电纤维；开发PAN纤维增强聚丙烯（PP）材料；研究甲壳质和脱乙酰甲壳质，用它制成的纤维强度特别高，对织物进行抑菌整理。研究领域还包括：合成聚合物添加剂、技术纺织品、纤维复合材料、聚合物纳米复合材料、聚合物电子材料、聚合物太阳能电池、天然聚合物理化研究与表征等。

②美国棉花公司研究中心（Cotton Incorporated Research Center)。该中心主要研究内容有原棉新品种、棉织物纺织、染整加工。自1970年以来，美国棉花公司就一直走在棉花研究和创新的最前端，研发了大量的棉花创新技术。如“风暴牛仔TM”、“微型窗TM”吸湿快干后处理、“强韧棉TM”后处理、“莺迪乐TM”等技术，都在世界纺织领域处于领先水平。

③日本东洋纺织公司综合研究所。该研究所下属机构有研究管理部、开发研究所、纤维研究所、塑料研究所、工程技术研究所、理化分析中心。主要从事化纤、纺织、塑料及

其他新领域的开发研究；各种机械和装置的开发研究。

（国外纺织研究院情况具体见附录）

表5-1-1和表5-1-2分别是国外、国内同类型纺织科研院所对比分析表。通过对国内外同类型研究院的比较发现，发达国家对研究院的支持比较大，都作为公益性的社团法人对待。国内国家级的研究院也都有国家财政的支持和事业单位的待遇。这些研究院容易留得住人才。这些研究院也在依市场变化而变，如韩国的FITI、德国的TITK、中国纺织科学研究院、浙江理工大学等。FITI发挥自身原有的技术专长，不断提升，定位是成为该领域的行业老大；TITK依托其雄厚的科研实力，埋头攻克市场前景极佳的技术难题，专心做理论研究；中国纺织科学研究院则不同于上述研究院，作为央企它具备一定的规模和科研能力，从事较多应用技术研究；浙江理工大学作为高校，有其不同的发展模式。学校的优势在于其人才、科研资金充足，不足之处在于科研成果商业化的速度太慢。浙江理工大学创造了一个相当好的发展模式，既为大学的科研成果转化为生产力提供了平台，也为企业的研究提供了载体。

表5-1-1 国外同类型纺织科研院所对比分析表

研究院	特点
英国SI	特定技术领域具极强的研发实力，例如纺织测试仪器等 创造了成功的科研成果商业化模式，例如SDL 将特定领域的核心技术转化为设备，成为设备供应商，在全球范围内具有极强的影响力 创办了世界级的纺织核心期刊
法国ITF	在欧洲纺织研究领域扮演着关键角色，主要开展技术、组织分析和研究 产品开发与工艺创新紧密地与实际应用结合起来，科研成果商业化速度快 研究院的定位是技术高级参谋，为企业提供各种技术服务
德国TITK	在新型纤维材料领域研发实力非常强，尤其是特殊性能纤维的研究 不断地尝试各种商业化模式，将科研成果产业化，例如中德高科技纺织材料研究中心
韩国FITI	在纺织测试领域具有全球影响力，例如高分子材料及织物等的快速测试与分析 得到了国内外相关标准机构的认可，测试结果有效性全球认可 专注于纺织测试这一特定领域做强
韩国KATRI	围绕着测试这一核心优势进行业务扩展，现已发展成为整个服装行业的质量测试和研究教育机构 已经被授予四类标志的测试权力
中国STRI	国内知名度较高的国家级纺织产品测试中心 国内较大影响力的纺织技术核心期刊 国内为数不多的纺织专业科技服务网站 服装设计制版快速反应技术服务平台 在新型阻燃材料研发领域居国内领先水平

表5-1-2 国内同类型纺织科研院所以及高校对比分析表

研究院	特点
中国纺织科学研究院	纺织行业最大的综合性研究开发机构和实力较强的高新技术产业集团 具有较强的纤维材料开发应用能力和加工技术研发能力 以企业为主体，将科研成果迅速转化为产品，形成了成功的产业化模式 技术合作方式多样化，产品销售与工程承包收入位居国内纺织类研究院所前列
上海市纺织科学研究院	国内知名度较高的国家级纺织产品测试中心 国内有较大影响力的纺织技术核心期刊 国内为数不多的纺织专业科技服务网站 服装设计制版快速反应技术服务平台 在新型阻燃材料研发领域居国内领先水平
山东纺织科学研究院	创建了省级纺织新技术重点实验室，省级阻燃剂中试基地，省级纺织生产力促进中心 研发、生产、销售各类纺织测试仪器 科研成果商业化成效显著
陕西纺织科学研究院	确定了符合研究院自身水平的、科学的、可持续发展的发展方向，并且一直坚持贯彻执行 善于捕捉市场机遇，充分调动全院员工的工作热情 在纺织信息服务领域创造了更高的价值
东华大学	国内著名的纺织大学 纺织科研实力雄厚，成立了多个国家重点实验室 纺织专业人才储备具有国内一流水平 不断地进行体制创新、科研创新
浙江理工大学	国内学科资料最齐全的服装与艺术设计情报中心 与企业建立技术合作关系，科研成果产业化效果显著 创办科技孵化中心，为学校的科研成果商业化提供服务平台

5.1.3.3 优劣势分析与核心竞争力评估

（1）与主要竞争对手在主要方面的比较分析。上海纺织控股（集团）公司是全国最大的纺织企业集团之一，2009年公司实现主营业务收入235亿元，实现利润总额2.8亿元，2009年实现出口总额24亿美元，进口总额近3亿美元。是国内最大的纺织工业与品牌贸易平台；上海纺织协会下属200多家企业遍布长三角地区，其中不乏行业龙头企业；上海石化大产业基地在化纤生产技术、生产管理和工程化配套等方面具有丰富的经验。这些宝贵的资源，为上海纺织业打开了高端纺织的发展空间。这些企业、协会、高校的强强联手，将更好地推动上海纺织业的产业能级有一个较大的提升。

此外，上海专家人才多、专业配套强、学科体系全，为上海纺织业建设产学研相结合的创新体系，打破纺织国际技术垄断提供了很好的条件。东华大学是国内最大的纺织专业高校，在世界和全国纺织界有很高的知名度；上海市纺织科学研究院已成为国内外颇具影响的、全国最大的综合性纺织科研院所之一。

发达国家对研究院的支持比较大，都作为公益性的社团法人对待。国内国家级的研究院也都有国家财政的支持和事业单位的待遇。

（2）目前我国纺织科技的差距。我国纺织科技与国外相比，差距突出反映在高新技术纤维开发，部分纺织现代装备不强，纺织“三废”治理、清洁生产薄弱，研发投入较少等方面，具体来说，有以下几点。

①有些高新技术纤维开发滞后。

②纺织现代装备不强。

③研发投入的绝对额和比例较少，创新能力不强。

④纺织“三废”治理、清洁生产薄弱。

⑤世界性纺织国际名牌稀缺，缺少具有自主知识产权的技术。

⑥缺乏研究、创新、开发复合型人才。

5.1.4 “十二五”指导思想、原则和定位

5.1.4.1 指导思想

贯彻落实科学发展观和中央经济工作会议精神，围绕国家纺织振兴计划，结合上海产业发展方向，体现上海纺织产业发展的特点，以《关于进一步推进上海国资国企改革发展的若干意见》的精神为指导，实施上海纺织“十二五”发展规划，进一步做实做强核心主业，提升上海纺织的核心竞争能力，形成现代纺织科技服务业的新格局。

5.1.4.2 基本原则

围绕国家纺织振兴计划，纺织技术创新的重点发展方向要符合上海产业发展方向，重点是加强新型化纤材料和产业用纺织品的开发；加强面料和服装开发与设计，跟上国际时尚潮流，加快产品更新和自主品牌建设。

围绕改善质量、环保、节能降耗、提高劳动生产率、提高附加值的要求，淘汰落后的生产工艺和技术；加快重大科研成果的转化和产业化，提供新的经济增长点。

围绕稳定国内外市场，提高自主创新能力，加快实施技术改造，淘汰落后产能；完善公共服务体系，提升企业竞争实力。

5.1.4.3 纺织科学研究院的定位

上海市纺织科学研究院将紧紧围绕“科技与时尚”的战略，建设研发团队、提升研发

能力、奠定扎实的科技研发基础，在科技研发上为集团的发展提供支撑，同时，将时尚产业的需求用研究院的科研能力充分表现出来。建设一流的中央研究院，建成新型纺织科学研究院。

成为集团的中央研究院是对上海市纺织科学研究院的职能定位。纺研院的科研方向要符合集团三大核心板块的发展方向，未来的科研发展能够与集团的战略紧密结合。集团下属企业的研发水平相对较弱，纺研院的科研优势可以满足企业的研发需求，成为控股集团公司及其下属重点企业的技术智囊团，从而使纺研院的科研团队在某一特定领域具有重要影响力。

成为国内纺织业一流研究院、建成新型纺织科学研究院是对上海市纺织科学研究院学术水平的定位。在科研管理体系方面，建立一整套独立的、相对完善的科研开发系统；不断地集聚整合各类优质资源，如专家资源、企业资源、政策资源等；逐步成长为纺织研发的核心基地，服务于纺织产业转变经济增长方式、发展附加值高科技含量高的纺织产品；服务于上海市和长三角区域纺织产业结构升级。

5.1.5　上海市纺织科学研究院“十二五”主要目标和科研方向

5.1.5.1　总体目标

形成一批具有自主知识产权和良好市场竞争力的技术和产品；高新材料纤维产业化运行；塑造出具有较强技术创新能力的科研主体；形成有较强创新能力的科技团队；构建机制灵活、运行高效的技术创新体系；对产业具有引领和推动作用，前沿技术有重大突破；有力地支持“科技与时尚”战略的实施，提升纺织企业的综合竞争力。

“十二五”发展目标：

（1）重大科研成果 3～5 项。

（2）常规科研成果约 50 项。

（3）知识产权专利申请超过 100 项。

（4）产学研科研成果 5 项。

（5）技术开发费投入数 5%（占销售额百分比）。

（6）经济运营及科研收入年递增 8%～10%。

（7）院所科研经费投入约 6500 万元。

（8）“国家纺织产业支撑服务平台”和“上海纺织研发公共服务平台”建设运营。

（9）建成新型纺织科学研究院。

5.1.5.2　上海市纺织科学研究院的科研方向

围绕国家纺织振兴计划，纺研院技术创新和科研的方向要符合产业发展方向，符合上海产业结构调整发展方向，在特种纺织纤维材料的开发应用、新型纺织面料开发、产业用纺织品、军用纺织产品、纺织染整特殊工艺、功能性防护服、纺织标准检测、情报信息高端服务业等方面进行创新研究。

（1）数码纺织技术产业化研究。研究数码服装设计、数码地毯针刺机、数码印花技术。掌握运用数字化生产技术和信息化管理技术改造传统纺织生产技术。如计算机织物设计、纹样处理、扫描分色处理、激光制网制版、喷射染色、喷墨印花、高级服装设计等现代纺织生产技术。

（2）数字化服装设计与制造快速反应智能集成系统开发。利用国内外相关先进技术进行集成创新，研究改进三维人体建模技术，开展服装适体参数的智能推理系统、异构服装软硬件无缝连接、服装三维试衣系统等研究，开发具有自主知识产权的个性化服装设计和加工的快速反应系统，为改造传统的服装企业生产模式提供技术支撑。

（3）重点装备创新开发，双组分复合纺粘法非织造布技术商业化。双组分复合纺粘技术是纺粘法非织造布技术的发展方向，它可以将熔融纺丝的高分子材料以不同的复合方法形成多种不同性能的纤维和纤网。上海市合成纤维研究所在该项目上的研制已有一定基础，并具有自主知识产权。形成以双组分纺粘布为主体的产业链，产品包括一次性医疗卫生用品、过滤材料、防水材料、汽车装饰、地毯基布等。

（4）耐高温芳砜纶纤维工程化及防护面料的应用开发。芳砜纶有机耐高温纤维是列入市高新材料的支撑项目，列入工程院支持的重点项目。与芳纶 1313（Nomex）相比，芳砜纶在以下几点上具有优势：耐热性和热稳定性、抗热氧化性；高温尺寸稳定性；良好的染色性能；穿着舒适性。目前应重点攻克从纤维产业化后，应用到面料、服装、滤料、绝缘体等产业链开发。

进行芳砜纶防护面料和服装的研发，对芳砜纶及其他阻燃纤维理化性能进行研究，开发以芳砜纶为基础的个人防护面料，包括特种军用阻燃内衣、头套、焊接防护服等，确定最优的混纺比和面料品种。制订相关的企业标准，拓展国内外市场。

（5）开展碳纤维有关课题研究，提高 PAN 基碳纤维预氧化丝产业化水平。碳纤维和碳—碳复合材料是航天航空及军事工业的重要原料，在我国大飞机制造中，碳纤维的使用量也很大。上海合成纤维研究所碳纤维中试生产线有近 20 年实践经验。

开展国内外 PAN 基碳纤维科研与生产现状和发展趋势调研，掌握我国碳纤维生产中存在的技术薄弱环节，充分利用我院现有的预氧化和碳化中试装置和已有技术基础，与金山石化等单位进行技术合作，研究共聚体高纯化、干湿法纺丝技术和设备，优化预氧化和碳化设备与工艺，为批量生产高性能碳纤维创造基础条件。

要循序渐进进行开发，重视纤维的深加工和复合材料制品的开发。如从原丝→碳纤维→预浸料→加工业→复合材料制品的研究。

（6）研究、开发绿色产品生产技术和清洁生产技术。实现纺织业的可持续发展，需要采用环境影响小、资源消耗少的低碳纺织生产方式，就是应用绿色生产技术，采用绿色化纤、绿色染料、绿色天然纤维（彩色棉、竹纤维）等生产的产品。采用清洁生产方法

（内部减少、回收、回用、循环处理使用等）；实现低的能耗、水耗、染化料消耗、噪声和少的飞花或粉尘、废水、废气、废渣排放的清洁生产；选择高效、环保的印染助剂及染料替代禁用染料；加强研究印染行业废水处理技术；开发超低浴比气流式染色机和小批量连续染色设备，实现染整关键设备机电一体化。

（7）研究、开发、生产高新技术纺织品。步入21世纪，健康、舒适、环保、安全已成为人们生活的主题。阻燃功能产品、防紫外线功能性产品、抗菌防臭功能性产品、防螨功能性产品、负离子产品、护肤美白纺织产品、医用防护性纺织品等高新技术纺织品也就成为新世纪发展的必然趋势，同时也将成为今后国际纺织品市场的一个竞争点、纺织行业经济效益新的增长点。应紧紧把握关键技术或核心技术，以及产品的设计和开发，通过科技创新，提升上海纺织的含金量。

进行配套的纺织检测与标准研究，以及相关软课题研究。

（8）构造上海纺织现代科技服务业，建设“纺织研发公共服务平台”。整合上海纺织科技社会资源，充分利用现代信息技术，构造开放式科技基础设施和公共服务体系，以网络和实体并举的方式，集聚国内外的现代纺织信息、研发、检测和质量论证、成果转化服务优势，建设“上海纺织研发公共服务平台”和“国家纺织产业支撑服务平台”，推进纺织企业信息化建设，构建结构合理、内容完善、查询便捷的纺织行业信息数据库，加强纺织企业信息化技术的应用研究开发，构造上海纺织现代科技服务业。

（9）军工配套科研与生产。

（10）建设新型科研院所的探索研究。根据市科委等部门文件精神，新型科研院所以推进产业科技进步为宗旨，承担产业基础技术、共性技术和前瞻技术的研究开发及专业技术服务等公共职能及准公共职能。对新型科研院所在产业技术研究开发和服务中承担的公共职能，将由市科委每年会同相关部门进行绩效评价，根据绩效评价的结果，通过政府购买服务的方式，对新型科研院所实际承担的公共职能给予相应的支持。

参加新型科研院所整体改革试点的转制科研院所，必须同时具备以下四个条件：

①仍然保留独立的法人资格。

②最近两个年度的科学研究、技术开发、技术转让、技术服务、技术咨询活动收入的总和，均超过当年总收入的50%。

③相关专业领域的研发能力和服务能力达到国内一流水平，并在行业内具有公认的地位和影响力。

④承诺最迟在改革试点方案正式实施后的两年内，将原有的产品生产等非公共职能全部从新型科研院所剥离，并不再新增。

纺研院在学习有关文件精神后，将结合本院发展实际，完成新型科研院所的建设。

5.1.6 上海市纺织科学研究院的主要科研项目

纺研院的科研方向和发展规划是围绕突出共性技术的研发，围绕公司核心业务产业链攻关开展研发和围绕纺织行业技术服务能力进行发展。

5.1.6.1 数字化服装设计与制造快速反应智能集成系统开发

研究目标：以产学研形式联合攻关，利用国内外相关先进技术进行集成创新，掌握服装个性化设计与生产的一般规律和关键技术，开发具有自主知识产权的个性化服装设计和加工的快速反应系统，为改造传统的服装企业生产模式提供技术支撑。

研究内容：改进三维人体建模技术，开展服装适体参数的智能推理系统、异构服装软硬件无缝连接、服装三维试衣系统等研究，并在上海市服装加工企业进行推广应用，提高我国数字化服装设计和加工的技术水平。

5.1.6.2 数码纺织技术产业化研究

研究目标：建立旨在推广数码簇绒技术服务平台和数码印花技术的服务基地。

研究内容：开发、推广数码簇绒技术服务，提高簇绒产品的生产效率；研究喷射印花用各类活性染料、酸性染料、涂料等染化料，开展机电一体化、IT 技术和现代印染技术为一体的集成创新，改变传统印花产业方式，以适应对市场快速反应的个性化、小批量、多品种时尚面料的生产。

5.1.6.3 重点装备产品——双组分复合纺粘法非织造布生产线开发

研究目标：通过工艺优化研究和设备设计制造的联合攻关，研制成功国内第一条 3000 吨/年双组分复合纺粘法非织造布生产线，提升我国纺粘非织造布生产技术和装备水平。

研究内容：开展复合箱体、复合喷丝组件、拉伸系统等关键部件和机电一体化自控技术的研究，工业化样机能生产多品种、多规格产品，并形成复合纺粘布为主体的产业链，以取得显著的社会、经济效益。

5.1.6.4 产业用纺织品的开发与应用

研究目标：研制汽车、飞机等工业配套用新型纺织材料，掌握自主设计能力和先进制造工艺，提升我国在该领域的材料国产化水平。

研究内容：开展汽车、飞机、轨道交通、高速列车用轴承衬垫及各类电机配套用隔热密封纺织材料的工艺与设备研究，攻克相关关键技术，形成标准化试生产能力。

5.1.6.5 新型纤维材料及产业化关键技术开发

研究目标：围绕科技纺织的培育和发展，突破节能降耗型和环境友好型材料研制的关键技术，推动先进材料的产业化。

研究内容：开发新型纤维和新型面料的加工技术和应用研究，能形成较为完整的产业链；开展各类纤维与织物的改性研究，提高其功能性和附加值，取得实际应用效果；开发新一代纺织工业精细化学品和先进加工设备及应用工艺研究，实现推广应用。

5.1.6.6 组织开展碳纤维有关课题研究

研究目标：以提高碳纤维抗拉强度和抗拉模量为重点，提高国产碳纤维力学性能。

研究内容：开展国内外PAN基碳纤维科研与生产现状和发展趋势调研，掌握我国碳纤维生产中存在的技术薄弱环节，充分利用我院现有的预氧化和碳化中试装置和已有技术基础，与金山石化等单位进行技术合作，研究共聚体高纯化、干湿法纺丝技术和设备，优化预氧化和碳化设备与工艺，为批量生产高性能碳纤维创造基础条件。

5.1.6.7 扩大和提升纺织检测与标准制订能力

研究目标：纺织检测技术研究与测试仪器开发，面料检测、标准委员会的建设及相关软课题研究；根据国家标准化工作“十一五”规划要求，完成老化国标的修订和标准制订工作。

研究内容：国内外纺织技术标准研究，新型检测技术的应用研究并形成标准，研制新型摩擦牢度仪等检测仪器，完成国家标准的制、修订任务，搭建技术标准信息平台。

5.1.6.8 加强军工配套科研与生产水平

5.1.6.9 开展新型纺织化学品及其应用工艺研究

研究目标：按照新型纺织材料的性能和要求，以及传统纺织纤维绿色环保、节能降耗的加工要求，研究与开发新型化学材料及其应用工艺，运用新材料改造传统加工工艺与技术。

研究内容：生物技术在纺织化学加工中的应用；环境友好的纺织化学品及其工艺研究；高效、经济、环保的染整新工艺研究；新型纤维的性能与染整加工方法研究；纺织品的表面处理方法及成品性能研究。

5.1.6.10 构造上海纺织现代科技服务业

研究目标：整合上海纺织科技社会资源，充分利用现代信息网络技术，构造开放式科技基础设施和公共服务体系，以网络和实体并举的方式，集聚国内外的现代纺织信息、研发、检测和质量论证、成果转化服务优势，最大限度地发挥科技资源的科学价值、经济价值和社会价值，为企业服务。

研究内容：作为上海研发公共服务平台的子系统，研究搭建和完成上海纺织研发公共服务平台项目，突出科技资源的开放共享，打破原有的资源分散、封闭和垄断的状况，提高科研管理水平，降低研发成本，扩大集群效应，加速推动纺织产业技术能级提升和产业结构升级。

5.1.6.11 技术创新探索和跟踪项目

选题方向既要考虑国际纺织科技发展动态，又要结合本院实际情况；既要围绕公司发展目标，又要以建设一流研究院、占领科技高端为目标，以高科技纤维材料为主，以产业用新材料为主攻方向。

（1）高新技术纤维的研究探索，如聚芳酯纤维、静电纺丝技术、PAN 基碳纤维原丝性能的评价体系研究等。

（2）高性能纤维技术—PAN 基碳纤维技术发展及产业用市场的研究和跟踪。

（3）产业用高吸水材料技术发展及产业化市场的研究和跟踪。

（4）产业用过滤材料技术发展及产业化市场的研究和跟踪。

5.1.7 上海市纺织科学研究院的技术创新体系建设

“十二五”期间，整合利用院所人才、信息、实验室等科研资源，对原“研发、信息、检测、转化”四大平台重新进行技术创新资源整合，建立“纺织科技信息、学术、研发、转化、标准、检测、产学研和管理服务”八大平台。同时，探索和完善技术创新平台的建设新模式和运作机制，坚持政策扶持与市场机制相结合的原则，充实和完善创新平台的工作内容，要根据产业需求，开展产品设计开发、技术服务、成果转化、检测认证、信息交流、知识产权保护和人才引进与培训等业务，拓宽平台的内涵和功能，做到资源共享、优势互补、信息互通，更好地服务行业，实现产业链配套，支持业内其他企业技术创新能力的提高。

5.1.7.1 纺织科技信息平台

面对人们对纺织品品质要求的不断提高和纺织工业可持续发展的需要，尽快提升纺织行业的技术创新水平，用高新技术改造传统产业，实现纺织产业的结构调整，已经成为摆在纺织企业面前的重要课题。

企业需要经常并及时了解国内外新技术、新产品的信息和发展趋势，而中外文期刊、图书、各种科技文献信息资源是及时跟踪国内外纺织工业技术发展的重要手段之一。由于数字图书馆具有信息存储量大、检索速度快、自由跨库查询等特点，人们可以在任何时间、任何地点通过网络获取所需信息。因此，利用现代信息技术将纺织科技文献数字化、资源化，使其在面向社会、面向行业中充分发挥作用是非常必要及重要的。

发展方向：走市场化道路，多元化发展，打造成行业信息内容的供应商。

发展定位：上海纺织控股（集团）公司和上海市纺织科学研究院的信息平台；长三角地区的纺织信息集散港；国内一流的纺织行业科技情报信息服务商；拥有国内一流的纺织专业数据库。

（1）纺织研发公共服务平台。总体目标：以上海纺织研发公共服务平台为核心，整合和配置各专业平台资源，加强互联和共享性，形成长三角地区的纺织信息集散港。

服务推广阶段（2010～2012年）：

①免费信息服务，扩大平台知名度，集聚平台人气。

②整合业内优质资源，增加平台服务质量及水平。

③根据行业需求及用户反馈，开发并完善虚拟平台及实体平台的服务功能和服务项目。

④多渠道进行平台宣传，不断拓展平台影响力。

⑤健全服务于行业、政府、企业的完善服务制度。

⑥完善数据库，形成系列信息增值服务。

成熟运营阶段（2012～2013年）：

①组建成熟的专家队伍和工作团队，提供包括市场调研、管理/技术咨询、行业研究、专题报告、文献翻译、专利代理等咨询服务。

②建立快速响应机制，有效提供信息、检测、研发、转化“一站式”纺织科研服务，实现“快速响应无盲点”。

③通过专业服务，形成一定的社会效应，在业内建立一定的品牌认知度。

④总结出平台独特的盈利模式，创造经济效应和更大的社会效应。

品牌建设阶段（2013～2015年）：形成全国知名的纺织研发公共服务平台品牌，服务于全国乃至全球纺织行业，全面有效地提升国内纺织行业的竞争力。

（2）打造纺织供应链管理系统，打造纺织搜索引擎——Tex－Google。上海纺织产业经过调整，其业态发生了翻天覆地的变化。这使得上海纺织业向品牌培育和纺织服务业等价值链的高端转移，使得上海纺织业走高端纺织之路成为可能。研发供应链管理系统是上海纺织实现愿景的必由之路。

利用Ajax技术和最新的供应链管理理念，打造供应链辅助系统，替换现在系统中的供应管理子系统。对于商务类会员服务，从简单的交易发布管理，延伸到产品发布、交易，供应链辅助管理，产品物流辅助管理等。为商务类会员提供一整套的产品供应链辅助管理，方便其产品资源和各网点资源的合理化配置与中转。

5.1.7.2 纺织科技学术平台

为适应研究院建设与发展的总体需要，结合业内企业对纺织科技的服务需求，重点开展战略性研究活动，促进以学术团队建设为基础，推动纺织科技学术平台的建设，以保证全面协调可持续发展。

发展思路：坚持以一流研究院建设发展的总体目标和要求为导向，努力争取并充分利用各方面支持，加大自身队伍建设力度；倡导团结协作精神，以培训和引进相结合的方式，促进学术队伍建设；依托现有条件和资源，建立以各专业为主体的学术平台。

发展目标：推动学术交流、成果共享，共同打造学术平台；推动资源整合、人才汇集，共同攻克重大课题；推动项目建设、理论创新、学术繁荣，共同建立智库系统；形成长三角地区纺织科技期刊联盟的核心。

上海纺织科技情报所编辑出版的《印染》《上海纺织科技》《合成纤维》《纺织文摘》《化纤文摘》五本国内外公开发行的刊物向集约化方向发展，逐步形成一个纺织科技期刊专业集群数字化出版平台（由我院承担的“纺织科技期刊专业集群数字化出版平台”已被市科委列为支助项目）。在“十二五”期间，不断探索纸质媒体与网络媒体有效结合的发展道路，前两年推出网络版，其中《印染》杂志将推出英文版；后三年通过不断将集群数字化出版平台做强做大，形成长三角地区纺织科技期刊联盟的核心。

5.1.7.3 纺织科技研发平台

研发平台是科研工作的一种新的运行方式，在已有系统的基础上，我们将加强对科研项目的来源、研究、实施、检查等统一组织和协调；进一步整合资源、创新治理、优化结构。

通过科技资源的整合和持续的科技投入，我院已集聚了从纤维材料到纺、织、印染、后整理、面料设计、服装以及产业用纺织品等的各类研发试验装置和检测仪器，实现了科研条件的专业化、系列化配置，为技术创新构建了坚实完善的基础。目前，管理措施还在不断深入探讨和摸索，以进一步提升科技实力和竞争力。

发展思路：研发平台的建设应加速各企业依靠研发平台进行技术和产品升级的进程；加速产品研发、人才汇聚、成果转化的进程；加速与各大院校的结合，缩短企业开发新产品的周期。同时，通过政策引导与资金支持，有形资源和无形资源的相互转化，形成全方位的资源整合机制。

发展目标：坚持重点突破与全面推进相结合，突出重点，优先构建以传统产业改造提升、高新产业、节能减排科技研究为核心的科技平台；充分发挥院所资源优势，按照整合、共享、完善、提高的要求，扩充增量，激活存量，最大限度地发挥现有资源的潜能；坚持有所为有所不为的原则，按照集团主业对科技需求的优先顺序，统筹规划，循序渐进，分步实施，积极稳妥地推进平台建设；创新促进机制、运行机制和共享机制。

5.1.7.4 纺织科技转化平台

我院将根据国内外纺织业的发展趋势和市场需求，建立新材料等新技术的中试基地，成为科技成果的转化平台。以拥有自主知识产权的研究成果，推进和完成产业化技术研究，并依托上海纺织完整的产业链及新产品开发优势，加快高科技纺织品的规模化生产步伐，全力发展富有上海特色的科技纺织、绿色纺织、品牌纺织和时尚纺织，加快纺织行业结构调整，促进产业升级和转变生产方式。

发展思路：作为转化平台主要载体的中试基地，其主要任务为“科研的后端以及产业化的前端”的中间试验，前段连接科研小实验的研制，后端连接科技成果的生产化要求，重点完成科研成果产业化的关键技术和工程化研究。运营的项目内容主要有化纤新材料的试制及装备的研制、非织造新材料的试制及新一代纺织装备的研制等。

发展目标：联合企业共建中试基地；完善现有中试设备，尽快实现产业化；加强技术人才队伍建设。近期主要任务是促进芳砜纶、Lyocell、联吉改性聚酯、复合无纺布等科研成果向产业化的加速转化。

5.1.7.5 纺织科技标准平台

纺织标准设计是标准化的重要组成部分，也是重要的基础性工作，对促进先进科技成果的转化、推广，提高产品质量，合理利用资源具有重要作用。

发展思路：标准设计应依据国家有关法规、行业统筹、市场化运作、促进设计水平提高；必须满足技术先进、经济合理、安全适用的要求。

发展目标：建设纺织标准平台，使该平台成为国内权威、资源全面、实时有效的标准化资源网络。实现面向社会提供权威、全面、快捷的纺织标准和标准物质的查询、检索、咨询等标准化服务。

"十二五"期间将组建标准研究所，加强对国内外纺织标准的研究比对，提高对国内外标准条文的理解，实现对纺织品基础和方法标准的全覆盖，逐步建成一家综合的纺织品检测机构，真正做到全方位的为有限公司、纺织研究院以及社会服务，同时承担对纺织产品质量的监督职能。

5.1.7.6 纺织科技检测平台

上海纺织检测服务中心（STTS）是由上海市纺织科学研究院将旗下四家检测实验室整合而成，利用毛纺、服装、棉纺织印染产品等国家级质量监督检验站的资源，整合形成多元投资的检测机构，是中国纺织检测行业最具综合实力的检测服务平台。STTS下属检验中心经国家技术监督局授权，是具有第三方公正地位的专业检验机构；同时又是中国合格评定国家认可委员会（CNAS）认可的检测实验室。

STTS对纺织品的各项物理和化学性能、安全性能、抗菌性能及汽车内饰的检测具有很高的权威性。同时还承担棉印染、纱线、毛纺织、服装、化纤等纺织品检测标准的制订、修订工作。

STTS秉承上海纺织"科技与时尚"理念、走"科技纺织、绿色纺织、品牌纺织、时尚纺织"的高端发展之路，为纺织行业发展提供技术支撑与优质检测服务。

STTS秉承"客户至上"的服务理念，明确提出"延伸服务"——在相关检测服务方面，保证精确检测结果的前提下，以厚实的基础对产品出现的问题提供后续解决建议方案。

（1）上海纺织检测服务中心下属专业机构：国家棉印染产品质量监督检测中心（上海）；国家毛纺织产品质量监督检验中心（上海）；国家服装质量监督检验中心（上海）；

纺织工业南方科技测试中心。

（2）发展目标：

①实现上海纺织检测平台信息管理系统的全面推广使用，实现实时查询、实时控制、有效调度，最终实现客户网上查询功能，进一步提高工作效率和管理能级，争取每年检测收入增长15%。

②成为进出口产品上海商品检验检疫指定单位。

③不断扩大检测范围，在保持原有传统优势检测项目的基础上，力争在新型纤维、产业用纺织品、生态纺织品、家用纺织品等方面培育一部分有自身特色的检测项目，在细分检测领域占有一席之地。

④建立一个在全国形成知名品牌的纺织标准耗材销售中心，并实现销售向东南亚市场拓展的战略目标。

⑤通过添置先进设备，提高检测能力，形成布局合理、深入产业集群、辐射全国的国家级检测服务网络，为纺织行业提供全方位的服务。

5.1.7.7　纺织科技产学研平台

建设以企业为主体、市场为导向、产学研相结合的技术创新体系是我国今后发展的重大战略抉择之一，而通过重大科技项目联合高校、企业和科研机构的模式成为重要的产学研结合模式之一。

发展思路：通过科研经费的投入引导高校、科研机构、企业联合，有效地衔接科学技术研究成果的产业化过程。

高校、科研机构、企业三者在功能上有各自优势。高校的优势主要体现在：有优秀的研究生，能不断地补充科研队伍，增加高校的科研活力；高校的学科门类较为齐全，不同学科的交流有利于产生交叉性学科和学术成果。研究所的优势：一是科研机构的科研人员一般拥有较高的科研素质；二是研究机构的定位和工作性质决定了其解决技术、中试、开发的能力较强。企业是技术创新的主体。因此要充分利用高校、科研机构的优势，实现三个角色的互补。

发展目标：

（1）技术创新价值链上的互补。自主创新包含知识创新和技术创新两大部分，要将高校与科研机构提供的科技创新通过企业研发团队吸纳转换，通过产品产出实现市场价值。

（2）组织目标和目的的互补。高校的使命是推进自由研究与科技教育，并提供基于研究的高等教育；科研机构主要是解决技术创新中的“前沿研究成果的可获性”问题；企业存在的目的是通过生产产品来获得利润。因此，培养人才、获得技术、赢得利润这三个目标之间存在一种互补及互惠互利关系。

（3）通过产学研合作提升企业技术研发团队力量。在产学研合作中充分发挥高校优势，提供全面的人才支持，吸收科研人才进入研发团队，不断充实企业的技术研发力量，是保证企业技术创新和不断发展的原动力。

（4）加强工程师研修基地和研究生培养基地建设。纺研院将配合、支持工程师研修基地各项工作，提供必要的资源和条件，为工程师继续教育提供研究实践平台，为提升纺织工程专业人才的实践能力、创新能力和整体素质作出应有的贡献。

同时，作为研究生联合培养基地，研究院将和有关高校共同投入培养研究生所需的人力、物力等资源，努力实现研究生联合培养基地建设的目标。一是使研究生联合培养基地成为培养高层次创新人才的摇篮；二是使研究生联合培养基地成为探索研究生培养制度改革的试验田；三是使研究生联合培养基地成为新的科研合作平台；四是使研究生联合培养基地成为加强学科建设的有力杠杆。

5.1.7.8 纺织科技管理服务平台

作为集团的中央研究院，提高全院的现代化管理水平是顺利开展各项工作的基础。在今后的一段时间里，上海市纺织科学研究院将着重从以下几方面着手，切实提高管理水平。

（1）完善各项管理体系认证。为了适应市场竞争，不断提高质量管理水平，纺研院在取得由上海质量体系审核中心颁发的ISO 9001—2000质量管理体系认证、ISO 14001/GBT 28001—2000环境职业健康管理体系认证的基础上，已经依据ISO 9001/ISO 14001/GBT 28001—2008标准，制订了新的体系文件，并从2010年1月1日开始实施；同时继续实施和完善国家二级保密资格认证和装备科研、生产许可资格认证，保持国家实验室认证和商检资质认可。

管理目标：通过建立、实施、保持各管理体系及认证资格，并不断扩大认证范围，将全院的科研和服务水平提升到一个新的高度，为进一步贯彻落实集团“科技与时尚”发展战略、打造一流中央研究院奠定坚实的基础。

（2）加强公共服务职能。发挥“上海纺织研发公共服务平台”作用。该平台是市科委的二级专业平台，目前网络工程建设圆满完成，平台推广工作稳步开展，服务企业职责逐渐凸显。

建设“国家纺织产业支撑服务平台”。该项目是国家科技部、发改委下达的重点项目，目前正加紧实施。

完成“纺织数字图书馆”。它是纺织科研公共服务项目，已经建成并投入使用。

加强硕士研究生培养基地建设，与高校、国外研发机构联手，建立人才资源、科研项目开放动态的培育和交流机制。

加强上海市工程师进修基地的建设，继续做好上海市纺织技术人员的继续教育培训工作。

加强纺织学术杂志的建设，编辑出版五本公开发行的纺织学术杂志及电子媒体杂志。其中：《印染》《上海纺织科技》《合成纤维》是全国中文核心期刊，《纺织文摘》是编译国外纺织科技前沿信息的科技文摘，《化学文摘》是编译国外纺织化纤科技前沿信息的科技文摘。

（3）创新的物业管理模式。专业的物业管理是为用户创造安全、文明、舒适、方便的商住环境的基本保证和坚强后盾，物业服务质量的好坏，直接影响物业管理的整体水平和形象，也是反映企业服务水准和声誉的重要标志。

科研综合大楼建成后，将采取委托专业物业公司进行管理的方式，走社会化、专业化、企业化经营型物业管理之路，做到管理单位企业化、物业管理合同化。

我院将通过招标和协议等方式选择合适的物业公司。

在招标过程中，将认真考察物业公司的信誉、专业知识背景、管理、财务、法律水平、管理费用的高低以及客户活动能力等，在明确双方责、权、利的基础上，从观念上、模式上及管理内容的广度和深度上，实现管理统一化、服务综合化，即对科研综合大楼及其设备、设施和周边环境进行统一管理和综合服务，以提高大楼管理水平和效率，提升服务品味，使用户满意。

同时我院还将逐步规划和实施全院物业管理和服务的社会化和专业化。

5.1.8 科技信息化规划

5.1.8.1 概述

上海市纺织科学研究院的信息化规划主要是为贯彻公司“科技和时尚”的战略服务，院内的信息化工程建设要适应科研工作的需求，整体院区网络要适应科研信息化的要求。

但目前由于网络技术的发展和需求的扩大，基础网络环境老化，部分设备和线路存在质量问题，部分系统应用无法畅通。

所以在规划科研大楼建设之机，对全院网络做了调整，并将中心机房移至科研大楼中。同时，改造院内原有网络环境，确保在五年内建成良好的网络环境。

在基础网络环境整合统一规划中，重点信息化工程建设，包括院内的办公自动化系统的升级、档案管理系统、决策支持系统、客户关系管理系统、客服应答支持系统、信息发布交互系统、内部电话会议系统、邮件管理系统等；还有服务性的基础性建设，包括网络、语音、无线覆盖等。

同期，信息服务平台整合、纺织产业创新支撑平台和三个技术服务平台的建设也将是“十二五”期间的重点工作内容，其中服装设计制版快速反应技术服务平台将进一步发展，而纺织产业创新支撑平台、数码梭织机和数码印花技术服务平台的建设也将规划实施。在信息化“十二五”计划中，前三年将重点建设这三个平台和与其相应的基础设施。

5.1.8.2 总体架构（图 5－1－8）

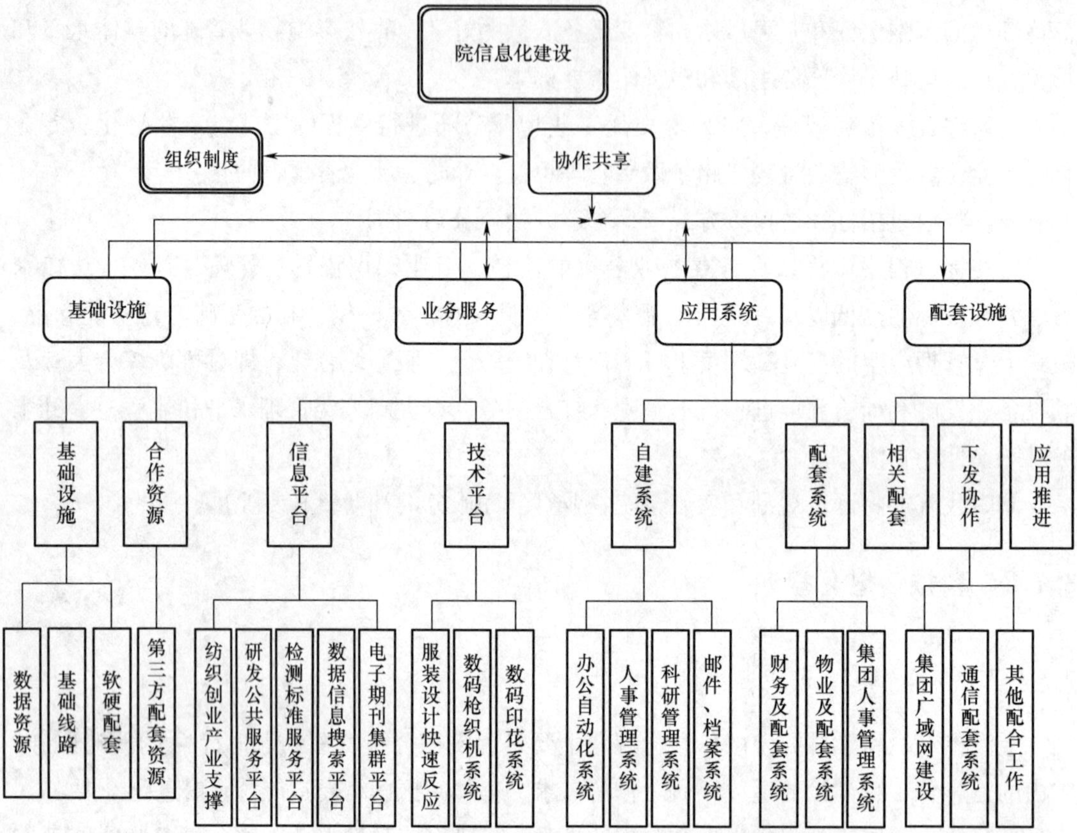

图 5－1－8 上海市纺织科学研究院科技信息规划总体架构

5.1.8.3 基础设施规划

根据集聚科研资源、集中科研大楼的规划，在院所各主要部门都迁入科研大楼后，针对院所各单位的网络和语音接入资源配置和安全管理制订规范。完善纺控财务系统和物业系统的网络需求，配置每个科研业务部门的实际需求。同时保证网络畅通、数据安全和共享。

同期，针对园区内旧楼网络改造也将跟进，替换原来的不良线路和无法实现集中信息的设备，以实现数字园区内的统一管理和资源分配。

另外，还有商务信息化配套服务，主要是网络、语音和无线覆盖的资源全院接入，以及入驻企业的网络和电脑终端设备。

5.1.8.4 技术平台规划

根据概述，上海市纺织科学研究院在“十二五”期间，主要技术平台涉及三个信息服务平台和三个技术服务平台，其中纺织产业创新支撑平台、数码梭织机和数码印花技术服务平台的建设为长期工作。主要技术平台包括：

（1）纺织产业创新支撑平台建设。

（2）上海市标准服务平台建设。

（3）服装设计制板快速反应技术服务平台二期建设。

（4）数码梭织机技术服务平台建设。

（5）数码印花技术服务平台建设。

（6）专业集群的科技期刊数字化出版系统建设。

5.1.8.5 应用系统规划

自我院办公自动化系统建设完成后，配合上海市纺织集团的信息化建设工作，财务系统、物业管理系统都开始投入使用，并根据我院的管理信息化实际需求，在基础设施提升后，为提供方便的各项管理应用系统服务，在“十二五”期间，除原有系统的实际应用调整外，同时对公司和院内情况进行系统规划建设。

（1）办公自动化系统升级和完善。

（2）财务及延伸系统配套建设。

（3）物业及延伸系统配套建设。

（4）档案管理系统建设。

（5）人事管理系统建设。

（6）信息发布交互系统建设。

（7）内部电话会议系统建设。

（8）信息、技术服务平台内部协同系统建设。

同时研究院要根据集团公司具体信息化业务需求，制订相应的配套方案和辅助设施。

研究院将以协作和应用范围推进作为企业信息化建设的重要工作开展。根据各信息、技术平台的业务链和性质，加强业务数据和流程协作建设，而非一个个独立的服务平台，打造一体化技术服务理念的服务方式，提高服务效率和质量。

而在管理系统方面，包括办公自动化、邮件系统和档案管理系统等的进一步应用推广，则是为了提升办公信息化和办公效率的进一步完善。将以智能办公应用为主要推进目标。

5.1.9 保障措施

5.1.9.1 集聚科研力量，发挥科研大楼作用

本着“优质科研资源汇聚，扩大集聚效应”的原则，围绕创建上海纺织中央研究院的目标和建设“八大平台”的需求，建成以“科研综合大楼”“检测大楼”“工程大楼”

“设计中心”为核心的紧密型科研布局结构，形成以纺研院为科研集聚中心的科研“一站式”服务模式。

院内1号楼建成检测大楼，汇聚上海市纺织科学研究院南方测试中心和毛麻研究所检测中心；3号楼规划为设计中心，汇聚面料设计中心以及设计大师工作室；国家纺织产业支撑服务平台、上海市纺织科技情报所、上海纺织研发公共服务平台、上海纺织面料公共服务平台以及各专业信息中心均集聚在新建成的科研综合楼，并将目前在外办公的服装研究所、色织研究所、毛麻研究所、印染研究所等迁入院内。这样，不仅在组织形式上，更在实际物理空间上更好地集聚在院本部，为集聚科技资源、提升科研水平、提高管理能效、打造一流研究院与公司中央研究院提供必要的条件。

新建科研综合楼1~3层及20层为公共会务、展示中心（4505平方米）；办公用房（标准层）每层建筑面积960平方米，计划实际使用12560平方米；可供出租用房5760平方米。具体分布如下：1层：商务中心和展览区域；2层：上海纺织研发公共服务平台、上海市纺织专业数字信息服务平台；3层：科技交流中心；4层：国家纺织产业创新支撑平台、上海纺织科技情报研究所；5层：上海市毛麻纺织科学技术研究所；6层：上海市印染技术研究所、上海市色织科学技术研究所；7层：上海市纺织科技发展中心、服装设计服务中心；8层：上海市服装研究所；9层：上海市纺织科学研究院管理部门、上海市合成纤维研究所；10~18层：待定；19层：上海市纺织科学研究院管理部门；20层：新产品陈列展示中心。

计划出租部分面积发展上海纺织科技工业园和“东纺谷”创意园。

5.1.9.2 加强人力资源建设，培育科研技术人才

根据建设一流中央研究院的发展战略目标，要积极培育科研技术人才，引进青年技术人才，留住中青年技术骨干，建立起合理的人才梯队，培养技术管理营销复合型人才，实行项目带头人制度，制订项目带头人激励机制。形成一批教授高工、研究生导师、项目带头人。

（1）“十二五”期间人力资源的发展目标。

①从业人员总量控制在目前数量情况下，整体人员的结构得到合理配置。通过自然递减非科研从业人员（退休和离职），加大引进科研骨干人员力度等方式，调整科研人员在从业人员中的比例；高级、中级、初级专业技术人员的数量比例分别提高到18.3%、31.3%和31.8%，具有专业技术职称人员占从业人员的比例从54.9%提高到81.4%（图5-1-9）。

从事科技工作岗位的人员由现在的37.4%提高到60%以上，其中直接从事科技研发的人员达到30%以上。

②形成数十个在纺织印染、化纤新材料、服装设计、标准检测、信息情报以及相关领域具有影响力的领军人才和学科、项目带头人。

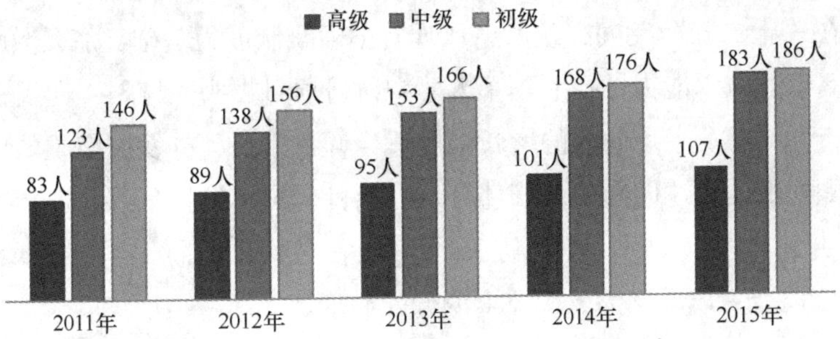

图5-1-9 “十二五”专业技术人员递增情况

③调整管理、辅助岗位的设置和人员调配，充分利用社会资源降低管理、辅助人员的比例。

（2）“十二五”期间人力资源开发的具体措施。要实现“十二五”期间人力资源的发展目标，实现对上海纺织的科技支撑并建设国内一流、世界知名的纺织科学研究院，必须树立“人才是第一资源和发展之本”的现代人力资源开发与管理的新理念，改变传统的人事管理模式，创新机制，多渠道吸引和培育人才，营造吸引人才、容纳人才、留住人才和发展人才的优良环境。

①建立适合院所人才队伍建设的有效机制。

a. 整合、集聚院所专业技术人才资源，建立院所科技人才整合和以项目组织科技团队的运作机制，建立一支结构合理的科技人才梯队。同时，要用好现有的科技骨干，充分调动各级科技人员的积极性。

b. 建立多渠道招纳人才的途径，在产学研结合机制下形成的“工程师研修基地”和“研究生实习基地”等平台运作中，慧眼识才，挖掘和引入具有发展潜能的人才。

c. 开创以科研项目为单体、以专业技术为互补、以互惠互利为维系的新型科研项目合作新模式。通过产学研形成专业团队。

d. 加强专业培训工作，增强专业培训力度，保证培训经费落实，建立鼓励每位专业技术人员职称和技能提升的机制，使专业技术人员的专业技术知识能及时更新、专业技术能力不断提高。对年轻的专业技术人员，采用职业规划和师徒带教方式，指导其在专业领域的发展。通过制订科学的职业规划，结合传授、帮助、带教等活动加速青年人才的专业素质的提高和专业能力的提升。

e. 为人才提供广泛的国内外学术交流机会，通过高层次的专业领域内的学术或研讨活动，使他们能及时掌握最新技术信息，更新知识结构。

②建立完善人力资源管理的新模式。

a. 建立和完善以绩效考核为核心的评价制度。院所将通过建立和完善绩效考核体系，使员工的工作成果得以显现，为员工的职业生涯发展构筑基础。使人力资源工作成为促进院所完成“十二五”规划各项任务的战略支撑。

b. 建立和完善以激励创新为重心的薪酬制度。科研单位必须完善以激励创新为重心的薪酬制度。在“十二五”期间，院所将以现有的薪酬制度为基础，加大激励科技创新成分。向具有较高专业技术能力的行业领军人才和科研项目带头人倾斜；向引进的高端人才倾斜；同时按市同类行业平均收入的增长幅度适当调整招录具有发展潜质的应届毕业博士生、硕士生薪酬标准。上述倾斜的薪酬部分将以项目薪酬、带教薪酬和创新成果奖励等形式予以兑现。

c. 积极探索以智力成果作为分配要素的分配制度。

5.1.9.3 筹措研发资金，加强科研投入

研发资金的筹措渠道主要通过以下五种形式实现：研究院自筹；控股集团投入；国家、市级科研项目资金；企业科研项目资金；外部风险机构投资。

“十二五”规划财务指标测算数据如下。

（1）资产总额：规划期末年达到3.8亿元。

（2）净资产：规划期末年达到2.3亿元。

（3）资产负债率：规划期末年为39.6%。

（4）营业收入：规划期末年达到2.4亿元，规划期内累计9.6亿元。

（5）主营业务收入：规划期末年达到2.2亿元，规划期内累计8.6亿元。

（6）利润总额：规划期末年达到1600万元以上，规划期内累计6000万元。

（7）净资产收益率：规划期内年平均为8%。

（8）技术开发费投入：规划期末年达到1500万元，规划期内累计6500万元。

(具体见附录二)

5.1.9.4 深化科研管理

完善一系列的管理体制，加强科研管理制度，建立健全项目公司运作管理模式，具体项目的立项、研发严格按照项目运作流程图操作：

项目信息来源⟶可行性分析⟶产品研发⟶小试⟶评价⟶中试⟶项目公司

加强知识产权的保护工作，建立并完善纺研院知识产权保护制度，对在科技开发、技术转移以及知识产权保护工作中有突出贡献的人员予以奖励。

5.1.9.5 加强产学研合作

对于重大科研成果，上海市纺织科学研究院依靠控股集团设立项目公司进行产业化运作；与学校科研机构建立合作研发关系；与企业建立科研互助关系，以企业的研发需求为己任，将研发的触角伸展到市场的最前沿。

附录一：　　纺织研究机构情况

- 英国染色师协会（SDC）

英国染色师协会（The Society of Dyers and Colourists，简称 SDC）成立于 1884 年，在 1963 年获得英国皇家特许权，是国际上唯一一家专业从事染色的专业协会。SDC 也是一个注册的慈善团体，其宗旨是推动广泛意义上的染色科学的发展。任何对染色有兴趣的人都可以成为 SDC 的会员，其会员遍及世界 60 多个国家，在染色和染料领域从事生产、应用、研究、教育工作，以及从事工业服务业和零售行业工作。

- 锡莱研究所（Shirley Institute）

英国综合性纺织科研机构，创建于 1919 年，位于曼彻斯特。经 1952 年和 1963 年两次扩建，形成棉、丝和化纤纺织加工的综合性科研机构，有纺织产品、染整、机械工艺和技术经济四个研究室，并设图书情报室、测试实验室、会员服务部、培训部和技术咨询部，附设纺织试验工场。主要承接纺织企业和政府委托的科研任务，并由委托单位提供经费。

- 法国纺织研究院（L' Institut Textile de France）

法国工业部直属的国家科研机构，成立于 1946 年，院址在巴黎布洛涅。院属七个科研单位分布在几个纺织工业基地，院部负责领导六个分支机构、协调科研计划等管理工作。附设纺织科技情报中心，并进行纤维材料结构和性能、测试技术、纺织标准的研究工作。

- 登肯多夫研究所（Das Denkendorfer Institut）

位于德国斯图加特郊区的登肯多夫，它与克雷费尔德和亚琛两地区的纺织科研机构形成联邦德国的三个纺织研究中心。该研究所是在罗特林根纺织工艺研究所（简称 ITR）登肯多夫原址上进行扩建而成（1982 年 7 月完工），并将斯图加特化纤和纺织化学研究所并入，形成化纤、纺织和染整研究中心。主要科研内容是：纤维高分子材料合成，共聚改性，高聚物熔融法、湿法和干法纺丝；化纤和天然纤维的纺织加工工艺和设备；纤维和织物的染色及化学整理；纺织测试技术，纤维结构和理化性能；医用纺织材料；污水处理和降低噪声等。

- 德国海恩斯坦研究院（Hohenstein Institute）

德国海恩斯坦研究院成立于 1946 年，Oeko - tex 100 标准的撰写者，Oeko - tex 100 的检验发证机构，是欧洲最大的纺织品权威研究机构。拥有最精尖的检验设备和纺织品研究专家，分支机构遍布全球 18 个国家和地区，提供纺织品物理、化学、生物、卫生、功能纺织品及工业洗涤等检测及认证。

- 德国图林根纺织和塑料研究所（TITK）

TITK 是世界纺织界具有影响力的研究机构，近年将主要研究方向转向新型纤维材料，加强对特殊性能纤维的研究，取得了不少成果。TITK 开发出 Alceru 工艺溶剂纺丝法；研究含碳 Lyocell 纤维用于导电纤维；开发 PAN 纤维增强聚丙烯（PP）材料；研究甲壳质和脱乙酰甲壳质，用它制成的纤维强度特别高，并对织物进行抑菌整理。研究领域还包括：合成聚合物添加剂、技术纺织品、纤维复合材料、聚合物纳米复合材料、聚合物电子材料、聚合物太阳能电池、天然聚合物理化研究与表征等。

• 捷克斯洛伐克棉纺织工业研究所（Cotton Industry Research Institute）

该研究所 1949 年建于乌斯季，隶属于捷克斯洛伐克棉纺织工业总公司。1960 年以前仅从事棉纺织工艺研究，1960 年以后开始进行工艺与设备相结合的研究，并于 1965 年研制成功气流纺纱机，以后又研制成功多相织机。研究所设有机械和物理研究室、自动化数据处理中心、气流纺纱实验工场和机械制造工场。主要科研内容是：气流纺纱和多相织造工艺与设备，改进纺纱和织造机械的结构，并研究新型纺织机械对于不同原料和产品的适应性能。此外，还承担纺织标准的试验研究。

• 澳大利亚纺织工业研究所（CSIRO Division of Textile Industry）

该研究所是澳大利亚联邦科学与工业研究组织（简称 CSIRO）所属的国立科研机构。该组织有三个有关纺织方面的研究所：纺织工业研究所、纺织物理研究所和蛋白质化学研究所。纺织工业研究所 1948 年建于吉朗，建有科研楼、毛纺实验工场和棉纺实验车间。主要科研内容是：原毛打包、洗毛和毛条炭化工艺；羊毛纤维性能和加工特性；纺织加工工艺和设备，如自捻纺纱和利用棉纺设备进行羊毛纺纱的工艺和设备等；地毯加工工艺和设备；印染和防皱、防缩、防蛀等后整理工艺；降低噪声和污水处理。

• 日本纤维高分子材料研究所（Research Institute for Polymers and Textiles）

该研究所是日本通商产业省工业技术院直属的国立科研机构，创建于 1918 年，位于茨城县筑波郡。设有四个研究部：第一研究部设生物高分子化学、生物高分子物理、生物机能材料、生物结构系统和生物能研究室；第二研究部设有机化学、高分子合成、高分子反应和化工过程研究室；第三研究部设物理化学、结构性能、材料工程和成形工程研究室；第四研究部设系统工程、性能设计和能量转换过程研究室。

• 印度丝绸研究协会（Silk and Art Silk Mills Research Association）

该协会 1958 年建于孟买，主要科研内容有：合纤聚合纺丝和弹力丝加工；机织、针织（天然丝与合纤丝交织）；染整工艺和新型染料、助剂的应用；工业用合纤织物的研制；理化测试和测试仪器的研制。协会还是国家指定的化纤纺织品检验的仲裁机构。同时承担化纤和纺织工业的科技情报、市场调研、技术经济研究和咨询服务。协会附设一所纺织高等学校，有权授予理科硕士和博士学位。协会附设的合纤示范工厂于 1982 年建成，主要为学生实习和试验而设。出版物有：《印度化纤纺织品》月刊、《萨斯米拉（SASMIRA）技术文摘》季刊、《萨斯米拉简报》月刊。

• 大阪纤维研究社

日本大阪纤维研究社创立于 1950 年，出版发行纤维专业日报《纤维新闻》、英文版纤维专业月刊《ATB》、纺织纤维专业旬刊《亚洲纤维》、中文版纤维专业月刊《纤维信息报》，并出版相关纤维专业书籍等。

• 香港理工大学

香港理工大学纺织与制衣学系（The Institute of Textiles and Clothing，简称 ITC）隶属于应用科学与纺织学院，成立于 1977 年，前身为香港技术学院纺织系，目前有服装设计、服装工程、服装市场、服装零售、针织设计、内衣设计六个专业方向，专职教师 80 余人。其中服装设计在国际上享有较高声誉，该专业的学生经常在本地和国际服饰设计大赛上获奖。

• 台湾辅仁大学

台湾辅仁大学下属民生学院纺织品服装学系，系由德国籍修女罗麦瑞教授规划，创立于 1970 年，有学生约 1090 人，为辅仁大学人数最多的系所，分为三组：服饰行销组、服饰设计组和织品设计组。

• 美国纺织研究所（Textile Research Institute）

该研究所于 1962 年成立，位于新泽西州普林斯顿，职工 33 人，其中科学家（博士）17 人。主要科研任务是接受纺织企业、化纤和化工企业的委托，从事纤维和织物的基础化学和物理性能的研究，包括纤维用油剂、助剂；纤维材料的表面性质；力学性能和热性质；染色机理、化学结构和化学反应；阻燃、防静电等。出版物有《纺织学报》（简称 TRJ）。

• 美国纺织化学师与印染师协会（American Association of Textile Chemists and Colorists，简称 AATCC）

该协会是辨别与分析纺织品的色牢度、物理性能和生物性能的非官方机构。AATCC 的职责是采用标准化办法普及纺织品染料和化学物质的深层知识，AATCC 标准应用广泛，其适用范围为：纺织产品化学性能与纺织品研究测试方法。AATCC 的成员涉及纺织、服装与家纺制造商，染料与化学品制造商，检测实验室，零售商与消费者组织以及相关政府组织和高校科研机构，遍及世界 60 多个国家。

国外大公司下属研究机构：

• 美国棉花公司研究中心（Cotton Incorporated Research Center）

主要研究内容有原棉新品种、棉织物纺织、染整加工。自 1970 年以来，美国棉花公司就一直走在棉花研究和创新的最前端，研发了大量的棉花创新技术。如“风暴牛仔 TM”、“微型窗 TM”吸湿快干后处理、“强韧棉 TM”后处理、“莺迪乐 TM”等技术，都在世界纺织领域处于领先水平。

• 日本东洋纺织公司综合研究所

该研究所设有研究管理部、开发研究所、纤维研究所、塑料研究所、工程技术研究所、理化分析中心。主要从事化纤、纺织、塑料及其他新领域的开发研究；各种机械和装置的开发研究。

• 钟纺公司研究部门

该研究部门下设基础研究所、生产技术研究中心、商品试验中心。主要从事纤维和纺织产品的开发研究及环保设备研究。

附录二：“十二五”规划资产负债及损益测算表

表 5－1－3 “十二五”规划资产负债测算表（院所） 单位：万元

资 产	2009 年年末	规划期末	负债及所有者权益	2009 年年末	规划期末
流动资产合计	18528	21860	流动负债合计	14492	10300
其中：货币资金	14336	18000	其中：短期借款	585	
应收账款净额	310	500	预收账款	843	1500
其他应收款	2204	2000	其他应付款	8975	5000
存货	534	500	应付工资	3274	1600
非流动资产合计	18685	16800	长期负债合计	9418	5000
其中：长期投资	890	800	其中：专项拨款	8309	5000
固定资产净值	8077	15000	负债合计	23910	15300
在建工程	6371		所有者权益合计	13303	23360
开发支出	3141	1000	其中：实收资本	2992	3000
递延资产	199		资本公积	7307	11500
			未分配利润	187	4560
			基金	2785	4000
资产总计	37212	38660	负债及权益总计	37212	38660

表 5－1－4 “十二五”规划损益测算表（院所） 单位：万元

项 目	2011 年	2012 年	2013 年	2014 年	2015 年	合计
一、营业收入	14880	16760	19020	21250	24000	95910
1. 主营业务收入	13250	14840	16940	19010	21600	85640
1.1. 检测收入	6100	6800	7800	8600	9500	38800
1.2. 情报信息收入	1000	1050	1100	1200	1300	5650
1.3. 技术服务类收入	1150	1490	1940	2410	3200	10190
1.3.1. 数码服装收入	500	800	1200	1600	2000	6100
1.3.2. 标准收入	150	170	190	230	330	1070
1.3.3. 计量收入	250	260	270	280	380	1440
1.3.4. 其他服务收入	250	260	280	300	490	1580

续表

项　目	2011 年	2012 年	2013 年	2014 年	2015 年	合计
1.4. 产品销售收入	3000	3200	3500	3800	4100	17600
1.5. 贸易收入	2000	2300	2600	3000	3500	13400
2. 其他业务收入	1630	1920	2080	2240	2400	10270
2.1. 房屋租赁收入	1210	1410	1510	1610	1710	7450
二、营业利润（毛利）	4460	4930	5430	6000	6660	27480
1. 主营业务	3530	3820	4220	4680	5260	21510
1.1. 检测	2760	2980	3300	3630	3960	16630
1.2. 情报信息	350	370	390	420	460	1990
1.3. 技术服务类	220	250	270	320	470	1530
1.3.1. 数码服装	90	120	140	170	230	750
1.3.2. 标准	30	30	30	40	70	200
1.3.3. 计量	50	50	50	50	70	270
1.3.4. 其他服务	50	50	50	60	100	310
1.4. 产品销售	160	180	210	250	300	1100
1.5. 贸易	40	40	50	60	70	260
2. 其他业务	930	1110	1210	1320	1400	5970
2.1. 房屋租赁	940	1110	1200	1290	1380	5920
减：营业税金及附加	540	610	720	790	900	3560
销售费用	340	360	380	410	480	1970
管理费用	3300	3420	3550	3680	3930	17880
财务费用	（120）	（160）	（210）	（260）	（300）	（1050）
加：投资收益	300	300	300	300	300	1500
三、营业利润	700	1000	1290	1680	1950	6620
四、利润总额	700	1000	1290	1680	1950	6620
减：所得税费用	80	140	200	280	330	1030
五、净利润	620	860	1090	1400	1620	5590

附录三：上海市纺织科学研究院研发框架(图5-1-10)

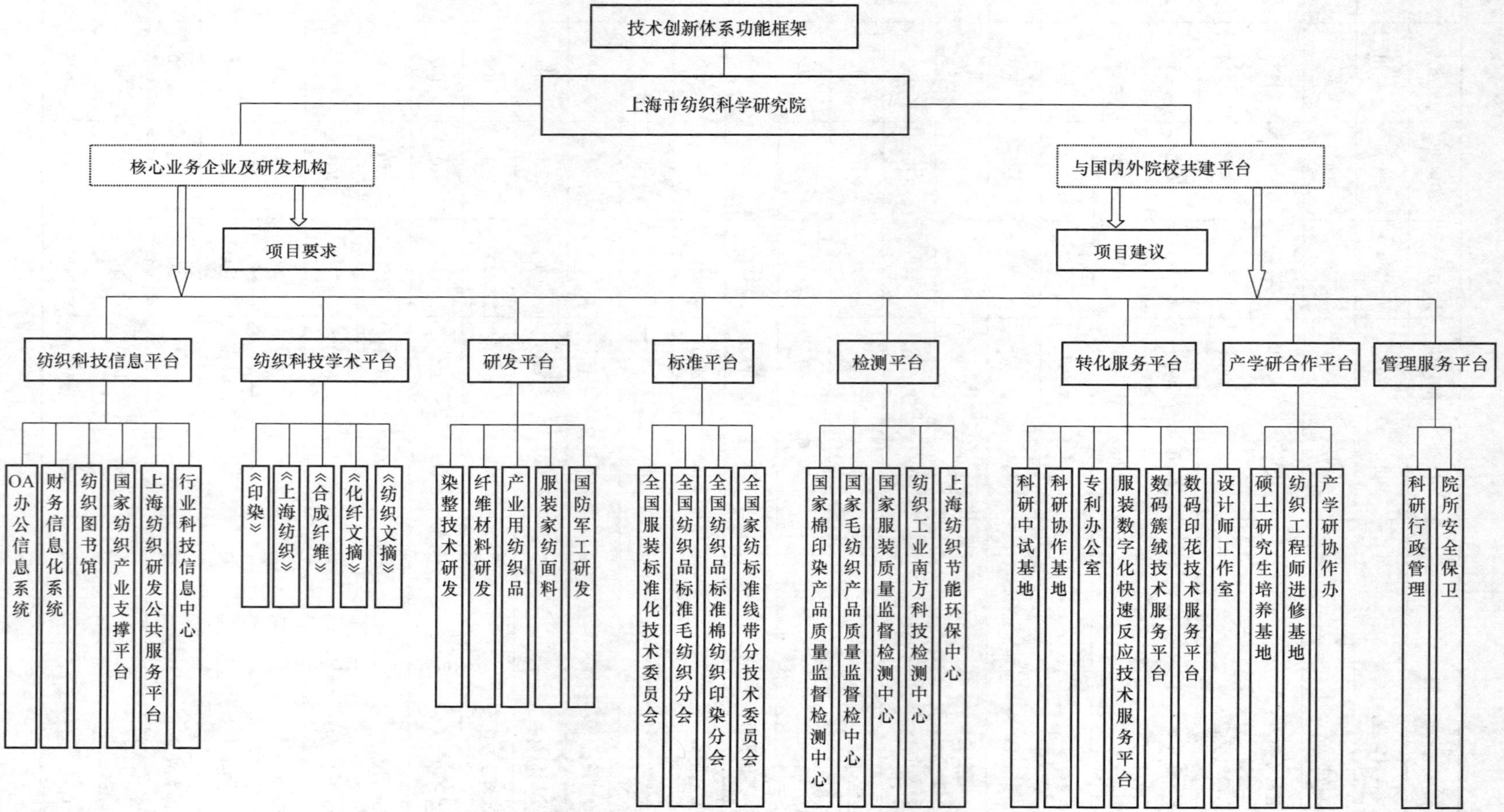

图5-1-10　上海市纺织科学研究院研发框架

根据上海纺织控股（集团）公司关于编制“十二五”发展规划的要求，院领导班子认真学习公司席时平董事长、朱勇总裁有关制订“十二五”发展规划的指导意见，在2010年年初就部署了院规划的编制工作并将其作为2010年重点工作加以推进。期间召开了多次专题会议进行讨论，仔细研究制订规划内容。在认真回顾总结“十一五”发展规划的基础上，对“十二五”院所发展方向和目标作了深入分析和定位，并最终形成《上海市纺织科学研究院“十二五”发展规划》。

参加《上海市纺织科学研究院“十二五”发展规划》编制的成员有胡申伟、解德诚、沈安京、倪福夏、谭豪清、韩建平、嵇建明、范善群、张德良、张庆、张伟等，在此对所有参与规划编制的同志表示感谢。

上海市纺织科学研究院
2010年4月28日

5.2 上海纺织研发基地及纺织服装技术公共服务平台项目竣工验收申请报告书

5.2.1 项目承担企业的基本情况

上海市纺织科学研究院创建于1956年，原为中国纺织工业部纺织科学研究院上海分院，1959年更名为上海市纺织科学研究院，隶属上海市纺织工业局。2001年，在改革开放、市场经济转轨时期，上海市纺织科学研究院由事业单位转制为科技型企业，现隶属上海纺织控股（集团）公司。

上海市纺织科学研究院由六个研究所、三个中心形成科研机构格局。六所分别是：上海市合成纤维研究所、上海市服装研究所、上海市色织科学技术研究所、上海市毛麻科学技术研究所、上海市印染技术研究所、上海市纺织工业技术监督所；三中心分别是：上海纺织节能环保中心、上海纺织新产品中心及上海纺织科技发展中心。至2010年年底，院所员工人数543人，教授级高级工程师9人，高级职称62人，中级职称111人，技术人员占在岗员工总数的53%。经过50年的励精图治，上海市纺织科学研究院逐渐发展成为我国目前规模最大、纺织专业设置最齐全的综合性纺织研发机构。

上海市纺织科学研究院主要从事纺织产品、工艺、设备和材料的开发应用研究。目前，研究领域正从纺织扩展到环保、航空航天、冶金、家电、汽车等相关行业，并且开始涉足高端纺织领域。产品从民用发展到产业用、医用、军工等方面。50多年来，累计完成科研成果1200多项，获准发明专利25项、国家科技发明奖5项、国家科技进步奖20

项、上海市科技进步奖71项、纺织部科技进步奖52项、上海纺织控股（集团）公司科技进步奖361项。上海市纺织科学研究院是AA+信用等级单位，经审计确认，2010年度主要经济指标完成情况：净资产10686万元，营业收入12872万元，净利润683万元，技术开发费用1330万元（表5－2－1）。

表5－2－1　上海市纺织科学研究院2007～2010年财务状况（单位：万元）

	总资产	净资产	营业收入	净利润	技术开发费用
2007年	28657	13387	8647	852（免税）	1387
2008年	32293	13739	8947	530	1055
2009年	32371	10082	13104	960	1060
2010年	34136	10686	12872	683	1330

5.2.2　改造项目的依据

“上海市纺织科学研究院科研综合楼”工程项目经上报上海市经济委员会，于2007年6月26日批文立项，沪纺织投〔2007〕268号文转批立项。

“智能数字技术的服装设计制版快速反应技术服务平台”项目于2008年9月获上海市经济和信息化委员会批准实施，资助经费100万元。

“上海市纺织专业数字信息服务平台”项目前期获上海市发展和改革委员会批准实施，资助经费110万元。

5.2.3　改造项目的主要内容

“上海纺织研发基地及纺织服装技术公共服务平台”项目具体由“上海市纺织科学研究院科研综合楼项目”“智能数字技术的服装设计制版快速反应技术服务平台”以及“上海市纺织专业数字信息服务平台”三个子项目组成。

科研综合楼项目属于基础设施建设，有利于加强院所整合，集聚科研力量，为其他生产与科研服务项目提供必要的办公场地和各类硬件设施支撑，同时为其余两个项目建设提供基础保障；“智能数字技术的服装设计制版快速反应技术服务平台”的目标是在上海建立一个集聚着国内顶级服装设计师，装备着国际最先进的服装制造设备，集研发、设计、打版、制造于一体的服装快速反应技术服务平台，是结合上海服装行业特点、符合现代流通与服务业发展趋势的新型业态，也是纺织服装技术公共服务平台首先建成推出的服务项目；“上海市纺织专业数字信息服务平台”则是在上海纺织研发基地建成后，通过传统借阅与多媒体信息服务等多种形式，彻底解决网上查阅专业科研资料难的问题，向纺织服装企业、纺织科研院所与大中专院校提供知识共享、互动交流、技术合作等服务，是上海纺织研发基地及纺织服装技术公共服务平台对外服务最直接的窗口。

5.2.3.1 上海市纺织科学研究院科研综合楼项目

上海市纺织科学研究院科研综合楼高度为78.5米，地面以上20层，地面以下1层。总建筑面积为27165平方米，地上部分23103平方米，地下部分建筑面积为4062平方米。一、二层楼层层高为4.2米，标准层楼层层高为3.5米，在满足使用功能的情况下，尽量节约空间，节省资金。此建筑项目主要特征见表5-2-2，主要经济技术指标见表5-2-3。

表5-2-2 建筑项目主要特征

名　称	主体大楼	地下车库
建筑物类别	一类高层	中型Ⅱ类
耐火等级	一　级	
抗震烈度	七　度	
建筑性质	科研综合楼	
主要结构形式	钢筋混凝土框筒结构	钢筋混凝土框架结构
建筑层数	地上20层，地下1层	地下1层
建筑面积	27165平方米	

表5-2-3 上海市纺织科学研究院科研综合楼项目主要经济技术指标

序号	名称	单 位	指 标	备 注
1	规划用地面积	平方米	27000	—
2	总建筑面积	平方米	26378.8	—
3	原有建筑面积	平方米	35268.74	不含拆迁建筑面积8000平方米
4	新建建筑面积	平方米	26378.8	其中：地上建筑面积：22694平方米 地下建筑面积：3684.8平方米
5	新建建筑占地面积	平方米	1632.7	—
6	停车数量	辆	200	地上80辆、地下120辆
7	绿化面积	平方米	5455.8	—
8	绿化率	%	20	—
9	容积率	—	2.1	—
10	装机容量	千瓦	1600	（2×800瓦）
11	生活用水量	立方米/天	150	—
12	冷量	千瓦	2640	—
13	生活污水排水量	立方米/天	135	—
14	总投资	万元	10515	—
15	固定资产投资	万元	9609	—

科研综合楼具体分布如下：

1层：商务中心（会务、服务中心）；

2层：上海市纺织科学研究院资产管理部、上海市纺织专业数字信息服务平台、上海市纺织科技情报所、网络机房；

3层：科技学术交流中心（大会场、中会场、小会场）；

4层：国家纺织产业创新支撑平台，上海纺织研发公共服务平台，《印染》《上海纺织科技》《合成纤维》全国中文核心期刊，以及《纺织文摘》《化纤文摘》编辑部；

5层：上海市毛麻纺织科学技术研究所；

6层：上海市印染技术研究所、上海市色织科学技术研究所；

7层：上海市纺织节能环保中心、上海市纺织科技发展中心、服装设计服务中心；

8层：上海市服装研究所；

9层：上海市纺织科学研究院财务处、人力资源部、开发中心、军工特品、上海市合成纤维研究所、上海东纺科技发展有限公司；

10～18层：待定；

19层：上海市纺织科学研究院管理部门、质量管理部门、技术中心；

20层：新产品陈列展示中心。

5.2.3.2 智能数字技术的服装设计制板快速反应技术服务平台

（1）建立服装流行信息快速反应机制。依托“大师工作室”，综合高校、企业、社会人力资源的优势，以最优模式在最短的时间内收集、整理国际服装流行趋势，通过设计师团队的集体智慧，快速完成与国内服装流行实际情况的综合，并以时尚的、全新的方式适时发布。

（2）构建服装生产快速反应系统，实现真正意义上的“量身定制”。结合上海工程技术大学现有的服装快速生产反应系统的研究成果，以实现“量身定制”高级成衣为目标，购置先进设备和仪器，打造人体测量简单、设计过程方便、单件生产快速的服装快速反应技术服务平台。

（3）建立上海服装打板中心，为服装企业服务。根据服装企业对服装款式的要求，“大师工作室”首先借助服装流行信息快速反应系统的帮助，参考设计师团队的集体智慧和灵感，在服装款式设计系统上确定服装款式、色彩及面辅料的搭配。然后由服装生产快速反应系统的前半段工序——服装结构设计系统自动打板、放码和排料。最后，数据信息可直接通过网络系统传递至服装企业组织生产，从而实现服装打板中心对全国各地服装生产企业的技术支持。

5.2.3.3 上海市纺织专业数字信息服务平台

（1）上海市纺织专业数字信息服务平台建设内容包括以下三个方面：

①改建上海纺织科技图书馆图书阅览室，阅览室重新布局，并进行网络布线，引入宽

带网络，配置服务器和电脑设备设施、图书检索系统和多媒体查询系统，建设一个现代化的纺织科技图书电子阅览室。

②分类、整理、编码上海纺织科技图书馆的藏书，录入汇文图书管理系统，进行图书借还管理。

③建设“上海市纺织专业数字信息服务平台”门户网站，整合各类数字资源，包括图书馆藏书资源、原创纺织科技信息资源、二次文献以及中外文纺织数字资源等，通过门户网站服务纺织产业及企业。

（2）门户网站要实现以下目标：

①信息资源的集成与展示实现。基于现有资源镜像系统、基于本地自建特色资源以及其他相关单位资源的整合方案，并基于整合后的结构实现跨资源、跨数据库的统一检索，统一的用户权限认证，分步式的科技共享服务。

②一站式信息服务。根据科技信息及时有效的特点，平台用户需要持续地对某一专业的信息进行长期跟踪，以获取最新的科技信息，这就需要进行资源订阅以及资源的主动推送，平台门户的价值最终是通过一站式的专业化、个性化服务体现出来的。平台提供信息查询、信息订阅与推送、信息资源导航及资源发现、信息交换接口订制等服务。对提供全文数据库的资源文献库，实现全文跨库检索。

③跨库、跨平台全文检索。平台门户资源包含了海量科技文献和科学数据资源，由于资源库的来源、所属平台、操作系统以及应用数据库系统类型不同，全文检索需要针对具有不同权限的资源库进行不同程度的爬网，对跨平台资源进行检索，为用户提供高效、快捷的信息资源检索查询服务。

④平台管理。平台用户包含平台投资者（政府部门）、平台建设者（资源提供方/结点）、平台管理者、平台信息资源的最终用户（各企业用户、个人用户），因此需要对平台门户上的各类用户、资源及服务进行管理，并对平台门户内的用户信息、权限的统一规划进行管理；还需要对平台门户的栏目内容、数据资源进行管理与维护；对用户的服务请求、服务过程、服务结果、服务质量等各个环节的信息进行记录、控制与管理；并对信息资源原文下载服务进行计费管理等。提供平台信息资源数量、使用情况（信息浏览、下载）等方面的统计分析数据，为管理者及政府投资决策服务。

5.2.4 改造项目计划执行情况

5.2.4.1 项目进度安排及完成情况

（1）上海市纺织科学研究院科研综合楼项目进度。

① 2007 年 11 月完成项目初步设计方案。

② 2007 年 12 月进行扩建方案报批。

③ 2008 年 1 月进行监理和施工招投标工作。

④ 2008年6月~2009年7月土建施工。

⑤ 2009年8月~2010年1月大楼装修。

⑥ 2010年1月~2010年6月竣工验收。

（2）智能数字技术的服装设计制版快速反应技术服务平台项目进度。

①平台筹建、设备安装阶段（2008年8月~2010年3月）。

a. 建设“大师工作室”，建立样衣生产流水线基地（2008年8月~2009年6月）。

b. 引进服装CAD、CAM系统软硬件设备及国内配套设备安装（2008年9月~2009年10月）。

c. 建立平台局域网，实现互联网（纺织公共服务平台）的联网对接（2008年12月~2010年3月）。

d. 平台设备调试运行（2009年2月~2010年3月）。

②攻关信息输入及平台试运行阶段（2009年4月~2010年3月）。

a. 三维测量转换成AccuMarkMTM数据格式输入（2009年5月开始）。

b. 适体参数智能推理系统软件输入（2009年3月开始）。

c. 三维试衣系统软件输入，网上展示（2009年3月开始）。

d. 承担国内外服装设计、制板、样衣制作、订单，快速反应交货（2009年6月开始）。

③竣工验收阶段（2010年6月~2010年12月）。

a. 攻关课题完成，自主知识产权申报登记（2010年6月~2010年12月）。

b. 平台运行全面达标，组织验收（2010年3月~2010年6月）。

（3）上海市纺织专业数字信息服务平台。该项目实施计划见表5-2-4。

表5-2-4 上海市纺织专业数字信息服务平台项目实施计划

年度	月份	季度计划和季度目标
2008年	6~8月	数字图书馆前期规划、设计；设备调研与采购
	9~10月	数字图书馆、电子阅览室装修工程启动；数字图书馆具体实施方案设计
	10~12月	数字图书馆、电子阅览室装修工程收尾、验收；确定数字图书馆实施方案；采购纺织专业电子数据库
2009年	1~3月	采购、安装、调试数字图书馆软硬件设备及相关电子设备
	4~6月	原有藏书条形码加工；上海纺织数字图书馆信息服务平台搭建初步完成
	7~9月	原有藏书条形码加工；图书馆数据整理输入、应用；平台内部测试
	10~12月	采购纺织专业电子数据库；管理人员培训
2010年	1~2月	上海纺织数字图书馆信息服务平台试运行；项目初步验收、总结，运行人员培训
	3~4月	反馈意见收集；软件完善、系统改进
	5~7月	总结报告、成果；运行服务部人员考核上岗；最终完善系统
	8~9月	运行维护制度定稿；项目正式对外开放；项目最终验收

5.2.4.2 资金管理

项目承担单位——上海市纺织科学研究院在资金使用管理上，遵循“统一规划、专款专用、预算控制、逐级审核”的原则，保证资金运行合理、规范，发挥最佳效益。项目资金使用情况及差异见表5－2－5。

表5－2－5 资金使用情况表

项目名称		预算（万元）	实际（万元）	差异（万元）
1. 上海市纺织科学研究院科研综合楼项目				
（1）建筑工程		6829.4427	7778.92	949.48
①土建工程（含模板和超高费）		4650.6998	6123.18	1472.48
②装饰工程		2178.7429	1655.74	－523.00
（2）安装工程		2260.2505	2515.38	255.13
①给排水工程		527.7369	693.04	165.30
②通风、空调工程		484.2970	573.00	88.70
③电气工程（含弱电）		1108.2166	1100.14	－8.08
④电梯工程（4部）、机械停车设备		140.0000	149.20	9.20
（3）其他建设费用		695.5300	454.40	－241.13
①建设监理费及投资全过程控制费		107.1100	129.00	21.89
②设计、勘测、招标、审图及测试测量费		239.8500	231.58	－8.27
③拆房费		24.5500	25.25	0.70
④建设单位其他建设费用		324.0200	68.57	－255.45
（4）总投资		9785.2232	10748.70	+963.48
2. 智能数字技术的服装设计制版快速反应技术服务平台				
项目成本构成内容	①材料		59.95	
	②能源		0.94	
	③职工薪酬		39.52	
	④专用业务费		53.89	
	⑤设备		659.68	
	⑥技术开发费		81.95	
	⑦土建装修费		882.15	
	⑧其他		2.26	
合计		1772.00	1780.34	8.34

续表

项目名称		预算（万元）	实际（万元）	差异（万元）
3. 上海市纺织专业数字信息服务平台				
项目成本构成内容	①材料		0.35	
	②能源		2.48	
	③职工薪酬		92.21	
	④专用业务费		376.04	
	⑤外发加工费		28.35	
	⑥设备		322.56	
	⑦技术开发费		45.40	
	⑧土建装修费		423.90	
	⑨其他		8.52	
合计		1280.00	1299.80	19.80
实际投资合计	13828.84			

5.2.5 生产组织、准备情况

5.2.5.1 上海市纺织科学研究院科研综合楼项目

上海市纺织科学研究院综合大楼从2008年8月开始动工兴建，在科研楼项目建设中，对涉及金额较大的项目均采取招标形式。按照预算情况，对设计、监理、施工总承包以及各类专业分包项目（幕墙、消防、弱电、安保、空调）均进行了公开招标。招标工作委托上海祥浦建设工程监理咨询有限责任公司负责，由上海市建设工程招标投标管理办公室进行网上招投标告示，并由其组织专家进行招投标评审工作。经过一年半左右的时间，完成了桩基、结构、消防、安保、弱电、空调、幕墙、装修等多个项目的施工，并陆续通过了各项验收，于2010年6月正式投入运行。

5.2.5.2 智能数字技术的服装设计制版快速反应技术服务平台

2008年年底，技术服务平台和样衣工场建成，为平台运转奠定了基础。2009年2月，来自上海新联纺进出口有限公司的第一批业务订单打开了平台为上海纺织控股（集团）公司内外贸企业服务的通道。集团内诸如上海新联纺进出口有限公司、上海华申进出口有限公司、上海龙头（集团）股份有限公司、上海纺织装饰有限公司、上海申达进出口有限公司、上海飞马进出口有限公司等外贸企业陆续来平台进行款式设计、CAD服务、各种样衣制作及供应链咨询等。

同时，平台还与内外销品牌公司合作开发，例如，美国 Kyumi 的 2010 年春夏真丝系列，还有远销欧洲的法国品牌 Morgan、Sandro、Naf Naf，远销意大利的国际品牌 Glenfield、Fila 等，以及国内品牌 Tony Wear、EVE. NY、Lily 等进行合作和服务，获得了较好评价。

为了解决样衣利润小、投入大、生产季节性强的弊端，平台也开发了相应的加工合作工厂，以应对大批量订单的生产交期需求。同时工厂也培训了一批专业的质量跟单人员，对平台研发或者合作加工的产品进行严格的质量把关，确保交期和产品品质。

在集中了各方面设计水平、面辅料供应资源和平台自身强大的技术及生产能力的基础上，平台已拥有自主品牌 Kefa、Enjoy Young，着眼于功能性时尚服饰开发和年轻客户群的潮流服饰设计，开发了网络电视销售渠道和传统店铺销售渠道，并于 2009 年年底成为上海纺织控股（集团）公司高端品牌普洛利文（Prolivon）的具体企划运营团队。

两年来，平台团队的服务态度和服务时间颇受好评，共为各服装企业设计打板制作样衣 6155 款，总计 161089 件，产值 1064 万余元，销售收入 773 万余元。

5.2.5.3　上海市纺织专业数字信息服务平台

（1）建成了上海纺织科技图书电子阅览室，配备了运营服务所需的相关设备设施及系统软件，阅览室已正常对外服务，每天接待用户约 10 人左右。

（2）馆藏图书及期刊编码工作一直在持续，目前已经编码并录入汇文图书系统 3 万余册；文摘类数据也一直在数字化，目前已经完成并上传至网站后台约 124627 条记录。

（3）建设成“上海市纺织专业数字信息服务平台”门户网站，该系统能够提供信息资源整合集成、统一资源搜索服务、个性化信息服务、增值信息服务、推送信息服务、企业竞争情报、知识管理与决策支持服务等。

（4）采购、安装并已经运营服务的中文纺织专业数字资源约 24.7 万篇全文数据、成果专利数据约 490 万条、外文文摘数据约 1893 万条。

（5）平台推广并吸收 408 名注册用户。

（6）编制了“上海市纺织专业数字信息服务平台”会员管理制度和《图书期刊借阅服务暂行条例》等相关制度。

5.2.6　技术经济效益情况

5.2.6.1　上海市纺织科学研究院科研综合楼项目

随着上海纺织业的不断发展，围绕上海纺织控股（集团）公司“科技与时尚”的发展战略规划，上海市纺织科学研究院将继续加强建设成为公司的中央研究院，成为科技纺织的先导、时尚纺织的支撑，实现科研企业三个转型的目标，即从事业单位到企业单位的转变，从企业单位到科技企业的转变，从科研成果到企业产业化成果的转变。

上海市纺织科学研究院综合大楼改建后，进一步优化了研究院的运作模式，集聚科研资源，为“上海纺织研发基地及纺织服装技术公共服务平台”的建设提供场地与各类硬件资源，为各项服务的开展奠定基础，同时也有效促进研究院自身科研工作的发展。

5.2.6.2 智能数字技术的服装设计制版快速反应技术服务平台

智能数字技术的服装设计制版快速反应技术服务平台工作流程见图5－2－1。

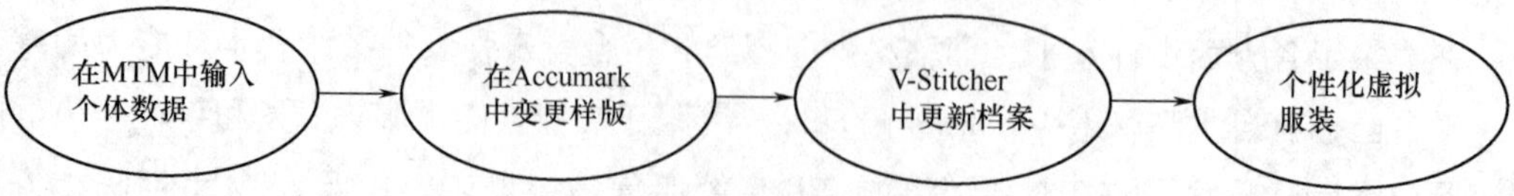

图5－2－1 智能数字技术的服装设计制版快速反应技术服务平台工作流程示意图

（1）建设效果。本项目实现市场制衣快速反应，集成的信息化模块包括三维人体扫描系统、服装CAD系统、服装MTM系统、服装三维试衣系统，并且通过产学研的研究解决了不同开发商之间的端口问题，使得软硬件无缝链接集成一体，可以为市场提供快速一站式服务。

①应用自主知识产权的软件，将加拿大设备的全自动人体净尺寸输出数据端口，与美国开发商的Accumark MTM输入格式对接。

②建立符合中国体型特征的个性化样板知识库和适体参数的智能推理系统，实现了以人工智能、智能控制等理论为指导，提供操作简易、直观化的制版系统软件。

③开发应用服装三维试衣软件，通过互联网展示面向真人的三维试衣系统。

④将设计、测量、排料、制版、裁剪进行智能数字化集成和操作。

⑤数字技术的人体测量、设计、排料、制版、裁剪系统在平台中运行正常，攻关项目的开发软件具有良好的界面，与平台中集成的其他软硬件有良好的兼容性。

（2）社会效益。

①集聚效应。服装是纺织科技的集中体现，是纺织形象的整体展示。建设一个设施先进、设计先进、技术创新、服务到位的技术服务平台，有助于向市场、向社会各界展示上海纺织“科技与时尚”的新形象，将吸引时尚企业及设计师前来扎根创业，发挥筑巢引鸟的集聚效应。

②品牌效应。品牌培育处于上海纺织产业链末端，通过以服装设计大师领军的数字化时装创意设计平台，培育、塑造品牌和商标，通过先进新潮的设计、快速反应机制以及周到的服务，形成独有的品牌风格和形象，为各类服装企业打造和提升本土品牌创造条件。

③人才培训基地效应。职业教育人才培养影响着行业的未来，平台与上海工程技术大学合作建立产学研教育基地，以先进的软硬件设施，一流的教学和研发的环境，人性化服务，培育起一支中国服装设计、制板人才队伍。

5.2.6.3 上海市纺织专业数字信息服务平台

上海市纺织专业数字信息服务平台项目秉承着“边建设、边服务”的宗旨，充分发挥实体机构的独特优势，在建设期内通过各种方式服务企业，在服务的同时也宣传推广平台门户网站及其丰富的文献资源。

2009~2010年，平台联合上海市纺织科学研究院情报所各编辑部共组织了10次专业技术研讨会，参会人员数千人，会议收入达40万元。技术文献翻译服务共计4次，收入1.2万元。为企业及政府等各类机构提供纺织专业技术咨询服务共2次，收入23万元。组织了专业技术培训活动共计20次，专业英语培训20次。为企业提供定向图书采购服务百余次，收入15万余元。为企业提供技术文献传递、复印等服务百余次。门户网站注册用户408名，其中，办理了数字图书馆借书证共计63个。网站用户订购全文文献330篇，共计857页；完成篇数266篇，共计840页；代查代借服务订购篇数55篇，完成39篇，共计113页。

5.2.7 总结评价

5.2.7.1 上海市纺织科学研究院科研综合楼项目

上海市纺织科学研究院综合大楼改建后，进一步优化了纺研院的运作模式，集聚科研资源，为“上海纺织研发基地及纺织服装技术公共服务平台”的建设提供场地与各类硬件资源，为各项服务的开展奠定基础，同时也有效促进纺研院自身科研工作的发展。

5.2.7.2 智能数字技术的服装设计制版快速反应技术服务平台

智能数字技术的服装设计制版快速反应技术服务平台基于数字化信息及CAD/CAM等技术集成建立了服装研发、设计、制板、打样一站式的快速反应技术服务平台，实现了数字化服装异构件的无缝连接。平台运行以来，界面清晰，运行系统稳定，为各服装企业进行技术服务，为各阶层人士量身定制进行个性化服务，取得了较好的经济效益和社会效益，实现项目合同规定的经济和技术指标。经立信会计事务所有限公司审计并出具审计报告，项目资金使用符合规定。经中国科学院科技查新咨询中心查询和科技咨询，本项目综合技术国内领先并达到国际先进水平。综上所述，本项目已完全符合项目验收的条件和要求。

5.2.7.3 上海市纺织专业数字信息服务平台

上海市纺织专业数字信息服务平台是“虚实结合”的公共服务平台。该平台一方面充分激活上海市纺织科技图书馆的馆藏图书期刊资源，利用信息化手段服务于各类用户；另一方面又充分利用上海市纺织科技情报所的技术力量，整理、编辑纺织科技原创信息资源，还积极为各类用户提供纺织科技咨询服务，同时，数字图书馆电子阅览室还可以为用户提供现场及远程信息服务。上海市纺织专业数字信息服务平台整合业内优质信息资源，充分发挥平台优势为纺织产业升级和企业技术进步把好“情报信息关”，完成项目总体目标与任务。

5.3 上海市纺织科学研究院50周年庆典活动发言

尊敬的胡延照副市长，尊敬的中国纺织工业协会许坤元会长，尊敬的肖贵玉部长、朱匡宇部长、市经委、市发改委、市科委、杨浦区政府陈书记、宗区长、徐明稚校长、汪泓校长。

各位女士、先生们，首先热烈欢迎各位来宾前来参加纺研院50周年庆典活动，感谢各位领导长期来对纺研院的指导和关心。感谢你们专程前来参会。感谢你们对纺织工业的关怀。感谢全体科研工作人员所作的贡献，对受表彰的科技人员表示祝贺。

今天，上海市纺织科学研究院走过了半个世纪。上海市纺织科学研究院建院50周年回顾与展望，值此喜庆的日子，让我们抚今追昔，展望未来，再创辉煌。

50年的历史，经历了纺织规模发展的阶段、纺织调整改革的阶段、都市纺织发展的阶段，传承中国工业经济发展文明；

50年的纺织，体现上海纺织是最早进入市场竞争领域的行业，是进入世界市场竞争纺织大国的一个缩影。

50年中，纺研院和合纤所涌现了孙晋良、郁铭芳2位院士、33位离休干部、44位红卡高工程师。目前，上海市纺织科学研究院在册员工总数710人，院士2人，教授级高工12人，高级工程师68人，工程师122人，中高级技术人员占员工总数28.73%。

50年来，我院在上级领导的关怀和支持下，依靠全院职工励精图治，从无到有、从小到大，取得了巨大的发展。50年的风雨兼程，50年的峥嵘岁月，蕴含着辉煌和璀璨，也赢得了半世纪的骄傲，更蕴藏着几代科技工作者和老前辈呕心沥血所作的伟绩。我们经历过艰苦创业的路途，品尝过丰硕收获的喜悦。50年来获得科研成果千余项，获得国家、部、市、局科技成果奖。现在，上海市纺织科学研究院已成为国内外颇具影响的、全国最大的综合性纺织科研院所之一。

纵观我院发展历史，可划分为五个阶段。

第一阶段，建设创业期（1956~1965年）。

第二阶段，科研低谷期（1966~1976年）。

第三阶段，科研复苏期（1977~1985年）。

第四阶段，科研发展期（1986~2000年）。

第五阶段，科研转型期（2001至今）。2001年我院由国家事业单位转制为企业。面临新的机遇和挑战，我院紧紧围绕我国纺织工业科研重点和主要任务，密切配合上海市技术创新的要求，积极参与上海纺织工业科技开发、结构调整和骨干工程建设。同时，结合我院优势和特点，建立起结构优化、布局合理、精干高效、纵深配置的科研与开发相互促进的良性循环机制，把我院建设成以研究开发新型纤维和产业用纺织品为重点的高科技研究中心，构成研发、信息、测试和转化四大平台。紧紧抓住新的机遇，勇挑时代赋予的重任，全面贯彻上海纺织控股（集团）公司“科技与时尚”、走高端纺织的发展战略，为全行业提供技术支撑与服务。

上海市纺织科学研究院建于1956年，原为中国纺织工业部纺织科学研究院上海分院。1959年更名，隶属于上海市纺织工业局，2001年1月由事业单位转制为企业，2002年2月成立上海纺织科技工业园。2002年3月上海市合成纤维研究所隶属纺研院，2003年3月纺织控股六中心划归纺研院管理，2005年2月纺织科研院所整合，五所划归纺研院管理。

50年的科技成果，历史科研成果1200多项；获发明专利25项；国家发明奖4项；国家科技进步奖18项；上海市科技进步奖71项；纺织部科技进步奖48项；上海纺织控股（集团）公司科技进步奖361项。

在军工配套项目中，承担着航天、航空以及其他各军种装备所需求的特种纺织品的研制及批量生产的任务，完成军工配套科研项目100多项。先后为通信卫星、直升机、歼十、运十二机、J－11战斗机、神舟五号飞船国家重点工程提供了轻质、高强、耐高温、耐疲劳、耐烧蚀等特种骨架复合材料；具有阻燃、防熔融、抗水压、防静电、防微波、防毒气、低辐射、高透湿舒适等各类新型防护面料。

今天，知识经济年代，纺织将走出一条“科技与时尚”的发展之路。实施战略转型，坚持科技兴纺，走高端纺织发展之路，在此举办纺研院50周年庆典活动，激励科技人员为之奋斗。

50年已经成为历史，而今纵观世界纺织科技的发展趋势。我们必须看到纺织产业总体的发展趋势，分析我国纺织科技与纺织科技的差距，选择公司科研方向，作出我们具体的计划。

世界纺织品市场个性化、舒适化、功能化、高科技化、时尚化的潮流，促进了纺织品小批量、多品种趋势的形成。市场的需求、科技的高速发展，使传统的纺织业越来越趋于现代制造业范式，从粗放型、劳动密集型产业向集约型、资金和技术密集型产业转变。随着纺织工业的发展，纺织技术不断形成新的创新，当前纺织技术的发展趋势如下：

5.3.1 纺织过程控制数字化

CAD/CAM技术的发展为纺织工业技术进步注入了新的活力。在纺织工业的运用也有了长足的发展。

5.3.2 纺织机械机电一体化

纺织机械技术的发展趋势可以归纳为：高速高产、优质高效、纺织机械机电一体化。电子技术的应用范围不断扩大，水平不断提高。

5.3.3 学科领域边缘交叉化

在纺织工业发展中，体现了与高新技术相结合、学科领域边缘交叉。纺织新材料与化学工程交叉；产业用纺织品与汽车工业交叉。

除了现代化学、生产化学及计算机的应用外，还有物理学的低温等离子技术、微电子技术、微波技术、电子束及辐射技术、超声波技术、激光技术、电磁场技术等都已经渗透到纺织工业的各个领域，提高了纺织产品的技术含量，对纺织工业技术进步起到了推动作用。

5.3.4 纺织产品技术复合化

化学纤维的复合技术和加工技术；纤维面料的复合复变技术；织物组织的交织复合、起绒起皱、提花绣花、贴花烂花等。

新型的复合面料产品，如多层复合面料、织物组织结构复合、复合装饰面料、复合地毯、防水透湿复合面料等。

5.3.5 印染后整理技术功能化

国际纺织业界在生态染整技术方面发展很快，染化料具有短流程、无污染等特点，印染正在或逐渐采用无水加工技术、无制版印花技术、低温等离子处理等技术，通过高效的复合制造和先进的印染工艺使得印染后整理工艺流程更短、生产效率更高、产品性能更好。

5.3.6 纺织产品高性能化

高科技纺织品在整个纺织品市场中的比例不断增长。目前，高科技纺织品主要有高性能的化学纤维、高技术的产业用纺织品、特种医疗和保健用纺织品等，这些高科技纺织品在广泛应用于国防、航天、水利、汽车制造、医疗、农业等领域的同时，对纺织技术提出了更高的要求。

50年后的今天，我院在控股公司的领导之下，贯彻公司“科技与时尚”的战略，围绕公司新一轮战略规划，体现一个发展理念，实现三个观念转变，构筑四大科技平台。整合资源，完善体系，为核心业务板块提供有力的科技支撑。发展科技纺织、绿色纺织、品牌纺织、时尚纺织，开拓纺织科技新局面。

纺研院工作目标是建设成为公司的中央研究院，围绕公司战略规划，成为科技纺织的先导，时尚纺织的支撑。实行科研企业的三个转型，即从事业单位到科研企业单位的转变、从企业单位到科技企业的转变、从研究成果鉴定到企业产业化成果转变。使科研与核心业务的发展结合起来，为实现公司的战略规划作贡献。围绕“科技与时尚”的战略，为上海纺织经济工作的新局面，为实施总体方案第二阶段规划开好头、起好步，确保公司调整、改革、发展总体方案第二步目标任务节点的胜利完成。

围绕国家和上海市中长期科技发展规划所确定的重点领域和优先主题、重大专项和前沿技术、应用方向、战略产品，走高端纺织之路，充分发挥科技创新对核心产业的支撑和提升作用。在“十一五”期间的定位是以科技为先导走高端纺织之路，其立足点是技术进步、技术领先、技术创新。重点在新材料研发、特种纺织品应用研究、节能环保型纺织技术等领域取得新突破；在整合社会科技资源、建设纺织科技公共服务平台方面取得新进展。

1. 大力发展科技纺织

重点科研项目有：

①1000 吨级芳砜纶纤维产业化项目开始启动（上海市科教兴市项目）。

②3000 吨双组分复合无纺布产业化项目生产线（上海市科研项目）。

③万吨级 Lyocell 纤维预备项目。

④燃料电池项目（与东华大学合作）。

⑤超临界 CO_2流体染色技术研究和样机研制（上海市科研项目）。

⑥聚乳酸纺丝（与同济大学合作）。

⑦耐高温绝缘纸项目。

⑧数码印花产业化项目。

⑨航天航空特种纤维和纺织品研发（国防科工委项目）。

⑩特种纺织纤维材料的开发应用。

⑪纺织染整特殊工艺。

⑫功能性防护服。

其中：军工配套项目 6 项，民用项目 7 项，包括：上海市科委项目 1 项：《上海纺织研发公共服务平台》；上海市经委创新项目 2 项：《溅射镀膜复合技术制备高效能电磁屏蔽织物》《超临界流体染色样机研制》；院开发项目 4 项：《木棉纤维利用与高性能产品开发》《新型高强高模阻燃导电复合材料》《超滤膜等离子体处理，接枝新技术开发》《大豆蛋白纤维的漂白工艺优化》。

复合无纺布项目取得新进展，与太平洋集团签约合作以来，一直坚持设备制造与试生产同步进行。主要针对国产原料（聚乙烯）进一步调试工艺，同时，继续试验系列化产品的生产。在试生产的同时，我们与太平洋集团紧密合作，已经完成了技术交底的工作。

上海纺织研发公共服务平台建设工作取得重要进展，完成了平台整体构架设计、设备选型和系统集成以及部分数据库的建设。

2. 建设公司技术创新体系

（1）形成科研技术体系的组织构架。集团科研技术体系的组织构架由科技信息情报、纺织研究、纺织设计、测试中心、试验基地等组成，形成一个科学研究领导体系。决定项目研究方向、科研项目、科研经费使用、技术创新项目的推广建议等，提供给集团领导决策。

（2）完善技术中心功能与任务。

①制订纺织控股公司技术开发战略规划、中长期发展规划，并负责实施。

②核心技术、关键（共性）技术的研发和超前产品的研制，增强技术储备以形成新的经济增长点。

③对重大技术问题和研究方向进行决策和咨询。

④组织一条龙协作项目，指导下属公司和重点企业的研发方向，避免重复开发和资源浪费，形成覆盖全行业的、纵横交错的三个层面的技术开发网络。

⑤建立纺织控股公司知识产权办公室，加强和直接指导下属企业的知识产权保护。

（3）整合科技创新力量。整合科技力量，就是要使集团内部分散的科研力量形成一个“科研系统”。要把科技信息、科技情报、纺织研究、纺织设计、中试实验工厂、企业产业化生产形成一个系统的、网络的、目标统一、信息共享、前道为后道服务、要分要合的科技系统。改变原来相互独立、分散、缺乏协作的局面。

使分散独立的研究设备整合成开放的、公共的、具有规模的科学研究平台。充分发挥科研人员和设备的作用。

（4）技术开发经费的投入保证。

（5）调动和激励科技人员的科研创新积极性。科技创新的动力来自企业内部的内动力，在科技研究取得成果的基础上使国家、企业、个人各得其所。要发挥广大科技人员的内在潜力和积极性，探索科研人员以生产要素参与分配的实践。

要发挥科研团队的作用，围绕公司的核心业务开展科研，推行项目经理，继续科研工作。

（6）实行项目科技带头人津贴制度。

（7）公司科技项目负责人津贴制度。

（8）科技项目成果奖励制度。

3. 做好产品开发和科研项目研发

根据公司制订的“十一五”科技发展规划，引导企业和研究院所开展一些关键技术的研究和前沿技术的储备，如新型差别化纤维、高性能纤维、新型纺纱技术、产业用纺织品、绿色染整加工技术、印染污水处理回收利用技术等。

做好重点产品的条龙开发。围绕公司核心业务发展，发挥公司产业链优势，做好重点产品的条龙开发。除了目前已起步的芳砜纶纤维后道产品开发、赛帛尔（木棉）产品开发外，重点组织好 Lyocell 纤维产品开发，以及聚乳酸纤维的条龙开发等。

与高校、国外研发机构联手，建立人才资源、科研项目开放、动态的培育和交流机制。可采用全方位、多渠道、各种形式的合作方式，如继续加强与东华大学、工程技术大学产学研的深层次合作，加强对纺织前沿技术项目的搜索、孵化和研发。做好产学研项目。

科技创新是走高端纺织的必由之路，是都市纺织发展的必经之路，是母亲工业形象必然存在的要求。

我们纺研院有决心使科技真正对核心产业起提升作用，为实现高端纺织起支撑作用。

感谢各位领导参加纺织研究院50周年庆典，这是对我们工作的支持和鞭策，我们将更好地贯彻“科技与时尚”的发展战略。

谢谢大家!

5.4 深入贯彻“科技与时尚”战略，促进都市纺织转型发展

上海纺织控股（集团）公司科技创新工作会议的主题是：进一步贯彻全国科技创新大会、上海市科技创新大会和上海市国资委科技创新大会的有关精神，围绕落实上海纺织控股（集团）公司“科技与时尚”战略，营造“尊重知识、尊重人才、鼓励创新”的氛围，弘扬科学精神，激励广大科技工作者为集团的新一轮“创新驱动、转型发展”作出新的贡献!

5.4.1 2006~2012年公司科技创新工作回顾

基于上海建设“四个中心”和优先发展先进制造业和现代服务业的城市和产业定位，借鉴发达国家纺织产业转型的成功经验，2004年年底公司确立了“科技与时尚”、走高端发展之路的战略理念，确立了新时期战略转型的指导思想和主要目标：以“成就无限科技梦想、编织多彩时尚生活”为使命，以“致力于成为中国现代纺织的领航者和全球客户信赖的服务商”为愿景，发展科技纺织、绿色纺织、品牌纺织、时尚纺织，实现由传统制造业向制造业后续服务价值链的延伸，努力打造与上海国际大都市相匹配的现代都市纺织业。

根据“科技与时尚”发展战略的要求，我们制订了公司科技创新的长期目标：以高端纺织为核心业务，引领国际纺织潮流，成为对中国纺织产业发展具有较强影响力的国际化创新型公司。同时，集团领导提出，要依托科技创新，加快培育、整合、提升产业链，围绕公司核心主业务落实科研和创新项目；要加快整合科研资源，构建科技创新体系，产生集聚效应，建设以企业为主体、市场为导向、产学研相结合的科技创新体系，使企业真正成为研究开发投入的主体、科技创新活动的主体和创新成果应用的主体，全面提升企业的自主创新能力。

自2006年以来，我们以科技创新为抓手，加快推进具有自主知识产权的高新纤维研

发及产业化，打造以产业用纺织品为发展重点的先进纺织制造业，着力培育、整合和提升产业链，强化集团科技创新体系建设，大力推进中央研究院建设，为上海纺织控股（集团）公司实现“从传统纺织制造业向产业用品、新型功能性化纤等高端制造业转型，从纺织制造业为主向国际贸易、品牌营销和时尚产业等现代服务业转型”作出了积极的贡献。六年来，公司共获得国家科技进步二等奖1项；“纺织之光”中国纺织工业联合会科学技术奖44项；上海市科学技术奖14项；上海市高新技术成果转化31项。此外，六年来集团共申请专利1371件，其中发明专利150件；授权专利1256件，其中发明专利授权数65件，并有4项国际发明专利；获得3项著作权；建立了“纺织专利检索库”。六年来，列入公司技术创新计划项目319项，技术开发专项资金项目92项，公司技术开发费投入90288万元，R&D投入66201万元。

5.4.1.1 具有自主知识产权的高新技术纤维研发和产业化取得重大进展

公司积极培育以高科技、差别化和环保型为特征的新型功能性化纤，投入大量人力、财力和物力，着力解决自主知识产权产品产业化过程中的技术难关，通过前后道产品的条龙开发，一批以具有自主知识产权的高新技术纤维为原料的新产品进入国内外市场，并在体现国家战略、打破国际技术壁垒和垄断中发挥了积极作用。

里奥年产1000吨Lyocell纤维的产业化项目，成为我国第一家拥有自主知识产权的Lyocell纤维专业化生产技术的企业。通过技术攻关，2009年又成功研发出世界首创的竹材Lyocell短纤维，成为世界上唯一一家竹材Lyocell纤维的生产商。由“里奥竹”纤维制成的绿色环保型和功能性的里奥竹大提花软凉席、高端提花素色床品套件、凉爽毯、复合毛巾被等家纺产品和针织产品一经推向市场，获得了消费者的广泛好评，社会反响热烈。“年产1000吨生物可降解Lyocell纤维关键技术及产业化生产项目”获2010年上海市技术发明二等奖。

芳砜纶是公司经过多年试验和产业化实践，创新发明的新型高分子结构耐高温纤维，产品的耐热温度高出杜邦产品10%以上，达到250℃。千吨级芳砜纶纤维项目的建成投产，填补了我国在耐高温纤维市场领域的空白。项目建成后，遇到了产业化、工程化、质量控制、后道产品开发等诸多问题，我们在公司层面建立芳砜纶产业链推进攻关小组，在生产稳定性、提高产品质量和后道产品开发及市场拓展等方面取得了重大进展，先后开发了芳砜纶水泥专用滤料、消防防护产品、色彩系列产品、工业防护系列产品和居家安全防护产品等。已生产防电弧服、石油工作服、消防服、炼钢服、电焊服等耐热防护服面料5万多平方米和各类防护服3万多件套；制备纺织印染行业的印花毛毯、针织预缩毯使用寿命远超原装进口配件一年左右使用期，供应市场已超过50吨。“年产1000吨芳砜纶耐高温纤维关键技术及产业化项目”获2010年上海市技术发明一等奖，并获得12项发明专利授权，其中有4项国际发明专利授权。“芳砜纶二期产业化工程技术方案”也已进行了专家论证。

与东华大学合作开发的超柔软深染改性聚酯纤维（派丝特）产品，纤维柔软度和深染度等明显优于阳离子可染（CDP）产品，接近和部分超过国外阳离子易染（ECDP）产品的水平，并实现常温可染（符合低碳排放标准）。华申公司根据纤维的特点，重点开发了派丝特纤维与棉混纺的袜用纱及袜子产品，并将产品向日本客户推荐，得到了客户的认可，签订了产品订单；龙头家纺推出了派丝特磨毛床品（商品名“派丝绒”），部分已进入市场；三枪集团目前已推出竹炭派、羊毛派、竹棉派及舒木尔派四个系列的新产品，市场销售情况良好。

德福伦围绕差别化战略，不断提升开发能力，注重科技创新和市场开拓，开发成功了高技术多功能纳米复合阻燃聚酯纤维、咖啡纤维、保暖升温纤维等高附加值的新型差别化纤维产品，盈利水平进一步增强。此外，我们还组织德福伦、纺研院、三枪等企业与东华大学进行产学研合作。

5.4.1.2 以产品创新为抓手，产业用纺织品业务取得长足发展

在汽车内饰纺织品业务上，我们通过不断强化科技创新，大力推进汽车地毯总厂市级技术中心建设，不断加强研发能力，在产品创新上下工夫，产品“含金量”不断得到提高，市场竞争力不断得到增强，申报了4项发明专利，成为宝马汽车在国内的第一家内资供应商以及奔驰、菲克斯·卡玛跑车等高档轿车的配套商，抢占了国内汽车内饰件产品市场的制高点。汽车地毯一、二次配套产品全国市场占有率达40%，汽车针织内饰顶篷面料全国市场占有率达30%以上，汽车安全带全国市场占有率达40%。

在新材料业务上，申达科宝不断加大产品创新力度，申请了5项实用新型专利，进行了4项高新技术成果的转化，船布、沼气膜结构等高毛利产品的比重不断增加，目前已成为国内膜结构和柔性复合材料研发和生产的龙头企业。其PVC海上围油栏（布）产品被应用到墨西哥湾原油泄漏事件的善后处置中，成为英国BP石油的围油栏总包供应商；为2008年北京奥运会提供了临时场馆1/3以上的膜结构材料，其产品还被用于2010年上海世博会远大等场馆的建设。

5.4.1.3 培育、整合和提升产业链，形成公司整体优势和对产业升级的科技支撑

公司领导强调依托公司从纤维到成品的产业链优势以及科工贸一体化的整体优势，致力于纺织品服装出口业务的升级。通过不断强化前道纤维企业和后道棉纺、印染和品牌制造企业的链接，加大公司层面“大纺织”的条龙攻关和新品开发力度，精心培育、整合和提升产业链；利用集团中央研究院——纺研院的科研资源，和拥有三枪、海螺等一批知名民族品牌，Prolivon、EY等新锐品牌，以及由8000多个网点组成的国内完整的营销网络等品牌营销资源，大力推进科工贸的有机结合，构建集团研发、设计、制造、营销和服务等环节的一体化优势；一批以芳砜纶、里奥竹、葆莱纤维派丝特系列等自主知识产权新型纤维为原料，各外贸公司设计团队自行设计的自主品牌产品成功进入国际市场。公司加强了研发设计、样品展示、快速打样等共享服务平台的建设，并投资建立了集研发、设计、打

版、制造于一身的数字化服装快速打样中心，为外贸和品牌企业服务，加快了外贸企业服装出样速度。

公司积极推动下属企业之间、科工贸之间的产品开发合作、条龙攻关合作、业务合作和服务合作，贯通研发、设计、制造、营销和服务的产业链，发挥公司的整体优势。

5.4.1.4 深化指导和考核，提升公司科技创新体系建设水平

公司领导高度重视公司技术中心建设，提出要有效运行公司技术中心，发挥科技创新协同作用，并进一步明确了技术中心的职责，即负责制订和实施公司技术开发战略规划、中长期发展规划；抓好核心技术、关键（共性）技术的研发和超前产品的研制，增强技术储备以形成新的经济增长点；做好对重大技术问题和研究方向进行决策和咨询；组织一条龙协作项目，指导下属企业的研发方向和相关项目申报；落实技术开发费项目立项管理，等等。

公司认真抓好重点企业科研投入的指导和考核，每年的技术开发费投入达 1.5 亿元，R&D 费用占制造企业销售收入的比例为 2.5 % 左右；每年拿出 1000 万元作为技术专项扶持基金，在一系列重要产品的研制开发等方面取得一定成效。在近年来公司总部下达的四次关于支持企业生产经营的若干意见中，均有明确的“科技创新”支持条款。为鼓励企业加快科技创新，公司对企业获得国家、上海市和中国纺织工业联合会科技奖励的项目予以配套奖励，对创建国家级、市级或区级的企业技术中心予以补贴，对获得授权发明专利予以奖励；积极引导企业积极申报“上海市引进技术的吸收与创新计划”和“上海市专利新产品计划”，每年有数十个项目通过上海市高新技术成果转化项目认定。为进一步完善科技创新的激励机制，公司建立了行业（项目）科技带头人制度，每月给予津贴，并对具有突出贡献的科研人员予以重奖，有效调动了科研人员的积极性。

依托纺研院科技资源，公司大力构建产学研用有机结合的知识创新体系，与东华大学、上海工程技术大学在项目合作、实训基地、人才培养等方面进行了多种形式的合作，先后与东华大学等单位成立了联合研究中心，将产学研用合作向深层次推进。2012 年上海纺织控股（集团）公司成为第一批国家级工程实践教育中心的建设单位（共建学校为：东华大学、上海工程技术大学）。

经过六年的建设，公司三级科技创新体系进一步得到了完善。目前，集团拥有上海市市级企业技术中心 6 家（三枪、海螺、申安、裕丰、汽车地毯、纺织控股），高新技术企业 10 家（申达科宝、新纺织产业、德福伦、申安、毛麻所、服装所、装饰所、荷叶、针织九厂、纺织印刷厂、松江埃驰）。2012 年又有 5 家企业申报科技小巨人企业；三枪被命名为 2102 年上海市设计创新示范企业；毛麻所、纺研院、新纺织产业通过上海市创新型企业评审。

5.4.1.5 加强中央研究院建设，努力构建纺织现代科技服务业

公司领导十分关心纺研院建设，提出要将纺研院打造成为公司的中央研究院，成为中

国一流乃至在世界都具有广泛影响的纺织研究机构，为中国从纺织大国走向纺织强国之路注入新的活力。在2006年纺研院建院50周年庆祝大会上，公司主要领导指出，纺研院作为中央研究院的主要任务是要对上海纺织控股（集团）公司核心主业的发展起到支撑和提升作用，进一步提高上海纺织控股（集团）公司的核心竞争力。通过科技含量的投入促进公司产品升级换代，使产品市场占有率上升、赢利水平提高，并不断通过科研成果的积累和产业化，形成新的产业。纺研院要积极把握世界纺织前沿技术的发展趋势，进一步发挥好众多科研院所及科技研发人才的优势，强化和提升信息、检测、研发、转化四个科技平台的功能，在重点科研项目的研发和攻关、重点产品的条龙开发、加强产学研合作、深化知识产权管理等工作上取得新的突破，为公司核心业务的发展和提升作出更多的贡献，真正做到“科技是第一生产力”，成为科技纺织的先导、时尚纺织的支撑。

我们以纺研院为载体，先后对六家研究院所和六个中心的科研资源进行了全面整合，搭建了信息情报、标准检测、研发项目、成果转化四个平台。经国家质量监督检验检疫总局授权，纺研院下属检验中心已成为具有第三方公正地位的专业检验机构，也是中国合格评定国家认可委员会（CNAS）认可的检测实验室。2010年，公司又在纺研院新建了一幢20层、2.7万平方米的科研综合大楼，形成了以科研、信息、设计、检测、工程、试验为一体的紧密型科研布局结构，进一步壮大了纺研院作为公司中央研究院的实力。目前，纺研院已拥有五本公开发行的纺织科技杂志、四个国家级纺织检测中心、四个纺织现代科技服务网站、两个技术服务平台（服装设计、数码梭织机），成为市教委评审通过的硕士研究生培养基地、市人事局认定的上海市工程师进修基地，还承担了大量国家及行业标准管理、研究、制修订与服务等工作。此外，还建成了一个集聚国内顶级服装设计师，装备国际最先进服装制造设备，集研发、设计、打版、制造于一身的数字化服装快速打样中心，加快了外贸公司的打样速度，提升了公司自主品牌的设计水平，拓展了高端个性化定制业务。

公司积极提升纺研院研发公共服务平台的服务水平，推进科技服务业的长足发展。纺研院的检测测试、情报信息、咨询服务、军工及标准物质等科技服务收入从2007年的6964万元增长到2012年的16235万元，实现翻番。目前，科技服务收入占纺研院总收入的比重为68.4%，经济效益的提升不仅增强了科技研发投入的实力，同时也实现了社会效益。此外，公司承担的国家纺织产业创新支撑服务平台（检测和标准服务子平台）项目建设按计划进度完成；数字化服装快速打样中心得到商务部肯定，被认定为大虹桥商务区服装设计基地。

近年来，纺研院还承担了航天、航空以及其他各军种装备所需求的特种纺织品的研制及批量生产的任务，2012年3月，纺研院又与解放军总后勤部军需装备研究所签署了战略合作协议，双方将共同组建项目攻关组，开放研究成果，实现信息共享，以协同创新的方式在军用被装领域应用新型纺织材料开展合作。

5.4.2 贯彻科技创新大会精神，进一步深化公司科技创新体系建设

当前，我们要深入贯彻国家、上海市和市国资委召开的科技创新大会精神，进一步深化上海纺织控股（集团）公司的科技创新体系建设。国家技术创新工程试点选择上海，为上海营造了良好的科技创新氛围。国家和市委、市政府领导指出，要在转变经济增长方式上率先取得突破性进展，就必须依靠科技进步，推动经济发展从资源依赖型、投资驱动型向创新驱动型为主转变。因此，我们要按照建设创新型国家的总体要求，聚焦国家战略、聚焦重大产业化项目，加快走上科学发展、创新驱动、内生增长、率先转型的发展轨道。

5.4.2.1 加快落实建设创新型国家、强化科技创新有关措施，支持企业“创新驱动、转型发展”

全国科技大会的召开指出，到 2020 年要基本建成适应社会主义市场经济体制、符合科技发展规律的中国特色国家创新体系。

上海市科技创新大会要求，要加快建设创新型城市，把创新驱动发展作为面向未来的一项重大战略，要尊重创造、注重开放、敢冒风险、宽容失败，大力培育适宜科技创新创业的文化土壤。

为此，公司领导从现状与发展要求出发，进一步明确：上海纺织的崛起必须充分发挥科技支撑作用，走高端路线，做大做强产业品牌。在 2012 年公司制订的关于支持企业“创新驱动、转型发展”的若干意见中，进一步突出了“鼓励企业技术进步和技术创新”的政策支持，如对获得国家级技术中心、市级技术中心的企业给予奖励和补贴；对获得国家和市的科学技术进步奖和技术发明奖的项目分别给予奖励补贴；集团行业科技带头人和项目带头人每月给予津贴；对获得发明专利授权的，对引进的高层次实用人才以及在品牌、时尚产业、电子商务等领域的高层次实用人才给予奖励；对获得高技能证书的人才，其培训和考证的费用给予补贴，等等。

5.4.2.2 贯彻科技创新大会精神，深化集团科技创新体系建设

科技创新体系是公司战略的基础建设之一，我们要全面发挥科技创新在产业中的引领和支撑作用，从技术中心、纺织研究院、基层企业三个层面全方位地构建公司的科技研发和科技创新体系。

我们要清醒地认识当前公司科技创新工作还存在的薄弱环节和问题。

（1）相当部分企业 R&D 投入不足，创新能力提高不快。这其中的主要原因是：部分企业领导对科技创新认识不到位，重当前、轻长远，没有处理好当前效益与持续发展的矛盾；公司考核指标引导不够，重年度考核、轻科技创新等长远考核。

（2）科技成果产业化工程项目往往需要上亿元的投入，目前政策上缺配套资金，支持、激励企业创新的力度不够，加强金融贸易与科技的联系和支持不够。当前，企业科技

创新缺少利益驱动力、目标推动力，靠的是责任推动力。工业技术创新从立项、试验、中试、产业化一般需六年时间，而企业经营者的一届任期仅三年。创新有高难度也有风险，由于企业资金投入能力有限，造成重视“短平快多”，技术储备不够，后劲不足。

（3）对科技创新的认识和衡量标准不够全面和统一。科技创新成果的衡量既要重视基础研究、专利发明、科技文献发表，还要重视科技成果产业化工程，鼓励科技成果与企业实践相结合。从现在的执行情况看，我们对开发自主知识产权又成功实现产业化成果转化的科技人员和企业家的激励还不够。此外，还需要进一步抓好科研体系的整合、优化，加大对公司产业链的支撑力度；科研项目的产业化还要深化，注重提高速度和质量。

（4）科技人员数量和质量与现代纺织制造业的目标还不匹配，缺乏科技创新的领军人才和学科带头人；需要尽快培养年轻科技人员来保证可持续发展。

（5）企业技术中心的建设还处在初级阶段；树立现代生产性科研服务理念还有差距。

因此，我们要以贯彻科技创新大会精神为动力，加快推进集团“十二五”规划和三年行动规划各项工作落到实处：

一是，在科技创新衡量标准上要突出科技成果、专利发明的产业化。科技创新成果的衡量既要重视基础研究、专利发明、科技文献发表，还要重视科技成果和发明专利的产业化；

二是，要进一步激发科技人员和企业家的科研创新积极性。要发挥广大科技人员和企业家的内在潜力，调动其积极性，探索科研人员和企业家以生产要素参与分配的实践，形成一支由学科带头人、教授级高级工程师、高级工程师、有成果的技术人员和有远见的企业家组成的新型科技创新队伍；

三是，要继续完善公司和重点企业的科技创新体系建设。要继续优化公司技术中心建设，重点抓好公司产业链一条龙的新技术配套、协调工作，加强行业科技创新体系指导和管理；继续强化中央研究院建设，重点抓好科研资源集聚和优化配置，进一步加强服务行业，实现产业链配套，支持业内其他企业科技创新能力的提高；继续推进重点企业的研发机构建设，全面提升企业自主创新能力；继续探索促进科技创新的考核和激励途径。

“十二五”期间具体目标有以下几点。

（1）研发体系：形成若干国家级、市级或区级企业技术中心和科技型中小企业。国家级技术中心 1 家；市级或区级企业技术中心 10 家；高新技术企业 13 ~ 15 家。创新型企业 5 家。

（2）科技投入：公司每年技术开发费 1.5 亿元；R&D 投入 1 亿元；技术开发专项资金 1000 万元。

（3）重大项目（芳砜纶纤维、Lyocell 纤维、Parster 纤维等）技术完善，形成完善的产业链和品牌运作。承担市级以上科技创新项目 10 ~ 15 项。

（4）科技成果：加强应用性技术研究和产业化，培育一批具有核心竞争力的产品、专利、科学技术奖和高新技术成果转化项目。

（5）建成一流纺织科学研究院，实现“四个八”目标（八大纺织科技平台、八个方面提升、八个重点科研项目和八个领域的产业链合作）。

5.4.2.3　以科技创新为引领，加快推进纺织产业能级提升

一是，要集聚公司科研部门、各企业、有关院校和研究院所的力量（包括与国外机构的技术协作），加大攻关力度，加快解决芳砜纶纤维、Lyocell 纤维和 Parster 纤维等条龙项目的工艺、技术瓶颈，同时进一步集聚营销力量，通过外贸、内贸企业的联动，大力发挥产业链综合开发优势，加快打通销售通道，扩大销售规模。

二是，要进一步贴近客户需求，依托汽车地毯总厂市级技术中心的优势，加快产品开发速度，进一步扩大汽车内饰件中高档市场的占有率，打造中国规模最大、品种最全、综合竞争能力最强的乘用车纺织内饰件供应商品牌。继续关注特种织造领域发展，研究开发系列特种复合材料。

三是，通过加大科技创新投入，整合提升和重点改造若干个产品有技术、管理有特色、配套服务能力强的传统纺织企业，不断提升为外贸和品牌龙头企业综合配套服务的能力。

四是，要充分发挥大虹桥纺织品服装创新基地、纺研院数字化服装快速打样中心和检测平台的作用，继续强化各外贸公司在设计、打样、研发方面的投入，进一步提升 ODM（Original Design Manufacturer，原始设计制造商）水平。

5.4.2.4　强化一流中央研究院建设，努力实现“四个八”目标

日前，公司主要领导到纺研院现场办公时指出：

（1）要有更高要求的目标，要站在更高的立场和角度去思考和定位，努力打造一流的中央研究院。

（2）要注重人才队伍的建设，尤其是要吸引和留住骨干，需要单位一把手的特别关注。关键要做到：一是分配机制的公正、公平和市场化；二是领导班子的正气和公正；三是企业文化环境要体现对人才和知识的尊重、对科研失败的宽容以及鼓励创新；四是要建立科学的评价标准，荣誉、分配等要向科研一线倾斜。

（3）要在产业链项目上有推动，在社会影响力方面有提升。

要协调各方、统筹规划，发挥院所作用，推动项目实施。因此，我们要进一步贯彻公司领导提出的新要求，努力实现“四个八”目标。

第一，加快形成八大纺织科技平台。在“研发、信息、检测、转化”四大平台科技创新资源整合基础上，完善科技创新平台的建设新模式和运作机制，充实和完善创新平台的工作内容，建立纺织科技的信息、学术、研发、转化、标准、检测、产学研和管理服务八大平台。

第二，实现八个方面提升。要围绕公司战略规划，强化一流研究院的建设，成为科技纺织的先导、时尚纺织的支撑，努力实现科研企业的“三个转型”，即从事业单位到科研

企业单位的转变、从企业单位到科技企业的转变、从研究成果鉴定到企业产业化成果转变。在八个方面取得成果：一流研究院的定位；一流管理的ISO体系认证；一流研究成果和学术高地；一流研究院的资产质量和盈利结构；一流研究院的企业形象；一流人才队伍、项目带头人、有话语权的专家；一流研究院的资质、企业资质、管理资质、人才资质；一流研究院的产业链合作。

第三，完成八个重点科研项目。国家纺织产业支撑服务平台（上海）、毛麻所进出口商品检验实验室、服装检测分站、上海大虹桥服装服饰出口创新基地、上海市纺织高性能纤维材料专业技术服务平台、复合纺丝产业化、关节轴承轴衬生产线条件建设项目、大飞机隔音材料等军品配套科研项目。

第四，实现八个领域的产业链合作。芳砜纶上下游产业链的合作、里奥竹上下游产业链的合作、超柔软易染聚酯纤维产业链的合作、与总后勤部军需装备研究所的战略合作、上海大虹桥服装服饰出口创新基地的研发检测和信息服务、与东华大学和上海工程技术大学等的产学研用合作、与上海市制造业创意促进中心的合作、与航天航空军品的配套科研项目合作。

5.4.2.5 强化项目管理，促进科技成果产业化

一是，要做好高新技术成果转化项目的认定，积极争取国家和上海市相关政策扶持，加快高新技术成果的转化和产业化，使科研成果尽快转化成商品，形成良性循环。

二是，要深入贯彻学习国家和上海市有关科技政策，结合项目立项，及时宣贯国家对科技创新的支持政策，每年选择1~2家重点企业，滚动发展，实现科技成果向效益转化，通过效益实现推动科技发展。

三是，做好项目申报《上海市高新技术产业化计划》、国家和上海市《重点新产品计划》的组织工作，组织有条件的企业申报“上海市创新型企业”和高新企业，争取科技型配套政策支持。

5.4.2.6 依托社会资源，进一步深化产学研用合作

一是，进一步发挥与东华大学“联合研究中心”、与上海工程技术大学“上海纺织工程产学研中心”产学研的引领作用，有效促进科技项目的研发和产业化。建立长效性例会制度，定期相互沟通，并积极探索新的发展方向。

二是，充分利用公司现有的科技顾问和专家团队，在重大科技项目的立项和方向决策等方面提供咨询服务。同时，建议公司建立“专家决策咨询委员会”，由公司科技顾问、外聘专家等组成，为公司重大投资项目提供决策咨询。

三是，把高校的基础研究和公司的应用技术研究紧密结合，从源头提出科技创新课题，针对业内科技项目产业化、工程化的瓶颈问题提供技术支持或对策。

四是，积极开展国际技术合作。

五是，利用长三角地域优势和产业背景，发挥现代纺织服务业功能，有效地辐射和整合社会资源，联动发展。

5.4.2.7 实施知识产权战略，提高集团核心竞争力

一是，通过对国外封堵芳砜纶专利案例的深入分析，进一步加强和完善知识产权的保护、实施等管理制度，制订知识产权保护和经营战略。促进科技成果在公司内部迅速推广，转化为生产力；或通过知识产权的许可、转让、出售等获得技术投资的回报。

二是，鼓励采用专利保护策略，开发具有自主知识产权的科技创新项目。鼓励企业加强对知识产权的奖励力度，包括专利申请奖励（主要指发明专利），以及专利实施后产生经济效益的奖励，在集团内形成尊重知识、鼓励创新的氛围。

三是，加强专业人员的培养，做好专利知识的培训。继续保持知识产权示范企业、资助企业，并扩大范围，做好知识产权的申报和维权工作。

5.4.2.8 加强人才培育、引进和梯队建设，打造一支强有力的科技创新队伍

走科技兴纺之路，关键是人才。因此，我们要树立“人才是科技创新第一资源”的理念，通过内部培养和外部引进并重的方式，构筑科技创新的“人才高地”。

一是，要重视培养高端人才，即科技领军人物、学科带头人、项目带头人、有话语权的专家、主任工程师、博士生导师、高级工程师、研究员。

二是，重点培育和吸引三方面的人才：拥有核心技术和产品的专业型人才、具有成长潜力和强烈的产业化意识的开拓型人才、具备组织实施和配套能力的复合型人才。

三是，充分利用党干校、研究生培养基地、工程师研修基地等资源，加强科技人才梯队建设，建设一支精通纺织高新领域和国际前沿技术的高能力素质专业技术人才队伍；建设一支忠诚有为、富有激情、素质复合、能担当重任的优秀青年人才队伍。形成老中青三个年龄层次的队伍和后备力量，加快集聚一批中高级人才和优秀青年人才，优化队伍结构，提高队伍整体素质。

四是，营造鼓励创新、宽容失败的科技创新氛围，探索建立有效的创新激励机制，鼓励科研人员多出成果，出好成果，最大限度地调动创新的积极性。

五是，形成若干年一次的公司科技创新大会制度，表彰、奖励科技创新先进集体和个人。

公司的战略转型吹响了“科技与时尚”的进军号角，公司的使命“成就无限科技梦想、编织多彩时尚生活”，意味着我们要肩负起引领纺织科技、推动现代纺织的崇高使命，要通过“科技与时尚”为客户提供更优质的产品和服务，为员工创造更多的学习和发展空间，为股东赢得更大的价值回报，为社会承担更多的企业公民责任，促进和谐发展、可持续发展。

科技创新是走高端纺织的必由之路，也是都市纺织存在的必经之路。科技创新有风险，只要肯登攀；转型发展有险阻，苦战能过关。

5.5 关于上海市纺织科学研究院2013年度主要经济指标完成情况审计报告

沪纺织审决〔2014〕18号

上海纺织（集团）有限公司

受上海纺织（集团）有限公司的委托，我审计小组按照2013年资产经营责任书及附加项目，于2014年3月6～12日，分别对上海市纺织科学研究院（简称纺研院）和上海纺织建筑设计研究院（简称设计院）2013年度主要经济指标完成情况进行了审计。纳入纺研院年度经济指标考核范围的单位共有14家，附加项目——纳入设计院年度经济指标考核范围的单位共有3家，相关被审单位分类汇总见表5－5－1。

表5－5－1 2013年度经济指标考核单位分类汇总表

类别	单位名称	简称	备注
考核纺研院单位14家	上海市纺织科学研究院	纺研院本部	纺研院合并报表
	上海市服装研究所	服装所	
	上海市合成纤维研究所	合纤所	
	上海市毛麻技术研究所	毛麻所	
	上海市色织科学技术研究所	色织所	
	上海市印染技术研究所	印染所	
	上海市织布研究所	织布所	
	上海流行趋势服饰设计有限公司	流行趋势	
	上海东纺科技发展有限公司	东纺公司	
	上海市纺织工业技术监督所	技监所	纳入考核范围事业单位
	上海纺织节能环保中心	环保中心	
	上海纺织科技发展中心	科发中心	
	上海市纺织新产品开发中心	新产品中心	
	上海市纺织工业压力容器检验站	压力容器	
附加项目设计院单位三家	上海纺织建筑设计研究院	设计院本部	设计院合并报表
	上海申安建设工程监理咨询有限公司	申安监理	
	上海申浦工程建设监理有限公司	申浦监理	

我们结合2013年度审计工作的要求，分别审核并查阅了由纺研院（14家单位）及设计院（三家单位）提供的财务报表（包括合并报表）、会计账册、凭证及有关经济资料，

现将审计情况报告如下。

5.5.1 2013 年度主要经济指标完成情况

5.5.1.1 纺研院主要经济指标完成情况

经审计汇总，资产经营责任书考核纺研院的四项年度主要经济指标均已完成。审计结果反映：科研投入完成年度考核指标的 118.24%，利润总额完成年度考核指标的 513.52%，应收账款与存货的周转天数完成结果亦好于年度考核指标。主要经济指标完成情况见表 5－5－2。

表 5－5－2 2013 年度主要经济指标完成情况审定表（纺研院）

指标名称	单位	考核指标	2013 年度完成数			全年完成与年度指标比	
			报表数	审计调整	审定数	增长额	增长率%
科研投入	万元	1200	1418.85		1418.85	218.85	18.24
利润总额	万元	1000	5135.17		5135.17	4135.17	413.52
应收账款周转天数	天	25	18.37		18.37	完 成	
存货周转天数	天	20	19.60		19.60	完 成	

有关年度考核指标及完成情况的说明：

纳入年度考核范围的技监所投资单位——标新纺织科技公司已完成营业收入 71.40 万元，实现利润总额 2.36 万元。因未纳入预算范围，审计未予调整。

5.5.1.2 设计院主要经济指标完成情况（资产经营责任书的附加项目）

经审计汇总，资产经营责任书考核设计院的四项年度主要经济指标中，主营业务收入、利润总额及存货三项考核指标已完成，应收账款指标则未完成。审计结果反映：主营业务收入完成年度考核指标的 159.43%，利润总额超额完成年度考核指标，应收账款则因主营业务增长未完成年度考核指标。主要经济指标完成情况见表 5－5－3。

表 5－5－3 2013 年度主要经济指标完成情况审定表（设计院）

指标名称	单位	考核指标	2013 年度完成数			全年完成与年度指标比	
			报表数	审计调整	审定数	增长额	增长率
主营业务收入	万元	2400	3826.26		3826.26	1426.26	59.43%
利润总额	万元	0	26.95		26.95	超额完成	
应收账款	万元	60	93.76		93.76	未 完 成	
存 货	万元	0	0		0	完 成	

有关年度考核指标及完成情况说明：

设计院合并报表反映：主营业务收入比上年同期增加1084.34万元，增长39.55%。其中：设计院本部完成3267.78万元，比上年同期增加1023.25万元；申安监理完成569.29万元，比上年同期增加71.90万元；合并抵销－10.81万元；申浦监理则无业务收入。此外，设计院按有关程序和规定，已于2013年11月完成浦东分院的工商注销登记，同月税务机构已受理其注销税务登记申请；已于2013年12月和2014年3月完成惠浦咨询的注销税务登记和工商注销登记。

2013年度，设计院为增强企业持续经营能力，在市场拓展方面取得了较大进展。2013年度承接项目的合同金额为9215.30万元（计63项），比上年度增加7093.57万元。新增合同主要是：2013年9月与福建龙顺纺织有限公司签订了龙顺大楼工程总承包合同6292.60万元及大楼人防、基坑工程合同375.26万元，原料公司1号楼外立面装修工程项目480万元，浙江兰宝毛纺集团有限公司整体搬迁发展项目合同248万元。实现利润总额则比预算净增加26.95万元。

5.5.2 经济运行情况简析

汇总2013年度的经营情况数据显示，纺研院按照资产经营责任书的考核目标，积极践行上海纺织“科技与时尚”战略，面对市场大环境的不利因素，在发挥中央研究院的科技研发能力、扩大检测等主要业务平台优势、“佩诺玛”服饰品牌的运作及市场拓展等方面持续增长。同时坚持有所为、有所不为的经营策略，适当调整贸易业务，整体经济运行的内涵和质量有一定的提升。对2013年度的经济运行情况分别作如下分析：

5.5.2.1 经营情况

汇总审计结果和数据显示，2013年度的主营业务收入与主营业务利润分别比上年同期增长1.58%和6.74%，主营业务利润率与三项费用率同比分别上升1.14个百分点和2.41个百分点，营业利润同比增长131.48%，利润总额则大幅增长。对主营业务的结构分析显示，占主营业务收入57%的检测业务持续增长，且收入与业务利润同比均有较大的增长；“佩诺玛”品牌服饰销售收入同比有所增长，但亏损额也在进一步扩大；主动调整的贸易业务收入同比减幅近三成。此外，2013年度纺研院本部将租赁业务计入主营业务，为同口径分析比较，审计已将上年同期的租赁业务作了还原汇总。有关经营情况分析及比较汇总见表5－5－4。

表5－5－4 经营情况与上年同期比较汇总表 单位：万元

项　目	2013年度	上年同期	同比+/－	同比+/－（%）
主营业务收入	23112.45	22752.29	360.16	1.58
主营利润	5444.59	5100.96	343.63	6.74

续表

项 目	2013年度	上年同期	同比+/-	同比+/-（%）
主营利润率（%）	23.56	22.42	1.14	5.07
三项费用	4961.85	4335.82	626.03	14.44
资产减值损失	11.08	0.80	10.28	净 增
其他损益	2825.73	660.13	2165.60	328.06
营业利润	3297.40	1424.47	1872.93	131.48
营业外收支净额	1837.77	414.59	1423.18	343.27
利润总额	5135.17	1839.06	3296.11	179.23

（1）主营业务收入情况。2013年度累计实现主营业务收入23112.45万元，比上年同期增加360.16万元，增幅为1.58%。按主营业务收入分类分析见表5-5-5。

表5-5-5　主营业务收入分类分析汇总表　　单位：万元

业务类别	2013年度	上年同期	增减额	增减率（%）
检测收入	13168.68	11143.42	2025.26	18.17
产品收入	5065.75	5414.51	-348.76	-6.44
贸易收入	1452.54	1990.98	-538.44	-27.04
情报信息收入	727.83	758.80	-30.97	-4.08
计量收入	609.87	1189.23	-579.36	-48.72
标准收入	438.42	486.91	-48.49	-9.96
技术服务收入	321.48	231.59	89.89	38.81
咨询等收入	273.26	512.57	-239.31	-46.69
租赁收入	1054.62	1024.28	30.34	2.96
合 计	23112.45	22752.29	360.16	1.58

①检测收入13168.68万元，同比增加2025.26万元，增幅18.17%。其中：技监所3763.08万元，同比增加1261.33万元；环保中心3382.91万元，同比增加406.84万元；服装所2340.36万元，同比增加279.45万元；纺研院本部1264.13万元，同比增加61.22万元；毛麻所1991.82万元，同比减少37.55万元。

②产品收入5065.75万元，同比减少348.76万元，减幅6.44%。其中：纺研院本部及印染、服装等五所合计3255.39万元，同比减少623.15万元；技监所1143.22万元，同比增加15.39万元；科发中心667.14万元，同比增加259.01万元，增加的主要是“佩诺玛”品牌及服饰加工收入。

③贸易收入1452.54万元，同比减少538.44万元，减幅27.04%，系由东纺公司继续缩减贸易业务所致。

④情报信息收入727.83万元，同比减少30.97万元，减幅4.08%。其中：纺研院本部611.95万元，同比减少62.53万元；服装所115.87万元，同比增加31.56万元。

⑤计量收入609.87万元（技监所），同比减少579.36万元，减幅48.72%。

⑥标准收入438.42万元，同比减少48.49万元，减幅9.96%。其中：技监所262.05万元，同比减少89.16万元；服装所176.37万元，同比增加40.67万元。

⑦技术服务收入321.48万元，同比增加89.89万元，增幅38.81%。其中：合纤所96.73万元，同比增加33.33万元；毛麻所92.72万元，同比增加66.78万元；纺研院本部79.66万元，同比增加3.60万元；印染所46.53万元，同比减少9.87万元。

⑧咨询等收入273.26万元，同比减少239.31万元，减幅46.69%。其中：环保中心242.08万元，同比增加121.80万元；科发中心31.18万元，同比减少361.14万元。

⑨租赁收入1054.62万元（纺研院本部），同比增加30.34万元，增幅2.96%。

（2）主营业务利润情况。2013年度累计实现主营业务利润5444.59万元，同比增加343.63万元，增幅6.74%。主营利润率23.56%，同比上升1.14个百分点。如剔除租赁业务利润，八个大类的主营业务利润同比增加412.85万元，主营利润率则为22.39%，同比上升1.56个百分点。主营业务利润分类汇总及分析如下（表5－5－6）：

表5－5－6　主要业务利润分类分析汇总表　　单位：万元

业务类别	2013年度		上年同期		增减额/率	
	业务利润	利润率（%）	业务利润	利润率（%）	增减额	增减（%）
检 测	4951.59	37.60	4072.40	36.55	879.19	21.59
标准经营	315.33	71.92	386.84	79.45	－71.51	－18.49
计量经营	259.62	42.57	165.34	13.90	94.28	57.02
情报信息	191.84	26.36	218.00	28.73	－26.16	－12.00
技术服务	79.16	24.62	－53.81	－23.24	132.97	－247.10
产 品	－454.24	－8.97	－132.89	－2.45	－321.35	241.82
咨询等业务	－352.73	－129.08	－156.08	－30.45	－196.65	125.99
贸 易	－51.11	－3.52	26.79	1.35	－77.90	－290.77
租赁业务	505.15	47.90	574.37	56.08	－69.22	－12.05
合 计	5444.59	23.56	5100.96	22.42	343.63	6.74

①检测业务主营利润为4951.59万元，占到全部主营利润的90.94%。收入同比增加2025.26万元，且主营利润率同比上升1.05个百分点，主营利润同比则增加879.19万元，

占到全部主营利润增加额的2.56倍。

②产品销售主营利润－454.24万元，同比减少321.35万元。主营利润亏损额比上年同期大幅增加，主要是由于科发中心的品牌服饰经营亏损所拖累。按单位类别汇总：纺研院合并报表单位产品收入合计3255.39万元，主营利润为158.22万元；技监所产品收入1143.22万元，主营利润为344.25万元；科发中心品牌服饰销售及加工收入667.14万元，直接成本1623.85万元，主营利润为－956.71万元，主营利润率－143.40%，与上年同期主营利润率－180.88%相比，主营利润率虽有较大幅度的上升，但主营利润亏损额同比增加30%。

③标准、计量、情报信息及技术服务等常态业务的主营利润合计845.95万元，同比增加129.58万元；主营利润率40.33%，同比上升13.46个百分点。常态业务的主营收入合计2097.59万元，同比减少568.94万元，但得益于主营利润率的大幅提升，常态业务的主营利润占到全部主营利润的15.54%，主营利润的增加额占到全部主营利润增加额的37.71%。

（3）三项费用情况。2013年度三项费用合计4961.85万元，同比增加626.03万元；三项费用率21.47%，同比上升2.41个百分点。三项费用分类汇总及分析如下（表5－5－7）：

表5－5－7　三项费用分类同比汇总表　　单位：万元

期间费用类别	2013年度	上年同期	增减额	增减率（%）
销售费用	341.48	229.41	112.07	48.85
管理费用	4784.82	4204.97	579.85	13.79
财务费用	－164.45	－98.56	－65.89	66.85
三项费用合计	4961.85	4335.82	626.03	14.44
三项费用率（%）	21.47	19.06	2.41	12.66

①销售费用合计341.48万元，同比增加112.07万元，增幅48.85%，主要是纺研院合并报表单位业务收入增长而有所上升。其中：服装所增加64.60万元，印染所增加22.20万元，东纺公司增加17.49万元，色织所增加4.47万元，合纤所增加3.31万元。

②管理费用合计4784.82万元，同比增加579.85万元，增幅13.79%。其中：纺研院合并报表单位合计增加798.45万元，五家事业单位合计减少218.60万元。

按管理费用各子项目与上年同比，增加的主要是：研究与开发费550.22万元，职工工资及社保支出302.06万元，其他48.56万元，编外人员费用54.94万元，折旧42.53万元；减少的主要是：其他268.53万元，业务招待费21.37万元，各类业务费用114.93万元。

③财务费用（纺研院合并报表单位）合计 -164.45 万元，同比减少 65.89 万元。其中：利息收入合计 160.66 万元，同比增加 40.27 万元；未确认融资费用同比减少 25.73 万元。

（4）资产减值损失情况。2013 年度资产减值损失合计 11.08 万元，同比增加 10.28 万元。主要是纺研院合并报表单位按规定计提减值准备，其中：计提应收账款坏账准备 5.03 万元，计提其他应收款坏账准备 6.05 万元。

（5）其他损益情况。2013 年度其他损益合计 2825.73 万元，同比增加 2165.60 万元。按其他损益类别汇总及分析如下（表 5 -5 -8）：

表 5 -5 -8　其他损益分类同比汇总表　　单位：万元

项　　目		2013 年度	上年同期	增　减
营业税金及附加		294.91	189.71	105.20
其他业务利润		2609.06	549.20	2059.86
其中	其他业务收入	6398.20	916.24	5481.96
	其他业务支出	3789.14	367.04	3422.10
投资收益		511.58	300.65	210.93
其他损益合计		2825.73	660.13	2165.60

①营业税金及附加合计 294.91 万元，同比增加 105.20 万元，营业税金及附加的支出随业务收入增长而增加。其中：纺研院合并报表单位合计增加 104.60 万元，技监所增加 21.28 万元，科发中心和环保中心分别减少 18.51 万元和 2.17 万元。

②其他业务利润合计 2609.06 万元，同比增加 2059.86 万元。其中：其他业务收入合计 6398.20 万元，同比增加 5481.96 万元；收入增加的主要事项是：新产品中心收到四平路 28 号房产转让款 3420 万元，纺研院本部收到新产品中心房产转让结构调整金 1600 万元。其他业务支出合计 3789.14 万元，同比增加 3422.10 万元；支出增加的主要事项是：新产品中心结转转让房产的成本和税金、支付补偿款及结构调整金等合计 3204.89 万元，能源及水、电话费等支出同比增加 70.98 万元，其他支出同比增加 142.85 万元。

③投资收益合计 511.58 万元，同比增加 210.93 万元。按投资收益来源分类：纺研院本部收到丝绸公司红利 500 万元（上年同期 300 万元），织布所收到华泰证券红利 0.65 万元、出售 2.51 万股申达股份股票收益 10.93 万元。

（6）营业外收支净额情况。2013 年度营业外收支净额 1837.77 万元，同比增加 1423.18 万元，主要是政府补贴同比增加 1440.56 万元。本年度结转政府补贴的单位分别是：纺研院本部 1600.07 万元，毛麻所 153.95 万元，服装所 100.49 万元。按营业外收支类别汇总见表 5 -5 -9。

表5－5－9　营业外收支分类汇总表　　单位：万元

项　　目	2013年度	上年同期	同比增减
营业外收支净额	1837.77	414.59	1423.18
一、营业外收入	1861.39	420.83	1440.56
1. 固定资产清理收益	2.88	1.06	1.82
2. 政府补贴	1854.51	418.52	1435.99
3. 其他收入	4.00	1.25	2.75
二、营业外支出	23.62	6.24	17.38
1. 固定资产清理损失	12.39	0.94	11.45
2. 捐赠支出	2.60	5.30	－2.70
3. 其他支出	8.63	0.00	8.63

（7）利润总额情况。2013年度累计实现利润总额5135.17万元，同比增加3296.11万元，增幅达179.23%。与上年度同期比较，纺研院合并报表单位利润总额同比增加2262.76万元，增幅达208.48%；事业单位利润总额合计同比增加1033.35万元，增幅达137.11%。纳入考核范围单位完成的利润总额分列汇总见表5－5－10。

表5－5－10　考核范围单位利润总额同比汇总表　　单位：万元

考核单位	2013年度	上年同期	增减额	增减率（%）
纺研院（合并）	3348.13	1085.37	2262.76	208.48
技监所	2502.33	1216.16	1286.17	105.76
环保中心	41.36	50.77	－9.40	－18.52
压力容器	15.33	7.80	7.53	96.60
产品中心	－7.71	－40.77	33.05	－81.08
科发中心	－764.28	－480.27	－284.01	59.13
合　计	5135.17	1839.06	3296.11	179.23

5.5.2.2　经常性利润分析

经对2013年度的利润结构分析反映，经常性利润同比增幅达85.32%。经常性利润大幅增长的主要因素：经常性收入同比增长10.08%，经常性成本费用同比增长3.93%，经常性收入增幅大于经常性成本费用增幅达6.15个百分点。经常性利润的分析比较汇总见表5－5－11。

表5-5-11　经常性利润分析比较汇总表　　单位：万元

项　　目	2013年度	上年同期	同比+/-
利润总额	5135.17	1839.06	3296.11
经常性利润	3415.47	1842.99	1572.48
其中：经常性收入	26845.81	24387.70	2458.11
经常性成本费用	23430.34	22544.71	885.63
非经常性利润	1719.70	-3.93	1723.63
其中：非经常性收入	5037.81	2.31	5035.50
非经常性支出	3318.11	6.24	3311.87

（1）经常性利润3415.47万元，同比增加1572.48万元。与上年同比，营业收入增加822.12万元，政府补贴增加1435.99万元，投资收益增加200万元；营业成本增加233.72万元，三项费用增加626.03万元，营业税金及附加增加15.60万元，资产减值损失增加10.28万元。

（2）非经常性利润1719.70万元，同比增加1723.63万元。非经常性收入主要是：新产品中心处置房产收入3420万元，纺研院本部收房产处置结构调整金1600万元；非经常性支出主要是：新产品中心转让的房产成本和税金及附加、支付补偿款及结构调整金等合计3204.89万元，纺研院本部收房产转让结构调整金的税金及附加89.60万元。

5.5.2.3　现金流量结构

2013年12月31日的现金流量表（简单合并，表5-5-12）反映：货币资金的期末余额为12299.91万元，与年初相比，现金及现金等价物净增加额为-251.71万元。其中：经营活动现金流量净额为385.18万元（已包含向公司现金池累计增资4350万元），投资活动现金流量净额163.11万元，筹资活动现金流量净额-800万元，现金流量结构分析如下：

表5-5-12　现金流量结构表　　单位：万元

项　　目	金　额
货币资金　1月1日余额	12551.62
货币资金12月31日余额	12299.91
货币资金期末比期初净增加/减少（+/-）	-251.71
经营活动现金流量净额（+/-）	385.18
投资活动现金流量净额（+/-）	163.11
筹资活动现金流量净额（+/-）	-800.00
汇率变动影响净额（+/-）	—

（1）经营活动现金流量净额385.18万元。

①经营活动现金流入46557.68万元。其中：销售商品、提供劳务收到的现金26354.51万元，收到的税费返还103.71万元，收到其他与经营活动有关的现金20099.46万元（含公司现金池14450万元）。

②经营活动现金流出46172.50万元。其中：购买商品、接受劳务支付的现金15205.62万元，支付给职工以及为职工支付的现金8092.44万元，支付的各项税费1543.55万元，支付其他与经营活动有关的现金21330.89万元（含公司现金池10100万元）。

③以间接法反映的经营活动现金流量情况见表5－5－13。

表5－5－13　经营活动现金流量（间接法）情况表　　单位：万元

项　　目	金　额
净　利　润	4869.41
加：资产减值准备	11.08
固定资产折旧	1012.70
长期待摊费用摊销	96.86
处置固定资产的损失（减：收益）	－469.38
投资损失（减：收益）	－511.58
递延所得税资产减少（减：增加）	9.27
存货的减少（减：增加）	－31.51
经营性应收项目的减少（减：增加）	－3311.61
经营性应付项目的增加（减：减少）	－2514.50
其他	1224.45
经营活动产生的现金流量净额	385.18

2013年度的经营活动现金流量净额为385.18万元，如剔除年内向公司现金池累计增资4350万元的现金流出，经营活动现金流量净额则为4735.18万元。其中：纺研院（合并报表单位）为－2141.11万元，如剔除向公司现金池增资现金流出4050万元，经营活动现金流量净额则为1908.89万元；事业单位（简单合并）为2526.29万元，如剔除向集团现金池增资现金流出300万元（新产品中心），经营活动现金流量净额则为2826.29万元。

经营活动现金流量（剔除向公司现金池增资）与上年同期相比，净流入增加3286.52万元，表明2013年度主要经营业务在持续增长的同时，经济运行的质量和有效性也有进一步提升。

（2）投资活动现金流量净额 163.11 万元。

①投资活动现金流入 1581.37 万元。其中：收回投资所收到的现金 6.25 万元，取得投资收益所收到的现金 515.97 万元（其中丝绸公司红利 500 万元），处置固定资产收回的现金净额 14.33 万元，收到的其他与投资活动有关的现金 1044.82 万元。

②投资活动现金流出 1418.26 万元。其中：购建固定资产、无形资产和其他长期资产所支付的现金 472.85 万元，支付其他与投资活动有关的现金 945.41 万元。

（3）筹资活动现金流量净额 -800 万元。

①筹资活动现金流入为 0。

②筹资活动现金流出 800 万元。系支付其他与筹资活动有关的现金（纺研院本部归还技监所借款）。

5.5.3　金融投资情况

根据《上海纺织（集团）有限公司短期投资管理办法》对照检查，2013 年年末纺研院（合并报表单位）的可供出售金融资产为 116.87 万元，两家事业单位在对外投资科目的股票投资为 77.67 万元；设计院的可供出售金融资产为 15.34 万元。有关金融投资情况汇总如下。

5.5.3.1　纺研院（合并报表单位）可供出售金融资产情况

2013 年年末可供出售金融资产 116.87 万元，系由织布所及服装所分别持有的三家上市公司股票，合计 12.18 万股。年内织布所已减持申达股份股票 2.51 万股，并取得申达股票红利 0.65 万元。可供出售金融资产（股票）明细汇总见表 5-5-14。

表 5-5-14　纺研院（合并报表单位）持有股票明细表　　单位：万元

持有单位	股票名称	股数（股）	年末公允价值
织布所	申达股份	40000	35.80
服装所	友谊股份	60873	60.08
服装所	锦江投资	20909	20.99
合　计		121782	116.87

5.5.3.2　事业单位对外投资（股票）情况

2013 年年末事业单位对外投资（股票）77.67 万元，系由环保中心及科发中心分别持有的两家上市公司股票，合计 28.60 万股。年内所持股票及数量未有变化，年末市值比上年末增加 148.80 万元，因执行事业单位会计制度列入对外投资科目核算，年末亦未按市值调整账面数额。对外投资（股票）明细情况见表 5-5-15。

表5－5－15　事业单位持有股票明细表　　单位：万元

持有单位	股票名称	股数（股）	账面值	年末公允价值
环保中心	新南洋	87120	39.55	104.89
科发中心	爱建股份	198902	38.12	225.75
合　计		286022	77.67	330.64

（3）设计院可供出售金融资产情况。2013年年末可供出售金融资产15.34万元，系由设计院本部持有的九家上市公司股票，合计1.68万股。年内申安监理按照2012年度审计报告提出的审计意见进行整改，已将所持的四家上市公司股票全部卖出。可供出售金融资产（股票）明细汇总见表5－5－16。

表5－5－16　设计院持有股票明细表　　单位：万元

持有单位	股票名称	股数（股）	年末公允价值
设计院本部	华锐风电	8000	3.29
	明泰铝业	1000	0.81
	风范股份	2000	2.59
	爱仕达	500	0.47
	海立美达	750	1.07
	亚太科技	1300	1.30
	蒙发利	1000	2.47
	安居宝	1250	2.48
	秀强股份	1000	0.87
合　计		16800	15.34

5.5.4　审计意见与建议的整改采纳情况

纺研院十分重视2013年预算审计报告中提出的“因设计院与上海中南建筑工程审图有限公司共同出资组建新公司未获成功，对已发生的费用要明确相关出资人的承担份额或其他处置办法，对设计院应承担的费用份额应纳入年度财务决算”的审计意见。设计院在年度决算时，已将应承担的份额，按个别计提法计提了坏账准备31.62万元。

纺研院积极采纳2013年预算审计报告提出的“做好‘佩诺玛’品牌运作的中长期规划，对资金投入与来源、设计与生产、品牌推广与市场营销等重要环节作出统筹安排，尽快实现品牌发展规模与经济效益之间的平衡”的建议。2013年内，在上海、常州、无锡及台州已开设9家门店，销售收入同比有较大增长，主营业务利润率亦有大幅提升，但主营亏损额在增大，且短期内尚难以扭转经营亏损的状况。

5.5.5 需要说明事项

（1）按照公司对纺研院“关于拟处置上海纺织新产品开发中心四平路28号闲置房屋的报告”的批复，纺研院已于2013年4月28日与上海德赛化纤工程技术有限公司签订了上海市房地产买卖合同，就四平路28号1幢及2幢的房屋（建筑面积合计2776平方米）买卖协商一致。上述房地产转让价款总计3420万元，截至2013年10月新产品中心已收到全部转让款并计入其他收入。因该房产转让处置，新产品中心已将支付纺织发展公司补偿款403万元、应交不动产税327.29万元、支付纺研院结构调整金1600万元、上交集团10%处置款342万元、转销房产账面资产价值477.60万元及预留职工安置费55万元等合计3204.89万元，计入其他支出。经查看，未见有关转销处置房屋资产的核销批准等相关程序和手续。

（2）纺研院积极支持公司现金池体系运作，截至2013年年末已向现金池注入资金7050万元。

（3）按照公司资产损失财务核销的批复，服装所已按规定程序核销了应收上海凌雅丽服装设计有限公司508389.45元及吴彦琼10万元的坏账损失，并相应冲减其他应收款和坏账准备。

（4）技监所及环保中心等五家单位采用事业单位财务核算制度，纺研院在合并会计报表（为考核用）时，已将事业单位财务报表转换为企业财务报表。

5.5.6 审计意见

（1）按照事业单位的资产处置规定和程序，新产品中心应抓紧补办有关房屋建筑物的拆除、清理报批手续，规范有关资产核销的账务处理。

（2）纺研院作为投资主体，在增强主要业务平台能力建设的同时，要进一步完善下属企业相同经营业务的服务规范和计价标准，进一步强化下属企业的预算编制和预算执行力，进一步完善下属企业在成本费用列支和员工分配等方面的机制和审批程序。

（3）对科发中心的“佩诺玛”品牌运作及经营亏损状况应予以必要的重视。对该品牌的后期运作要作出规划，在资金投入与来源、设计与生产、品牌推广与市场营销等重要环节作出统筹安排，尽快实现品牌发展规模与经济效益之间的平衡。

5.5.7 主要资产负债变动情况

2013年12月31日的合并资产负债表（考核口径）反映：资产总计50797.62万元，负债合计23714.54万元；与年初相比较，资产总计增加3899.19万元，负债合计减少1642.61万元。主要的资产和负债变化情况如下：

（1）货币资金12299.91万元，比年初减少251.71万元。其中：技监所增加2399.78万元，环保中心增加82万元；纺研院本部减少1121.09万元，服装所减少967.96万元，印染所减少523.57万元，毛麻所减少147.86万元。

期末各单位的货币资金余额分别如下：纺研院本部 303.12 万元，服装所 1152.13 万元，毛麻所 976.98 万元，色织所 254.01 万元，东纺公司 184.42 万元，印染所 129.44 万元，织布所 50 万元，流行趋势 35.06 万元，合纤所 35.26 万元；技监所 8568.55 万元，环保中心 413.18 万元，新产品开发中心 114.81 万元，压力容器 49.19 万元，科发中心 33.76 万元。

（2）应收票据 86.69 万元，比年初增加 30.69 万元。均为纺研院本部 9～12 月新增的银行承兑汇票。

应收票据分别是：绍兴县皓弘节能材料有限公司 38.89 万元，襄樊航宇救生装备有限公司 30 万元，常熟市新凯泰纺织有限公司 11.80 万元，宁波金纺精细化工有限公司 4 万元，射阳天源化工有限公司 2 万元。

（3）应收账款 1402.02 万元（已计提坏账准备 106.29 万元），比年初增加 89.57 万元。

应收金额较大的单位主要有：常熟新锦江印染有限公司 20.44 万元，上海针织九厂 16.63 万元，九江维科印染有限公司 15.60 万元（纺研院本部）；上海伯琅翰实业有限公司 18.10 万元（东纺公司）；上海卡帝乐鳄鱼服饰有限公司 19.17 万元（毛麻所）；上海丝绸集团股份有限公司 26.21 万元（色织所）；上海市环境科学研究院 115.11 万元，拜耳（中国）有限公司 48.07 万元，上海神舟新能源发展有限公司 42.51 万元，安靠封装测试（上海）有限公司 30.31 万元，上海市固体废物处置中心 25 万元（环保中心）；上海国际时尚中心店 21.19 万元（科发中心）；上海市特种设备监督检验技术研究院 25.03 万元（压力容器）。

（4）预付款项 616.84 万元，比年初增加 189.60 万元。预付金额较大的单位主要有：平湖市华威箱包有限公司 46.98 万元（东纺公司）；上海希灵纺织品有限公司 19.64 万元（服装所）；太仓市如峰纤维织造有限公司 23.64 万元（合纤所）；中国石化上海石油化工股份有限公司 21.30 万元（环保中心）；上海飞马进出口有限公司 69.36 万元，绍兴瑞富毛纺织有限公司 62.29 万元（技监所）；上海东隆羽绒制品有限公司 25.38 万元，上海启驰服饰有限公司 24.42 万元，上海蝶矢时装有限公司 24.14 万元，上海滋勤贸易有限公司 18.18 万元（科发中心）。

（5）其他应收款 10376.40 万元（已计提坏账准备 257.70 万元），比年初增加 3884.80 万元。增减的主要事项是：集团现金池合计净增 4350 万元，技监所收回纺研院本部借款 800 万元。此外，服装所核销坏账损失 60.84 万元。

应收金额较大的单位主要有：公司现金池 7050 万元（纺研院本部、服装所、毛麻所、色织所、印染所、东纺公司及新产品中心等合计数）；科发中心 183.94 万元，沪东供电局 51 万元（纺研院本部）；标新科技有限公司 100 万元，重庆北碚区人民法院 85 万元（技监所）；科发中心 2373.56 万元，纺研院本部 147.60 万元（环保中心）；上海纺织品进出口公司上海斯罗特公司 28.32 万元（科发中心）。

（6）存货 961.92 万元（已计提跌价准备 38.29 万元，均为库存商品），比年初增加 31.51 万元。按存货类别汇总分析如表 5－5－17 所示。

表 5-5-17　存货分类汇总表　　单位：万元

单　位	原材料	库存商品		周转材料	合 计
		账面价值	跌价准备		
纺研院本部	0.53	73.43	38.29	4.17	39.83
东纺公司	—	12.00	—	—	12.00
服装所	6.10	50.77	—	—	56.86
合纤所	98.57	41.15	—	—	139.72
印染所	1.87	—	—	—	1.87
技监所	251.05	—	—	—	251.05
科发中心	179.63	280.95	—	—	460.59
合　计	537.74	458.30	38.29	4.17	961.92

①原材料 537.74 万元，比年初增加 129.88 万元。其中：科发中心增加 67.38 万元，技监所增加 36.29 万元，合纤所增加 25.65 万元。经查核，库存原材料属正常周转储备，尚无跌价风险。

②库存商品 420.01 万元，比年初减少 98.70 万元。其中：服装所增加 21.66 万元，合纤所增加 24.44 万元；东纺公司减少 113.34 万元，科发中心减少 33.33 万元。经查核，库存商品较为正常，尚无成本大于售价的风险。

（7）固定资产净额 19670.27 万元（固定资产原值 25623.21 万元、累计折旧 5952.94 万元），比年初减少 56.57 万元（固定资产原值净增加 855.40 万元、累计折旧净增加 911.97 万元）。固定资产净值变化情况如下：

①纺研院本部、服装所、合纤所、环保中心及科发中心等 12 户单位购置机器设备、运输工具、电子设备及仪器仪表等增加 1459.38 万元；纺研院本部、东纺公司、服装所及合纤所等 5 户单位清理和处置机器设备、运输工具及电子设备等减少 124.62 万元，新产品中心转销转让房屋账面价值 479.36 万元；固定资产原值合计净增加 855.40 万元。

②按规定计提折旧 1012.70 万元，处置固定资产核减已计提折旧 100.73 万元，累计折旧合计净增加 911.97 万元。

（8）在建工程 84.42 万元，比年初减少 359.72 万元，系服装所和毛麻所年内结转实验室等装修项目减少数。在建工程余额系服装所的装修项目。

（9）开发支出 4324.53 万元，比年初增加 75.31 万元。开发支出年内的增减情况分别如下：

①开发支出增加 1418.85 万元。其中：纺研院本部 643.93 万元，服装所 307.20 万元，合纤所 267.52 万元，毛麻所 148.52 万元，印染所 28.43 万元，色织所 23.25 万元。

②结转开发支出减少 1343.54 万元。其中：结转管理费用——研发费 827.99 万元（纺研院本部、毛麻所、服装所及印染所），结转固定资产——专用设备 299.40 万元（纺

研院本部），结转项目专项应付款 214. 69 万元（纺研院本部及合纤所），结转无纺布出售成本 1. 27 万元（合纤所），其他结转 0. 19 万元。

（10）长期待摊费用 253. 15 万元，系年内服装所和毛麻所转入实验室装修项目款净增加数。年内转入 395. 73 万元，已摊销 142. 58 万元。

长期待摊费用的组成分别是：服装所 134. 27 万元，毛麻所 118. 88 万元。

（11）短期借款 385 万元，系以前年度的金融机构借款。

短期借款的单位分别是：合纤所 295 万元（建行三支行 100 万元、爱建信托 195 万元），纺研院 90 万元（建行三支行）。

（12）应付账款 541. 17 万元，比年初减少 237. 27 万元。主要是环保中心减少 98. 69 万元，服装所减少 176. 48 万元，东纺公司减少 52. 77 万元。

应付金额较大的单位主要有：中国纺织总会经济调剂部 30 万元，昆山市淀山湖印染助剂厂 23. 43 万元，上海铭擎信息技术有限公司 21. 50 万元（纺研院本部）；王宏珍 32. 55 万元（东纺公司）；常州恒怡达布厂 34. 04 万元，常州市昊恺纺织有限公司 25. 91 万元（色织所）；无锡市赛维商贸有限公司 47. 73 万元，上海诺艺贸易商行 20 万元（环保中心）；上海吉稔贸易有限公司 19. 99 万元（科发中心）。

（13）预收款项 322. 78 万元，比年初减少 237. 61 万元。主要是东纺公司增加 91. 82 万元；环保中心减少 229. 91 万元，技监所减少 87. 70 万元。

预收金额较大的单位有：上海亘广化工有限公司 39. 42 万元，Modern 36. 65 万元，上海途和科贸有限公司 38. 70 万元（东纺公司）；上海联宝地毯制造有限公司 77 万元，押金户 33. 68 万元，上海典韵进出口有限公司 25. 64 万元，杭州强诺公司 21. 86 万元（色织所）。

（14）应付职工薪酬（纺研院合并报表单位）1531. 11 万元，比年初减少 271. 91 万元。其中：预计负债减少 312. 48 万元，未确认融资费用减少 40. 57 万元。

年末纺研院（七家单位）的应付职工薪酬——预计负债合计 1640. 67 万元，未确认融资费用合计 109. 56 万元。

（15）其他应付款 12269. 16 万元，比年初减少 405. 20 万元。

应付金额较大的单位和事项主要有：挂账地块补偿款 4050. 48 万元（年内 6 号楼宿舍装修动用 242. 57 万元），环保中心 147. 60 万元（纺研院本部）；平凉街道办事处 81. 95 万元（东纺公司）；国家服装质量监督检验中心 191. 10 万元，常德路动迁款账户 46. 04 万元，上海服装合作联社 35 万元（服装所）；财政企财一处 50 万元（合纤所）；印染所挂账的地块补偿款 81. 88 万元（年内动用 100 万元），锦华纺织经贸商社 33. 38 万元（印染所）；应付工资 250. 32 万元，预提退休职工补贴清算款 226. 37 万元，爱特思亚太企业管理有限公司 74. 57 万元，挂账仪器变价收入 50. 75 万元，上海市工商行政管理局 45. 76 万元（技监所）；回灌水款 1500. 69 万元，清洁生产项目款 500 万元，智能数字技术服装设计制版快速反应服务平台 218. 70 万元，DIY 项目款 184. 16 万元，上海市杨浦区财政局 VOC 专款 98 万元，2013 年国家中小企业发展专项资金项目 49 万元（环保中心）；环保中心 2373.56 万元，纺研院本部 183.94 万元（科发中心）；预提事业单位退休人员专项补贴 140.47 万元，制版注册金 75.39 万元，专项试制费 66.67 万元，预提职工安置款 55 万元（新产品开发中心）。

（16）长期应付款 1024.58 万元，比年初减少 68.45 万元。年内增减变化分别是：合纤所收到纺织控股（集团）公司协保特殊工种退款 15.91 万元，抚恤金、职工困难救助等支出 29.87 万元；技监所收到国家标准化管理委员会国际标准下拨款 15 万元，专款支出 69.49 万元。

长期应付款的类别分别是：三废拔点专项款 714.50 万元（合纤所），拨入专款留存 310.08 万元（技监所）。

（17）专项应付款 7509.71 万元，比年初减少 473.24 万元。年内增加的政府扶持资金和项目经费拨款等合计 1768.25 万元，减少的项目支用款等合计 2241.49 万元。有关增加和减少的事项分别如下：

①增加的政府扶持资金和项目经费拨款等合计 1768.25 万元。其中：纺研院本部分别收到上海市科委、商委、财政及人社局外贸公共服务平台拨款等专款 394.25 万元，杨浦区资金收付中心扶持资金及“文化创意”项目配套资金等 348.60 万元，集团 Lyocell 工程项目款及技术服务费等专款 403.59 万元，上海市轴承技术研究所、三枪集团、香港理工大学及东华大学等单位项目款 180.61 万元；服装所收到长宁区财政自主创新及实验室项目款等 65.80 万元，国家质量监督检验检疫局及上海市质量技术监督局等专款 19.60 万元，长宁区经委等资助资金 109.40 万元，韩国卡特利检测及国家级抽查项目款 72.23 万元；毛麻所收到上海市科委、黄浦区财政扶持资金及专利资助等专款 146.16 万元，技监项目款 18 万元；色织所收到上海市科委及卢湾区科委数码枪刺机项目款 10 万元。

②减少的项目支用款等合计 2241.49 万元。其中：纺研院本部结转营业外收入——政府补贴 1600.07 万元，下拨项目款 92.80 万元，结转双螺旋复合短纤维及派丝特项目费用等 45.77 万元，纤维新材料高级研修班费用等项目支用 48.92 万元；服装所结转营业外收入——政府补贴 100.49 万元，工商抽查买样费用 5.07 万元；合纤所结转芳砜纶项目支出 120 万元；毛麻所结转营业外收入——政府补贴 153.95 万元，项目支用 74.41 万元。

专项应付款的组成分别是：纺研院本部 3963.69 万元，服装所 2350.23 万元，合纤所 777.72 万元，毛麻所 315.07 万元，色织所 103 万元。

上海纺织（集团）有限公司审计室

二〇一四年四月九日

5.6 上海市纺织科学研究院述职报告（2011～2013年）

根据公司进行2013年企业领导班子任期考评的要求，现把任期内的主要工作作如下汇报。

（1）制订研究院“十二五”规划和三年技术创新规划，形成现代纺织科技服务业。

（2）完成公司历年科研资产经营责任书的考核指标。

（3）经受历年审计检查，都得到了较高的评价。

（4）解决了历史遗留的负担，争取事业退休人员工资每年2200万元由财政补贴。

（5）构建了赢利结构，净资产达到2.49亿元，还清银行借款。

（6）争取科研资金2870万元（2011年1367万元；2012年736万元；2013年950万元）。

（7）建成科研大楼和院基础建设，做出产权证6.4万元每平方米，付清1.28亿元项目费。

（8）与国防科工委等建立合作，研发一批国防军工项目。

（9）产业链合作，产学研合作，东华大学和上海工程技术大学研究生基地、卓越工程师培训。

（10）关心青年科技人才成长，注重培养人才队伍。

（11）建设和谐纺织，调动科技人员积极性，营造了和谐发展的纺研院氛围。

（12）三年任期中前两年的党委工作汇报。

5.6.1 院长工作汇报

贯彻公司战略方向，优化经营模式，改善资产结构，争取政策支持，提升核心竞争力。

5.6.1.1 制订研究院“十二五”发展规划和三年技术创新规划，形成现代纺织科技服务业

2012年的检测、标准、信息、咨询、军工、科研的服务性收入占总收入的比重为68.4%（表5－6－1）。

表5－6－1 纺研院2012年技术服务类收入占总收入比例的情况一览表

项目	2012年
企业收入总计（万元）	23742
其中：1. 检测测试	11162
2. 情报信息	758

续表

项目	2012 年
3. 咨询服务	2422
4. 军工及标准物质	1893
5. 房屋租赁	1502
6. 其他科研产品	3521
7. 贸易	1991
8. 其他	493
服务性收入合计（1+2+3+4）（万元）	16235
服务性收入占总收入的比重（二/一）	68.4%

在完成研究院“十一五”规划的基础上，提出“十二五”规划目标。

（1）资产总额：规划期末达到3.8亿元，2013年11月为5.04亿元。

（2）净资产：规划期末达到2.3亿元，2013年11月为2.49亿元。

（3）资产负债率：规划期末为39.6%，2013年11月为32.4%。

（4）营业收入：规划期末年达到2.4亿元，2013年11月为2.72亿元。

（5）主营业务收入：规划期末年达到2.2亿元，目前为2.10亿元。

（6）利润总额：规划期末年达到1600万元以上，目前为3515万元。

（7）净资产收益率：规划期内年平均为8%，目前为13.6%。

（8）技术开发费投入：规划期末年达到1500万元，目前为1365万元。

目前纺研院前三年已经达到了“十二五”规划目标。

《2014年财务预算预案》符合公司各项要求，保持稳健增长，符合达到三年平均水平、达到“十二五”规划目标和净资产收益6%的要求，符合院所实际，上报公司审核通过。

5.6.1.2 完成公司历年科研资产经营责任书的考核指标

2013年1~12月主要经济指标完成情况见表5-6-2。

表5-6-2 2013年1~12月主要经济指标完成情况 单位：万元

考核项目	指标	1~12月实际			完成情况
		企业	事业	合计	
利润总额（万元）	1000	3357	1787	5144	514.4%
科研投入（万元）	1200	1408	0	1408	117.3%
应收账款（天）	25	14.0	24.3	18.7	完成
存货（天）	20	10.0	30.7	19.3	完成

1~12月主要经济指标完成情况说明如下。

（1）主营业务收入完成23410万元。

（2）利润总额5144万元（其中：企业3357万元，事业1787万元），完成年度指标的514.4%。

（3）技术开发费投入1408万元，完成年度指标的117.3%。

（4）按总部要求推进公司现金池建设，截至2013年12月31日，存入公司现金池的资金为13550万元。不包含设计院。

5.6.1.3 经受公司和外部历年审计检查，经济责任指标的完成情况与技术开发费的专项使用情况经公司每年度的审计，都得到了较高的评价

2010~2012年科研项目专项审计表见表5-6-3。

（1）2012年度主要经济指标完成情况获得公司审计确认，确认我院全面完成2012年各项经济指标。

表5-6-3 2010~2012年科研项目专项审计表 单位：万元

序号	项目名称	单位	项目负责人	执行时间	项目预算	预算资金来源			资金使用情况	备注		数据来源
						部委	公司	自筹		公司	说明	
1	纺织产业标准与检测服务平台	纺研院	沈安京	2010.1~2012.12	1500		80	380	395.24	80	国家贴补1040万元未到	1-1
		毛麻所							374.04			1-2
2	双螺杆复合短纤维开发和研究	纺研院	解德成	2011.1~2011.12	271.5		100	171.5	324.34	100	验收用391.5	2-1
		合纤所							121.03			2-2
3	国家纺织产业标准与检测服务平台和免蒸洗分散染料印花工艺研究	纺研院	陈建丽	2012.1~2013.12	200		80	120	176.65	80		3-1
		毛麻所	张振华	2012.1~2013.12	50		20	30	33.42	20		3-2
4	派丝特纤维产业链开发和市场推广	纺研院	张庆	2010.1~2011.12	20				22.91			4-1
		毛麻所	张振华		30		15	15	30.24	15		4-2
5	派丝特纤维及产业链深度开发	纺研院	张庆	2010.10~2012.06	20				33.88			5-1
		毛麻所	张振华		30		14		30.32	14		5-2
6	Lyocell竹纤维及染整关键技术研究和一条龙开发	毛麻所	张振华	2009.11~2011.06	30		15		40.32	15		6-1
		毛麻所	方磊		40		15		21.00	15		6-2
		纺研院	张庆		15				30.72			
7	Lyocell竹纤维产业链开发	毛麻所	张振华	2011.1~2012.12	30		5		30.57	5		7-1
		印染所	朱丽华				5		32.95	5		7-2
		毛麻所	方磊		30		5		11.87	5		7-3

续表

序号	项目名称	单位	项目负责人	执行时间	项目预算	预算资金来源			资金使用情况	备注		数据来源
						部委	公司	自筹		公司	说明	
8	里奥竹产业链生产工艺优化与家纺内衣制品深度开发及产业化	纺研院	张庆	2012.1～2013.12	14				23.70			8
9	芳砜纶差异化开发与市场推广应用			2011.1～2012.06								9
10	基于电子商务的数字化服装设计、定制系统研发和产业化推广应用	服装所	许鑑	2012.3～2013.12	8				30.87			10－1
		科发	胡守忠						6.95			10－2
11	派丝特系列纺织品产业化技术开发	毛麻所		2012.1～2013.12	45		15		25.06	7.5		11－1
		科发			200				116.24			11－2
12	国产智能调温等功能性纤维及产业链开发	毛麻所	方　磊	2011.1～2012.06	20		5		6.01	2.5		12
13	芳砜纶市场特色应用推广	毛麻所		2010.1～2010.12								13－1
		印染所							66.25			13－2
		色织所	倪重光						2.12			13－3
14	芳砜纶市场化特色应用推广	色织所	倪重光	2012.1～2012.12					2.64			14－1
		印染所							39.83			14－2
		环保	吕东						2.00			14－3
15	Prolivon 春夏季服装面料研发	科发中心	许斌	2011.1～2011.12	10				36.41			15

审计结果反映：科研投入完成年度考核指标的117.56%，利润总额完成年度考核指标的282.93%，应收账款与存货的周转天数完成结果亦好于年度考核指标。表5－6－4为2012年资产经营责任书考核的主要经济指标完成情况。

表5－6－4　2012年资产经营责任书考核的主要经济指标完成情况

指标名称	单位	考核指标	2012年度完成数		
			报表数	审计调整	审定数
科研投入	万元	900	1058.00		1058.00
利润总额	万元	650	1839.06		1839.06

续表

指标名称	单位	考核指标	2012 年度完成数		
			报表数	审计调整	审定数
应收账款周转天数	天	20	20		20
存货周转天数	天	25	19		19

（2）2011 年度主要经济指标完成情况良好。具体情况见表 5－6－5。

表 5－6－5　2011 年资产经营责任书考核的主要经济指标完成情况

指标名称	单位	考核指标	2011 年度完成数		
			报表数	审计调整	审定数
科研投入	万元	800	1208.04		1208.04
利润总额	万元	200	2224.23	－45.15	2179.08
应收账款	万元	500	332.55		332.55
存　货	万元	500	382.96		382.96

（3）2013 年度完成情况通过了预审。

（4）2013 年公司科技资金审计肯定了纺研院等的可借鉴经验。摘要如下：

①项目研究成果在实践中得到充分体现。36 个立项中，纺研院的“检测服务平台”、德福伦的“无机纳米凉爽型”、申达科宝的“PVC 系列”、针织九厂的“派丝特系列”等研究项目，在经营中都产生了较好的效益；体现了研究成果转化为新产品，进而转变为新市场，实现研究成果新价值的目标。

②充分利用政府补贴和税收政策带来的收益。

③注重项目专利权管理工作。三年中，36 个立项共申请专利 42 项，其中里奥、德福伦、特安纶、纺研院、联吉、三枪（集团）等比较注重项目专利权管理工作。

④重视项目过程管理。纺研院作为科研单位，在项目管理上已形成可行的管理模式，即通过“科研管理部”平台，使项目立项、资金、配合单位、验收等环节均较好地实现了项目过程管理。

⑤发挥产业链的合作优势。纺研院的“双螺杆”项目中，合纤所和德福伦签订了协作协议，可推广。

5.6.1.4　解决了历史遗留的债务和新的历史负担，反映后争取到事业退休人员工资每年 2200 万由财政补贴

2012 年 6 月纺研院各企业收到社保要求支付事业退休人员补贴费通知表 5－6－6 后，向国资委、劳动和社会保障局等领导反映，我们建议：

（1）转制科研院所转制前确定事业退休人员身份的人员的补贴应该从事业经费、由财

政承担。转制科研院所从2000年1月1日事转企后，没有财政事业经费来源，没有支付过转制成本，已经承担了较大的社会责任，包括离休老干部、离岗职工、必养人员等每年数百万的费用。否则不利于转制科研院所的生存发展。

（2）各类退休人员的退休费和待遇应该从统筹的角度或提高统筹率解决；统筹是解决新老企业社会负担悬殊的有效办法。上海市纺织科学研究院是参加市社保和医保统筹的企业，纺研院自实施养老统筹后，历年按时足额缴纳各类规定的社保金。按上海市城镇职工养老保险制度改革实施方案（1993年2月5日上海市第九届人民代表大会常务委员会第41次会议原则批准）规定："机关事业单位在本方案实施后，其退休人员的养老金也实行全市统筹，并按照以支定收、略有积累的原则确定统筹率。"

所以向企业收取社保金之外的补贴费用不合理，如果养老金基金不够，可以用提高征收比例等办法解决。

经市政府同意，社保局与财政局发文：沪人社资〔2012〕458号，"本市'事转企'单位按规定应自行承担的转制前退休人员补贴专项经费，由同级财政给予补助"。解决了事关企业的生存和发展的问题。

表5-6-6　2012年6月纺研院各企业收到社保要求支付事业退休人员补贴费通知汇总表

单位：元

序	企业	2012年3月	2012年4月	2012年5月	2012年6月	合计	预计全年数	备注
1	纺研院	484913.40	480816.20	476641.30	476641.30	1919012.20	5757036.60	企业
2	合纤所	815052.10	810271.50	806076.10	802969.20	3234368.90	9703106.70	企业
3	服装所	71176.10	72272.60	72272.60	70843.20	286564.50	859693.50	企业
4	毛麻所	83153.30	84700.10	85927.10	85927.10	339707.60	1019122.80	企业
5	色织所	72985.60	72985.60	72985.60	72985.60	291942.40	875827.20	企业
6	印染所	65762.00	65762.00	65762.00	65762.00	263048.00	789144.00	企业
7	织布所	100673.50	101910.90	101910.90	100638.90	405134.20	1215402.60	企业
8	技监所	75475.50	75475.50	75475.50	76650.10	303076.60	909229.80	事业
9	节能环保中心	17101.60	17101.60	17101.60	17101.60	68406.40	205219.20	事业
10	科发中心	13946.50	13946.50	13946.50	13946.50	55786.00	167358.00	事业
11	压力容器	3218.60	3218.60	3218.60	3218.60	12874.40	38623.20	事业
12	产品中心	43862.20	48097.70	48097.70	49612.20	189669.80	569009.40	事业
合　计		1847320.40	1846558.80	1839415.5	1836296.30	7369591.00	22108773.00	

当前要按上级要求稳步推进事业单位事改企转制系列工作。

需要做好以下工作。

（1）在册事业身份人员劳动关系转移。

（2）事转企的注册登记（企业名称、注册资本、企业章程、财务问题衔接）。

（3）事转企转制前事业身份退休人员补贴应该按文件由财政负责。

（4）事转企转制前事业身份退休人员由谁管理。

（5）事业身份退休人员20个月的抚恤金承担问题。

（6）原事业单位亏损的政策享受问题。

5.6.1.5 构建了赢利结构，净资产达到2.49亿元，还清银行借款，清理公司

（1）研究院形成了以下赢利结构：检测；投资收益；情报；财务费用；上缴利润；科委政策支持；商委政策支持；房租、物业；军工等。

（2）各项技术性服务收入得到发展，其中，检测业务和情报信息业务得到了较快发展，年平均增幅达到20.8%，年平均利润总额2530万元；年平均净资产收益率为10.8%。

（3）企业净资产逐年增加，从2004年的6998万元以后大幅度增加，2012年达到21542.7万元，2013年11月达到2.49亿元。

（4）加大技术开发费的投入力度，三年投入技术开发费达3466万元。

（5）三年中核销了以前年度的在建工程1797万元，清理各类不良不实资产877万元，计提各类坏账或减值准备196万元，夯实企业资产2870万元。

（6）清理公司，完成公司化改制工作目标。根据公司2013年资产证券化整改工作要求，落实院所规范整改有关具体事项，对相关投资企业进行清理整顿，今年已完成绍兴兴泰联纺厂、上海毕加诺技术服务站、珠海健宁技术发展有限公司的工商注销和税务注销；近年来清理子公司17家：中国华源科技开发公司；上海东纺工贸公司；上海英福科技有限公司；上海毕加诺技术服务站；上海纺科百货综合经营部；珠海健宁技术发展公司；上海合纤所嘉兴实验分厂；上海合纤抗菌新材料有限公司；上海克劳娜诗家用纺织品有限公司；上海陈凯艺术工作室；上海凌雅丽服装设计有限公司；上海利乐服装研究有限公司；上海锦华商社；卢湾科苑楼宇维护服务社；上海华印科工贸实业有限公司；上海天虹纺织高技术服务部；上海均宜服饰有限公司（原上海中凯国际服饰发展有限公司）。

5.6.1.6 争取政策支持，争取科研资金2870万元

2011年争取科研资金1367万元；2012年争取科研资金736万元；2013年争取科研资金950万元。

5.6.1.7 建设科研大楼，付清1.28亿元项目费用，做出产权证6.4万平方米，使纺研院的优质资产有了法律保证

（1）科研大楼的建设是纺织从调整走向发展的一个地标。在公司支持下，自筹资金，

建设20层27165平方米的科研大楼，纺研院调整了原有松散型科研布局，形成以“科研大楼”“检测大楼”“工程大楼”为核心的结构。

发展项目建设取得成绩，全面建成科研大楼，1.08亿元的项目欠款全部还清；科研大楼配套项目竣工验收，1780万元已全部付清。同时取得房产证62776.79平方米。

（2）完成1000吨复合纺丝生产线的改造并成功试车。纺研院投资391.8万元，与德福伦公司对原合纤所一条生产线进行了技术改造，建立了新的年产1000吨的复合纺丝生产线，并于近日试车成功。这是院企携手开展联合科研攻关的又一成功案例。

（3）联合培养研究生的多媒体电教室建成并投入使用。

5.6.1.8 与国防科工委建立合作，研发一批国防军工项目

（1）与国家科工局、市国防科工办、中国航空工业集团总公司、沈阳飞机设计研究所、中科院兰化所等单位加强了联系、与解放军总后勤部军需装备研究所签署了战略合作协议。

近年来，纺研院还承担了航天、航空以及其他装备所需求的特种纺织品的研制及批量生产任务，先后完成配套科研项目100多项，为通讯卫星、直升机、战斗机、神舟五号飞船国家重点工程提供了轻质、高强、耐高温、耐疲劳、耐烧蚀等特种骨架复合材料；具有阻燃、防熔融、抗水压、防静电、防微波、防毒气、低辐射、高透湿舒适等的各类新型防护面料，多次获得中国航天科技集团公司的表彰。2012年3月，纺研院又与解放军总后勤部军需装备研究所签署了战略合作协议，双方将共同组建项目攻关组，开放研究成果，实现信息共享，以协同创新的方式在军用被装领域应用新型纺织材料开展合作；双方将根据各自试验条件与试验手段建设情况，以合作互补为原则，互相开放试验室，共同拓展试验项目。

（2）纺研院衬垫基础研发条件建设项目可行性研究报告通过了阶段评审。5月23日中国航空工业集团总公司、沈阳飞机设计研究所、中科院兰化所等单位来院进行阶段评审并通过了评审。

5.6.1.9 产业链合作，产学研合作，东华大学和上海工程技术大学研究生基地、卓越工程师培训

（1）加强芳砜纶产业链，落实5月2日朱总、封总等领导到特安纶现场办公时的要求；制订技术创新三年行动计划目标；卷曲工程试验开车成功，卷曲的质量稳定；1.5旦的试验纺丝取得成果；军工项目灭火服，舒适层为50%芳砜纶+50%阻燃黏胶，检测情况得到总后认可；军工项目灭火服舒适层面料匹染成功；国防科工办推荐芳砜纶面料军服研发项目；芳砜纶原液染色取得成效；相关产业链产品的开发情况。

（2）完成Lyocell纤维5000吨项目可行性报告；落实与总后军需装备研究所有关合作项目，完成芳砜纶系列防护面料等项目的合作开发；深化推进与有关高校的产学研合作。

上半年召开了多次专题会议，基本确定了Lyocell纤维项目生产流程和工艺路线；完成Lyocell纤维的预可行性报告；和相关研究所和工程公司进行了技术交流和设备询价，针对产业化过程中可能遇到的工程问题进行了商洽；对生产原料的检测方法和指标进行了研究，制订了相关的技术标准。

根据总后开发迷彩印花芳砜纶作训服面料的要求，色织所设计和织造了多种规格的织物，由印染所、毛麻所进行涂料印花工艺试验；配合特安纶公司试验采用不同纱线线密度、不同混纺比的芳砜纶混纺纱线，试验提高芳砜纶阻燃织物的耐磨性和阻燃性能的平衡；试验提高织物强力和涂料印花工艺，提高耐日晒色牢度；试验开发不同混纺原料交织和采用色牢度良好的染料迷彩印花工艺的面料产品；配合特安纶公司开发芳砜纶居家防护产品及网上销售工作。

（3）做好与工程技术大学联合培养研究生的工作，"国家级工程实践教育中心"的卓越工程师培训由院所领导和主讲分别讲课。根据"国家级工程实践教育中心"卓越工程师培养计划，上海市纺织科学研究院作为首批实习课程基地，为"卓越工程教育"提供认知、岗位、见习、毕业四大模块的实习课程指导。6月24日，上海工程技术大学卓越工程师培训实习班正式开班。卓越工程师教育计划的实施，将培养专业的高素质人才，造就一大批合作能力强、适应上海纺织服装产业发展的高质量的工程技术人才。

（4）与工程技术大学举办2013上海纺织服装创新学术论坛。

5.6.1.10 关心青年科技人才成长，注重培养人才队伍

院领导充分认识到院所未来的发展关键在于人才，培养一支奋发有为、创新进取的人才队伍始终是我们的重要任务。

目前，研究院35周岁以下的青年310名，占院在册人数（643人）的48.2%。另有劳务派遣青年147人。

35周岁以下的青年党员有80名，占到党员总数的30%。

在2012年组织推荐的院所及中心部门正、副职后备干部中，40岁以下的青年技术骨干占到78%。

高工和教授级高工75人；国务院政府特殊津贴专家3人；中级职称149人。

70后人数338人；70后本科以上人数235人；70后中级职称以上人数37人。

基本形成了老中青结合梯队有序的科研人才队伍。

5.6.1.11 建设和谐纺织，调动科技人员积极性，营造了和谐发展的研究院氛围

纺研院坚持处理好实践"三个代表"和当好"企业经营者代表"的关系，每年召开两次职代会向职工汇报工作。每年院部主动与工会签订集体合同，坚持每年调整工资，落实老干部待遇。

落实了每年对企业员工工资调整的政策；对老职工、对承担主要岗位和有一定贡献员

工再适当增加工资。为全体员工购买了综合保险，包括补充医疗保险、特种大病重病保险、女员工医疗特种保险、意外伤害保险四项纺织工会要求的职工保障；每年组织职工进行健康体检。

院行政已如数向工会帮困基金拨款 10 万元整，用以构建有效覆盖的帮困体系；同时做好发放高温补贴工作，发放相应防暑降温物品；对一些特种工种和岗位实行岗位津贴。

承担社会责任，发放事转企转制前事业身份退休人员抚恤金 674 万元。具体情况见表 5－6－7。

根据文件落实离休干部各项调整补贴要求，全院 27 名离休干部的补贴已经落实到位。我们将不断构建和谐稳定的企业发展环境。

表 5－6－7　2013 年 11 月 30 日抚恤金支付情况一览表　　单位：万元

年份	纺研院	合纤所	毛麻所	服装所	印染所	织布所	色织所	企业合计			
								管理费用	其他应收款	其他应付款	合计
2011	73	55	17	16	22	7	0	168	0	22	189
2012	130	137	15	12	7	19	0	298	16	7	320
2013	53	67	10	2	18	3	12	63	80	20	163
累计	256	258	42	31	46	29	12	529	96	49	674

5.6.1.12　三年任期中前二年负责党委工作的汇报

在任期间，我院围绕落实党建责任书的有关内容，在完善纪检监察组织体系建设、坚持打造青年科技团队的党建特色工作（纺研院情报所信息平台的青年党员陈建丽被推荐选举为市十次党代会代表、纺研院纺化中心高级工程师李颖君同志光荣当选为上海市第十四届人民代表大会代表）、加强企业党的组织建设和企业文化建设、民主管理工作及稳定工作方面开展了一系列工作。完成了资产经营责任书考核指标和党建重点工作项目。

围绕公司战略转型目标和“四好”领导班子创建活动，提出班子建设目标，以“决策科学民主，工作务实创新，目标高效和谐，作风勤政自律”的要求，加强领导班子建设，强化责任，提升能力，打造务实创新的领导团队。所获得的成绩是：

没有发生领导干部违纪违法的情况；

纺研院被评为“全国纺织工业先进集体”；

2011 年院党建工作获得 100.6 分，经济工作获得 97.4 分；

2012 年院党建工作获得 98.4 分，经济工作获得 97.2 分。

5.6.2　学习培训和工作业绩

（1）获市级文明企业、院所科技资源整合成果奖。

（2）2010年8月获第四届“上海市优秀科研院所长奖”。

（3）2010年9月被评为“全国纺织优秀思想政治工作者”。

（4）2010年10月被评为“市国资委系统优秀共产党员”。

（5）2010年12月纺研院被评为“全国纺织工业先进集体”。

（6）2012年 获“上海市质量管理优秀领导者”荣誉证书。

（7）2012年被评为“国务院政府特殊津贴专家”。

（8）2012年获得国家高新技术企业和上海市创新企业认定。

（9）2013年被工程技术大学特聘为硕士生导师、教授。

（10）2013年10月“院所科技资源重组建设管理”获上海市企业管理现代化创新成果二等奖。

（11）2013年国资委发文，纺研院和毛麻所列入培育创新型骨干企业105家名单。

5.6.3 存在的问题和改进

5.6.3.1 不足之处

（1）在院所整合打造中央研究院取得成效的基础上，还需在协同创新上花大力气推动。

（2）在提高企业的整体运行质量上还存在不平衡，虽然纺研院赢利水平进入集团前十名，但是还存在部分亏损企业，这些企业的竞争能力和赢利模式需要进一步优化。职工薪酬增长要求与企业赢利能力不匹配，还需要进一步提高。

（3）在提高工作效益方面还需要进一步落实提高。在发挥全体干部的能力、工作作风、工作效率方面做得还不够。

5.6.3.2 改进意见

发展是硬道理，只有发展才能解决问题，为企业打造创新平台，为职工创造施展才能的工作舞台，要做好企业平台的发展规划，在市场竞争中立于不败之地，职工收入稳定，与效益同步增长，企业良性循环。要在以下五个方面做出成效：

（1）追求企业利润最大化与承担社会责任的一致性。企业利润最大化则企业领导有业绩，承担社会责任则要消化一部分利润，需要处理好两方面的关系。在企业困难或形势好时，均要落实离休干部、事业单位职工的利益；纺研院花费150万元装修和46万元设备费用，对单身职工宿舍进行彻底改造，建立了约1100平方米、35间的宿舍楼，可供84名年轻知识分子居住，并配备了空调等家电设施，集中供热水洗澡等。消除了安全隐患，彻底改善了青年居住条件。

（2）对上负责与对下负责一致性。对上负责有考核，对下负责承担社会责任缺少考核，目前有评议但是制约不大，对下难题比较多，群众的利益诉求比较多，群众的诉求不再是简单地要求解决生活困难、医疗困难，出现了群体化利益述求：事业退休身份、事转企要求事业身份待遇、在职事业与公务员待遇、早期分流解除职工与后期分流解除职工待遇、老职工要求工龄工资、青年职工要求同工同酬。老的历史负担导致了新的历史问题（事业单位转制企业后的利益诉求比较多）不断出现。贯彻各项政策文件落实，离休干部、事业单位、在职职工、协保、退休、返聘、技术骨干等各利益群体要在政策范围内得到保证。

（3）正确处理职工利益、骨干利益、管理干部利益之间的关系。兼顾各层次人群的利益。平均主义会使精英流失，差距过大会影响群众心态。坚持下面有贡献的人员的收入可超上级领导。要坚持上级批准的领导年薪制、有能力的分成制、搞项目的项目预算制、有文件要求的按文件制、困难的托底制。形成多种形式的薪酬分配制。

（4）坚持群众路线，要保持提高思想认识与落实行动付出成本相一致。落实群众路线要准备好必要的落实成本，群众要求都与个人和部分群体的利益有关，要不断付出代价，单纯思想来思想去的循环是不够的。群众路线有阶段性，但群众路线的精神是永远要做的，落实群众路线的成本要不断保证的。

干部要严于律己，要别人做自己先做，干部要自己动手。

正确处理当前利益与投入发展的关系，不能只顾当前吃光分光，要留有发展余地，不能靠借债发展，要有良性发展循环。

（5）我们要处理好实践“群众路线”和当好企业经营者代表的关系。构建和谐稳定的企业发展环境，加强“一流研究院”宣传和协同创新。坚持院长岗位承诺：

创新求实，发展解难。为员工搭建成长舞台，为企业创建创新平台；

坚持科学决策，知全局，讲协作，求实效；

坚持不断发展的理念，破解难题，为员工成长、企业发展，身先垂范。

在此，我要感谢院的领导团队在任期中对我的工作支持；感谢研究院的全体干部和职工对我的工作支持；感谢上级领导对纺研院的工作支持。

我们要围绕公司战略转型目标，在全体纺研院员工的努力下，以“决策科学民主，工作务实创新，目标高效和谐，作风勤政自律”的作风，学习集团公司领导席董、朱总讲话要求，执行“科技与时尚”的发展战略，走高端纺织之路，为三大核心主业服务，起到一定的支持作用；贯彻国家对科技创新工作的要求，发展科技纺织、绿色纺织、品牌纺织、时尚纺织；保持一定的科技投入；走出一条研究院所从事业单位转变为科技型企业的路子，职工收入稳定与效益同步增长，企业良性循环发展。进一步推进院所整合协同，落实纺研院技术创新三年规划和“十二五”规划，加快建成一流纺织科学研究院。

5.7 集聚科研资源 坚持创新发展

——市委研究室对上海市纺织科学研究院建设成为行业中央研究院的调研

上海纺织科学研究院自2001年转制改革至今8年，不仅自身发展迅速，而且在整合行业科研资源中发挥了引领作用，成为上海工业大调整以来科研力量保持不散并逐步发展见效的成功范例。

5.7.1 基本情况与发展思路

5.7.1.1 发展概况

上海纺织科学研究院（简称上海纺研院）创建于1956年，2001年1月转制为科技型企业。2003年3月，上海纺织控股（集团）公司技术中心、上海纺织环境保护中心、上海市纺织工业节能技术服务中心、上海市纺织电子制版制网技术中心、上海纺织新产品开发中心、上海市纺织科技发展中心六家单位划归上海纺研院；上海市合成纤维研究所隶属于上海纺研院。

上海纺研院主要从事纺织产品、工艺、设备和材料的开发应用研究。目前，研究领域正从纺织扩展到环保、航空航天、冶金、家电、汽车等相关行业，产品从民用发展到产业用、医用、军工等方面。2008年实现主营业务收入1.12亿元，其中：技术咨询服务2000万元、其他科研产品2000万元、内外贸易收入1400万元、情报杂志收入1000万元、检测测试与计量标准等收入4000万元、院所租赁收入800万元。

5.7.1.2 发展思路

上海纺织控股（集团）公司是上海纺研院成功转制的指引者与坚强后盾，不仅在转制初为上海纺研院明确了战略导向与转型定位，而且在政策与经费保障方面对纺研院转制予以有力支持。

改制前的上海纺织业是国有性质的传统产业，经过多年的积累，拥有国内独有的研发设计、制造、国内外贸易、现代服务业、科研的完整产业链，同时储备了一支国内最强的科研力量，无论资产还是资质在国内纺织业领域均处于领先地位，但纺织控股（集团）公司认识到上海纺织业虽然在国内同行业中的水平位居前列，与国外相比仍有差距，特别是先进技术及一线品牌仍是国外领先或垄断，同时上海纺织业又处于产业结构的大调整时期。

纺织控股（集团）公司从现状与发展要求出发，确立了“上海纺织业的崛起必须走高端产业路线、充分发挥科技支撑作用、做大做强产业品牌”的发展方向。为上海纺研院确定了转制思路：走高端纺织之路，实现围绕“科技与时尚”的战略转型。集团还进一步明确了上海纺研院转制的功能定位是提高上海纺研院科研开发与科技服务能力，打造成集团的行业中央研究院；水平定位是建立国内一流、国际知名的研究院。在实际运作时做到三者兼顾：为社会公共性服务、为行业服务（促进科研产品与科研成果产业转化）、利用原有资源运转提高经济实力以支撑科研投入费用。

5.7.2 主要做法与成效

5.7.2.1 明确定位，制订规划，致力于实现三个转向

上海纺研院在上海纺织控股（集团）公司的转型定位指引下，以“科技纺织的先导，时尚纺织的支撑”为目标，贯彻“科技与时尚”总战略，力求建设成为国内知名的行业中央研究院。围绕培育、整合和提升产业链，加强与制造产业、外贸和科研的联动，提升企业的自主创新能力，制订出“以科技为先导，走高端纺织之路”的发展规划，立足技术进步、技术领先、技术创新，逐步实现了三个转身：一是从事业单位转向企业单位，实行自负盈亏；二是从企业单位转向科技型企业，把净资产的7%投入科研建设；三是把科研成果变为产业化成果，实现研究成果到企业产业化成果的转变。

5.7.2.2 重组科技资源，构建技术创新体系

把分散的纺织科研力量凝聚成产业化一条龙的院所，将六个研究所、三个中心划归上海纺研院统一管理，集聚资源统一协调，在重点科研项目的研究开发上围绕整体的战略规划共同研发，但保留各所的独立法人资格，在经营管理上仍拥有自主权，可以自行研发本领域的科研项目。此外，对业内有关服装研究所、毛麻研究所、色织研究所、印染研究所和技术监督所进行整合，重组科技资源，重构技术创新体系。在此基础上建设“研发、信息、检测、转化”四大科技平台，建立纺织科学的技术开发、交流、服务流程，使分散独立的研究设备整合成开放、公共、具有规模的科学研究平台，充分发挥科研人员和科研设备的作用，形成了一个从信息采集到成果转化的完整系统。

5.7.2.3 推进自主知识产权和核心技术开发，开展重点科研项目攻关

一是开发资源环保型产品，如与东华大学合作完成上海市科委《聚乳酸纤维工业化研制》项目，该纤维及其产品使用后可天然降解，属资源循环利用的环保型纤维。二是积极完成各项军工配套任务。如完成中国航空集团航空用新材料《代偿服面料及应用研究》等五项科研项目，为航天火箭、神五、神六航天飞船研制特种纤维材料和纺织品等。三是建立技术开发专项资金。从考虑企业生存转变到保证必要的科研投入，促进科研的发展，按净资产收益提取一定比例的技术开发费用集中用于科研开发。并与高校、国外研发机构联手，建立人才资源、科研项目开放、动态培育和交流机制，是市研究生培养基地与工程师

进修基地。

5.7.2.4 强化现代生产性服务理念，为行业提供技术支撑

一是建成上海纺织业公共服务平台。纺研院依托大量的资源积累和人才储备，开发信息咨询服务，包括市场调研、决策支持、定题服务、二次文献、特色数据库。二是开展专业论坛，汇编技术论文。如《印染》杂志围绕行业热点和难点，多次举办高品位的学术交流会。三是开展专利申报服务工作及专业标准制订。为纺织行业各企业开展知识产权的法律、法规和专利知识的培训作指导，提供各类专利的申请指导和代理申报，参与促进各企业专利实施、专利保护的各项服务工作，近三年申请各类专利100项。为纺织品的标准化生产和打破国外对我国纺织品出口的技术壁垒，提供权威性的技术规范，近三年来共制订（修订）各类纺织产品的国家标准67项，行业标准105项。四是提供各类纺织专业检测。上海纺织检测服务中心由纺研院下属四家检测实验室整合而成，是中国纺织检测行业最具综合实力的检测服务平台，对纺织品的各项物理和化学性能、安全性能、抗菌性能及汽车内饰的检测具有很高的权威性。五是开展纺织节能环保检测服务。为众多企业的三废排放监控和处理达标、节能降耗的措施落实和持续改进提供了全面的数据分析和技术方案。

5.7.2.5 积极为长三角地区提供技术服务

上海纺研院先后与江苏南通，浙江桐乡、义务、嘉兴等地区签订了技术合作协议，为占全国纺织生产总量达50%以上的长三角地区提供纺织家纺产品、面料设计、新型助剂等技术服务，为众多企业的新产品开发、节能降耗、降低生产成本提供技术支撑。

5.7.2.6 强化人才队伍建设

上海纺研院现有在职人员623人，其中，技术人员占总员工数的63%，高级技术职称67人，中级技术职称134人。近几年院所先后引进青年科技人才80多人。在完善关键人才的绩效管理方面，推行科技人才激励机制，提高了科技人才的积极性和科技创新能力。此外，充分保障员工各项利益，不断完善员工收入与效益挂钩的增长机制，充分调动了科技人员的积极性。

5.7.3 几点启示

上海纺研院在转制过程中走出了一条科研院所集聚科研力量走专业、特色与创新发展的新路，其成功做法有四点启示：

启示之一，上海纺织控股（集团）公司的重视与支持是科研院所转制成功与行业科研力量不散的先决条件。公司要为科研院所的转制把脉定向，结合产业发展确立战略导向，明确产业发展的方向与目标，做到科研与产业的融合；在具体实施过程中则提供必要的政策支撑与财力支持。上海纺研院在上级纺织控股（集团）公司指导和助推下，明确了战略

导向与转型定位，才取得了稳定、快速的发展。

启示之二，科研院所转制成科技服务型企业必须树立市场意识和竞争观念，明确产业发展方向。科研院所转制是科技管理体制的创新，是加速科技成果向现实生产力转化、推动产学研紧密结合的重大举措。上海纺研院在转制后不等不靠不要，认清企业发展道路，明确发展战略，制订发展规划，参与市场竞争，用市场经济的办法解决发展中遇到的问题。按照市场经济的规则，建立起能够充分调动科技人员积极性的用人机制、分配机制、科技成果转化机制和项目产业化投资机制，不断拓宽发展的新思路。

启示之三，科研院所转制要注重资源整合，充分发挥科技优势，立足科技创新，拉长产业链。要建立起以产学研结合为主要形式的技术创新支撑体系，推动以基础性研究为主的科研院所与应用型研究为主的企业联合，与国际前端技术接轨，实现科技成果产业化。上海纺研院通过院所整合，不仅建立了全国纺织技术高度集聚的研究机构，形成了纺织前沿、高端技术开发的产业科研链，而且保住并发扬了上海百年积累的纺织科技资源。

启示之四，转制科研院所发展要注重营造良好的人才环境。实现科研院所跨越式发展，根本出路在于人才。上海纺研院逐步形成了重视人才、支持人才、关爱人才的环境和氛围。如优秀人才的引进，提升了科研和管理水平；在重要科研活动中，注意充分发挥科研学术带头人的作用；通过学科布局的调整与激励机制的建立，形成了有利于发挥个人特长与协同合作的科研团队。

市委研究室调研处

执笔：徐薇薇